공무원, 공사, 방송사, 임용고시, 기사 대비 수험서

시리즈
무선통신공학
Wireless Communication Engineering

공학박사/기술사 김기남 저

Ⅰ. 안테나공학
Ⅱ. 무선통신기기
Ⅲ. 무선통신시스템

무 선 통 신 공 학

초 판	2013년 04월 01일
4 판	2015년 12월 10일
5 판	2017년 08월 25일
6 판	2020년 09월 03일

저　　　자	공학박사/기술사 김기남
발　행　인	이재선
발　행　처	도서출판 nt media
주　　　소	서울시 영등포구 영등포동 618-79
대 표 전 화	02) 836-3543~5
팩　　　스	02) 835-8928
홈 페 이 지	www.ucampus.ac

값 30,000원
ISBN 978-89-92657-67-9 (93560)

이 책의 저작권은 도서출판 NT미디어에 있으며, 무단복제 할 수 없습니다.

상담전화 02) 836-3543~5
홈페이지 www.ucampus.ac

Preface

 최근 무선 통신 분야는 인터넷 기술의 발전과 더불어 눈부신 변화를 거듭하고 있다. 이러한 발전의 토대를 제공할 수 있는 기본 과목으로서 무선통신공학의 이해와 응용은 필연적인 상황이라 하겠다. 본서는 다년간의 강의와 실무 경험을 바탕으로 관련학과 학생과 실무자를 위한 수험 준비서로 적합하게 집필하였다.

 본서의 구성 및 특징은 다음과 같다.

1. 시간이 부족한 수험생을 위하여 출제 핵심 이론만 간단, 명료하게 정리
2. 효율적인 학습을 위하여 기출문제를 분석하여 출제 핵심 영역별로 재구성

 필자의 일천한 지식으로 방대한 출제분량을 요약하다보니 여러 곳에서 미비한 점이 있으리라 생각되며, 이 부분은 추후 개정판에서 가다듬도록 노력하겠다.

 끝으로 수험생 여러분의 건승을 기원하면서 본서 출간을 위해 협조해주신 도서출판 NT미디어 출판부 직원들에게 깊은 감사를 드린다.

무선공학 연구회 대표저자
공학박사/기술사 김기남

Contents

Chapter 01 안테나 공학

section 1. 전자파 이론 · · · · · · 12
1. 전자파의 개요 · · · · · · 12
2. 전자계 방정식 · · · · · · 13
3. 평면파의 전파 · · · · · · 16

section 2. 안테나 이론 · · · · · · 19
1. 미소다이폴(헬쯔 다이폴) · · · · · · 19
2. (반파) 다이폴 안테나 · · · · · · 22
3. 수직 접지 안테나 · · · · · · 25
4. 안테나의 파라미터 · · · · · · 29
5. Friis 전력전송 방정식 · · · · · · 35

section 3. 안테나 실제 · · · · · · 37
1. 장·중파용 안테나 · · · · · · 37
2. 단파용 안테나 · · · · · · 45
3. 초단파용 안테나 · · · · · · 53
4. 극초단파 이상의 안테나 · · · · · · 67

section 4. 급전선 · · · · · · 77
1. 급전선 · · · · · · 77
2. 급전서의 제정수 · · · · · · 78
3. 급전선의 종류 및 특성 · · · · · · 81
4. 임피던스 정합 · · · · · · 85
5. 산란계수(S-parameter) · · · · · · 91
6. 스미스 챠트(Smith Chart) · · · · · · 94
7. 도파관(Wave guide) · · · · · · 96

section 5. 전파의 전파 ·· 107
   1. 전파의 분류 ··· 107
   2. 지상파의 전파 ··· 109
   3. 대류권파의 전파 ··· 115
   4. 전리층파의 전파 ··· 119
   5. 주파수별 전파 전파 특성 ·· 128
   6. 전파잡음 ··· 133

Contents

Chapter 02 무선통신기기

section 1. 무선 송수신 ··· 138
   1. 무선통신 개요 ··· 138
   2. AM 변조이론 ··· 143
   3. AM 송, 수신기 ··· 160
   4. 각 변조(Angle Modulation) ··· 169
   5. 디지털 송수신기 ··· 188
   6. 항법 장치 ·· 209

section 2. 전원설비 ·· 225
   1. 축전지 ·· 225
   2. UPS ··· 232
   3. 전력변환장치 ··· 239
   4. 태양전지 ··· 243

section 3. 무선기기측정 ·· 247
   1. 측정일반 ··· 247
   2. 송신기 측정 ·· 263
   3. 수신기에 관한 측정 ·· 272
   4. 안테나·급전선에 관한 측정시험 ··· 277
   5. 급전선에 관한 측정 ·· 284
   6. 전원 설비에 관한 측정 ·· 287

Chapter 03 무선통신시스템

section 1. 고정통신시스템 ··290
1. 마이크로파 통신 ··290
2. 마이크로파(M/W) 중계 방식 ··291
3. 무선전송용 주파수 채널 배치 ···293
4. 다중화 기술(Multiplexing) ··295
5. 마이크로파(M/W) 다중 통신 ···298
6. TDM 다중 통신 ··303
7. 마이크로파(M/W)용 진공관 ···307
8. M/W파용 반도체 ··308
9. Path Calculation ··310

section 2. 위성통신시스템 ··314
1. 위성통신 개요 ··314
2. 위성의 궤도 ···319
3. 위성 시스템 ···323
4. 지구국 시스템 ··328
5. 회선할당 방식 ··332
6. 다원접속 방식 ··334

section 3. 이동통신시스템 ··337
1. 이동통신시스템 개요 ··337
2. 이동통신 전파특성 ···340
3. 셀룰러 시스템 ··343
4. 주파수 재사용 ··346
5. 주파수 공용 방식 ···348
6. DS-CDMA(IS-95A) ··350
7. CDMA2000 1X ··352
8. CDMA2000 1x EV-DO(HDR) ···353

Contents

9. WCDMA와 HSDPA ··354
10. WiBro ···357
11. LTE(Long Term Evolution) ··359
12. 이동통신 중계기 ···363
13. ICS(Interference Cancellation System) ···367
14. MMR(Mobile Multi-hop Relay) ···368
15. Femto Cell ···369
16. 스펙트럼 확산 통신방식 ··370
17. 스펙트럼 확산 변조의 종류 ···373
18. 처리이득(processing gain) ···376
19. CDMA 가입자 용량을 결정하는 요인 ··377
20. 전력제어(Power control) ··379
21. 핸드오프(Hand off) ··381
22. 로밍(Roaming) ···383
23. 레이크 수신기(Rake receiver) ··385
24. 다원접속 방식 ···387
25. OFDM ··390

section 4. 방송시스템 ···395
1. ATSC 지상파 디지털 TV ···395
2. ATSC-M/H(Mobile & Hand-held)방식 ···399
3. 지상파 DMB ··400
4. DRM(Digital Radio Mondiale) ··404
5. UHD TV ··405
6. 3D TV ···406

section 5. 단, 근거리 시스템 ··408
1. 802.11 Wi-Fi ···408
2. 블루투스(Bluetooth) ···411

3. 지그비(Zigbee) ······· 412
4. UWB(Ultra Wide Band) ······· 413
5. 밀리미터파의 전파 ······· 415
6. 스마트카드(Smart Card) ······· 416
7. NFC(Near Field Communication) ······· 417
8. RFID ······· 418
9. QR코드 ······· 419

section 6. 무선프로토콜 ······· 420

1. 프로토콜 일반 ······· 420
2. OSI 7계층 ······· 422
3. 물리 계층(Physical layer) ······· 425
4. 데이터 링크 계층(Data link layer) ······· 428
5. 네트워크 계층(Network layer) ······· 429
6. 트랜스포트 계층(Transport layer) ······· 431
7. 세션 계층 ······· 433
8. 표현 계층(Presentation layer) ······· 435
9. 응용계층(Application layer) ······· 436
10. CSMA/CA 무선접속 ······· 438

section 7. 무선통신 시스템 계획과 관리 ······· 443

1. 무선망 설계 ······· 443
2. 무선망 최적화 ······· 446
3. 안테나 틸팅(Antenna Tilting) ······· 448
4. 서비스 품질 ······· 450

Chapter 01 안테나 공학

Section 1 전자파 이론

1. 전자파의 개요

1-1 전자파의 성질

① 전자파는 횡파(transverse wave)로 전계나 자계의 진동방향과 직각인 방향으로 진행하는 파이다.
② ε, μ가 클수록 v는 늦어지고 λ는 짧아진다. (ε: 유전율, μ: 투자율)
③ 전자파는 빛과 같이 직진, 반사, 굴절, 회절, 간섭, 감쇄 등의 성질이 있다.
④ 전자파는 편파성을 갖는데, 수직 및 수평 편파, 원형 및 타원형 편파 등으로 구분한다.

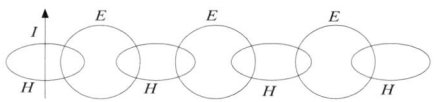

그림 전자파의 복사

1-2 전파의 분류

명칭	파장의 범위	주파수의 범위
VLF (very low frequency)	10,000-100,000[m]	3-30[kHz]
LF (low frequency)	1,000-10,000[m]	30-300[kHz]
MF (medium frequency)	100-1,000[m]	300-3,000[kHz]
HF (high frequency)	10-100[m]	3-30[MHz]
VHF (very high frequency)	1-10[m]	30-300[MHz]
UHF (ultra high frequency)	0.1-1[m]	300-3000[MHz]
SHF(super high frequency)	1-10[m]	3-30[GHz]
EHF(extreme high frequency)	1-10[mm]	30-300[GHz]

2. 전자계 방정식

2-1 전도전류와 변위 전류

도선에 흐르는 전류를 전도전류(Conduction current : i_c) 라 하고 케패시터의 단위 면적당 유입되는 전도전류에 의해 유전체에 흐르는 전류를 변위 전류(displacement current ; i_d)라 한다.

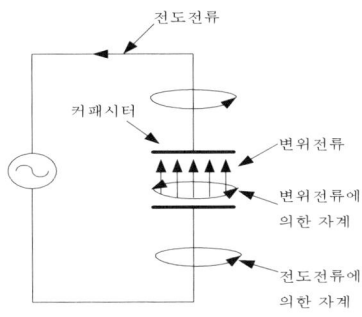

그림 전도전류와 변위전류

$$i_c = \frac{dQ}{dt} = S\frac{dD}{dt}[\text{A}]$$

$$i_d = \frac{i_c}{S} = \frac{dD}{dt} = \varepsilon\frac{dE}{dt}[\text{A/m}^2]$$

(단, i_d는 변위전류 밀도)

2-2 Maxwell 방정식

(1) Ampere의 주회적분의 법칙(맥스웰의 제 1 방정식)

① Maxwell의 제 1방정식은 공간 어느 점에 있어서 전계가 시간적으로 변화할 때 그 주위에는 자계의 회전을 발생시킨다는 것을 나타낸 방정식

$$\nabla \times \boldsymbol{H} = rot\, H = \frac{\partial \boldsymbol{D}}{\partial t} = \epsilon_0 \frac{\partial \boldsymbol{E}}{\partial t}$$

② 즉, 시간적으로 변화하는 전계 주위에는 자계의 와류가 발생한다.

(2) Faraday의 전자유도 법칙(맥스웰의 제 2 방정식)
① Maxwell의 제 2방정식은 공간내의 한 점에 대한 자속밀도의 시간적 변화는 그 변화를 방해하는 방향으로 전계의 회전을 발생시킨다는 것을 나타낸 방정식

$$\nabla \times E = rot\, E = -\frac{\partial B}{\partial t} = -\mu_0 \frac{\partial H}{\partial t}$$

② 즉, 자속밀도가 시간적으로 변화하면 그 주위에는 전계의 와류가 발생한다.

(3) Gauss의 법칙
① 어느 한 점에 전하밀도가 존재하면 그 점에서 전속이 발산이 존재한다

$$\nabla \cdot D = \rho$$

② 자속밀도의 발산은 항상 영이다. 즉, 자속밀도의 자력선은 항상 연속이다.

$$\nabla \cdot B = 0$$

2-3 파동방정식

(1) 개요
① 파동방정식은 전자파를 해석하기 위한 방정식으로 시간적으로 변화하는 전자파가 어떤 매질을 통과할 때 만족해야 하는 방정식이다.
② 파동방정식은 맥스웰방정식으로 유도되며 파동방정식의 해가 수식에 적용된 매질에 따른 전파의 전파특성을 나타낸다.

(2) 맥스웰(Maxwell)방정식으로부터 파동방정식 유도
진공 중 맥스웰의 방정식을 다시 쓰면

$$\nabla \times E = -\frac{\partial B}{\partial t} = -\mu_0 \frac{\partial H}{\partial t} \quad \cdots \; ①$$

$$\nabla \times H = \frac{\partial D}{\partial t} = \varepsilon_0 \frac{\partial E}{\partial t} \quad \cdots \; ②$$

②식에 rot을 취하면 $\nabla \times \nabla \times H = \nabla \times \left(\varepsilon_0 \frac{\partial E}{\partial t} \right)$

좌변 : $\nabla \times \nabla \times H = \text{grad}(\text{div } H) - \nabla^2 H = -\nabla^2 H$
($\because \text{div } H$는 자유공간에서 항상 0)
우변 :
$$\nabla \times \left(\varepsilon_0 \frac{\partial E}{\partial t}\right) = \varepsilon_0 \frac{\partial}{\partial t}(\nabla \times E) = \varepsilon_0 \frac{\partial}{\partial t}\left(-\mu_0 \partial \frac{H}{\partial t}\right) = -\varepsilon_0 \mu_0 \frac{\partial^2 H}{\partial t^2}$$

좌변=우변이므로 자계 H의 파동 방정식은

$\nabla^2 H = \varepsilon_0 \mu_0 \dfrac{\partial^2 H}{\partial t^2}$ 이 된다.

마찬가지 방법으로 전계 E의 파동 방정식을 구하면

$\nabla^2 E = \varepsilon_0 \mu_0 \dfrac{\partial^2 E}{\partial t^2}$ 가 된다.

3. 평면파의 전파

3-1. 평면파 (Plane wave)

① TE파(횡전파)
   전파의 진행방행(z방향)에 자계만 존재하는 파로 H파라고도 한다.

② TM파(횡자파)
   전파의 진행방향(z방향)에 전계만 존재하는 파로 E파라고도 한다.

③ TEM파(횡전자파)
   전계와 자계가 직각을 이루면서 진행방향의 직각방향에 존재하는 파로 평면파라고도 한다.
   평면파는 진행 방향에 수직인 평면상의 모든 점에서 크기와 위상이 동일한 전자파이다.

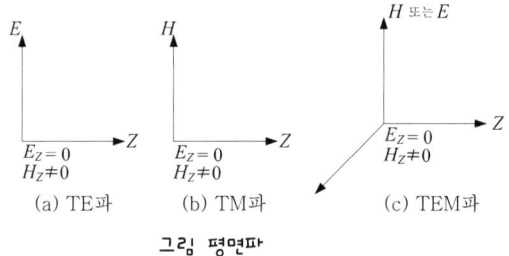

그림 평면파

3-2 자유공간의 임피던스

① 자유공간에서의 전계와 자계의 비

$$Z_o = \frac{E}{H} = \sqrt{\frac{\mu_o}{\varepsilon_o}} = 120\pi \cong 377[\Omega]$$

② Z_o를 특성 임피던스, 고유 임피던스, 파동 임피던스라고 한다.

3-3 POYNTING 정리

① 전계에 축적되는 단위체적당 에너지 w_e 는

$$w_e = \frac{1}{2}ED = \frac{1}{2}\varepsilon E^2 \,[\text{J/m}^3]$$

② 자계에 축적되는 단위체적당 에너지 w_m 은

$$w_m = \frac{1}{2}B \cdot H = \frac{1}{2}\mu H^2 \,[\text{J/m}^3] \text{ 이므로}$$

③ 전계와 자계로 구성된 전자파의 단위 체적 당 전체 에너지밀도 w는 다음과 같다.

$$w = w_e + w_m = \frac{1}{2}\varepsilon E^2 + \frac{1}{2}\mu H^2 = \frac{1}{2}(\varepsilon E^2 + \mu H^2) \,[\text{J/m}^3]$$

위 식에서 $Z = \dfrac{E}{H} = \sqrt{\dfrac{\mu}{\varepsilon}}$ 에서 $H = \sqrt{\dfrac{\varepsilon}{\mu}}E$, $E = \sqrt{\dfrac{\mu}{\varepsilon}}H$ 을 대입하면

$$\therefore w = \frac{1}{2}\left(\varepsilon\sqrt{\frac{\mu}{\varepsilon}}HE + \mu\sqrt{\frac{\varepsilon}{\mu}}EH\right) = \sqrt{\varepsilon\mu}\,EH \,[\text{J/m}^3]$$

④ 평면 전자파가 속도 $v = \dfrac{1}{\sqrt{\varepsilon\mu}}$ [m/s]로 전파할 때 파의 진행방향에 수직인 단위면적을 단위시간에 통과하는 에너지의 흐름인 포인팅 전력 P는 다음과 같다.

$$P = wv = \sqrt{\varepsilon\mu}\,H\left[\frac{\text{J}}{\text{m}^3}\right] \cdot \frac{1}{\sqrt{\varepsilon\mu}}\left[\frac{\text{m}}{\text{s}}\right] = EH \,[\text{W/m}^2]$$

⑤ 평면 전자파에서 E와 H는 수직이므로 위 식을 벡터로 표시한 것을 포인팅 벡터(Poynting vector) $\boldsymbol{P}$라 하며 다음과 같이 표시하며 이와 같은 관계를 포인팅 정리(Poynting theorem)라 한다.

$$\boldsymbol{P} = \boldsymbol{E} \times \boldsymbol{H} \,[\text{W/m}^2]$$

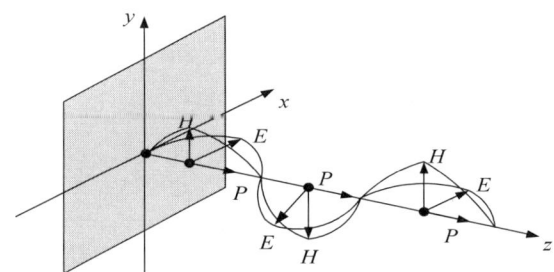

그림 포인팅 벡터

⑥ 포인팅 벡터 P 의 크기는 단위 면적당 전력을 나타내며 포인팅 벡터 P 의 방향은 전계 E의 방향에서 자계 H 의 방향으로 오른나사를 돌릴 때 나사가 진행하는 방향이 된다.

Section 2 안테나 이론

1. 미소다이폴(헤르쯔 다이폴)

1-1 미소다이폴 안테나의 개념

일반적인 선형 안테나의 해석에 매우 유용하므로 미소다이폴의 개념을 사용한다. 안테나를 대단히 작게(Δl) 자르면 그 부분의 전류 분포는 크기가 일정하다고 볼 수 있으므로 안테나 특성 해석이 용이해진다.

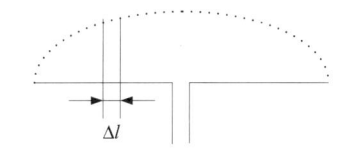

그림 미소다이폴 안테나의 개념

1-2 복사전자계

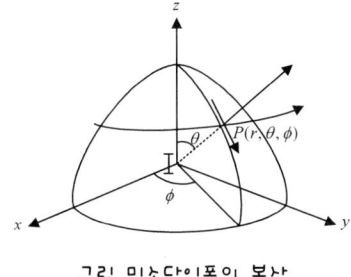

그림 미소다이폴의 복사

구면좌표상의 임의의 한점 $p(r, \theta, \phi)$에서

E_θ에 관해서만 생각해 보면 ($r=d$, $\Delta l = l$인 경우)

$$E_\theta \cong j(\frac{60\pi Il}{\lambda d})(1+\frac{1}{j\beta d}-\frac{1}{(\beta d)^2})\sin\theta [V/m]$$

(1) 복사계

① $\frac{1}{d}$에 비례, 원거리의 주성분

② 복사전계 및 복사 자계로 구성된다.

(2) 유도계

① $\frac{1}{d^2}$에 비례, 근거리의 주성분

② 유도전계 및 유도 자계로 구성

③ 거리가 $\frac{\lambda}{2\pi}$보다 작은 지점에서는 복사전자계보다 강하다.

(3) 정전계

① $\frac{1}{d^3}$에 비례, 안테나 부근의 주성분

② 수반되는 자계 성분은 없고 정전계의 에너지 이동은 없다.

③ 세 성분이 같아지는 지점 $d=\frac{\lambda}{2\pi}=0.16\lambda [m]$

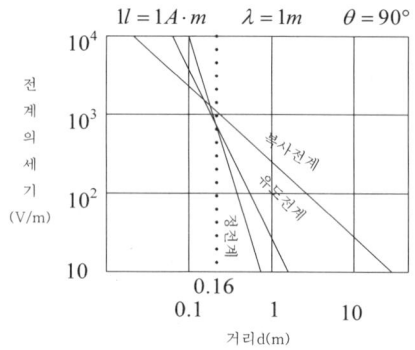

그림 안테나로부터의 거리에 따른 E_θ

1-3 복사전계

미소 다이폴에서 임의의 지점에서의 전계 강도 E_θ는

$$E_\theta = \frac{60\pi Il}{\lambda d} \sin\theta [\text{V/m}]$$

최대복사 방향의 전계 강도는 $\theta = 90°$일 때 이므로

$$E = \frac{60\pi Il}{\lambda d} [\text{V/m}]$$

복사전력은 미소다이폴을 중심으로 한 구면상의 임의의 한 점에서의 Poynting 전력을 안테나 전류 분포로 구하고, 그 전력을 구면 전체에 대해 적분하여 구한다.

$$P_r = \int_0^{2\pi} d\phi \int_{\frac{\pi}{2}}^{-\frac{\pi}{2}} [\boldsymbol{E} \times \boldsymbol{H}] r^2 \sin\theta d\theta \quad \text{에서}$$

$$P_r = 80\pi^2 \left(\frac{l}{\lambda}\right)^2 I^2 [\text{W}]$$

1-5 복사저항

안테나의 복사전력을 그 전류의 실효치 제곱으로 나눈 값

$$R_r = \frac{P_r}{I^2} = 80\pi^2 \left(\frac{l}{\lambda}\right)^2 [\Omega]$$

1-6 복사전계와 복사 전력의 관계식

$$E_\theta = \frac{60\pi Il}{\lambda d} \sin\theta = \frac{6\pi}{d} \sqrt{\frac{P_r}{80\pi^2}} \sin\theta = \frac{\sqrt{45 P_r}}{d} \sin\theta = 6.7 \frac{\sqrt{P_r}}{d} \sin\theta$$

∴ E_θ는 $\sqrt{P_r}$에 비례한다.

2. $\frac{\lambda}{2}$(반파) 다이폴 안테나

안테나의 길이가 사용파장(λ)의 $\frac{1}{2}$인 다이폴 안테나를 $\frac{\lambda}{2}$(반파)다이폴 안테나라 한다.

2-1 전류·전압분포

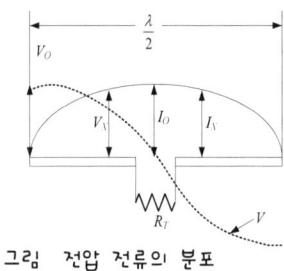

그림 전압 전류의 분포

① $I_x = I_o \sin \frac{2\pi}{\lambda} x$ (정현적 분포)

② $V_x = V_o \cos \frac{2\pi}{\lambda} x$ (여현적 분포)

③ 중앙 : 전류분포 최대, 전압 분포 최소

④ 끝단 : 전압 분포 최대, 전류 분포 최소

2-2 실효길이

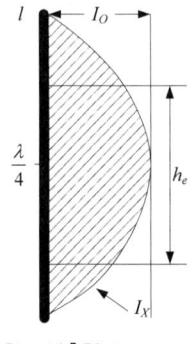

그림 실효길이

① 빗금친 부분의 면적과 동일한 직사각형의 면적을 가정했을 때, 직사각형의 세로축의 길이(h_e)

② $I_o \cdot h_e = \int_o^l I_x dx$ 에서

$$h_e = \frac{\lambda}{\pi} [\text{m}]$$

2-3 복사 전계

$$E_\theta = \frac{60\pi I_o h_e}{\lambda d} \frac{\cos(\frac{\pi}{2}\cos\theta)}{\sin\theta} = \frac{60 I_o}{d} \frac{\cos(\frac{\pi}{2}\cos\theta)}{\sin\theta} [\text{V/m}]$$

최대 복사방향의 전계 강도

$$E = \frac{60\pi I_o h_e}{\lambda d} = \frac{60 I_o}{d}$$

2-4 복사전력

$$P \cong 73.13 I^2 [\text{W}]$$

2-5 복사저항

$$R_r = \frac{P_r}{I^2} = 73.13 [\Omega]$$

2-6 복사전계와 복사전력의 관계식

$$E_\theta = \frac{60\pi I_o h_e}{\lambda d} = \frac{60 I_o}{d} = \frac{60}{d}\sqrt{\frac{P_r}{73.13}} = \frac{7\sqrt{P_r}}{d} [\text{V/m}]$$

2-7 단축율

① 반파 다이폴의 복사임피던스 Z_r 은

$$Z_r = 73.13 + j42.55[\Omega]$$

으로 반파 다이폴이라고 하여 안테나의 길이를 $\frac{\lambda}{2}$ 로 하면 실제 공진은 일어나지 않는다.

② 그러므로 안테나를 공진시키기 위해서는 l 을 $\frac{\lambda}{2}$ 보다 약간 짧게 하여 $42.55[\Omega]$의 리액턴스 성분을 제거하게 한다.

③ 이 때 리액턴스 성분을 제거하기 위해 단축하는 비율을 단축율[δ]이라고(3~10% 정도)하고 반파다이폴을 설계하는 경우 단축율을 반드시 고려해야 한다.

$$\delta = \frac{42.55}{\pi Z_o} \times 100[\%]$$

여기서, Z_o : 도선의 특성 임피던스로 $138\log_{10}\frac{2l}{d}$

(l : 안테나 길이, d : 안테나 직경)

3. $\frac{\lambda}{4}$ 수직 접지 안테나

3-1 전류·전압 분포

안테나의 길이가 사용파장(λ)의 $\frac{1}{4}$인 수직접지 안테나를 $\frac{\lambda}{4}$ 수직접지 안테나라 한다.

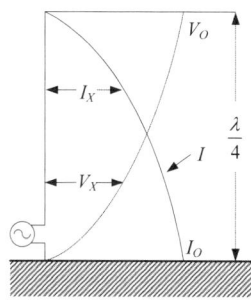

그림 전압전류 특성

① $I_x = I_o \cos\frac{2\pi}{\lambda}x [\text{A}]$ (여현적 분포)

② $V_x = V_o \sin\frac{2\pi}{\lambda}x [\text{A}]$ (정현적 분포)

③ 기저부 : 전류 분포 최대, 전압 분포 최소
　선단　 : 전압 분포 최대, 전류 분포 최소

3-2 실효고

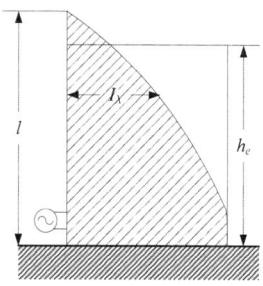

그림 수직접지 안테나의 실효고

① 빗금친 부분의 면적과 동일한 직사각형의 면적을 가정했을 때 직사

각형 세로축이 실효고(h_e)

② $I_o h_e = \int_o^l I_x d_x$ 에서

$$h_e = \frac{\lambda}{2\pi}[\text{m}]$$

③ $I_o h_e$ 는 안테나의 복사능력을 나타내는 값으로 미터 암페어라고도 한다. 단위는 [A·m]이다.

3-3 복사전계

대지를 완전 도체로 가정하고 전기 영상법에 의한 영상 안테나를 고려하면 실효고를 2배로 하여 복사전계를 구할 수 있다.

$$E_\theta = \frac{60\pi I_o (2h_e)}{\lambda d}\sin\theta = \frac{120\pi I_o h_e}{\lambda d}\sin\theta = \frac{60 I_o}{d}\sin\theta [\text{V/m}]$$

최대 복사방향의 전계강도는 $\theta = 90°$ 일 때 이므로

$$E = \frac{120\pi I_o h_e}{\lambda d} = \frac{60 I_o}{d}[\text{V/m}]$$

3-4 복사전력

$$P_r = \frac{1}{2}80\pi^2 \left(\frac{2h_e}{\lambda}\right)^2 I^2 = 160\pi^2 \left(\frac{h_e}{\lambda}\right)^2 I^2 \cong 36.56 I^2 [\text{W}]$$

3-5 복사저항

$$R_r = \frac{P_r}{I^2} = 160\pi^2 \left(\frac{h_e}{\lambda}\right)^2 \cong 36.56 [\Omega]$$

3-6 복사전력과 복사저항의 관계식

$$E_\theta = \frac{120\pi I_o h_e}{\lambda d} = \frac{60 I_o}{d} = \frac{60}{d}\sqrt{\frac{P_r}{36.56}} = \frac{7\sqrt{2}\sqrt{P_r}}{d} = \frac{9.9\sqrt{P_r}}{d}[\text{V/m}]$$

3-7 Loading

안테나를 고유 주파수 이외의 주파수에서 효과적으로 사용하기 위하여 안테나의 입력 리액턴스 성분이 "0"이 되도록 L, C를 넣어 안테나의 길이가 짧게 하거나 길게 하여 동조시키는 것을 loading이라 하며 Base loading, center Loading, top loading이 있다.

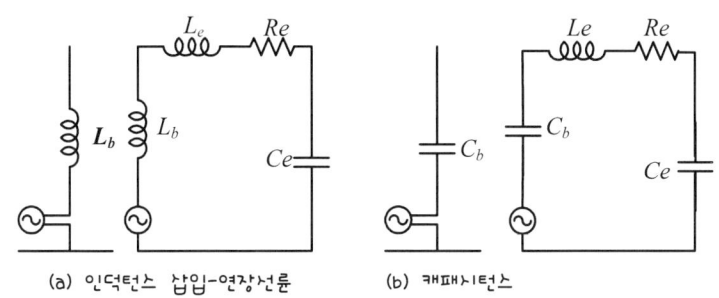

(a) 인덕턴스 삽입-연장선륜   (b) 캐패시턴스 삽입-단축용량

그림 Base loading의 종류

(1) Base loading

1) 인덕턴스 삽입

안테나의 기저부에 인덕턴스를 삽입하면 다음의 공진 주파수 공식에서 합성인덕턴스 L이 증가하므로 주파수는 낮아지고 파장은 길어져 안테나의 길이가 연장된 것과 같은 효과를 얻을 수 있다. 이러한 인덕턴스 성분을 연장선륜이라고 한다.

$$f = \frac{1}{2\pi\sqrt{(L_e + L_b)C_e}}[\text{Hz}]$$

2) 캐패시턴스 삽입

안테나의 기저부에 캐패시턴스를 삽입하면 합성 캐패시턴스 C가 감소하므로 주파수는 높아지고 파장은 짧아져 안테나의 길이가 단축된 것과 같은 효과를 얻을 수 있는데 이러한 캐패시턴스 성분을 단축용량 이라고 한다.

$$f = \frac{1}{2\pi\sqrt{L_e\left(\dfrac{C_e \cdot C_b}{C_e + C_b}\right)}}\,[\text{Hz}]$$

(2) top loading

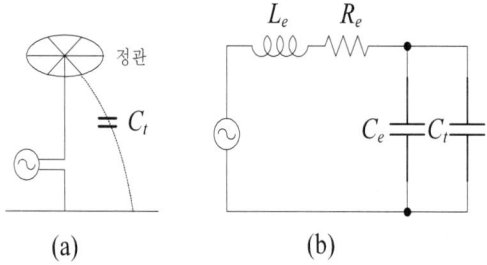

그림 top loading

안테나의 선단에 정관을 설치하면 등가적으로 캐패시터를 병렬로 연결한 것과 같은 효과를 나타내며 공진 주파수를 낮출 수 있다.

$$f = \frac{1}{2\pi\sqrt{L_e(C_e + C_t)}}\,[\text{Hz}]$$

4. 안테나의 파라미터

4-1 지향특성(지향성 계수)

안테나에서 복사되는 전파의 방향과 강도를 각도의 함수로 나타낸 것으로 최대 복사 방향을 기준(1)으로 하여 상대적인 전계강도로 나타낸 것을 지향성 계수라 한다.

$$지향성\ 계수\ D = \frac{E_o(\theta\ 방향의\ 전계강도)}{E(최대\ 복사\ 방향의\ 전계강도)}$$

① 수직면내 지향성 계수　② 수평면내 지향성 계수

$$D(\theta) = \frac{E_\theta}{E} \Big\}　\ D(\emptyset) = \frac{E_\emptyset}{E} \Big\}$$

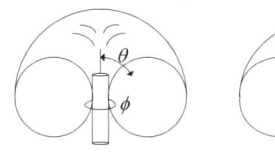
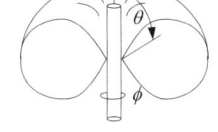

그림 지향특성의 표시

표 미소 다이폴과 반파 다이폴의 $D(\theta), D(\emptyset)$의 비교

구분	$D(\theta)$	$D(\emptyset)$
미소 다이폴	$\sin\theta$	1
반파 다이폴	$\dfrac{\cos(\dfrac{\pi}{2}\cos\theta)}{\sin\theta}$	1

4-2 반치각

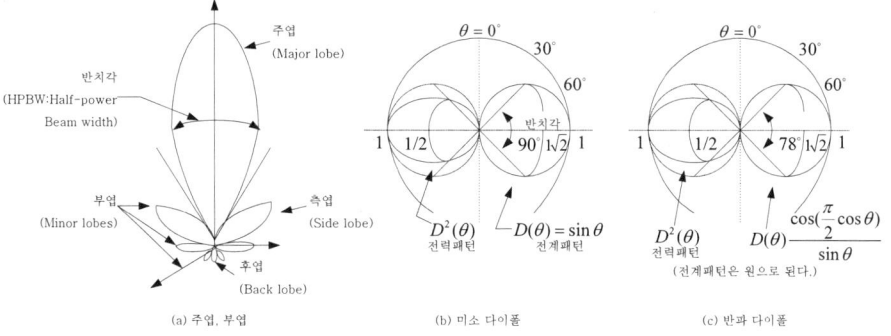

그림 반치각

① 주엽(main lobe) : 최대 복사 방향의 빔 패턴

② 부엽(miner lobe) : 주엽 외의 작은 빔 패턴

③ 빔치긱

전계 패턴 : 최대 전계 복사 각도의 $\dfrac{1}{\sqrt{2}}$ 되는 두 점 사이의 각도

전력 패턴 : 최대 전력 복사 각도의 $\dfrac{1}{2}$ 되는 두 점 사이의 각도

미소 다이폴은 90°, 반파 다이폴은 78°

④ 전후방비(FB비 : Front to Back ratio)

주엽 전계 강도의 최대값과 후방 부엽 전계강도의 최대값의 비

$$FB = 20\log_{10}\dfrac{E_f (전방의 전계강도)}{E_B (후방의 전계강도)}$$

4-3 안테나의 효율

① 안테나의 효율은 안테나의 입력 전력에 대한 복사전력의 비로 나타낸다.

$$안테나효율(\eta) = \dfrac{복사전력(P_r)}{안테나입력전력(P_i)} = \dfrac{P_r}{P_i} \times 100[\%]$$

$$= \dfrac{P_r}{P_r + P_l} \times 100[\%] = \dfrac{R_r}{R_r + R_l} \times 100[\%]$$

(P_r : 복사전력, P_l : 손실전력, R_r : 복사저항, R_l : 손실저항)

② 일반적인 안테나의 효율은 50~70[%] 정도이다.

③ $\dfrac{\lambda}{4}$ 수직 접지 안테나의 경우 접지저항이 크기 때문에 효율(η)로 특성을 표현한다.

④ $\dfrac{\lambda}{2}$ 다이폴 안테나는 비접지로 접지 저항이 "0" 이므로 효율(η)은 100[%]이므로 $\dfrac{\lambda}{2}$ 다이폴 안테나는 이득으로 특성을 표현한다.

4-4 안테나의 손실저항

① 접지저항 : 대지와 안테나 사이의 접촉저항으로 안테나 손실의 대부분을 차지한다.
② 도체저항 : 안테나 도선의 표피 효과에 의한 저항
③ 유전체 손실 : 안테나 주위의 유전체 쌍극자의 변위에 의한 저장
④ 누설저항 및 코로나 손실 : 매질의 절연 불량이나 안테나 끝단의 고전압에 의한 코로나 방전현상에 의한 저항
⑤ 와전류 손실 : 안테나 주위 도체의 고주파와 전류에 의한 열 손실

4-5 안테나의 Q(Quality factor)

$$Q = \frac{\omega L_e}{R_e} = \frac{1}{\omega C_e R_e} = \frac{1}{R_e}\sqrt{\frac{L_e}{C_e}} = \frac{1}{R_e}Z_o = \frac{f}{B}$$

여기서 Z_o 는 안테나의 특성 임피던스로

$$Z_o = \sqrt{\frac{Z}{Y}} = \sqrt{\frac{L}{C}} = 138\log_{10}\frac{2l}{d}[\Omega]$$
(L : 안테나의 길이, d : 안테나 도선의 직경)

안테나 도선의 직경(d)이 커지면 도선의 특성 임피던스(Z_o)가 작아지고 선택도(Q)가 작아지므로 대역폭(B)은 넓어져 광대역 특성을 나타낸다.

4-6 안테나의 고유 주파수(f_o)와 고유 파장(λ_o)

① 고유 주파수
안테나 여진 시 안테나의 공진 주파수 중에서 가장 낮은 주파수
② 고유파장 (f_o)
안테나 여진 시 안테나의 공진하는 파장 중에서 가장 긴 파장

③ $\frac{\lambda}{2}$ 다이폴 안테나의 f_o, λ_o

$$\lambda_o \simeq 2l[\text{m}]$$
$$f_o \simeq \frac{C}{\lambda_o} = \frac{C}{2l}[\text{Hz}]$$

④ $\frac{\lambda}{4}$ 수직접지 안테나의 f_o, λ_o

$$\lambda_o \simeq 4\,l[\text{m}]$$
$$f_o \simeq \frac{C}{\lambda_o} = \frac{C}{4l}[\text{Hz}]$$

4-7 안테나의 이득(G)

(1) 정의

기준 안테나와 비교하여 임의 안테나가 어떤 방향으로 얼마만큼의 전력을 복사 또는 흡수할 수 있는가를 나타낸 것으로 기준 안테나와 임의 안테나에 동일 전력 공급 시 최대 복사방향으로 동일거리 떨어진 지점에서의 Poynting 전력의 비를 이득(G)이라 한다.

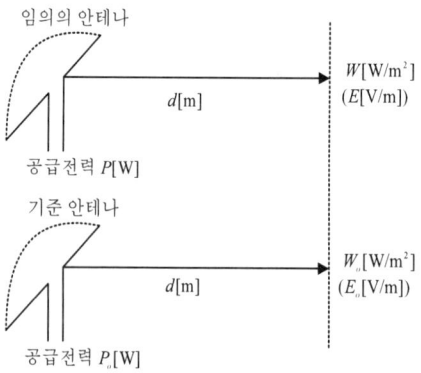

그림 안테나의 이득

$$G = \frac{\text{임의 안테나에서 최대복사방향으로 임의 거리에서의 포인팅 전력}}{\text{임의 안테나에 공급된 전력}} \Big/ \frac{\text{기준 안테나에서 최대복사방향으로 임의 거리에서의 포인팅 전력}}{\text{기준 안테나에 공급된 전력}}$$

$$= \frac{\frac{W}{P}}{\frac{W_0}{P_0}} = \frac{\frac{E^2}{120\pi}}{\frac{E_0^2}{120\pi}} = \frac{\frac{E^2}{P}}{\frac{E_0^2}{P_0}} = \frac{P_0}{P} \cdot \left(\frac{E}{E_0}\right)^2$$

$$= \frac{P_0}{P}\Big|_{\text{동일전계}} = \left(\frac{E}{E_0}\right)^2\Big|_{\text{동일전력공급시}}$$

[dB]로 바꾸면

$$G[\text{dB}] = 10\log_{10} G = 20\log_{10}\frac{E}{E_o}[\text{dB}] = 10\log_{10}\frac{P_o}{P}[\text{dB}]$$

(2) 종류

① 절대이득(G_a)

무 손실 등방성 안테나에 대한 전력이득으로 마이크로파용 입체안테나에 사용한다.

② 상대이득 (G_h)

무 손실 반파 다이폴 안테나에 대한 전력이득으로 초단파 이하의 선형 안테나에 사용한다.

③ 지상이득(G_v)

$\frac{\lambda}{4}$ 보다 극히 짧은 수직접지안테나에 대한 전력이득으로 접지 안테나에 사용한다.

④ 절대이득(G_a), 상대이득(G_h), 지상이득(G_v)의 관계
$G_a = 1.64 \times G_h = 3 \times G_v$

⑤ 절대이득(G_a), 상대이득(G_h), 지상이득(G_v)의 전계강도
$$E = \frac{\sqrt{30 G_a \eta P_r}}{d} = \frac{7\sqrt{G_h \eta P_r}}{d} = \frac{\sqrt{90 G_v P_r}}{d}[\text{V/m}]$$

4-8 수신 전압과 수신 최대 유효전력

① 실효고가 h_e 이고 전계강도가 E인 안테나의 단자에 유기되는 수신 전압 V_o 는

$$V_o = E \cdot h_e [\text{V}]$$

② 수신안테나로부터 부하에 공급되는 전력 중 최대 유효전력 P_a 는

$$P_a = \frac{V_o^2 [\text{W}]}{4R}$$

4-9 실효개구면적(Effective aperture area)

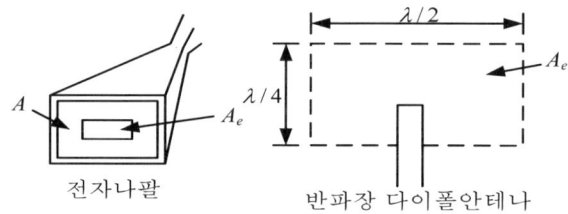

그림 안테나의 실효개구면적

초단파대 이상의 주파수에서 사용되는 입체 안테나의 실제 전파의 송수신에 사용되는 면적으로 A_e 로 나타낸다.

$$A_e = \frac{\lambda^2}{4\pi} G_a [\text{m}^2] = 0.131 G_h \lambda^2 [\text{m}^2]$$

① 미소 다이폴 안테나의 실효개구 면적

$$A_e = 0.119 \lambda^2 [\text{m}^2]$$

② 반파 다이폴 안테나의 실효개구 면적

$$A_e = 0.131 \lambda^2 [\text{m}^2]$$

5. Friis 전력전송 방정식

(1) 개요

① 링크 버짓(Link Budget)이란 주어진 통신 링크 상에서 필요로 하는 성능(이득, 손실, 비트에러율 등)을 만족시키는 예상 수식을 말한다.

② 무선 링크 버짓을 검토할 때 사용되는 Friis 전력 전송방정식은 무선 통신 엔지니어에게는 보통 송수신 양단간에 어떤 장비 구성이 적절한가, 주어진 장비 구성으로 최대 전송거리는 어느 정도인지, 송신 출력은 얼마나 해야 되는지, 안테나는 어떤 것을 사용해야 하는지 등에 대한 결정에 활용된다.

③ Friis의 전송방정식을 이용하여 송수신 양단간에 경로 상의 각 단계에서 손실 감쇠 및 이득의 합이 링크 버짓을 넘지 않도록 설계해야 한다.

(2) 페이드 마진(Fade Margin)

① 최저 수신레벨은 무선전송장치에서 가장 중요한 특성 중에 하나이다.

② 최저 수신 레벨값에 따라 장비의 성능이 좌우되며, RF신호가 공간을 전송 중 겪게 되는 각종 페이딩에 대비한 충분한 마진을 확보할 수 있다.

③ 최대 출력과 최저 수신레벨의 차를 시스템 이득이라 하며, 최저 수신레벨과 최저 수신 레벨의차를 페이드 마진이라 한다.

④ 설계된 통신망이 갖는 통계적 신뢰도를 평가하기 위한 값들을 정하는 것으로 Fade Margin을 사용한다.

⑤ 예를 들면 수신기 입력 레벨이 $-30[dBm]$인 수신기가 있으면 전송로로 수신된 수신량이 계산상 수신 입력 레벨이 $-30[dBm]$이면 수신 가능하나 실제로 각종 Fading이나 기타의 영향으로 인해 수신 전계 강도가 수시로 변하므로 양호한 품질의 신호를 수신하기 위해서는 수신 입력에 여유를 두어야 함. 이것을 Fade Margin이라 한다.

⑥ 장비를 선정할 때는 주어진 전파 경로상의 총경로 손실 계산치를 기준으로 하여, 이 경로 손실을 고려하고도 충분한 Fade Margin이 생기도록 장비의 총 이득을 계산하여 구입해야 한다.

(3) Friis 전력전송 방정식

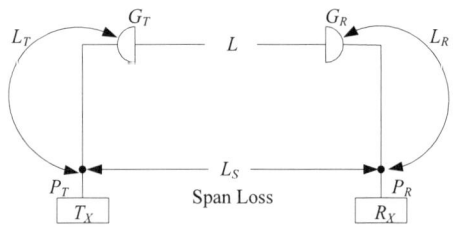

그림 Friis 전력전송방정식

① Friis 전송방정식은 수신안테나의 전력과 송신안테나의 전력비로 나타내며 아래 식과 같다.

$$\frac{P_R}{P_T} = G_T G_R \left(\frac{\lambda}{4\pi d}\right)^2$$

② 여기서 P_R과 P_T는 수신전력과 송신전력을 나타내며 G_T 와 G_R은 송신안테나와 수신안테나의 이득을, λ 는 사용주파수의 파장 그리고 d 는 수신안테나와 송신 안테나 사이의 거리이다.

③ 급전선 손실까지 고려한 수신전력 P_R은 다음과 같다.

$$\therefore P_R[\text{dBm}] \leq P_T[\text{dBm}] + G_T + G_R - L - L_T - L_R$$

④ 수신레벨=(Threshold Level) + (Fade Margin) 이므로

$$P_R[\text{dBm}] = P_{TH}[\text{dBm}] + F \cdot M[\text{dB}]$$

⑤ 무선링크버짓을 만족하는 최소 수신한계레벨은 다음과 같이 계산될 수 있다.

$$\therefore P_{TH}[\text{dBm}] < P_T[\text{dBm}] + G_T + G_R - L - L_T - L_R - FM$$

Section 3 안테나 실제

1. 장·중파용 안테나

1-1 접지 방식

$$\eta = \frac{R_r}{R_r + R_l} \times 100[\%] \quad (R_r : \text{복사저항}, \quad R_l : \text{손실저항})$$

(1) 심굴접지
① 공중선에 가까운 지점에 지하수가 나올 정도의 깊이에 동판을 매설하여 그 주위에 수분을 잘 흡수하는 목탄을 넣어 접촉 저항을 작게한 방식
② 접지 저항은 $10[\Omega]$ 전후
③ 소전력 송신기에 사용

(2) 방사상 접지(Radial earth)
① 지하 50~100[cm] 정도에 2.9[mm]정도의 동선을 공중선 높이와 같은 정도의 길이로 수십 줄 (보통 120줄 정도)을 방사상으로 매설하는 방식. 지선망 방식이라고도 한다.
② 접지저항은 $5[\Omega]$ 전후
③ 중파 방송용으로 사용

(3) 다중접지
① 공중선 전류를 지선망의 각 분구에 똑같이 흘려서 공중선 전류가 기저부에 밀집하는 것을 피하여 접지 저항을 감소시키는 방식
② 접지 저항은 $1~2[\Omega]$ 정도
③ 대전력 방송국에 사용

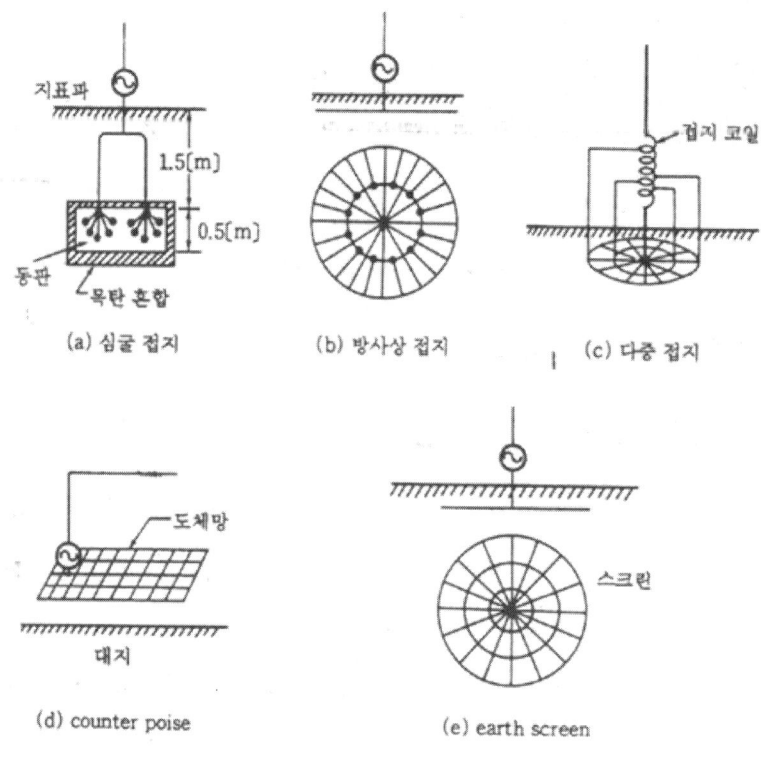

그림 장.중파대 안테나 접지방식

(4) 카운터 포이즈(counter poise)
① 대지의 도전율이 나쁜 경우 방사상의 지선망을 공중선 높이의 약 5[%] (1~2m 정도)의 지상에 대지와 절연하여 설치하는 용량 접지 방식
② 접지저항은 1~2[Ω] 정도
③ 건조지, 암산, 수목이 많은 곳, 건물의 옥상등에 사용

(5) 어스 스크린(Earth screen)
① 동선을 방사상으로 치는 대신 공중선 투영 면적 아래에 대략 실효높이 정도의 면적에 Screen을 묻어 접지하는 방식
② 눈금 간격은 실효고의 $\frac{1}{10}$ 보다 작게 한다.

1-2 $\frac{\lambda}{4}$ 수직접지 안테나

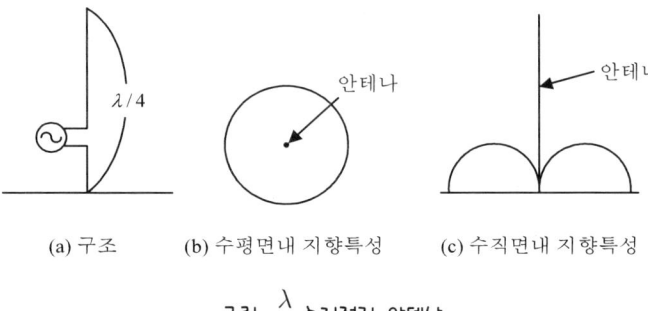

(a) 구조   (b) 수평면내 지향특성   (c) 수직면내 지향특성

그림 $\frac{\lambda}{4}$ 수직접지 안테나

① 감쇠가 적은 수직편파 성분을 이용한다.
② 수평면내 무지향성, 수직면내 쌍반구형의 지향특성을 갖는다.
③ 안테나의 길이가 길어지면 수평면내 지향성이 커진다.
④ 실효고

$$h_e = \frac{\lambda}{2\pi}$$

⑤ 전계강도

$$E_\theta = \frac{120\pi I h_e}{\lambda d}\sin\theta = \frac{60I}{d}\sin\theta = \frac{9.9\sqrt{P_r}}{d}\sin\theta [\text{V/m}]$$

⑥ 복사전력

$$P_r = 160\pi^2 I^2 (\frac{h_e}{\lambda})^2 \cong 36.56 I^2 [\text{W}]$$

⑦ 복사저항

$$R_r = 160\pi^2 (\frac{h_e}{\lambda})^2 \cong 36.56 [\Omega]$$

⑧ 장·중파 방송용으로 사용

1-3 역 L형 안테나

① 수직접지 안테나의 꼭대기에 수평으로 도선을 설치한 안테나
② 수평부분은 top loading의 일종으로 대지와 정전용량이 생겨 연장 효과가 있다.
③ 수평부분(무효복사부)은 실효고를 증대시키는 효과를 갖는다.
④ 수평면내 무지향성, 수평부의 반대방향으로 최대 복사가 얻어진다.
(수직면내 쌍반구형)

⑤ 실효고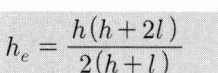

$$h_e = \frac{h(h+2l)}{2(h+l)}$$

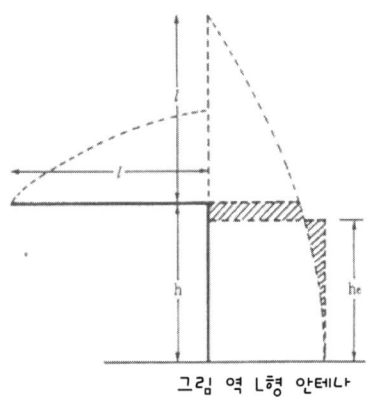

그림 역 L형 안테나

1-4 T형 안테나

① 역 L형의 수평부분을 양쪽으로 설치한 구조
② 수평면내 무지향성, 수직면내 쌍반구형

1-5 우산형 안테나

역 L형이나 T형과 같은 원리로 수평 부분을 Top loading의 역할을 할 수 있도록 우산형으로 한 것

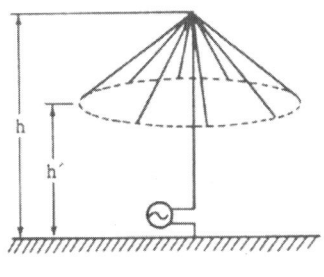

그림 우산형 안테나

1-6 원정관 안테나

① 원정관을 설치하면 고각도 복사를 억제하기 때문에 양청 구역이 넓어진다.
② 고각도 복사를 억제하고 수평면내 지향특성을 가장 효과적으로 하기 위하여 필요한 안테나의 높이는 0.53λ이다.
③ 원정관을 설치하여 등가적으로 0.53λ를 만들어 준 것이 원정관 안테나이다.
④ 실효고 증가로 복사저항 및 복사 효율이 증대
⑤ 페이딩 방지용 안테나, 표준 중파 방송용로 사용

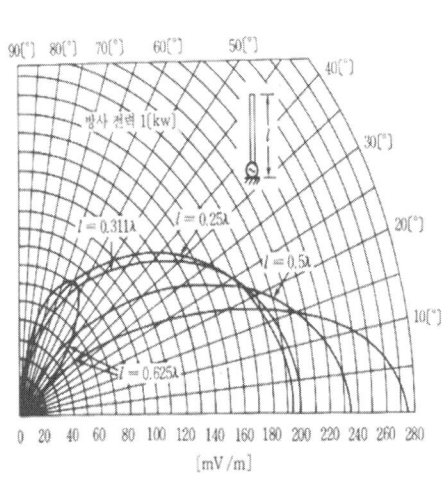

그림 원정관형 안테나

1-7 loop 안테나

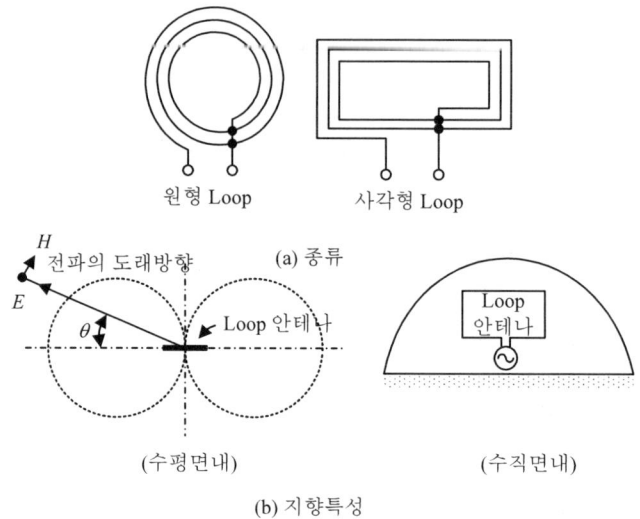

그림 loop안테나

① 동선을 원형, 사각형, 마름모꼴 등으로 1회나 수회 감은 코일
② 전파도래 방향은 알 수 있으나 180° 두 방향 중 어느 방향인지 확정할 수 없다. (180° 불확정성)
③ loop 안테나를 방향 탐지용으로 사용할 때 수직 안테나와 함께 조합하여 사용하면 180° 불확정성의 문제를 해결할 수 있다.

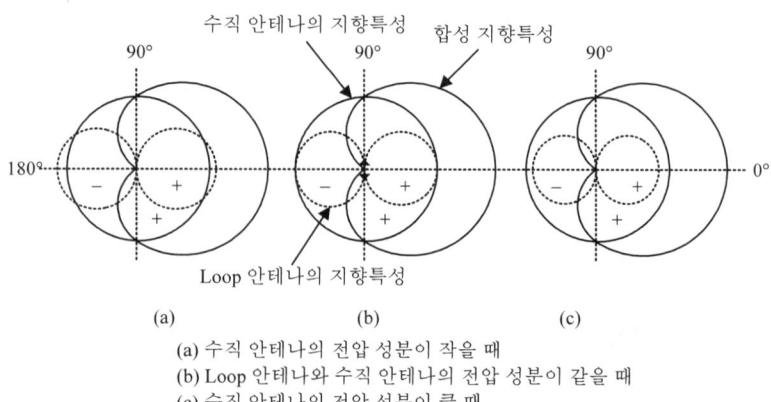

(a) 수직 안테나의 전압 성분이 작을 때
(b) Loop 안테나와 수직 안테나의 전압 성분이 같을 때
(c) 수직 안테나의 전압 성분이 클 때

그림 Loop 안테나와 수직 안테나의 합성 지향 특성

④ 야간에 전리층 반사파의 수평성분이 loop 안테나의 수평부에 유기되어 방향 탐지에 오차로 작용한다.(야간 오차 발생)

⑤ 실효길이

$$h_e = \frac{2\pi AN}{\lambda}$$

⑥ 전계강도

$$E = \frac{60\pi I h_e}{\lambda d} = \frac{120\pi^2 IAN}{\lambda^2 d} [\text{V/m}]$$

⑦ 복사전력

$$P_r = 320\pi^4 (\frac{AN}{\lambda^2})^2 I^2 [\text{W}]$$

⑧ 복사저항

$$R_r = 320\pi^4 (\frac{AN}{\lambda^2})^2 [\Omega]$$

⑨ 방위 측정용, 방향 탐지용, 전계강도 측정용으로 사용

1-8 Adcock 안테나

야간에 D층의 소멸로 E층 반사파가 수신되어 방향탐지 오차(야간오차)가 발생하는 것을 방지하기 위한 안테나

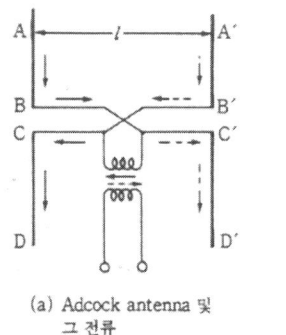

(a) Adcock antenna 및 그 전류

(b) Goniometer 형 Adock antenna

그림 Adcock 안테나

1-9 Bellini-Tosi 안테나

① 두 개의 Loop 안테나를 직각으로 배치한 구조의 안테나로 고니오메터(gonio meter) 탐색코일을 움직이는 것으로 Loop 안테나를 회전시키는 것과 동일한 효과를 얻을 수 있다.

② 자동방향 탐지기(ADF)에 사용

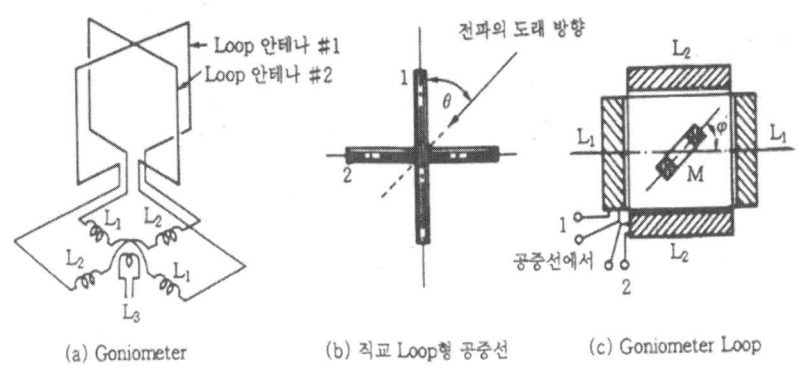

그림 Bellini-Tosi 안테나

1-10 Wave 안테나(Beverage 안테나)

① 지향성은 단향성을 갖는다.
② 주파수 특성은 광대역이다.
③ 부엽이 많다.
④ 효율이 낮다.
⑤ 구조가 간단하다.
⑥ 이득이 크다

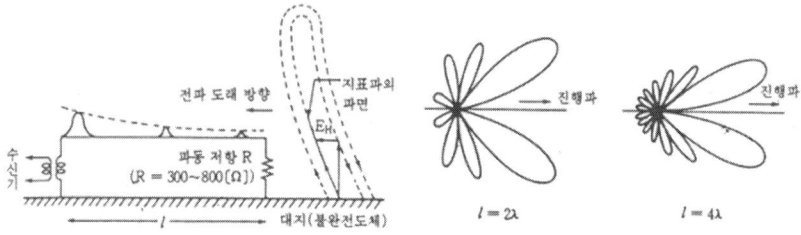

그림 Wave 안테나

2. 단파용 안테나

2-1 $\frac{\lambda}{2}$ 다이폴 안테나

① 전계강도

$$E = \frac{60\pi Ih_e}{\lambda d} = \frac{60I}{d} = 7\frac{\sqrt{P_r}}{d}[\text{V/m}]$$

② 복사전력

$$P_r = 73.13I^2[\text{W}]$$

③ 복사저항

$$R_r = 73.13I^2[\Omega]$$

④ 실효길이

$$h_e = \frac{\lambda}{\pi} = 0.318\lambda$$

⑤ 단축율

$$\delta = \frac{42.55}{\pi Z_o} \; (\text{도선의 특성 임피던스} Z_o = 138\log_{10}\frac{2l}{d})$$

⑥ 실효면적

$$A_e = 0.131\lambda^2$$

⑦ 상대이득 1
⑧ 절대이득 1.64

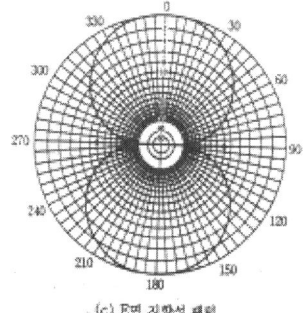
(c) E면 지향성 패턴

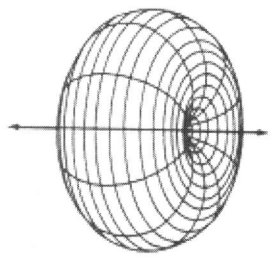
(d) 입체적 패턴

그림 반파장 안테나의 지향성

표 수평 다이폴과 수직 다이폴 비교

비교 사항	수평 다이폴	수직 다이폴
안테나의 높이	비교적 낮다	높게 치지 않으면 방사가 방해된다.
급전선의 영향	급전선과 공중선이 직각이므로 방사의 방해가 없다.	방사의 방해가 되며 지향성을 교란시킨다.
수평면 지향성	8자형	무지향성
수직면 지향성과 지상고의 영향	영향이 크다	작 다
수직면 지향성과 대지의 도전율	영향이 작다	크 다
편 파 면	수평 편파	수직 편파
혼 신 방 해	혼신파가 8자형의 영감도 방향에서 도래할 때는 방해가 적다.	무지향성이므로 어느 방향일지라도 방해를 받는다.
잡 음 방 해	적 다	크 다
정 합 회 로	정합 회로를 안테나 입력단에 붙이는 데 편리하다.	불편하다

2-2 Bent dipole 안테나(Inverted V형 dipole 안테나)

$\frac{\lambda}{2}$ dipole의 크기에 비해 설치면적이 좁거나 주위 시설물을 이용하고자 하는 경우 $\frac{\lambda}{2}$ dipole을 변형시켜 사용한 안테나

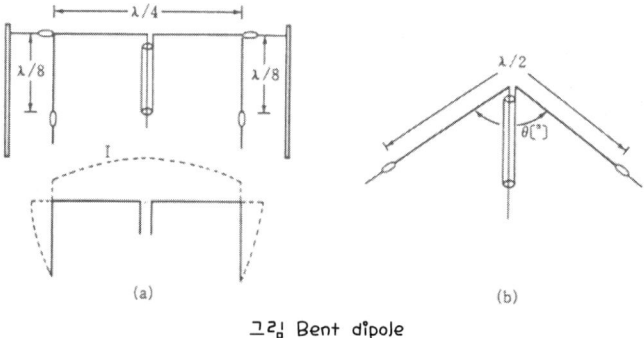

그림 Bent dipole

2-3 Zeppelin 안테나

안테나의 중앙에서 급전하지 않고 끝단에서 급전하여 한쪽 안테나만으로 $\frac{\lambda}{2}$ 다이폴 안테나의 역할을 하는 안테나로 전압 급전방식을 사용

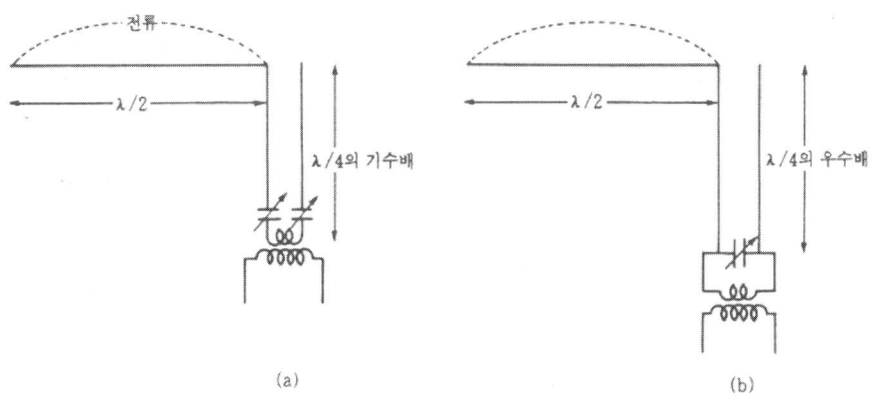

그림 Zeppeline 안테나

2-4 광대역 dipole 안테나

길이가 다른 dipole 안테나 여러개(보통 2~3개)를 적당히 배치한 형태의 안테나로 double dipole, tripple dipole 또는 우산형 안테나라고도 한다.

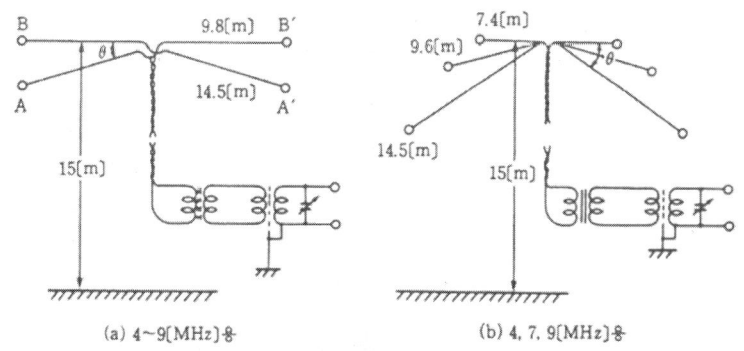

(a) 4~9[MHz]용 (b) 4, 7, 9[MHz]용

그림 광대역 dipole 안테나

2-5 Trap 안테나

한 개의 안테나로 여러 주파수대를 커버하고자 할 경우에 사용

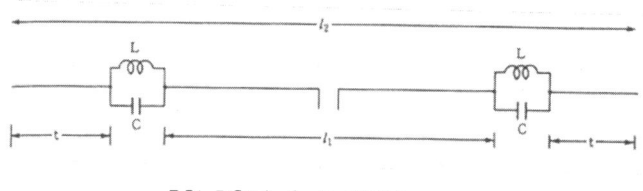

그림 광대역 dipole 안테나

2-6 Array 안테나

(1) 개요

① Array 안테나는 여러 개의 안테나소자를 배열하여 각 소자의 여진 전류의 위상을 조절, 안테나의 지향성과 이득을 조절할 수 있다.

② Array 안테나는 특정방향의 방사패턴과 이득을 가지게 해 효율성을 극대화한 안테나로 장거리 통신이나 이동 통신에 이용된다.

(2) 종류

1) Broadside array

안테나소자의 배열축에 수직인 방향으로 날카로운 지향성이 얻어지는 안테나

2) End fire Array

안테나소자의 배열축 방향으로 날카로운 지향성이 얻어지는 안테나

3) Phased array

안테나 배열 소자의 위상차를 조절하여 최대 복사 방향의 각을 $0°\sim180°$ 사이에서 변화시킬 수 있는 안테나

(3) 안테나의 이득

① 여러 개의 안테나 소자를 배열(Array)하면 각 소자의 지향성이 곱해져서 매우 예리한 지향성을 얻을 수 있다.

$$G = \frac{P_o}{P}(\frac{E}{E_o})^2 = \frac{R_o I_o^2}{RI^2} = \frac{73.13(NI)^2}{RI^2} = N^2 \frac{R_o}{R}$$

(P_o : 기준안테나에 공급되는 전력, P : 배열안테나에 공급되는 전력, E_o : 기준안테나의 전계강도, E : 배열안테나의 전계강도, I_o : 기준안테나의 전류, I : 배열 안테나소자의 전류, R : 배열 안테나의 총복사 저항, R_o : 기준 안테나의 복사저항, N : 소자수)

② [dB]로 표시하면
$$Grm[dB] = 10\log_{10} G = 20\log_{10} N - 10\log_{10} R + 18.68[dB]$$

(4) 특성
① 이득이 크고, 지향성이 예민.
② 수신측 신호대 잡음비(S/N) 향상
③ 다중 사용자 환경에서 동일채널 간섭 억제
④ 주파수 이용도가 높음.

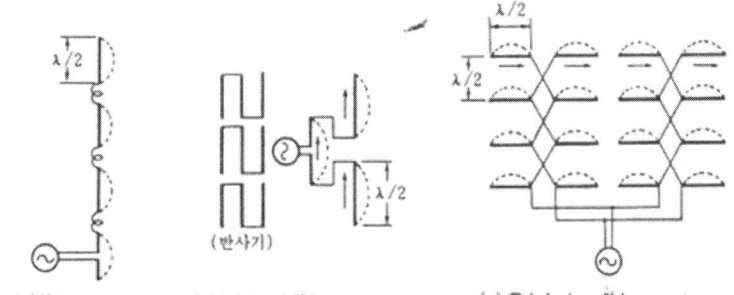

그림 Beam 안테나

2-7 Beam 안테나

① 여러개의 $\frac{\lambda}{2}$ dipole을 동일 평면내에 $\frac{\lambda}{2}$ 간격으로 규칙성 있게 수평, 수직으로 배열하고 각 소자에 동일 위상과 동일 진폭의 전류를 급전하여 각 소자의 방사를 한 방향으로 집중시켜 지향성을 예민하게 한 안테나

② 배열면에서 최대 복사방향의 전계강도

$$E = MN\frac{60I}{d}[\text{V/m}]$$

2-8 Rhombic 안테나

(1) 구조
① 4개의 비 공진선을 마름모꼴로 배치한 안테나로 1변의 길이는 $3\lambda \sim 8\lambda$ 정도이며 수평편파를 이용한다.
② 지상 $20 \sim 45[\text{m}]$ 정도의 높이에 설치하고 종단은 도선의 특성 임피던스와 같은 $500 \sim 800[\Omega]$ 정도의 종단 저항 R_o 을 삽입하여 진행파만 존재하도록 한다.

(2) 특성
① 진행파형이므로 광대역성이다.
② 단향성이다.
③ 이득은 $8 \sim 13[\text{dB}]$ 정도로 높다.
④ 부엽이 많다.
⑤ 효율이 나쁘다.
⑥ 구조가 간단하나 넓은 공간이 필요하다.

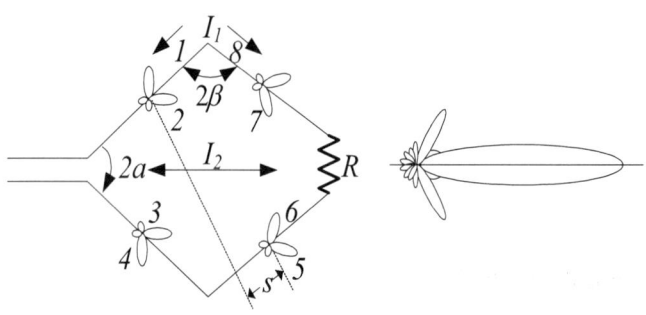

(a) 원리도   (b) 수평면내 지향성

그림 Rhombic 안테나

(3) 용도
 ① 단파 고정 송수신용으로 사용
 ② VHF-TV 중계용 수신 안테나로 사용

2-9 Half Rhombic 안테나

Rhombic 안테나의 반을 수직으로 세우고 반을 대지의 전기영상을 이용한 안테나로 수직편파를 발사

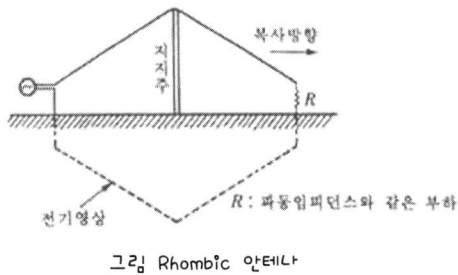

그림 Rhombic 안테나

2-10 진행파 V형 안테나

롬빅 안테나의 반만을 사용한 안테나로 각 변에 종단 저항을 설치

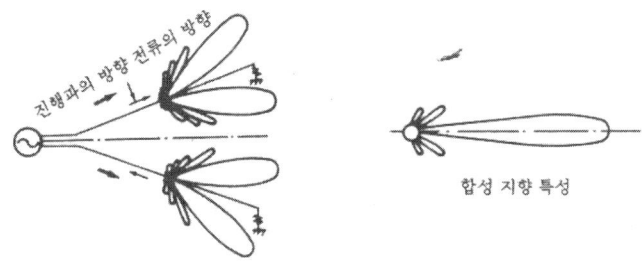

그림 진행파 V형 안테나

2-11 정재파 V형 안테나

길이가 반파장의 n 배인 고조파 안테나를 V 형으로 배열한 후 한쪽은 개방하고 다른 쪽에서 여진

2-12 Fishbone 안테나(어골형 안테나)

평행 2선식 급전선의 양측에 수십개의 집파 다이폴을 미소용량을 통해 배열한 안테나

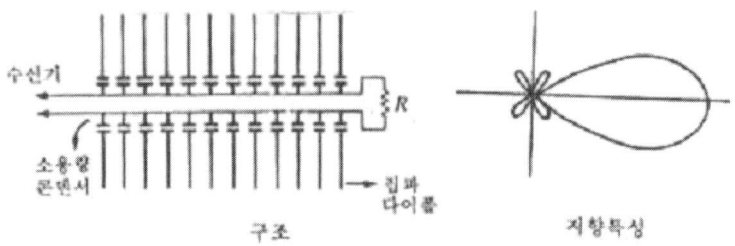

그림 Fishbone 안테나

3. 초단파용 안테나

3-1 Folded dipole 안테나

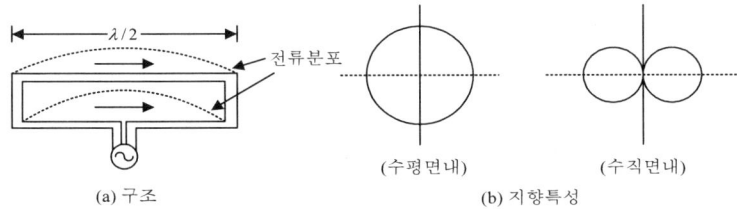

그림 Folded 다이폴 안테나

(1) 구조

① $\frac{\lambda}{2}$ 다이폴 안테나를 구부려 $\frac{\lambda}{2}$ 다이폴에 근접시켜 설치하고 양단을 접속하면 복사하는 부분이 2중이 되어 실효고와 전류분포를 2배로 할 수 있다.

② 급전점 임피던스

$$R = n^2 \times 73.13 [\Omega] \quad n : 소자수$$

③ $\frac{\lambda}{2}$ 다이폴 안테나에 비해 전류 분포가 2배이므로

$$P = (2I)^2 R = 4I^2 R = 4 \times 73.13 I^2 = 293 I^2$$

④ 실효길이가 2배이므로 개방전압 $V = Eh_e$ 도 2배가 된다.

⑤ 전계강도, 이득, 지향성은 $\frac{\lambda}{2}$ 다이폴과 같다.

⑥ VHF, UHF대 안테나, 야기 안테나의 1차 복사기로 사용

3-2 Braun 안테나

① 급전선의 내부도체에 $\frac{\lambda}{4}$ 파장의 도선을 수직으로 세우고 외부 도체에 길이 $\frac{\lambda}{4}$ 인 지선을 몇 개 설치하는 방식의 안테나

② 지선은 카운터 포이즈 역할을 하면서 동축 케이블의 외부 도체측으로 누설전류가 흐르는 것을 방지한다.

③ 수평면내 무지향성, 수직면내 $\frac{\lambda}{4}$ 수식섭시 안테나의 복사전계에서 약간 상향으로 최대 복사전계가 나타난다.

④ VHF대 기지국용 안테나, 육상이동국과 통신용 안테나

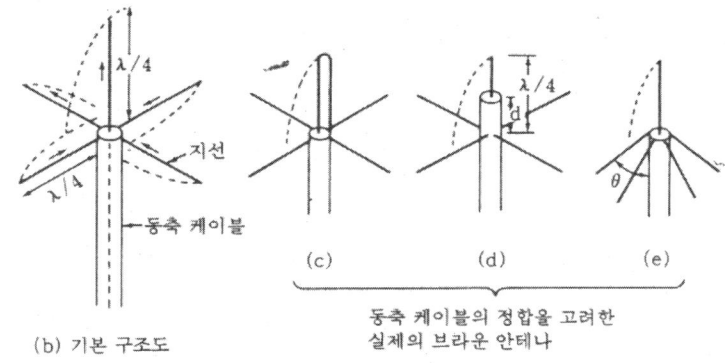

그림 Braun 안테나

3-3 Whip 안테나

① $\frac{\lambda}{4}$ 수직 도선을 동축 케이블에 접속하고 차체를 접지로 사용한 안테나

② 수평면내 무지향성, 수직면내 쌍반구형

③ $\frac{\lambda}{4}$ 수직접지 안테나와 같은 특성을 가진다.

④ 이동통신용 안테나, 기지국용 안테나

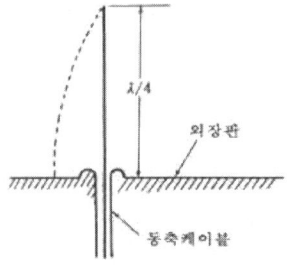

그림 Whip 안테나

3-4 동축다이폴 안테나

① 동축케이블 내부도체에 $\frac{\lambda}{4}$의 수직 도체를 접속하고 외부 도체에 $\frac{\lambda}{4}$의 원통관을 띄우거나 분기선을 사용하여 급전단에서 원통관과 접속하고 다른 단은 개방되는 구조

② 슬리브는 실효복사를 억제하고 동축케이블 외부도체의 전류가 외부로 흘러나가는 것을 방지한다.

③ 수평면내 무지향성, 수직면내 쌍반구형으로 $\frac{\lambda}{2}$ 다이폴 안테나와 같다.

④ 급전점 임피던스는 75[Ω] 정도로 동축케이블과 직결할 수 있다.

⑤ 지향성, 이득, 급전점 임피던스는 $\frac{\lambda}{2}$ 다이폴 안테나와 같다.

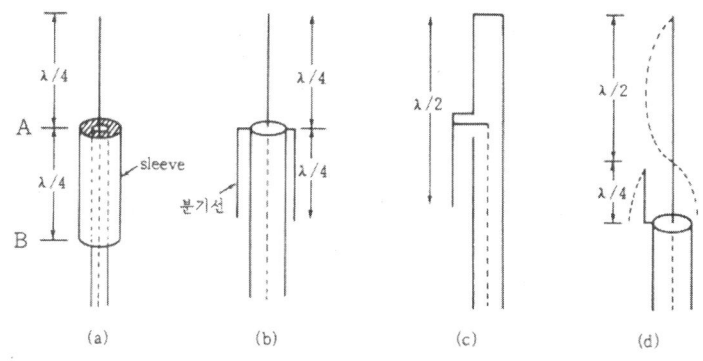

그림 동축 dipole 안테나

3-5 Collinear-array 안테나

① 다이폴 안테나를 수직으로 배열하고 동위상, 동진폭으로 여진하면 수직면내 지향성이 예민하게 된다.

② 소자수가 많아질수록 이득은 커지고 지향성도 예민해진다.

③ VHF 기지국용, 중계국용 안테나 고이득 안테나

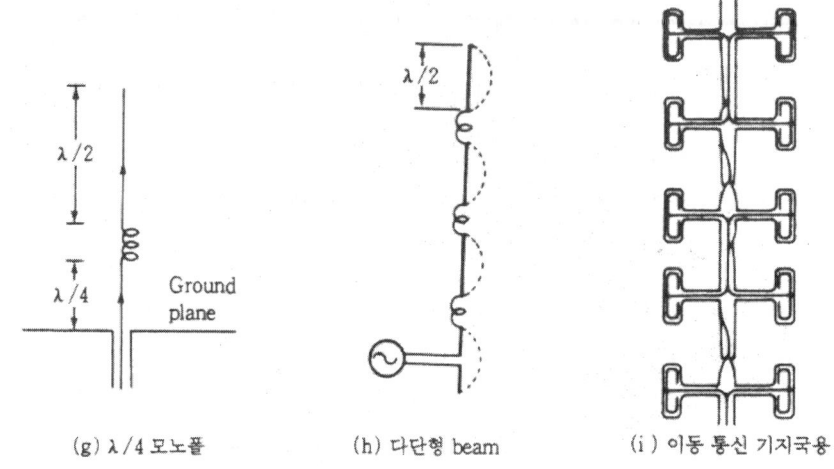

(g) $\lambda/4$ 모노폴 　　(h) 다단형 beam 　　(i) 이동 통신 기지국용

그림 Collinear-array 안테나

3-6 Yagi 안테나

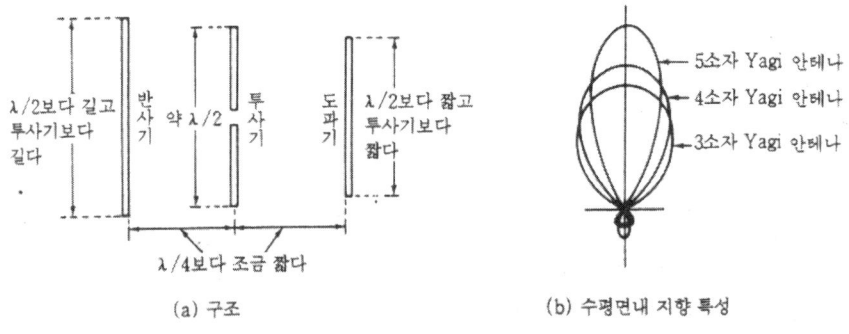

(a) 구조 　　(b) 수평면내 지향 특성

그림 Yagi 안테나

(1) 구조
① 반사기, 투사기, 도파기로 구성된 안테나

② 투사기 : 복사기라고도 하며 $\dfrac{\lambda}{2}$ 크기로 사용파장에 공진시키며 전파를 복사한다.

③ 반사기 : 투사기 보다 약간 길고 (5% 정도) 유도성분을 갖으며

전파를 반사시킨다. 투사기보다 위상이 90° 앞선다.

④ 도파기 : 투사기 보다 약간 짧고 (5% 정도) 용량 성분을 갖으며 전파를 유도한다. 투사기 보다 위상이 90° 뒤진다.

⑤ 투사기, 반사기, 도파기 사이의 거리는 $\frac{\lambda}{4}$로 한다.

(2) 특성

① 단향성으로 예민한 지향성을 갖는다.

② 이득 $G \cong \frac{10L}{\lambda}$ (L : 안테나 소자간의 거리)

3소자의 경우, 안테나 소자간 거리 L = λ/4 + λ/4 = λ/2 이므로 이득은

$$G = \frac{10}{\lambda} \times \frac{\lambda}{2} = 5 \ (7\,dB)$$

③ 소자수가 증가하면 이득이 증가한다.
④ 각 소자의 길이, 굵기, 간격에 따라 이득, 지향성에 변화한다.
⑤ 구조는 간단하나 이득이 크다.
⑥ 협대역 특성을 갖는다.

(3) 용도

① TV 수신용
② VHF 대 고정통신용

3-7 TV 수신용 광대역 야기 안테나

(1) 종류

① U라인 안테나
② Inline형 안테나
③ Conical형 안테나
④ 복합형 안테나

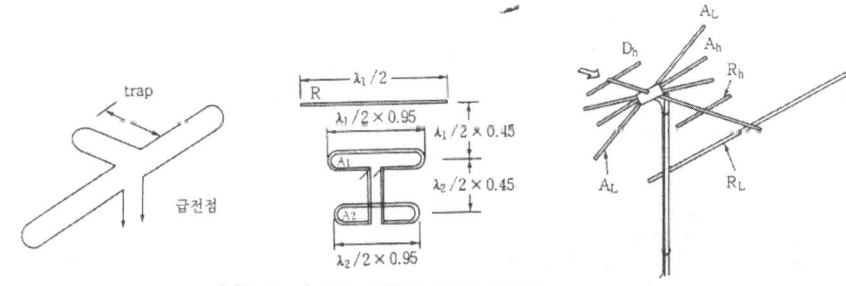

그림 TV 수신용 광대역 야기 안테나

(2) 안테나가 광대역성을 갖도록 하는 방법

1) 안테나의 Q 를 낮춤
안테나 도체의 직경이나 표면적을 넓게 하여 Q 를 낮게 하고 공진 특성을 완만하게 하여 임피던스의 변화를 적게 한다.
(짧은 원통형 안테나, fan 안테나, disco-ne 안테나 등)

2) 진행파 여진형의 소자 이용
공진자의 임피던스는 주파수에 의해 변함으로 반사파가 없는 진행파 안테나로 하면 광범위한 주파수 대역에 걸쳐서 일정한 임피던스로 된다. (롬빅 안테나, fish bone 안테나 등)

3) 보상회로 사용
안테나의 급전점에 리액턴스 보상회로를 접속시켜 소요대역내의 급전점 임피던스 변화를 적게 한다. 반파장 안테나는 직렬공진 회로이므로 이것과 반대의 리액턴스 특성을 갖는 $\frac{\lambda}{4}$의 shot trap을 병렬로 접속하면 그 합성리액턴스는 어떤 주파수 범위에서 변화하지 않게 된다. (슈퍼게인 안테나, U라인 안테나등)

4) 자기상사형
최적의 동작을 소자가 주파수의 변화에 의해 자동적으로 선택되어 지향특성이나 임피던스가 크게 변화하지 않도록 한 안테나이다. (대수주기 안테나, 바이코니컬안테나 등)

5) 상호임피던스 특성
Array antenna에 있어서 각 dipole의 자기 방사 임피던스와 각 dipole 사이의 상호방사 임피던스의 주파수 특성이 순차로 상쇄되는 조건으로 한다.(2 dipole, 4 dipole 안테나 등)

3-8 코너 리플렉터 안테나

① 단향성으로 하기 위해 사용반사기를 도체판으로 설치한 안테나
② 영상법에 corner 각도 α와 영상수 N과의 관계

$$N = \frac{360°}{\alpha} - 1 [개]$$

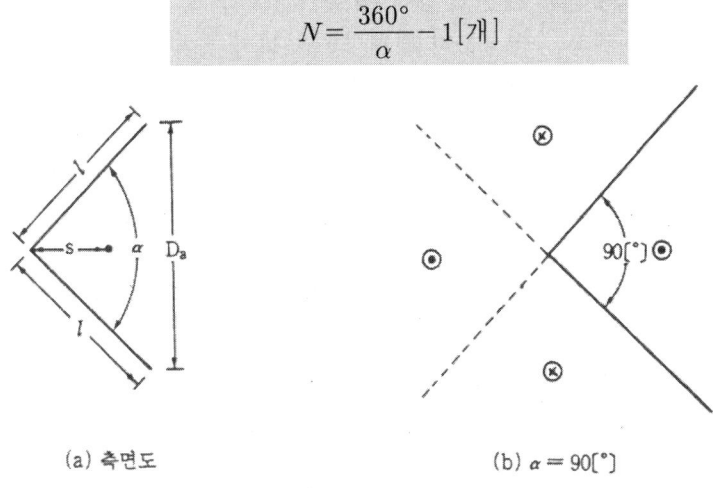

(a) 측면도　　　　(b) $\alpha = 90[°]$

그림 코너 리플렉터 안테나

3-9 Helical 안테나

(1) End fire helical 안테나
① 동축 급전선의 중심 도체에 나선형 도체를 연결하고 외부 도체는 접지 평면에 연결한 안테나

$$\theta = \frac{52}{\frac{c}{\lambda}\sqrt{\frac{np}{\lambda}}} [도]$$

② 복사저항

$$R_r = \frac{140C}{\lambda} [\Omega]$$

③ 단향성이며 원편파를 사용한다.
④ 진행파형 안테나로 진행파형 안테나의 일반적 특성을 가진다
⑤ 고이득이다. (11~16[dB])
⑥ 100~1,000[MHz]대 고이득 송수신용, 위성통신용 안테나

(2) Broad side helical 안테나
① 도체 원관의 중심에 도체선을 상하반대 방향으로 5~6회 정도 감고 끝을 도체 원관에 직접 단락시키고 원관 중심 도체선 중앙에서 급전하는 진행파 안테나이다.
② 도체선의 감은 방향이 반대 방향이므로 축방향의 방사전계는 상쇄되고 수평성분의 전계성분만 남아 수평편파로 된다.
③ 수평면내 무지향성, 수직면내 예리한 지향성

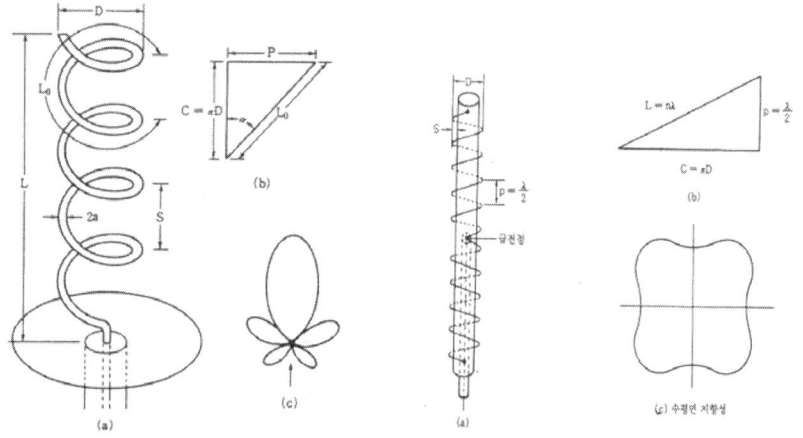

End fire helical 안테나   Broad side helical 안테나

그림 helical 안테나

3-10 정임피던스 안테나

(1) 자기보대 안테나(Self complementary antenna)
임의의 무한히 넓은 평면도체판에서 판의 부분과 빈공간의 부분이 있을 때 판 부분을 회전시키면 빈공간 부분이 완전히 포개지는 형태의 안테나

(2) 자기상사 안테나
안테나의 길이와 주파수의 변화에도 입력 임피던스가 변하지 않고 닮은 안테나

3-11 쌍 원추형 안테나

원추형 안테나 2개를 마주 세운 구조의 안테나

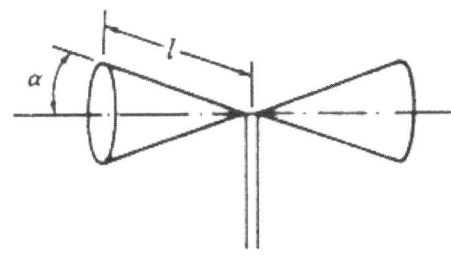

그림 쌍 원추형 안테나

3-12 디스콘안테나(Discone antenna)

쌍원추형 안테나의 한쪽 원추를 반사판으로 대치한 안테나

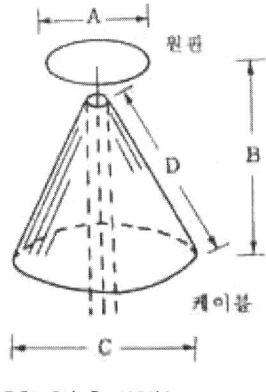

그림 디스콘 안테나

3-13 부채형 안테나(Fan antenna)

쌍원추형 안테나에서 원추를 도체판이나 여러개 도선을 부채살 모양으로 변형시킨 안테나

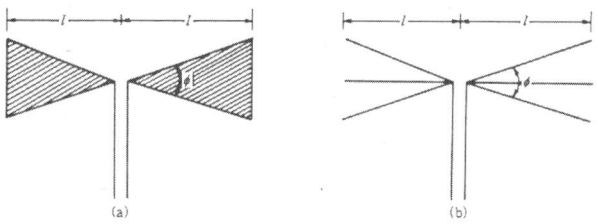

그림 부채형 안테나

3-14 대수주기 안테나(Log Periodic antenna)

① 안테나의 크기와 모양이 자기 상사의 원리를 이용해 대수 비례적으로 커지는 안테나
② 각 부분의 치수를 τ배해도 본래의 형태와 동일하게 되는 대수주기적 구조를 가지고 있다.
③ 각 주파수별 특징은 자기상사의 원리에 의해 동일하므로 안테나의 전기적 특성을 주파수의 대수로서 주기적으로 변화한다.
④ 입력 임피던스는 주파수에 관계없이 일정하다. (정임피던스 안테나)
⑤ 현존 안테나 중 가장 초광대역 특성을 가지는 안테나로 단파대에서 마이크로파대까지 사용한다.

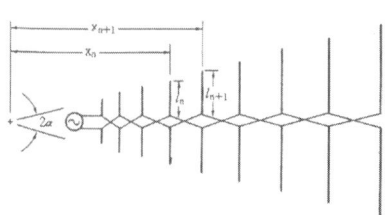 

그림 대수주기형 안테나

3-15 수평 Loop 안테나

한 변의 길이가 $\frac{\lambda}{2} \sim \frac{\lambda}{4}$ 정도가 되는 다이폴이나 folded 다이폴을 원형 모양의 Loop로 배열한 VHF 수평편파 무지향성 안테나

3-16 Single turnstile 안테나

(1) 구조

① $\frac{\lambda}{2}$ 다이폴 안테나 2개를 서로 직교하여 90° 위상차를 갖는 전류로 여진하는 안테나

② 90° 위상차를 주는 것은 급전선의 길이를 $\frac{\lambda}{4}$ 만큼 차이를 두어 해결할 수 있다.

(2) 특성

① 수평면내 무지향성 안테나
② 이득을 높이기 위해 수직으로 적립하여 사용한다.
③ 최대이득을 얻기 위한 안테나의 간격

$$d = \frac{N}{N+1}$$

④ 이때의 이득 G 는

$$G \cong 1.22 N \frac{d}{\lambda}$$

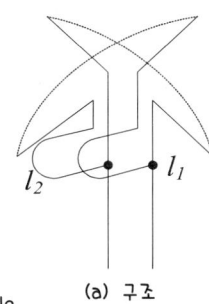 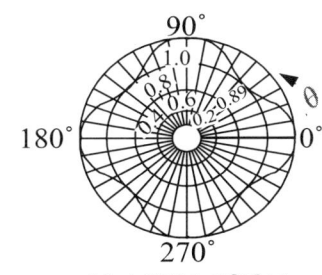 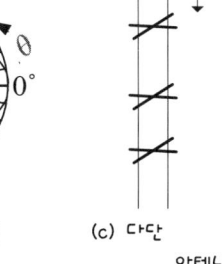

(a) 구조 (b) 수평면내 지향특성 (c) 다단 안테나

그림 single turnstile 안테나

(3) 용도
① VHF대 기지국용
② 초단파 FM 방송용

3-17 Super turnstile 안테나

(1) 구조
① 광대역 특성을 갖는 박쥐날개(Batwing)형 안테나를 Single turnstile 안테나의 $\frac{\lambda}{2}$ 안테나 대신 사용한 것
② 박쥐날개형 안테나 2개를 직각으로 배치하고 90° 위상차를 주어 급전한다.

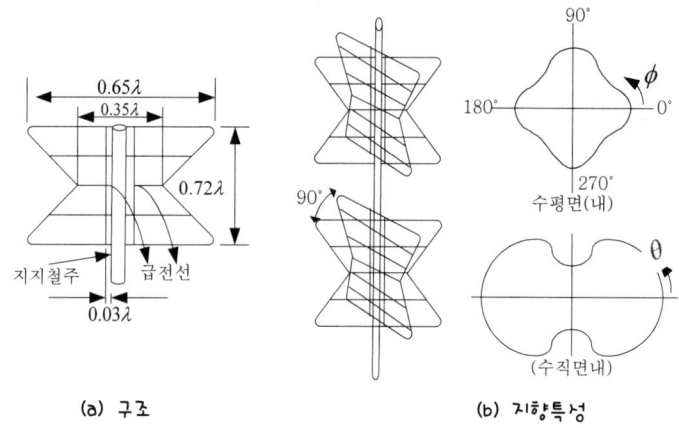

(a) 구조   (b) 지향특성

그림 Super turnstile 안테나

(2) 특성
① 수평면내 무지향성, 수직면내 쌍향성
② 고이득 안테나를 얻기 위해 몇단을 적립해서 사용하면 수직면내 지향성이 예민해진다.
③ 이득 G

$$G \cong 1.22N\frac{d}{\lambda}$$

④ 급전점 임피던스는 145[Ω]으로 75[Ω]동축 케이블 2개로 급전한다.

03 안테나 실제

(3) 용도
VHF-TV 방송용

3-18 Super gain 안테나

(1) 구조
① 반사판과 $\frac{\lambda}{2}$ 다이폴 안테나의 조합 안테나

② 다이폴 안테나는 반사판에서 약 0.3λ 위치에 여러단 수직으로 적립시킨다.

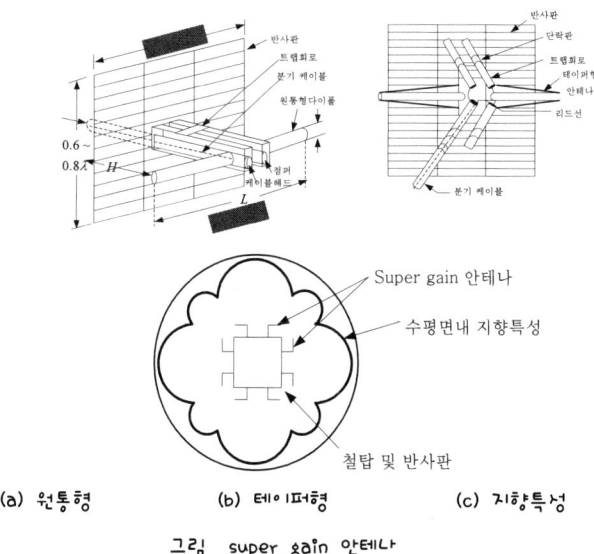

그림 super gain 안테나

(2) 특성
① Q를 낮게하여 TV와 같은 광대역 특성을 요구하는 곳에 사용한다.

② 이득을 높이기 위해 다이폴 안테나를 적립한다.

$$G \simeq 1.22 N \frac{d}{\lambda}$$

③ 수평면내 무지향성, 수직면내 예리한 지향성

④ 수평면내 지향특성을 바꾸려면 각 측면에 설치하는 소자수를 바꾸면 된다.

(3) 용도

VHF TV 방송용

4. 극초단파 이상의 안테나

4-1 전자나팔(Horn) 안테나

(1) 구조
① 가운데가 비어있는 도체 금속관인 도파관에 장치한 안테나
② 도파관의 에너지 전송은 급전선과는 달리 파동의 형태로 전송되는데 도파관 한쪽에서 전파된 파동은 다른 쪽에서 자유공간으로 복사된다.
③ 도파관의 특성 임피던스와 자유공간의 특성임피던스가 서로 달라 경계면에서 반사가 생기고 효율도 떨어지게 되는데 도파관의 단면을 서서히 넓히면 도파관의 특성임피던스와 자유공간의 특성 임피던스가 비슷하게 되어 예리한 지향성을 얻을 수 있다.

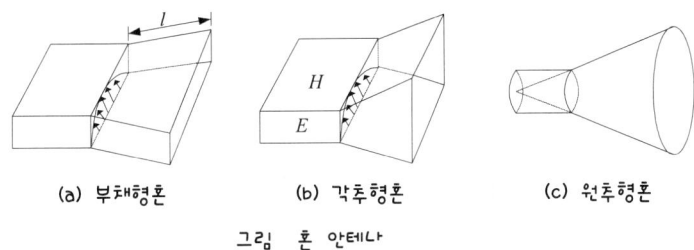

(a) 부채형혼   (b) 각추형혼   (c) 원추형혼

그림 혼 안테나

(2) 특성
① 지향성이 예민하다.
② 혼의 길이(l)를 길게 하거나 개구각을 크게 할수록 지향성이 예민해지고 이득이 커지지만 어느 개구각 이상 넓어지면 나빠진다.
③ 이득 G는 보통 20~30[dB] 정도이다.

$$G = \frac{4\pi A_e}{\lambda^2} = \frac{4\pi \eta A}{\lambda^2} \quad (A_e : 실효개구면적, \ A : 개구면적)$$

④ 광대역 특성을 가진다.
⑤ 부엽이 적다.

(3) 용도

① 이득 측정의 표준안테나로 사용
② 포물면 반사기나 전파렌즈 등과 조합하여 여진용으로 사용

4-2 파라볼라 안테나

(1) 구조

① 파라볼라의 초점에 1차 복사기로서 전자 나팔, $\frac{\lambda}{2}$ dipole, slot 등을 설치하여 여진한다.
② 오목렌즈의 성질과 같이 포물면경의 초점에서 나온 빛은 반사경에 반사된 후 평행광선이 된다는 원리를 이용

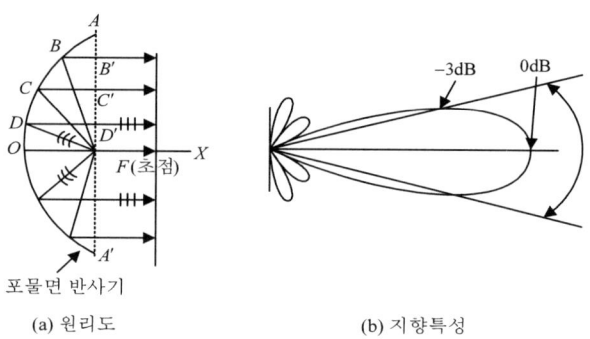

(a) 원리도 (b) 지향특성

그림 파라볼라 안테나

(2) 특성

① 구조가 간단하고 소형이다.
② 지향성이 예민하고 이득이 크다.
③ 부엽이 많다.
④ 절대이득

$$G = \frac{4\pi A_e}{\lambda^2} = \frac{4\pi \eta A}{\lambda^2}$$

⑤ 반치각

$$\theta = k\frac{\lambda}{D} \cong 70\frac{\lambda}{D}$$
(D : 개구직경 K : 상수)

⑥ 광대역의 임피던스 정합이 어렵고 대역폭이 좁다.

(3) 용도
① 극초단파 고정 통신용
② 레이다

(4) VSWR(전압정재파비)을 좋게 하는 방법
① VSWR은 1차 복사기에서 복사된 전파가 반사되어 다시 복사기로 돌아오게 되면 나빠지게된다.
② 반사경 중앙부에 정점 정합판(아펙스판)을 붙여 반사파의 일부의 위상을 180° 변화시켜 1차 복사기로 반사파가 오는 것을 상쇄시킬 수 있으나 광대역에 걸쳐 정합시키기 어렵다.
③ 반사기에 급전 방향과 복사 방향이 다른 offset feed type을 사용한다.

(5) 전후방비/전측방비를 좋게하는 방법
① 반사기 둘레에 차폐판(스커트)을 설치한다.
② 1차 복사기와 지지물에 흡수체를 바른다.
③ 카세그레인 안테나나 혼 리플렉터 안테나를 사용한다.

4-3 카세그레인(Cassegrain)/그레고리안(Gregorian)안테나

(1) 구조
① 1차 복사기를 주반사기(파라볼라)쪽에 설치하고 부반사기는 초점보다 약간 앞쪽에 볼록 쌍곡면을 설치한 것이 카세그레인 안테나이다.
② 카세그레인 안테나의 부반사기를 오목 쌍곡면으로한 안테나가 그레고리안 안테나이다

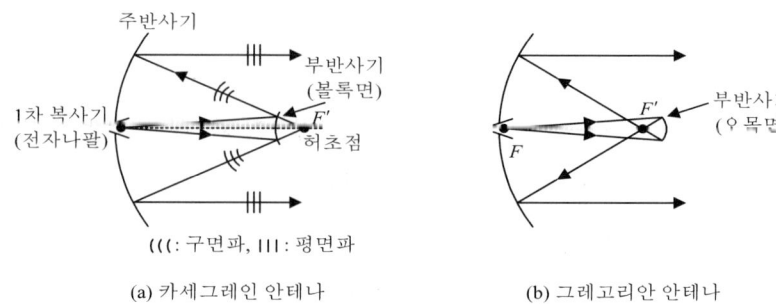

그림 Cassegrain 안테나 / Gregorian 안테나

(2) 특성
① 1차 복사기와 송수신기가 직접 연결되므로 급전계 전송손실이 적다.
② 초점 거리가 짧고 반사기의 이득이 높다.
③ 부엽이 작다.
④ 우주공간 방사 시 부반사기의 누설 전력이 천체로 향하므로 대지 반사파에 의한 잡음을 줄일 수 있다.
⑤ 카세그레인 안테나의 성능을 결정하는 요소 중 가장 큰 요소는 안테나의 크기이다.

(3) 용도
위성통신용 지구국용 안테나

4-4 Horn reflector 안테나

(1) 구조
① 원추형 혹은 각추형 나팔과 파라볼라 반사기를 조합한 구조의 안테나로 1차 복사기의 정점과 반사기의 초점을 일치시킨다.
② 나팔에 전송된 구면파는 반사기에서 반사된 후 평면파로 자유공간에 방사된다.

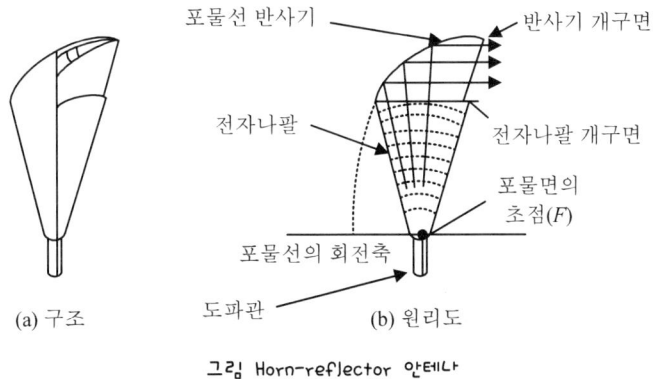

그림 Horn-reflector 안테나

(2) 특성
① Offset feed type으로 반사파가 급전점으로 돌아오는 양이 적고 임피던스 부정합이 일어나지 않는다.
② 초광대역 특성을 갖는다.
③ 개구효율이 높고 이득도 45[dB] 이상으로 매우 높다.
④ 저잡음 특성이 있다.
⑤ 부엽이 적어 전후방비, 전측방비가 좋다.
⑥ 수평, 수직 편파 모두 사용할 수 있다.
⑦ 구조가 크고 기계적 강도가 약하나 전파 렌즈보다 경제적이다.

4-5 전파렌즈

전파렌즈는 파라볼라 안테나의 반사경을 쓰지 않고 렌즈를 투과시킴으로써 전자파를 평면파로 만들어 준다.

(1) 유전체 렌즈
① 유전체를 볼록렌즈 형태로 만들어 유전체(렌즈)에 들어온 구면파를 평면파로 바꾸어 자유공간에 복사한다.
② 개구효율이 55[%] 정도로 전파 렌즈 중 가장 높아 초기의 마이크로파 통신에는 사용되었으나 지금은 거의 사용되지 않는다.

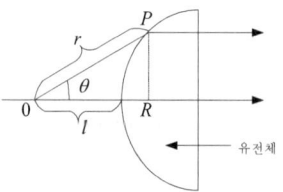

그림 유전체 렌즈

(2) 금속렌즈(metal lens)
① 도파관형과 통로장형 렌즈가 있다.
② 도파관형 금속렌즈는 도파관을 진행하는 전파의 위상속도가 진공보다 빨라지는 성질을 이용하여 금속렌즈의 끝 쪽에는 전파가 통과하는 속도를 빠르게 하고 가운데는 속도를 늦게 한 형태이다.

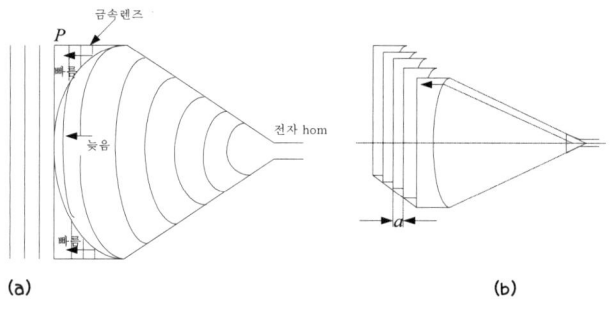

그림 도파관형 렌즈

4-6 Slot 안테나

① 도파관에 전계면과 평행으로 구멍(slot)을 내어 전파가 복사되도록 한 안테나
② Slot의 길이에 따라 임피던스가 달라지며 Slot의 길이가 $\frac{\lambda}{2}$이면 반파다이폴과 동일하게 효율이 좋고 강한 전파가 복사되며, λ 이면 임피던스가 50[Ω]으로 동축 케이블에 직결하여 사용할 수 있다.
③ Slot의 크기를 크게 하면 광대역 특성을 갖게 할 수 있다.

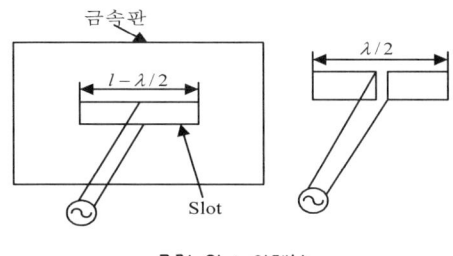

그림 Slot 안테나

④ 수평 Slot에는 수직편파가 수직 Slot에는 수평편파가 복사된다.
⑤ Slot 후방에 차폐용 통공을 설치하면 단향성을 나타낸다.

4-7 유전체 안테나

① 표면파를 이용한 대표적인 안테나로 도파관 선단에 위치한 유전체를 여진하여 유전체로부터 전파가 복사되는 원리를 이용한 안테나
② 도파관 개구면에 유전체 막대를 연결하면 개구면 자체에서 복사되는 구면파는 평면파로 교정되어 유전체 막대 방향으로 예리한 빔 특성이 얻어진다.
③ 여진부, 전송부, 종단부는 각각 테이터를 가지고 있다.
④ 특수 RADAR등에 사용

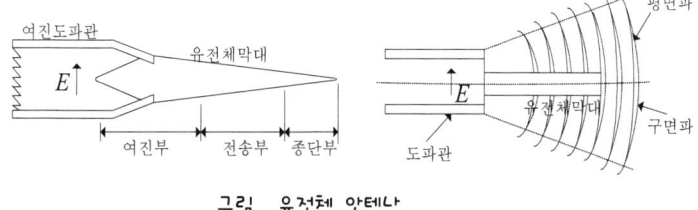

그림 유전체 안테나

4-7 마이크로스트립 패치(microstrip patch) 안테나

① microstrip기판은 밑면 전체를 하나의 금속판을 이용해 ground로 처리하고, 그 바로 위에 일정두께의 유전체 기판을 올린 후 유전체 위에 선로 형상을 구현한 회로구조을 갖는다.

② 마이크로스트립 패치(microstrip patch)안테나는 Microstrip 기판 위에 네모 혹은 원형 형태로 금속패턴을 만든 후 여러 가지 형태로 급전을 하여 만들 수 있다.

③ RF전반에 걸쳐 다양하게 응용이 가능하며, 다양한 형태의 응용이 가능한 안테나이기 때문에 많은 연구가 진행되고 있다.

④ 장단점

장 점	단 점
- 작고 가벼움. - 대량 생산이 용이함. - 집적화가 쉬움. - 어레이 안테나 구현이 쉬움.	- 높은 전력을 다룰 수 없음(저전력). - 상대적으로 기판값이 비쌈. - surface wave coupling이 있음. - 전송 가능한 대역폭이 좁음.

4-7 스마트 안테나

(1) 개요

① 이동통신시스템의 성능 및 용량은 셀 간 혹은 셀 내에서 발생되는 동일채널 간섭신호와 경로손실, 다중경로 페이딩, 신호의 지연 및 도플러 확산 및 음영현상 등의 무선 전파채널 특성에 의해 근본적으로 제한된다.

② 따라서 현재의 이동시스템은 이러한 성능 및 용량 제한현상에 대한 보상기술로 전력제어, 채널코딩, RAKE 수신, 다이버시티 안테나, 셀의 섹터화, 주파수 분할, 대역확산 등의 기술을 총망라하여 응용하고 있는 실정이다.

③ 그러나 이동통신 서비스의 욕구가 점차 다양해지면서 그 수요도 크게 늘어남에 따라 기존의 기술만으로는 증대되는 고성능, 고용량의 필요를 충족시키기는 점차 어려워질 것으로 예상하고 있다.

④ 스마트 안테나 기술은 배열 안테나와 첨단 고성능 디지털 신호처리 기술을 이용하여 RF 신호환경의 변화에 따른 적응적 안테나 빔 패턴 제어에 의해 송. 수신 성능 및 용량의 극대화를 가능케 하는 첨단 신호처리 및 안테나 기술이다.

(2) 스마트 안테나 시스템

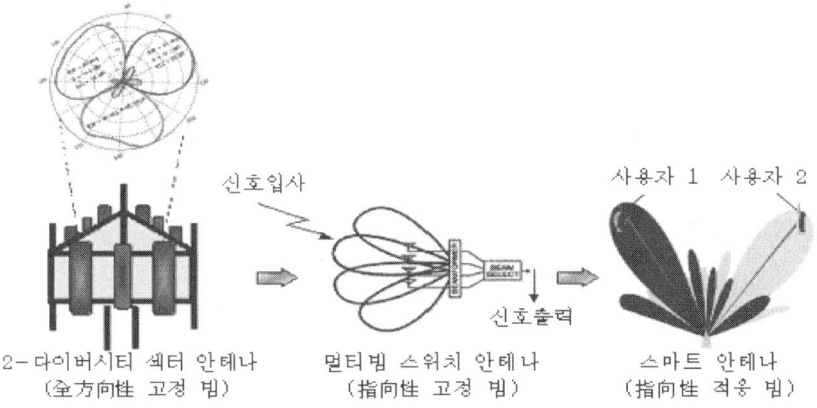

그림 빔형성 기술의 진화

① 이동통신 기지국 시스템에서의 스마트 안테나 기술의 기본 개념은 전 방향으로 방사 빔을 형성하는 대신 해당 가입자에게만 지향성의 빔을 방사함으로써 섹터에서 활동하고 있는 전 가입자에게 신호간섭 효과를 최소화함으로써 통신품질과 시스템 채널용량을 그 만큼 높일 수 있도록 한다는 개념이다.
② 스마트 안테나 기술이 적용되는 이동통신 기지국은 배열 안테나 각 소자에 입사하는 신호의 도래방향에 기초하여 신호를 증대시키거나 제거시킬 수 있는 공간 필터의 기능을 제공하는 스마트 기지국 시스템이라 할 수 있다.
③ 스마트 기지국 시스템은 한 휴대폰 또는 단말기 가입자에게 있어 기지국에서 송출한 총 송신전력 대 단말기의 유효 수신 전력 비가 매우 작은 기존의 기지국 시스템과는 달리 빔 지향 제어에 의해 수신신호를 적응적으로 최적 결합하여 간섭신호 레벨을 크게 줄임으로써 가입자에게 최적의 수신신호전력을 제공하는 시스템이다.

(3) 스마트 안테나의 특징

1) Signal gain
송수신 안테나의 이득을 증가시킴으로써 송신기의 커버리지를 확대시키거나 수신신호의 품질을 향상시킨다.

2) Interference rejection

안테나 패턴을 동적으로 변화시켜서 잡음 및 간섭을 억제시켜 용량을 증가시킨다.

3) Spatial diversity

배열안테나 각각의 신호를 합성함으로써 멀티 패스 페이딩을 억제하고 신호 품질을 향상시킨다.

4) Power efficiency

RF신호 환경변화에 따른 적응적 안테나 빔 패턴 제어로 송신출력, 소모 전력을 줄이고 신뢰도를 향상시킨다.

(4) 다중 안테나 기술 비교

구 분	Smart ANT	Diversity ANT	Spatial multiplexing ANT
스펙트럼효율성	- 안테나 개수에 로그함수적으로 증가	- 안테나 개수에 로그함수적으로 증가	- 안테나 개수에 비례
전력효율	- 안테나 수에 비례한 전력효율 감소	- 안테나 수에 비례한 전력효율 감소	- 관계없음
이동성지원	- 60Km/h 이상에서 BER 1% 만족하기 어려움	- 폐루프 방식은 고속 이동 사용자에게 적용하기 어려움	- 폐루프 방식은 고속 이동 사용자에게 적용하기 어려움
셀 커버리지 증대	- 안테나 개수에 로그 함수적으로 증가	- 안테나 개수에 로그 함수적으로 증가	- 관계없음

급전선

1. 급전선

1-1 급전선의 정의

안테나로 고주파 전력을 전송하기 위한 선로

1-2 급전선의 필요조건

① 손실이 적고 전송효율이 좋아야 한다.
② 송신용 급전선은 누설이 적고 절연 내력이 커야 한다.
③ 유도 방해가 없어야 한다.
④ 급전선의 특성 임피던스가 적당해야 한다.
⑤ 가격이 저렴하고 유지, 보수가 용이해야 한다.

1-3 전송선로의 해석

① 집중정수에 의한 해석
② 분포 정수에 의한 해석

2. 급전선의 제정수

(1) 전파정수
① 급전선의 전파시 거리에 따라 크기가 감소하게 되는데 이것을 감쇄정수(α)라 한다.
② 급전선의 전파시 거리에 따라 위상이 변하게 되는데 이것을 위상정수(β)라 한다.
③ 감쇄정수(α)와 위상정수(β)의 합을 전파정수(r)라 한다.
$$r = \sqrt{(R+jwL)(G+jwC)} = \alpha + j\beta$$
④ 무손실선로인 경우 : $R, G = 0$
$$r = j\beta = j\omega\sqrt{LC}$$
⑤ 전파속도
$$v = \frac{\lambda}{T} = f\lambda = \frac{w}{\beta} = \frac{1}{\sqrt{LC}}$$

(2) 특성임피던스(고유임피던스, 파동임피던스)
① $Z_o = \sqrt{\dfrac{Z}{Y}} = \sqrt{\dfrac{R+j\omega L}{G+j\omega C}}$
$= \sqrt{\dfrac{L}{C}}\,[1+j(\dfrac{G}{2wC}-\dfrac{R}{2wL})]$

② 무손실 선로의 경우 ($R, G = 0$)
$$Z_o \cong \sqrt{\frac{L}{C}}$$

③ 무왜곡 전송조건(heaviside 조건)(허수부가 "0")
일반적인 선로에서는 RC > LG의 관계가 성립되나 RC = LG 조건이 만족되면, 전파정수, 특성임피던스, 전파속도가 모두 주파수에 무관하게 되므로 무왜곡 전송조건을 만족하게 된다.
$$RC = GL$$

(3) 반사계수(Γ)
① 부하측에서의 입사파와 반사파의 비를 반사계수(Γ)라 한다.
② 반사계수에는 전압 반사계수(Γ_v)와 전류반사계수(Γ_I)가 있는데 전압 반사계수(Γ_v)가 주로 사용된다.

$$\Gamma_v = \left| \frac{V_r}{V_f} \right| = \frac{Z_L - Z_o}{Z_L + Z_o}$$

(V_f : 입사 전압, V_r : 반사전압, Z_L : 부하 임피던스, Z_o : 급전점 특성 임피던스)

$$0 \leq \Gamma \leq 1$$

(4) 반사손실
반사손실은 반사계수 절대치의 제곱을 취하여 dB값으로 환산한 값.
$$L\,[\text{dB}] = 10\log |\Gamma|^2 = 20\log |\Gamma|$$

(5) 전압 정재파비(VSWR : Voltage Standing Wave Ratio)
① 정재파 전압의 최대치와 최소치의 비를 전압 정재파비라 한다.
진행파 전압의 크기를 V_f, 반사파 전압의 크기를 V_r 이라 하면

최대 전압 : $V_{\max} = V_f + V_r$

최소 전압 : $V_{\min} = V_f - V_r$

$$S = \frac{V_{\max}}{V_{\min}} = \frac{V_f + V_r}{V_f - V_r} = \frac{1 + \dfrac{V_r}{V_f}}{1 - \dfrac{V_r}{V_f}} = \frac{1 + |\Gamma|}{1 - |\Gamma|} \quad (1 \leq S \leq \infty)$$

② 반사계수(Γ)와 전압정재파비(S)의 관계
$$\Gamma = \frac{S-1}{S+1}$$

③ S가 0이면 완전정합상태이며 S가 클수록 정합이 않된 상태이다.

(6) 전송선로의 임피던스
① 수단에서 d만큼 떨어진 지점에서 부하측을 본 선로의 임피던스 Z 는
$$Z = Z_o \frac{Z_L + jZ_o \tan \beta d}{Z_o + jZ_L \tan \beta d}$$

② 수단 단락 즉, $Z_L = 0$ 인 경우
$$Z_{sc} = jZ_o \tan \beta d$$

③ 수단 개방 즉, $Z_L = \infty$ 인 경우

$$Z_{oc} = Z_o \frac{1}{j\tan\beta d} = -jZ_o \cot\beta d$$

④ 전송선로의 특성 임피던스 Z_o 는

$$Z_o = \sqrt{Z_{sc} Z_{oc}}$$

3. 급전선의 종류 및 특성

① 구조에 따른 분류

$$\begin{cases} 왕복선로 \begin{cases} 평형형 : 평행2선식급전선 \\ 불평형형 : 동축케이블 \end{cases} \\ 단일선로 \begin{cases} 단순도선 \\ 도파관 \end{cases} \end{cases}$$

② 급전방식에 따른 분류

$$\begin{cases} 전압급전 \\ 전류급전 \end{cases}$$

③ 파장과 급전선 길이와의 관계에 따라

$$\begin{cases} 동조급전선 \\ 비동조급전선 \end{cases}$$

3-1 구조에 따른 분류

(1) 평행 2선식 급전선

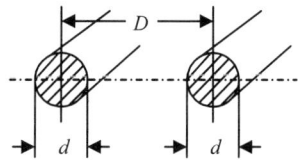

그림 평행 2선식 급전선

① 특성임피던스 (Z_o)

$$Z_o = \sqrt{\frac{L}{C}} = \frac{277}{\sqrt{\epsilon_s}} \log_{10} \frac{2D}{d} [\Omega]$$

② 동축급전선에 비해 특성 임피던스가 높다.
③ 나선상태로 공기중에 설치하므로 외부로 부터의 유도방해가 있다.
④ 동일 전력을 전송시 동축 급전선보다 선간전압이 높아야 한다.
⑤ 내압이 높아 대전력에서도 사용할 수 있다.
⑥ 건설비가 싸고 유지보수가 용이하다.

(2) 동축급전선

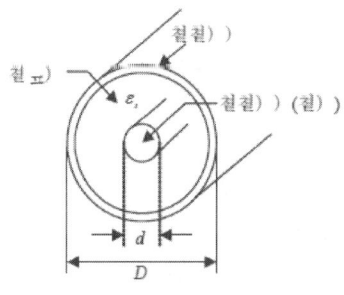

그림 동축급전선

① 특성임피던스(Z_o)

$$Z_o = \sqrt{\frac{L}{C}} = \frac{138}{\sqrt{\varepsilon_s}} \log_{10} \frac{D}{d} [\Omega]$$

② 평행2선식 급전선에 비해 특성 임피던스가 낮다.
③ 외부도체를 접지에서 사용하므로 외부에서의 유도방해는 거의 없다.
④ 동일전력인 경우 특성임피던스가 낮아 선간 전압이 낮아도 된다.
⑤ 대전력용으로 사용시 내압을 높게 하기 위해 외경 및 내경이 크게 되어 값이 비싸지며 접속도 곤란하게 되어 특수하게 만들어야 한다.
⑥ 자유롭게 굴곡할 수 있으므로 설치에 편리하다.

3-2 급전방식에 따른 분류

(1) 전압급전과 전류급전

1) 전압급전
   급전선의 급전점에서 전압이 최대가 되도록 급전하는 방식.

2) 전류급전
   급전선의 급전점에서 전류의 최대가 되도록 급전하는 방식.

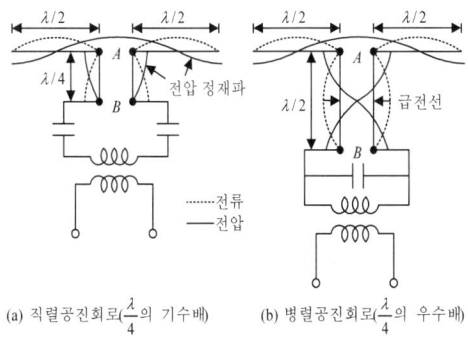

그림 전압 급전

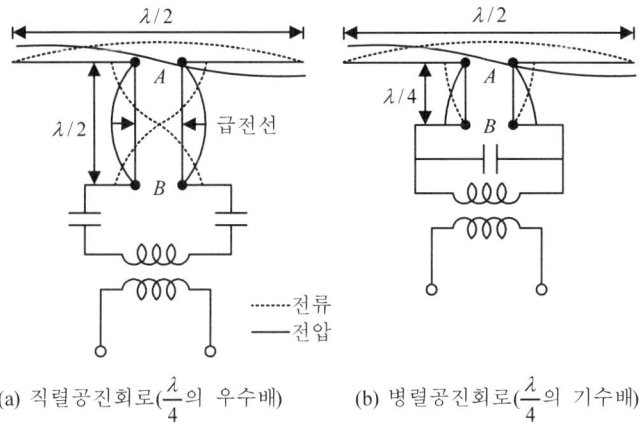

그림 전류급전

(2) 직·병렬 공진회로에서의 급전선의 길이

구분	전압급전	전류급전
직렬공진회로	$\frac{\lambda}{4}$의 기수배	$\frac{\lambda}{4}$의 우수배
병렬공진회로	$\frac{\lambda}{4}$의 우수배	$\frac{\lambda}{4}$의 기수배

3-3 파장과 급전선 길이와의 관계에 따른 분류

(1) 동조 급전방식
급전선의 길이를 사용파장과 일정한 관계를 갖게 급전하는 방식으로 급전선상에 정재파가 존재한다.

(2) 비동조 급전방식
급전선상에 진행파만 있고 정재파는 생기지 않도록 한 급전방식

구분	동조급전선	비동조급전선
전송파	정재파	진행파
정합장치	불필요	필요
전송손실	큼	작음
전송효율	나쁨	좋음
송신안테나 거리	단거리용	장거리용
급전선길이와 파장과의 관계	있음	없음

4. 임피던스 정합

4-1 공중선과 급전선의 정합

(1) 정합이란
① 공중선과 급전선을 결합할 때 급전선 출력단의 임피던스와 공중선 입력단의 임피던스를 갖게 하여 전력 손실이 최소가 될 수 있도록 임피던스를 맞추는 것을 정합이라 한다.
② 일반적으로 임피던스 정합이란 입력 전원측의 전력이 출력단에 전달될 때 최대의 전력이 되도록 하는 기술을 말하는데 최대의 전력이 되려면 전원측과 부하측의 임피던스가 공액상태로 일치되어야 한다.

(2) 정합불량 시 일어나는 현상
① 공중선에 공급되는 전력이 최소가 된다.
② 급전선의 손실이 증가한다. (유전체 손실 증가, 저항손실 증가) 급전선 누설 방사 증가, 급전선이 절연 파괴될 수도 있다.
③ 송신기의 동작이 불안정해진다.

4-2 정합이론과 정합조건

(1) 전원, 부하가 저항(R)만의 회로인 경우

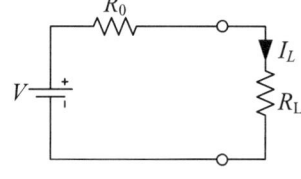

그림 저항만의 회로

① $P_L = I^2 R_L = \left(\dfrac{V}{R}\right)^2 \cdot R_L = \left(\dfrac{V}{R_0 + R_L}\right)^2 \cdot R_L$ 이므로 최대전력이 전달되기 위한 정합조건을 구하려면 P_L을 R_L에 대해서 미분한 값이 0이 되어야 한다.

$$\frac{dP_L}{dR_L} = \frac{d}{dR_L}\left\{\frac{V^2 \cdot R_L}{(R_0+R_L)^2}\right\} = V^2 \cdot \frac{1 \cdot (R_0+R_L)^2 - 2 \cdot (R_0+R_L)R_L}{(R_0+R_L)^4}$$

$$= V^2 \cdot \frac{R_0 - R_L}{(R_0+R_L)^3} = 0$$

② 위식에서 정합조건(최대전력 전달 조건)은 $R_0 = R_L$ 가 된다.

③ 이때 부하에 전달되는 최대 전력 P_m은 $P_m = \frac{V^2}{4R_0} = \frac{V^2}{4R_L}$ 이 된다.

(2) 전원, 부하가 리액턴스 성분을 포함한 경우

① 전원 및 부하회로가 모두 리액턴스 성분을 포함한 $Z_0 = R_0 + jX_0$, $Z_L = R_L + jX_L$인 경우

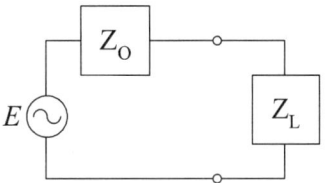

그림 리액턴스 성분을 포함한 회로

② 부하에 전달되는 전력은 $P_L = \dfrac{V^2 R_L}{(R_0+R_L)^2 + (X_0+X_L)^2}$ 가 되므로 최대전력이 전달되기 위한 정합조건은 $R_0 = R_L$, $X_0 = -X_L$ 가 된다. 즉, 전원과 부하가 공액 정합 상태가 되어야 한다.

③ 만약, $R_0 = R_L$, $X_0 = X_L$이 되면 영상정합이라고 부르며 최대전력은 전달되지 않으나 접속점에서 반사파는 발생되지 않는다.

4-3 분포 정수회로에 의한 정합

(1) Q 변성기($\frac{\lambda}{4}$ 임피던스 변환기)에 의한 정합

① 급전선과 부하사이에 $\frac{\lambda}{4}$ 길이의 도선을 삽입하여 임피던스를 정합시키는 방법으로 평행 2선식, 동축 급전선 모두 사용

② 급전선과 부하의 정합일 경우
$$Z_o' = \sqrt{Z_o R}$$

③ 급전선과 급전선의 정합일 경우
$$Z_o' = \sqrt{Z_o \frac{Z_o^2}{R}} = Z_o \sqrt{\frac{Z_o}{R}}$$

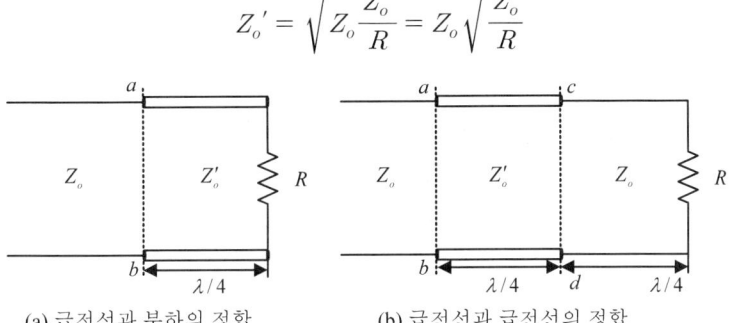

(a) 급전선과 부하의 정합   (b) 급전선과 급전선의 정합

그림 Q 변성기에 의한 정합

(2) Stub에 의한 정합

선단을 개방 또는 단락한 길이 l'의 급전선을 stub라고 하며 이것을 부하에서 거리 l 만큼 떨어진 지점에 연결하여 급전선과 부하를 정합시키는 방법을 stub에 의한 정합이라 한다.

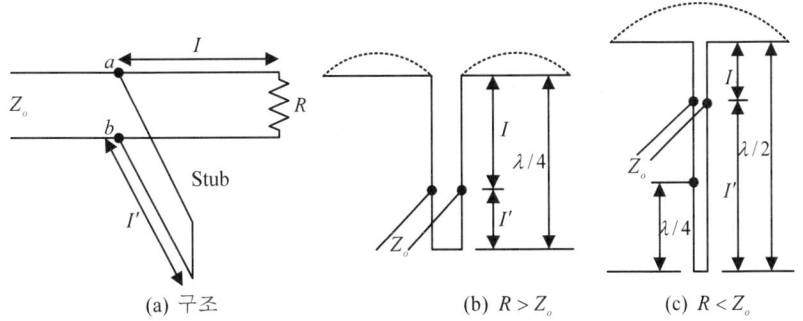

(a) 구조   (b) $R > Z_o$ (c) $R < Z_o$

그림 stub에 의한 정합

(3) Y형 정합

안테나의 전류 전압분포로 인하여 급전점 임피던스도 급전점에 따라 변화하게 되는데 그림과 같이 급전선을 Y형으로 하여 안테나와 급전선을 정합시킨 것을 Y형 정합 또는 델타 정합이라 한다.

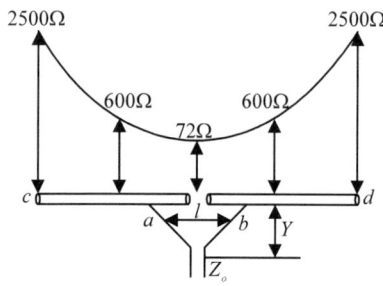

그림 Y형 정합

(4) 테이퍼 선로에 의한 정합

급전선의 특성 임피던스를 선로상에서 연속적으로 변하게 하여 안테나와 급전선을 정합시키는 방법을 테이퍼 선로에 의한 정합이라 한다.

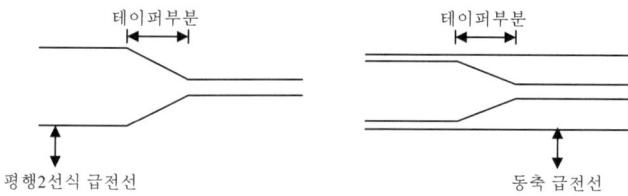

그림 테이퍼 선로에 의한 정합

4-4 평형·불평형 변환회로(Balun)

평형형(Balanced)인 평행2선식 급전선과 불평형형(Unbalanced)인 동축급전선을 정합시키는 장치를 Balun(Balanced to Unbalanced)이라 한다.

(1) 집중정수형 Balun
① 정합조건
$$\omega = \frac{1}{\sqrt{L_1 C_1}} = \frac{1}{\sqrt{L_2 C_2}}$$

$$\omega M = \sqrt{Z_o R}$$

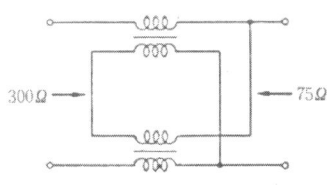
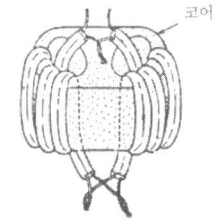

(a) 회로도 (b) 실체도

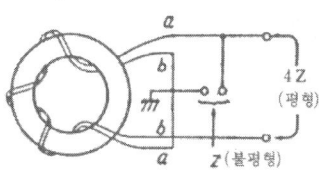
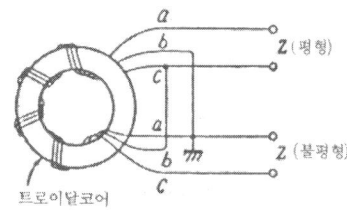

(c) 4 : 1 (d) 1 : 1

그림 집중정수형 Balun

(2) 분포 정수형 Balun
① 스페르토프(sperrtopt)형 Balun
② 분기도체형 Balun
③ U자형 Balun

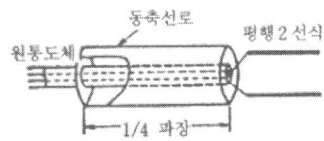
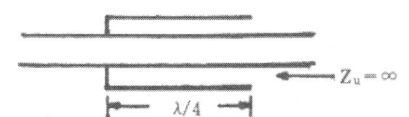

(a) 스페르토프형 Balun

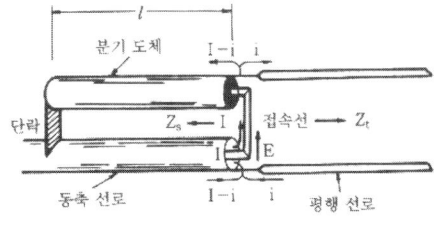
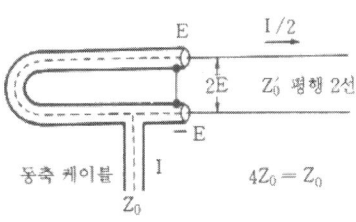

(접속선은 충분히 짧게 한다)

(b) 분기도체형 Balun (c) U자형 Balun

그림 분포 정수형 Balun

4-5 공용회로

(1) 다이플렉서(diplexer)
하나의 안테나를 2개의 송신기에서 급전하고자 할 때 사용되는 송수신 절환장치

(2) 전력 분배회로
한 안테나가 많은 안테나 소자로 구성되어 있는 경우 즉 급전선에서 이들 안테나 소자에 전력을 적당한 비율로 분배하여 급전하는데 사용하는 회로

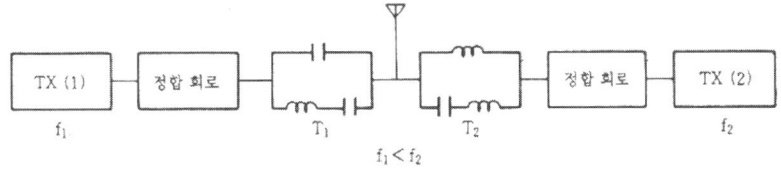

그림 공용회로

5. 산란계수(S-parameter)

(1) 개요

① 신호의 파장이 회로 소자 크기 또는 선로 길이에 비해 비슷하거나 같은 높은 주파수인 고주파에서는 전압, 전류를 파동으로 간주하여 입사파, 반사파, 투과파 등에 의해서 고주파 회로망 해석을 하게 되는데, 이를 위한 수학적 해석용 파라미터가 S-parameter이다.

② 0.5[GHz] 이하의 낮은 주파수에서는 Open이나 Short를 이용하여 전압과 전류를 측정할 수 있기에 주어진 회로망의 Z, Y, 및 H 파라미터 등을 직접 구할 수 있으나, 주파수가 높아지면 완벽한 Open과 Short를 구현하기가 어렵고, 전압전류를 측정도 곤란해진다.

③ 따라서, 일정한 방향으로 진행하는 파나 또는 정재파의 전력과 위상을 측정하는 것이 더 용이하므로 전압과 전류보다는 전력에 대한 S-파라미터(Scattering parameter, 산란 파라미터)를 사용한다.

(2) 산란계수(S-parameter)의 특성

① 2 port네트워크에서 S-parameter는 $s_{11}, s_{12}, s_{21}, s_{22}$로 표현한다. 여기서 s_{12}은 2번 포트에서 1번 포트로 전달되는 전력량을 의미한다.

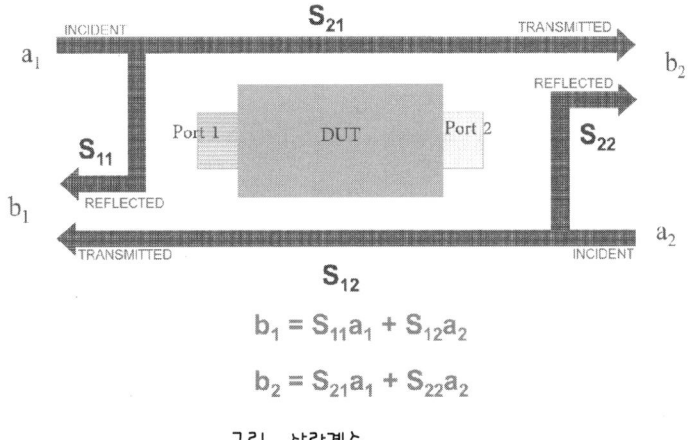

$$b_1 = S_{11}a_1 + S_{12}a_2$$
$$b_2 = S_{21}a_1 + S_{22}a_2$$

그림 산란계수

② S-parameter를 행렬식을 이용하여 표현하면 다음과 같다.

$$\begin{bmatrix} b_1 \\ b_2 \end{bmatrix} = \begin{bmatrix} s_{11} & s_{12} \\ s_{21} & s_{22} \end{bmatrix} \begin{bmatrix} a_1 \\ a_2 \end{bmatrix}$$

③ 2-포트의 출력 포트를 정합하면 $a_2 = 0$이 되므로

$$s_{11} = \frac{b_1}{a_1} \qquad s_{21} = \frac{b_2}{a_1}$$

④ 2-포트의 입력포트를 정합하면 $a_1 = 0$이 되므로

$$s_{22} = \frac{b_2}{a_2} \qquad s_{12} = \frac{b_1}{a_2}$$

(3) 삽입손실(Insertion loss) - s_{21}

① 전달계수는 S-파라메타에서 s_{21}과 s_{12}이며, s_{21}은 포트1에서 포트2로 전달되는 전달계수이며, s_{12}는 포트2에서 포트1로 전달되는 전달계수이다.

② 전달계수는 입력전압 대비 수신전압의 비로 다음과 같이 나타낸다.

$$T = \frac{V_t}{V_i}$$

③ 삽입손실은 전달계수를 dB로 표시한 값이다.

$$\text{삽입손실(dB)} = -20 \log |T|$$

④ 삽입손실은 BPF 전달 특성의 통과대역 최대레벨과 0 레벨간의 Gap을 의미하며, 삽입손실이 작을수록 소자의 특성은 우수하다.

⑤ S_{21}, S_{12} 등의 S 파라미터로 이를 통해 필터의 삽입손실을 파악할 수 있다.

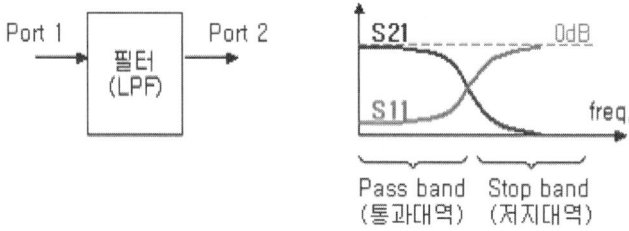

그림 필터의 삽입손실

(4) 반사손실(Return loss) — s_{11}

① 반사손실은 특성 임피던스와 부하 임피던스가 정합되어 있지 않은 경우, 전원으로부터의 전력이 모두 부하로 전달되지 않고 입사단 측으로 되돌아오는 전력으로 인한 손실을 말한다.

② 반사계수는 S-파라메타에서 s_{11}과 s_{22}이며, s_{11}은 출력 단이 정합되었을 때의 반사계수이고, s_{22}는 입력 단이 정합되었을 때의 반사계수이다.

③ 반사 계수는 입력되어지는 성분에 대하여 반사정도를 나타내는 복소수 값으로 다음과 같이 정의된다.

$$\Gamma = \frac{V_r}{V_f} = \sqrt{\frac{P_r}{P_f}} = \frac{Z_L - Z_0}{Z_L + Z_0}$$

단, $0 \leq |\Gamma| \leq 1$

④ 수동소자에서 반사계수는 1보다 작으나 능동소자에서는 1보다 클 수 있다. (부성저항)

⑤ 반사손실은 반사계수 절대치의 제곱을 취하여 dB 값으로 환산한 값이다.

$$L[\mathrm{dB}] = 10\log |\Gamma|^2 = 20\log |\Gamma|$$

⑥ 전반사란 입사파가 모두 반사파로 되돌아오는 경우로, $\Gamma = 1$이 되므로 반사손실 L은 $L[\mathrm{dB}] = 0$가 된다.

6. 스미스 챠트 (Smith Chart)

(1) 개요
① 스미스 챠트는 극좌표상에 정규화 임피던스 또는 정규화 어드미턴스를 파라미터 표시한 도표이다.
② 이 도표에 의해 특성 임피던스와 선로의 길이에서 부하를 알고 있을 때의 전원 임피던스 및 반사계수, 정재파비 등을 쉽게 구할 수 있다.

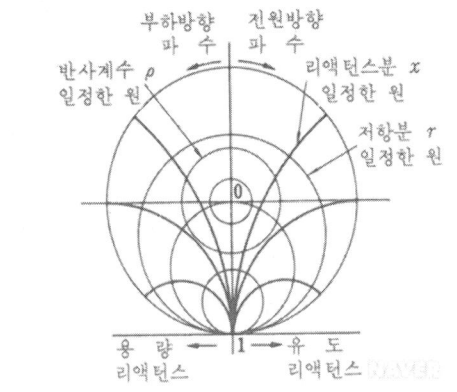

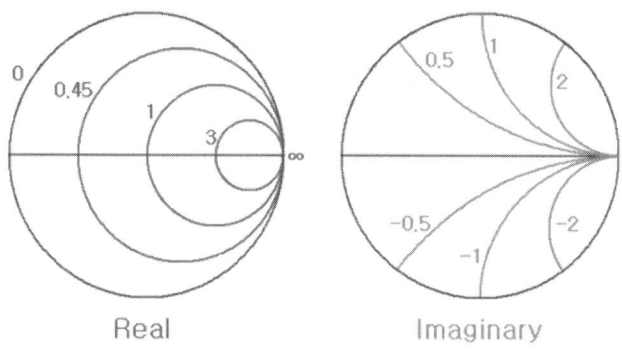

그림 스미스 도표

(2) 정규화(Normalization)
① 정규화 임피던스란 해당 임피던스 값을 특성 임피던스(Characteristic Impedance)로 나누어준 임피던스이다.
② 특성임피던스가 $50[\Omega]$일 때 $70+j12$에 해당하는 임피던스를 스미스 챠트 상에 찍어 볼려면 50으로 나눈 정규화 임피던스 $1.4+j0.24$ 값을 플로팅하면 된다.

② 스미스 차트 중심점의 좌표는 1+j0으로 특성 임피던스값을 나타낸다.

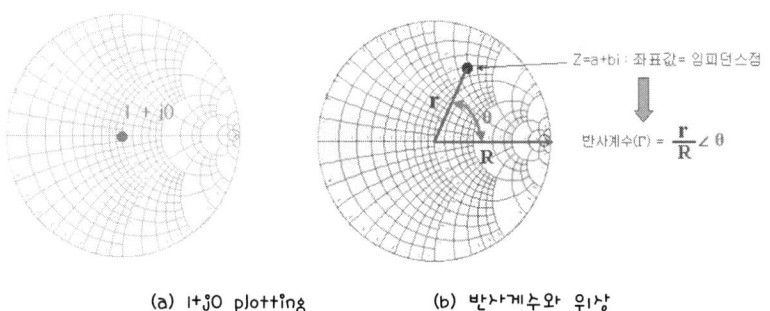

(a) 1+j0 plotting (b) 반사계수와 위상

(3) 스미스 챠트 plotting
① 내부의 원은 임피던스의 Resistive(실수측)을 나타내며 원호로 된 것은 Reactance(허수측)을 나타낸다.
② 허수부의 부호값이 "+"이면 인덕티브쪽에 "-"이면 커패시티브에 플로팅한다.

(4) 구동점 임피던스
① 전송로에는 generator의 파장의 절반에 해당하는 (λ/2)길이에 임피던스가 반복되는데 이 전송로 상의 임피던스를 구동점 임피던스(driving point impedance)라고 한다.
② 스미스 차트를 시계방향으로 돌리면 전원 쪽으로 가는 전송로 상의 임피던스는 전원 입력 주파수의 반 파장에 맞추어 계속해서 반복되게 된다.
③ 즉, 스미스차트를 한 바퀴 돌고 나면 입력 주파수의 반 파장만큼을 이동한 것이 된다.

(5) 반사계수와 위상
① 스미스차트상의 점은 임피던스를 나타냄과 동시에 반사계수를 나타낸다.
② 중심에서 임피던스 점까지 거리를 반지름으로 나눈 값이 반사계수의 크기가 되고, 임피던스 점까지의 각도가 반사계수의 위상이 된다.

7. 도파관(Wave guide)

7-1 도파관의 정의 및 특징

(1) 도파관의 정의
① 마이크로파용 급전선으로 사용되는 것으로서 가운데가 비어있는 금속 도체관
② 구형도파관(rectangular wave guide), 원형 도파관(circular wave guide), 타원인 타원형 도파관 등이 있다.

(2) 도파관의 사용이유
외부도체의 내경이 1.7λ 이상이 되면 내부도체가 없어도 전자파가 전송되고 주파수가 높아짐에 따라 오히려 손실이 감소한다. 이러한 성질을 이용해 내부 도체를 제거한 것이 도파관이다.

(3) 도파관이 마이크로파 전송로로서 우수한 점
① 저항(Ohm) 손실이 적다.
② 유전체 손실이 적다.
③ 방사손실이 없다.
④ 고역 Filter로서 작용한다.
⑤ 취급할 수 있는 전력이 크다.
⑥ 외부 전자계와 완전히 격리할 수가 있다.

7-2 도파관의 전송자태(mode)

(1) TE mode와 TM mode
① TE mode(H파)란 진행방향에 대해 자계H는 나란하고 전자E는 직각인 파
② TM mode(E파)란 진행방향에 대해 전계E는 나란하고 자계H는 직각인 파

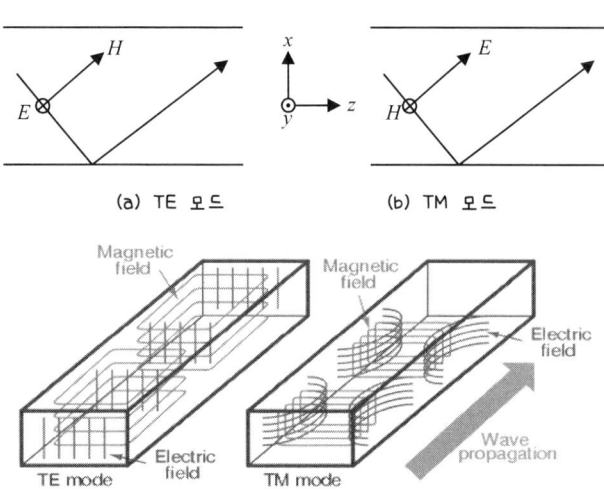

(a) TE 모드　　(b) TM 모드

그림 TE, TM파

(2) 구형 도파관의 mode 기본모드

TE mode 일 경우 TE_{10}, TM mode 일 경우 TM_{11}

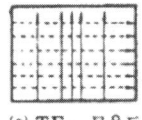 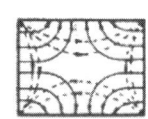 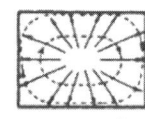 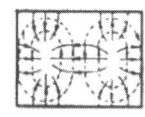

(a) TE_{10} 모우드　(b) TE_{20} 모우드　(c) TE_{11} 모우드　(d) TM_{11} 모우드　(e) TM_{21} 모우드

── 전계　--→ 자계
그림 구형 도파관 모드

구분	$TE_{mn}[H_{mn}]$ 모드	$TM_{mn}[E_{mn}]$ 모드
구형 도파관	$TE_{10}[H_{10}]$	$TM_{11}[E_{11}]$
원형 도파관	$TE_{11}[H_{11}]$	$TM_{01}[E_{01}]$

(3) 원형 도파관의 mode 기본모드

TE mode 일 경우 TE_{11}, TM mode 일 경우 TM_{01}

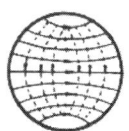 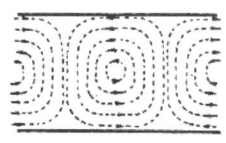 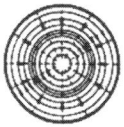 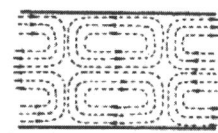

(a) TE_{11} 모우드　　(b) TE_{01} 모우드

그림 원형 도파관 모드

7-3 도파관의 제정수

(1) 차단파장
① 도파관에서 전송가능한 주파수의 한계를 차단 주파수(f_c)라고 하고 차단 주파수 이상의 파만을 통과시킴. 이때 차단 주파수에 대응한 파장을 차단 파장이라 한다.
② 구형 도파관의 차단 파장

$$\lambda_c = \frac{2\sqrt{\epsilon_s \mu_s}}{\sqrt{(\frac{m}{a})^2 + (\frac{n}{b})^2}} \quad (a : 장변, \ b : 단변)$$

③ 원형 도파관의 차단 파장

$$\lambda_c = \frac{2\pi r}{k} \quad (k : 모드에 따른 상수)$$

(2) 위상속도 (v_p)
① 도파관내에서 전자계 모양이 전파하는 속도
② 위상속도

$$v_p = \frac{C}{\sqrt{1-(\lambda/\lambda_c)^2}} [\text{m/sec}]$$

(λ : 자유공간파장, λ_c : 차단파장, C : 광속도)

③ 도파관의 위상속도(v_p)는 광속도(C)보다 빠름.

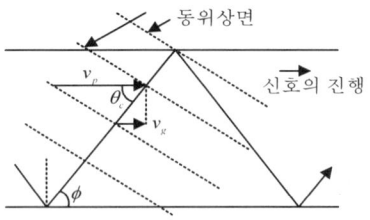

그림 위상속도, 군속도

(3) 군속도 (v_g)
① 도파관 내에서 에너지가 전달되는 속도

$$v_g = c\sqrt{1-(\frac{\lambda}{\lambda_c})^2} [\text{m/sec}]$$

② 위상속도와 군속도와의 관계

$$v_p \cdot v_g = C^2$$

(4) 관내 파장(λ_g)

① 도파관내에서의 위상속도(v_p)는 광속도(C)보다 빠르므로 도파관내의 관내파장(겉보기 파장)은 자유공간에서의 파장보다 길어진다.

② 관내파장(λ_g : 겉보기 파장)

$$\lambda_g = \frac{\lambda}{\sqrt{1-(\frac{\lambda}{\lambda_c})^2}}$$

(5) 도파관의 특성 임피던스 (Z_{OH}, Z_{OE})

① TE mode(H파)와의 특성임피던스(Z_{OH})

$$Z_{OH} = \frac{377}{\sqrt{1-(\frac{\lambda}{\lambda_c})^2}}[\Omega]$$

② TM mode(E 파)의 특성임피던스(Z_{OE})

$$Z_{OE} = 377\sqrt{1-(\frac{\lambda}{\lambda_c})^2}[\Omega]$$

7-4 도파관의 여진

도파관에 전력을 급전하거나 에너지를 꺼낼 경우 동축 케이블을 사용하게 되는데 도파관과 동축케이블 사이의 변환을 도파관의 여진이라고 한다.

(1) 정전적 결합에 의한 여진

동축케이블의 심선에 길이 l_1 인 수직도체(안테나)를 설치하고 $\frac{\lambda_g}{4}$ 만큼 떨어진 후방에 단락판을 설치한 구조로서 수직도체 방향으로 발생된 전계를 단락판에 의하여 전방으로 집중시킨다.

(2) 전자적 결합에 의한 여진
동축 케이블의 심선이 도파관을 통과하여 단락판이 설치 스터브(stub)에 종단된 구조

(3) 작은 루프(Loop) 안테나에 의한 여진
① 동축케이블의 심선에 작은 루프 안테나를 설치하여 도파관의 측면에서 여진하는 방법
② 전계에 의해 여진 정전적 결합에 의한 여진과 전자적 결합에 의한 여진과 달리 주로 자계에 의해 여진된다.

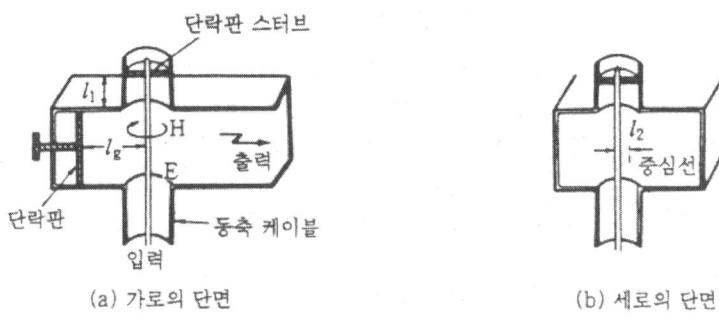

(a) 가로의 단면   (b) 세로의 단면

(a) 전자적 결합에 의한 TE_{10} mode

(b) 정전적 결합에 의한 TE_{10} mode   (c) 루프 안테나에 의한 결합

그림 도파관의 여진

7-5 도파관의 임피던스 정합

(1) Q 변성기에 의한 정합($\frac{\lambda}{4}$ 임피던스 변환기)

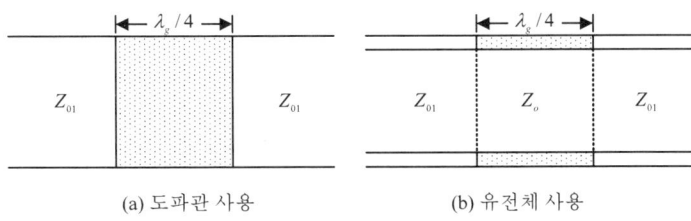

그림 Q 변성기에 의한 정합

임피던스가 Z_{01}, Z_{02}인 두 개의 도파관을 접속하는 경우 특성 임피던스가 $Z_m = \sqrt{Z_{01}Z_{02}}$인 도파관을 $\lambda_g/4$의 길이로 삽입하는 방식이다.

(2) stub에 의한 정합

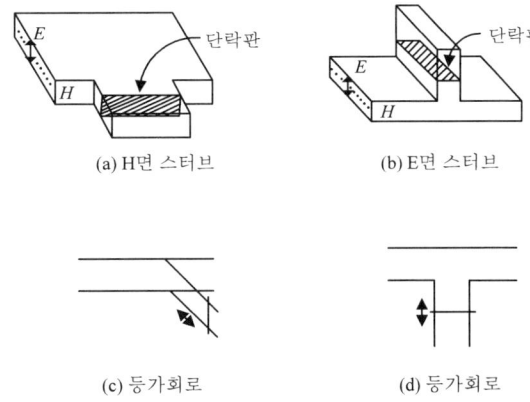

그림 Stub에 의한 정합

도파관과 병렬로 스터브를 접속하여 부하에서의 길이와 스터브의 길이를 적당히 조절함으로써 정합을 시킬 수 있다.

(3) 도파관 창에 의한 정합

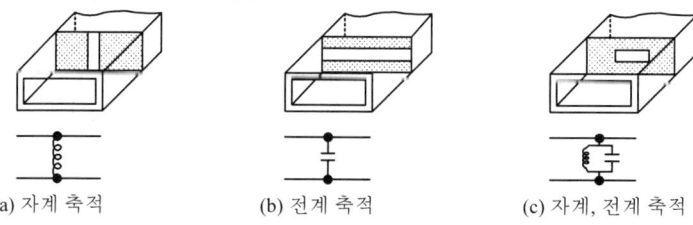

그림 도파관 창

도파관내에서 관측에 직각으로 도체판과 같은 장애물을 삽입하여 부하까지의 거리, 창의 폭을 적당히 조절하여 정합을 시킨다.

(4) 무반사 종단회로에 의한 정합

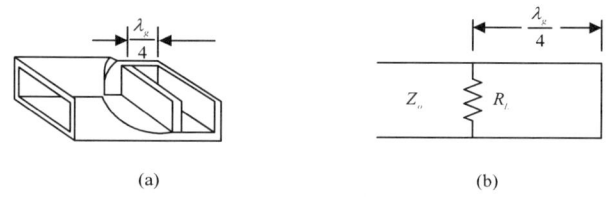

그림 무반사 종단회로

저항막을 도파관에 직각으로 설치하고 $\dfrac{\lambda_g}{4}$ 되는 지점에 단락판을 설치하면 저항막에서 단락판을 본 임피던스가 무한대가 되어 진행파만 존재하므로 정합을 시킬 수 있다.

(5) 도체 봉(post)에 의한 정합

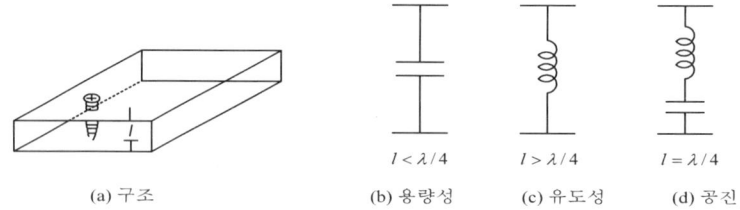

그림 도체봉에 의한 정합

도파관에 반사파가 존재하는 경우 도체봉(post)에 의한 전자계에 의해 반사파를 상쇄시키므로 정합을 시킬 수 있다.

(6) Taper에 의한 정합

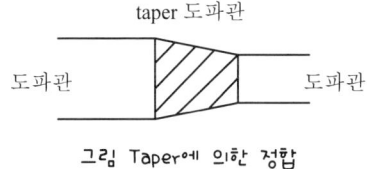

그림 Taper에 의한 정합

도파관의 치수를 완만하게 변형하여 임피던스를 정합시키는 방법으로 Gauss형 taper도파관이 많이 사용된다.

(7) 아이솔레이터(Isolator)에 의한 정합

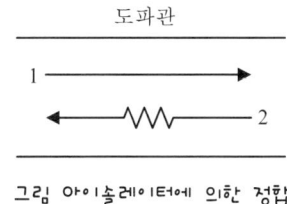

그림 아이솔레이터에 의한 정합

1에서 2로 진행하는 진행파는 감쇄 없이 진행하지만, 2에서 1로 반사되는 반사파는 큰 감쇄를 받는 비가역성 특성을 갖는 것을 아이솔레이터라 한다.

7-6 Microstrip line

① 도파관이나 동축 선로에 비해서 소형화가 가능해 M/W 집적회로(MIC)의 중요한 기본 요소로 전송선로, 안테나, 공진기, 임피던스 정합, 필터 등 다양하게 응용된다.

② Microstrip line은 도체 기판 위에 유전체판을 놓고 그 위에 도체 선로를 부착시킨 구조이다.

③ 구조의 치수가 작기 때문에 동축 선로에 비해서 높은 주파수대까지 사용 가능하며 제작이 용이한 장점이 있다.

④ 그러나 손실이 비교적 크고 개방형 선로이기 때문에 방사 손실이 생기는 단점이 있다. 그러나 이러한 결점은 저손실이고 비유전율이 큰 유전체의 개발로 보완되고 있다.

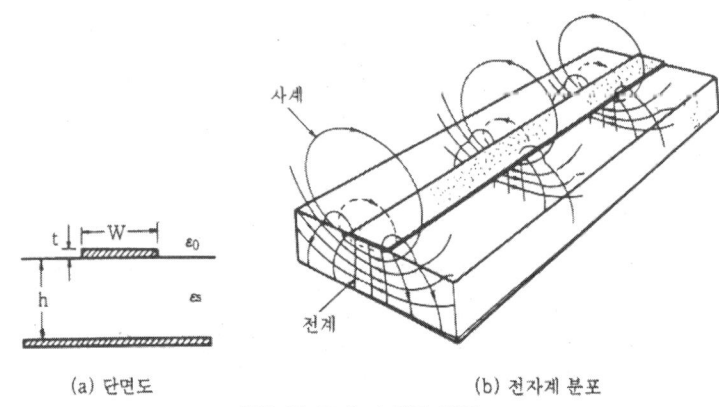

그림 마이크로 스트립 라인

⑤ 마이크로스트립 선로의 특성 임피던스는 W/h 값에 따라 달라진다.

7-7 M/W 디바이스

(1) 공동공진기(cavity resonator)
① 마이크로파대 공진기(cavity resonator)는 정육면체형, 직육면체형, 원통형, 구(球)형 등이 있다.
② Q가 매우 크다(3,000~10,000)

$$Q = \frac{공진기의 체적(축적되는 에너지에 비례)}{공진기 내부의 표면적(도체벽에 의한 손실에 비례)}$$

(2) 분기회로(T형 분기)

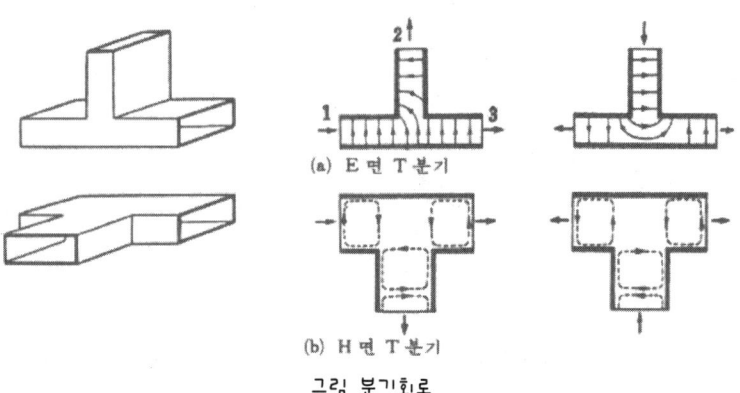

그림 분기회로

① T형 분기에는 도파관의 측면에서 나와 자계 E와 평행인 평면내에 있는 H면 분기와 관측에서 수직으로 나와 전계 E와 평행인 평면 내에 있는 E면 분기가 있다.
② H면 분기는 균등하게 분배되어 동위상(등분 동위상)으로 나가고, E면 분기는 균등하게 분배되어 역위상(등분역위상)으로 나간다.

(3) 매직 T(Magic T)
E면 분기와 H면 분기를 조합하여 신호를 간섭없이 결합, 분리할 수 있는 장치를 매직 T라 한다.

(4) 방향성 결합기

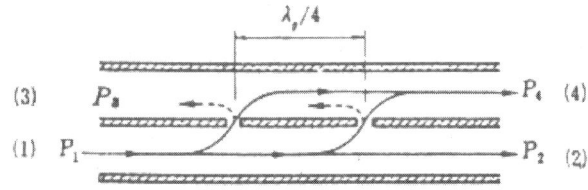

그림 방향성 결합기

① 1에서 입사한 파는 3으로 전송되고 작은 구멍을 통해 위의 도파관으로 세어 나간다.
② 4로 나가는 파는 동위상으로 합성되고 2로 나가는 파는 역위상으로 상쇄된다.
③ 2는 반사파의 일부가 4는 진행파의 일부가 전송된다.
④ 주도파관의 전송방향에 따라 결합하는 방향이 서로 다르므로 방향성 결합기라 한다.
⑤ 1, 4는 결합도를 결정하고 2, 4는 방향성을 결정한다.
⑥ 2, 4에서 측정한 P_r 과 P_f 로 VSWR을 측정할 수 있다.

$$\text{VSWR} = \frac{1+\dfrac{V_r}{V_f}}{1-\dfrac{V_r}{V_f}} = \frac{1+\sqrt{\dfrac{P_r \cdot R}{P_f \cdot R}}}{1-\sqrt{\dfrac{P_r \cdot R}{P_f \cdot R}}} = \frac{1+\sqrt{\dfrac{P_r}{P_f}}}{1-\sqrt{\dfrac{P_r}{P_f}}}$$

(5) 써큘레이터(Circulator)

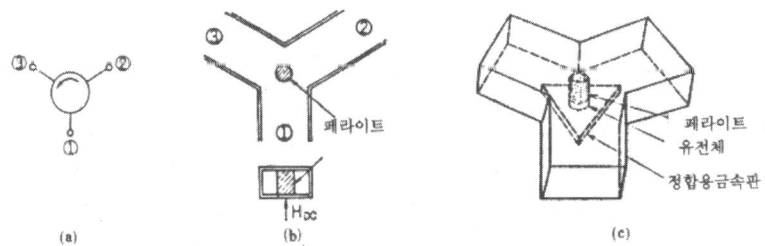

① 각 개구에 입사한 파는 반사되지 않고 바로 옆의 하나의 개구로만 감쇄없이 출력되고 기타의 개구에는 전혀 나타나지 않도록 하는 회로
② 분기점에 페라이트를 놓고 지면의 뒤에서 앞 방향으로 직류 자계를 걸어둔다.
③ 전파가 각각의 개구를 일정한 방향으로 회전하는 특성을 이용하여 송수절환장치(duplexer)로 많이 사용된다.

Section 5 전파의 전파

1. 전파의 분류

1-1 전파 통로에 의한 분류

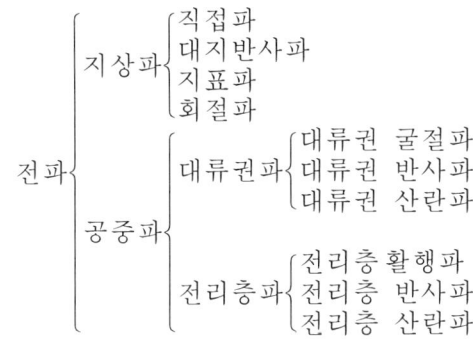

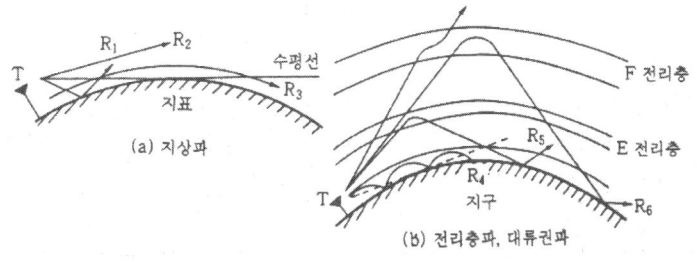

R_1 : 대지 반사파
R_2 : 직접파
R_3 : 지표파
R_4 : 라디오 덕트
R_5, R_6 : 전리층 반사파

그림 전파의 분류

1-2 주파수에 의한 주전파 모드

① 장·중파 - 지표파

② 단파 - 전리층파

③ 초단파 - 직접파 + 반사파 $\begin{cases} \text{대지반사파} \\ \text{대류권반사파} \\ \text{전리층반사파} \end{cases}$

④ 극초단파 - 직접파

주파수대 통로	VLF	LF	MF	HF	VHF	UHF	SHF	EHF	-
직 접 파				△	◎	◎	◎	○	△
반 사 파					△	○	○	○	△
회 절 파				△	○	△			
지 표 파	◎	◎	◎	△	△				
전리층 반사파	△	△	△	◎	△				
전리층 산란파				△	△				
대류권 산란파					○	○	△		
pipe 전송파						△	○	◎	○

◎ : 최적 ○ : 적합 △ : 보통

표 전파 통로에 의한 분류

2. 지상파의 전파

2-1 직접파

(1) 가시거리

① 기하학적 가시거리

$$d = \sqrt{2r}\,(\sqrt{h_1} + \sqrt{h_2})\ (r : \text{지구반경}\ 6370[\text{km}])$$
$$= 3.57\,(\sqrt{h_1} + \sqrt{h_2})[\text{km}]\ (h_1, h_2 : \text{송수신 안테나 높이}[\text{m}])$$

② 전파 가시거리

$$d' = \sqrt{2 \times \frac{4}{3}r}\,(\sqrt{h_1} + \sqrt{h_2}) = 4.11(\sqrt{h_1} + \sqrt{h_2})[\text{km}]$$

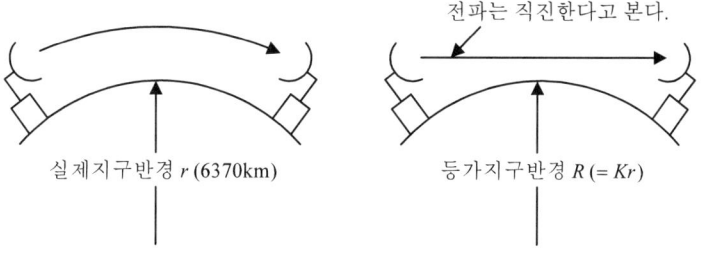

(a) 실제의 전파통로   (b) 전파통로를 직선으로 간주할 때

그림 등가 지구 반경의 개념도

③ 등가지구 반경

등가지구 반경계수 (k)는

$$K = \frac{R(\text{등가지구반경})}{r(\text{실제지구반경})} \quad (R > r)$$

구분	열대지방	온대지방	한대지방	지표와 평행	지표와 직교
K	$\frac{3}{2} \sim \frac{4}{3}$	$\frac{4}{3}$	$\frac{4}{3} \sim \frac{6}{5}$	$K > 1$	$K = 1$

(2) 전파 투시도(Profile map : 지형 단면도)

송·수신점을 포함한 대지에 수직인 지형 단면도를 전파투시도라 하며 수직 방향의 장애물을 계산할 때 사용한다.

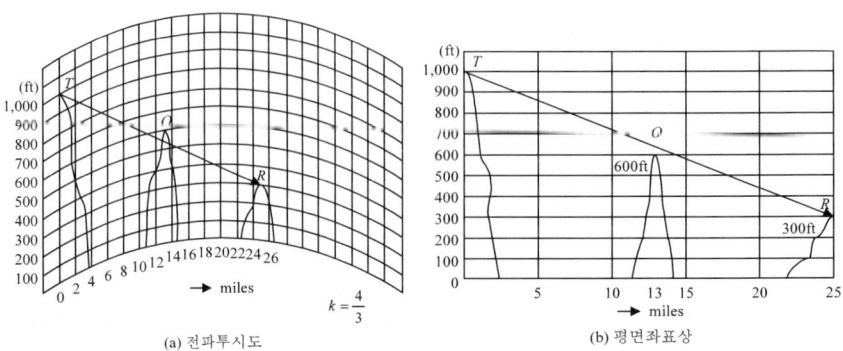

(a) 전파투시도 (b) 평면좌표상

그림 전파투시도

2-2 대지반사파

대지, 건물, 반사판, 산악 등에서 반사한 후 수신점에 도달하는 전파

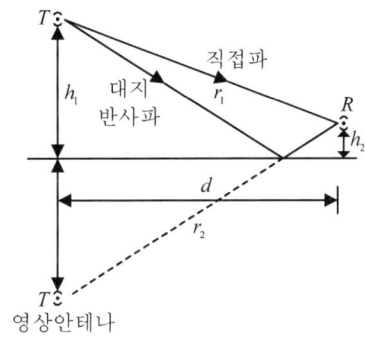

그림 수평안테나의 복사전계

(1) TV 수평편파의 경우($\frac{\lambda}{2}$ 다이폴 안테나 사용할 때)

수신점(R)의 전계강도는 직접파에 의한 전계와 반사파에 의한 전계의 합으로 나타난다.

$$E = 2E_o \sin\frac{2\pi h_1 h_2}{\lambda d} = 2\frac{7\sqrt{G_h P}}{d}\frac{2\pi h_1 h_2}{\lambda d}$$
$$\cong \frac{88\sqrt{G_h P}\, h_1 h_2}{\lambda d^2}\,[\text{V/m}]$$

(2) Height pattern
주파수, 거리, 송신 안테나의 높이가 일정할 때 수신 안테나의 높이에 따른 수신 전계강도의 변화를 나타낸 그래프

2-3 지표파

(1) 지표파 전파의 특성
대지를 완전도체로 보면 전파의 한쪽 끝이 지표에 닿아 지표면에 스치듯이 진행하며 대지를 불완전 도체로 보면 파면이 앞쪽으로 기울어지게 된다.

(2) 대지가 전계강도에 미치는 영향
① 대지의 도전율이 작을수록, 유전율이 클수록 감쇄가 크다.
② 주파수가 낮을수록 수직편파쪽이 감쇄가 작다.
③ 전계강도의 순서

> 해상 〉 해안 〉 평야 〉 구름 〉 산악 〉 시가지

(3) 대지가 편파면에 미치는 영향
① 대지의 도전율이 작을수록 유전율이 클수록 편파면이 많이 기울어진다.
② 수평편파는 대지에서 단락되므로 수직편파 성분이 지표파 전파의 주성분이 된다.

(4) 대지가 속도에 미치는 영향
대지에 가까운 전파속도는 대기중의 전파속도 보다 느려지고 도전율이 작을수록 느려진다.

$$v = \frac{1}{\sqrt{\varepsilon\mu}}$$

표 대지의 전기정수

대지의 상태	유전율	도전율[℧/m]
해수	81	4
담수	80	$10^{-2} \sim 10^{-3}$
습지	5~15	
건조건원·삼림	13	5×10^{-3}
암석·모래땅	12	2×10^{-3}
도회지·공업지대	5	10^{-3}
건조지	2~6	10^{-4}

(5) 양청구역

① 제1양청구역 : 지표파가 잡음에 방해됨이 없이 양호한 상태로 수신될 수 있는 전계는 0.25[mV/m]인데 이 영역을 제1양청구역이라 한다.

② 제2양청구역 : 야간에 E층 반사파가 도달하는 구역을 제2양청구역이라 한다.

③ 대도시와 같이 2개 이상의 방송국이 너무 가까이 있으면 양청구역이 중복되어 혼신을 일으키는데 이것을 블랭킷에어리어라 한다.

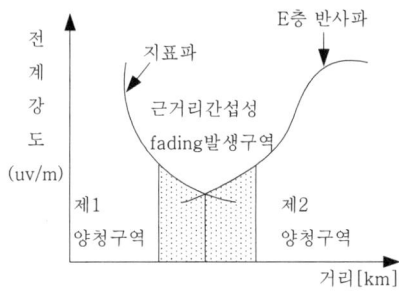

그림 양청구역

2-4 회절파

① 전파는 빛의 진행성질과 같이 직진성을 가지고 있으나 주파수가 낮을수록 대지의 융기부나 지상에 있는 전파 장애물을 넘어 음영지역의 수신점에 도달하는 전파의 현상을 회절현상이라 한다.

② 회절은 주파수가 낮을수록, 파장이 길수록 잘 일어난다.

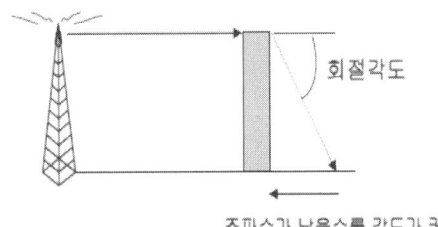

그림 회절파 특성

③ 회절의 각도는 주파수의 제곱근에 반비례한다 ($\theta \propto \dfrac{1}{\sqrt{f}}$)

④ 회절파 성분을 잘 활용하면 경제적인 이동통신망 구성에 도움이 된다.

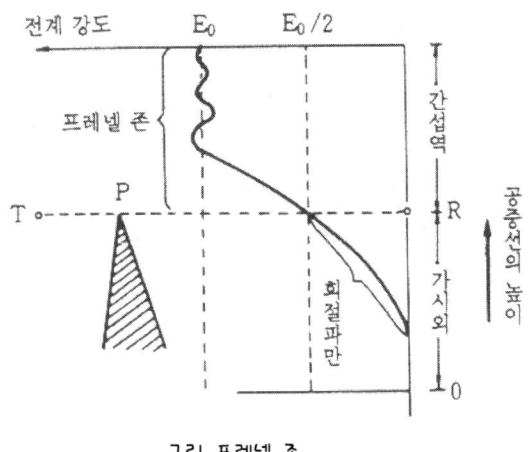

그림 프레넬 존

(1) 프레넬존(Fresnel zone)

① 전파 경로에 산악이나 인공건조물(P : Knife edge)이 있는 경우 그 위쪽의 전계강도는 진동하다가 위로 올라 갈수록 일정한 값 E_o 로 된다. 이 진동영역을 Fresnel zone이라 한다.

② F_1 (제1프레넬존 반경)

$$F_1 = 17.3\sqrt{\dfrac{d_1 d_2}{f d}} \, [\text{m}] \qquad \begin{cases} d, \ d_1, \ d_2 : [\text{km}] \\ f : [\text{GHz}] \end{cases}$$

③ F_n (제 n 프레넬존 반경)

$$F_n = \sqrt{n}\, F_1$$

④ 클리어런스 계수

$$\mu = \frac{h_c}{F_1} \quad (\mu > 1 : 무장애 전파)$$

(2) 산악회절이득

① 산악회절이득 (G_M)

$$G_M = \frac{E_R(산악이\ 있을\ 때\ 전계강도)}{E_{RO}(산악이\ 없을\ 때\ 전계강도)}$$

② 회절계수(S)

$$S = \left| \frac{1}{2\pi\mu} \right| \quad (\mu : 클리어런스\ 계수)$$

③ 회절손실(L)

$$L = \frac{1}{(회절계수)^2}$$
$$L[\text{dB}] = 10\log \frac{1}{(회절계수)^2} = -20\log 회절계수$$

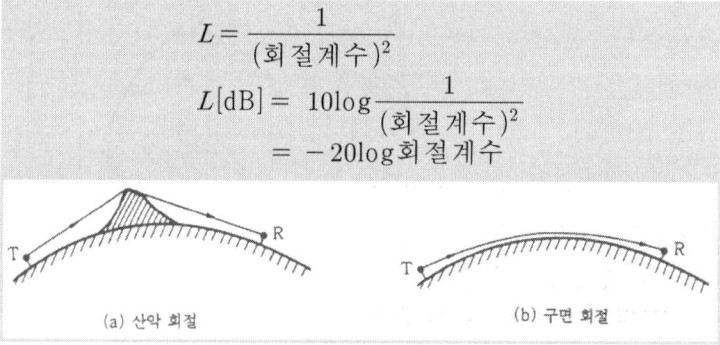

그림 산악회절이득과 구면회절

3. 대류권파의 전파

3-1 대류권 굴절파

(1) 굴절률

① 상대굴절률(n)

$$n \fallingdotseq \sqrt{\frac{\varepsilon_{r2}}{\varepsilon_{r1}}}$$

② 실제 대기 중에서의 일반화한 스넬의 법칙

$$nr\cos\alpha = n_o r_o \cos\alpha_o$$

③ 수정굴절률(m)

$$n(1+\frac{h}{r_o}) \cong n+\frac{h}{r_o} = m$$

④ M단위 수정굴절률(M)

$$M = (n+\frac{h}{r_o}-1) \times 10^6 = (m-1) \times 10^6$$

(2) M 곡선

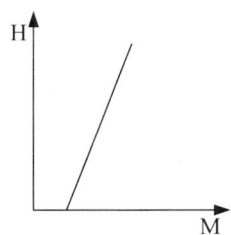
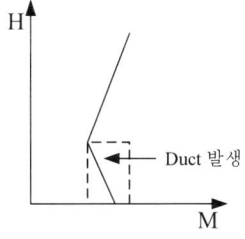
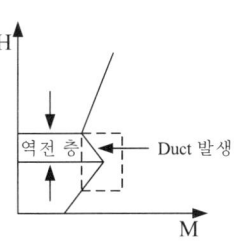

표준형   접지형   이지S형

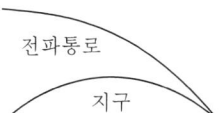

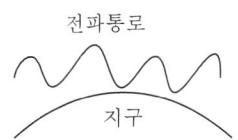

그림 M곡선

① 표준형
② 준표준형
③ 전이형
④ 접지형 덕트 (ground-based duct)
⑤ 접지 S형 덕트
⑥ 이지 S형 덕트

(5) Radio duct (초굴절 전파)
① 이류에 의한 Radio duct
② 야간 냉각에 의한 Radio duct
③ 침강에 의한 Radio duct
④ 전선에 의한 Radio duct
⑤ 대양성 Radio duct

3-2 대류권 산란파

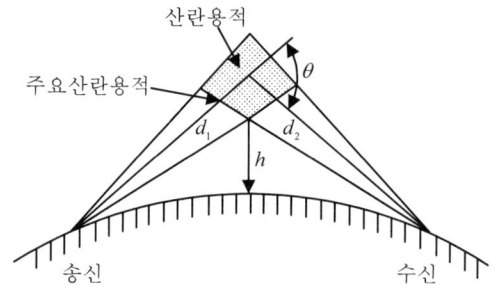

그림 대류권 산란파

(1) 대규권 산란파 통신의 특징
① 기본 전파손실이 크다.
② 지리적 조건에 제약을 받지 않는다.
③ 수신전계는 산란파의 다수의 Vector들의 합으로 형성되기 때문에 짧은 주기의 fading을 수반한다.
④ 수신전계는 주파수, 시간, 계절 및 송수신 공중선의 높이에는 관계가 적어 비교적 안정하다.
⑤ 느린 주기의 fading은 일변화, 계절변화의 형태를 갖는 평균레벨의 변동이며 주파수에는 거의 무관하다.

⑥ 산란파는 대단히 넓은 공간영역에서 발생하므로 지향성이 너무 예민한 안테나를 사용하면 산란 영역에 따르는 산란파를 전부 수신하지 못하므로 공중선 이득이 저하된다.
⑦ 산란파에 대하여 송수신 양 안테나가 갖는 총이득은 통로안테나 이득(G_p : Path antenna gain)이라고 하며

$$G_p = G_T + G_R - L_c [\text{dB}]$$

⑧ 산란영역이 너무 크면 전파왜곡 (Propagation echo distortion)이 발생한다.
⑨ UHF대 (200~3,000[MHz])의 원거리 (200~1,500[km]) 광대역 통신(TV중계, 다중통신 등)에 많이 사용된다.

(2) 대류권파의 감쇄
① 빗방울에 의한 감쇄
② 구름 및 안개에 의한 감쇄
③ 대기에 의한 흡수 감쇄

(3) 대류권파의 fading (VHF, UHF, M/W)

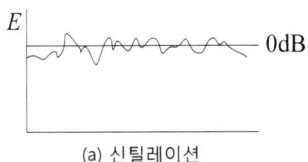
(a) 신틸레이션

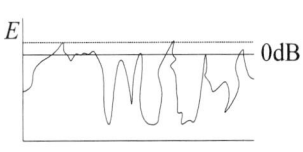
(b) 덕트형

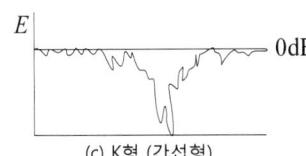
(c) K형 (간섭형)

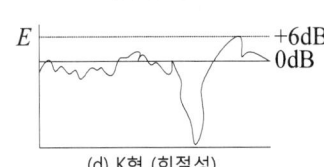
(d) K형 (회절성)

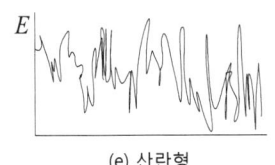
(e) 산란형

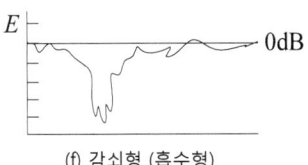
(f) 감쇠형 (흡수형)

그림 대류권파의 fading

1) **신틸레이션(Scintillation) fading**

   대기상태의 변동에 의해 공간에 유전율이 다른 부분이 생길 때 그곳에서 산란한 전파 때문에 생기는 페이딩. AGC · AVC로 해소

2) **라디오 덕트(Radio duct)형 fading**

   통신에 가장 치명적이고, diversity로 해소

3) **K형 fading**

   대기의 높이에 대한 등가지구반경의 변화에 기인하는 fading. AGC, AVC로 해소

4) **산란형 fading**

   초가시거리일 때 다수 산란파의 간섭으로 진폭이 시시각각 변하는 fading으로 짧은 주기의 fading임. diversity로 해소

5) **감쇠형 fading**

   비, 구름, 안개 등의 흡수 또는 산란의 상태나 대지에서의 흡수, 감쇠 등의 상태가 변화하면서 발생하는 fading. AGC · AVC로 해소

4. 전리층파의 전파

4-1. 전리층의 종류

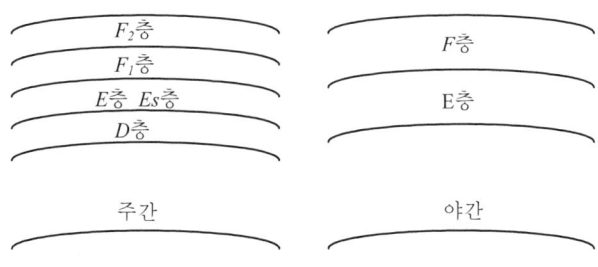

그림 전리층의 종류

	D 층	E 층	E_s 층	F_1 층	F_2 층
층의 높이	약 60~90[Km] 주간은 약70[Km] 야간은 약90[Km]	약 100~120[Km] 야간은 약간 높음.	약 100[Km] 높이의 변화 없음.	약200~300[Km] 주야 계절에 따라 약간 변화함.	200~400[Km] (약350)[Km]) 주야 계절에 따라 넓은 범위로 변화함. 여름에 높고 겨울에 낮음.
일변화	주간에 발생하고 야간에 소멸함.	정오에 N 최대에서 대칭적으로 감소하며 야간에 약간 전리성분이 남음.	중위도에서 정오에 자주 발생하나 변동이 매우 심함.	정오에 전자 밀도가 크고 야간에는 F_2 층과 일체로 됨.	정오를 경계로 하여 대칭적이 아니고 일출, 일몰시에 전자밀도가 저하함.
계절 변화	여름에 자주 발생하고 겨울에는 적음.	여름은 겨울보다 전자밀도가 큼.	여름6~8월에 자주 나타남.	겨울에는 거의 나타나지 않고 여름에 명료하게 나타남.	한낮에는 겨울 쪽이 여름보다 전자밀도가 크고 밤은 여름 쪽이 겨울보다 전자밀도가 크게 됨.
전파에 주는 영향	장파에 대한 반사층으로서 작용하나, 일반적으로는 감쇄층으로 작용함.	중파는 층 내에서 감쇄함. 장파는 잘 반사되고 단파 이상은 통과할 때 감쇄함.	단파 통신에는 방해를 주나 초단파는 잘 반사하는 경우가 있음.	중파 및 단파대를 반사하나 주야에 따라 사용가능 주파수가 변화함.	단파통신에 유용하게 이용되지만 초단파는 통과함. 주파수는 바꾸어 사용해야 함.

4-2 전리층의 관측

(1) 전리층의 겉보기 높이(이론상 높이)

지속시간이 짧은 펄스파를 일정한 간격으로 지상에서 수직 상방향으로 발사하여 지접파와 전리층 반사파의 시간차 t 를 오실로스코프로 수신하여 관측

$$h' = c \times \frac{t}{2} \quad (t : \text{송신파가 되돌아 오는데 걸리는 시간})$$

(2) 전리층의 임계 주파수 (f_c)

① 투과와 반사의 경계가 되는 주파수를 임계 주파수(f_c)
② 전리층을 투과하는 주파수 중 가장 낮은 주파수, 전리층을 투과하지 못하는 주파수 중 가장 높은 주파수

(3) 전리층의 굴절율

① 전리층의 굴절율 n

$$n \cong \sqrt{1 - \frac{81N}{f^2}} = \sqrt{1 - \left(\frac{f_c}{f}\right)^2}$$

② 임계 주파수(f_c)

$$f_c = 9\sqrt{N_{\max}}$$

(4) 위상속도와 군속도

① 전리층의 위상속도

$$v_p = \frac{c}{\sqrt{\varepsilon_s}} = \frac{c}{n}$$

② 전리층의 군속도

$$v_g = c\sqrt{\varepsilon_s} = cn$$

④ 위상속도(v_p)와 군속도(v_g)와의 관계

$$v_p v_g = c^2$$

4-3 전리층에 의한 반사

(1) 수직입사파의 반사

① 굴절율(n)을 임계 주파수로 표현하면

$$n = \sqrt{1 - (\frac{f_c}{f})^2}$$

$f < f_c$: n 은 허수로 되어 반사

$f > f_c$: $n > 0$ 가 되어 투과

$f = f_c$: $n = 0$ 이 되어 임계점 (투과와 반사의 경계)

② 수직입사파의 주파수(f)가 임계 주파수(f_c)와 같다면 $n=0$ 이므로

$$f_c = 9\sqrt{N_{\max}}$$

(2) 경사 입사파의 반사

① 입사각 ϕ_0 (수직선과 입사파가 이루는 각)로 전리층에 경사지게 입사한 전파는 굴절율이 단계적으로 변화 마침내 지구로 되돌아온다.

② 정할(Secant)의 법칙

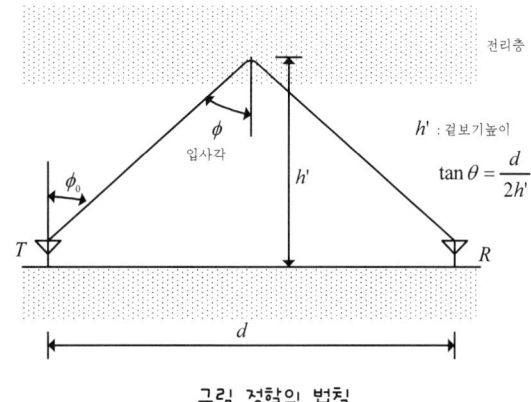

그림 정할의 법칙

$$f = \frac{f_c}{\cos\phi_o} = f_c \sec\phi_o$$
$$= f_0 \sqrt{1 + \left(\frac{d}{2h'}\right)^2}$$

최고사용 주파수

(3) 전리층에서의 전파의 진로
① 주파수를 높이면 투과가 강함.
② 입사각이 크면 반사가 잘됨.
③ 전자밀도가 크면 반사가 잘됨.

(4) 도약거리
전리층의 1회 반사파가 지표면에 도달된 점과 송신점과의 거리를 도약거리라 한다.

$$d = 2h' \sqrt{\left(\frac{f}{f_c}\right)^2 - 1}$$

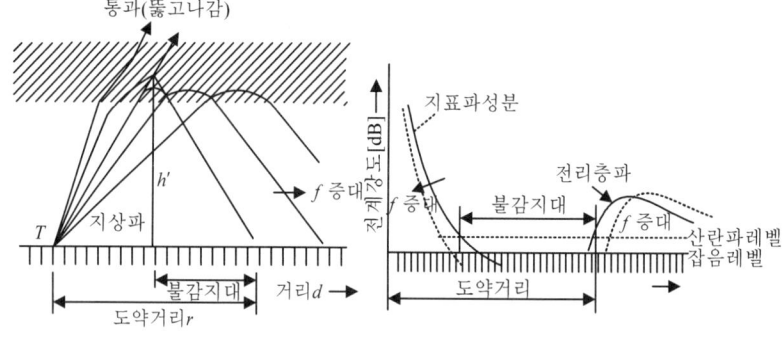

그림 도약거리와 불감지대

4-4 MUF, LUF, FOT

(1) MUF (Maximum Usable Frequency)
① 송수신점간의 거리가 주어졌을 때 전리층 반사파를 이용하여 통신할 수 있는 주파수 중 가장 높은 주파수를 MUF라 한다.

$$f = f_c \sec\phi_o = f_0\sqrt{1+(\frac{d}{2h'})^2}$$

② MUF는 통과와 반사의 경계 주파수이므로 주어진 두 송수신소간에 주파수 선택에 있어서 가장 중요하다.

(2) LUF(Lowest Usable Frequency)
송수신점과의 거리가 주어졌을 때 통신할 수 있는 최저의 주파수로 LUF를 결정하는 요인은 다음과 같다.
① 전리층 감쇄량
② 입사각
③ 송신 전력과 송수신 공중선 이득
④ 수신점에서의 잡음 강도
⑤ 통신방식
⑥ 수신장치의 최소필요 입력 전력

(3) FOT (Frequency of Optimum Transmission)
전리층 반사파를 이용한 통신시 감쇄도 적고 통과 염려도 없는 주파수로서 MUF의 85%에 해당하는 주파수를 FOT라 한다.

$$FOT = 0.85 \times MUF$$

(4) Complement 주파수
항상 통신을 하기 위해서는 여러 개의 주파수를 가변하여 적당한 주파수를 사용해야 하는데 이 여러 개의 주파수를 Complement 주파수라 한다.

4-5 전리층에서의 감쇄

(1) 제1종 감쇄
전파가 전리층을 뚫고 나갈 때 받는 감쇄를 제1종 감쇄라 한다.

(2) 제2종 감쇄
전파가 전리층에서 반사될 때 받는 감쇄를 제2종 감쇄라 한다. F층 반사파는 F층에서 E층 반사파는 E층에서 받는다. MUF 근처에서 최대

구 분	f^2	∅	N (전자밀도)	대기압/ 대기충돌횟수
제1종 감쇄	반비례	비례	비례	비례
제2종 감쇄	비례	반비례	반비례	비례

4-6 전리층 fading (LF, MF, HF)

(1) 간섭성 fading
① 동일 전파 수신시 둘 이상의 다른 경로를 거쳐 수신되는 경우 전리층이 변화하면 간섭 상태가 변화되어 발생하는 fading
② 공간 또는 주파수 diversity로 해소

(2) 편파성 fading
① 전리층에서 전파가 발사될 때 지구자계의 영향으로 타원 편파가 되며 편파면이 시간적으로 회전하기 때문에 수신 공중선의 유기 전압 변동으로 생기는 fading
② 편파 diversity로 경감

(3) 흡수성 fading
① 전파가 전리층을 통과하거나 반사할 때 전자와 공기분자와의 충돌로 그 세력의 일부가 흡수되어 생기는 fading
② 수신기에 AVC 또는 AGC 회로를 추가하여 방지

(4) 선택성 fading
① 전리층에서 전파가 받는 감쇄는 주파수에 밀접한 관계가 있으므로 반송파와 측파대가 받는 감쇄의 정도가 달라져서 생기는 fading
② 주파수 diversity나 SSB 방식을 이용하여 방지

(5) 도약성 fading
① 도약거리 근처에서 발생하고 전자밀도의 시간적 변화율이 큰 일출, 일몰시에 많이 발생
② 주파수 diversity로 경감

4-7 Diversity (합성수신법)

불완전한 신호 레벨을 보상하여 fading을 경감시키는 방법

(1) 주파수 diversity

동일 송신점에서 동시에 서로 다른 둘이상의 주파수를 발사하여 수신하는 방법

(2) 공간 diversity

둘이상의 서로 다른 공중선으로 수신 후 합성 또는 양호한 출력을 선택 수신하는 방법으로 수신 공중선은 어느 정도 이격 시켜야 하며 넓은 주파수는 요하지 않으나 넓은 장소가 필요

(3) 편파 diversity

전리층 반사파는 지자계의 영향으로 타원 편파로 되므로 수평분력과 수직 분력을 가지고 있는데 수신측에 수평편파 공중선과 수직편파 공중선을 따로 설치하여 분리 수신 후 합성

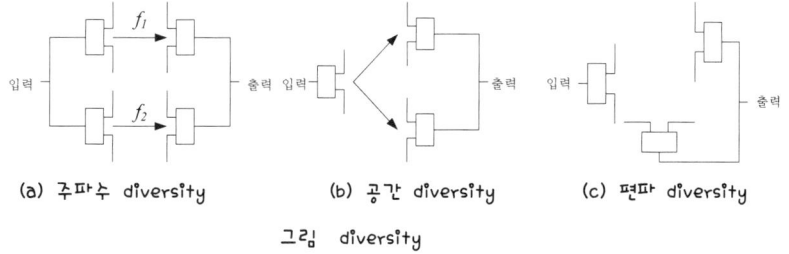

그림 diversity

4-8 전리층에서 발생하는 여러 가지 현상

(1) 델린져현상

단파통신에 있어서 수신 전계가 갑자기 저하하여 수신 불능상태로 되었다가 수분~수시간에 걸쳐 점차적으로 회복되는 현상

1) 원인

태양면의 폭발에 의해서 방출된 다량의 자외선이 E층 또는 D층의 전자밀도를 증가시켜 임계주파수의 상승, 전리층 내의 감쇄의 증가 등 때문으로 알려지고 있다.

2) 발생구역과 시간
주간의 구역에 한하고 저위도 지방에 발생한다.

3) 상황
돌발적으로 발생하여 10분 혹은 수십분 계속되다가 차차 고위도 지방에서부터 회복된다.

4) 통신에 주는 영향
1.5~20[MHz] 정도의 단파통신에 영향을 주며 이보다 낮거나 높은 주파수는 영향을 받지 않으며 낮은 주파수 쪽이 영향을 많이 받는다.

5) 전리층에 주는 변화
D층 및 E층의 전자밀도는 증가하나 F층의 전자밀도는 거의 증가되지 않는다.

6) 출현주기
빈발성이 있으며 태양폭발이 선행되는 수도 있으나 불확실하다. 태양의 자전주기(27일)와 관련이 있다고 믿어 왔으나 명확한 주기성은 갖지 않는 것으로 밝혀졌다.

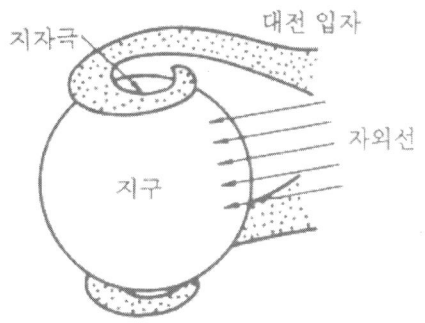

그림 델린져와 자기람

(2) 자기람(자기폭풍)
태양활동에 따라서 방출된 하전미립자가 지구로 날아와서 지구자계에 현저한 혼란을 일으키는 현상

1) 원인
태양폭발에 의해서 방출된 하전 미립자군이 지구 가까이 도달되면 지구자계의 작용으로 굴절되고 극지방 상공에 집결하여 환전류를 형성하고 극광을 나타내며 전리층을 교란시킨다.

2) 발생구역과 시간
지구전역(특히 고위도 지방이 심하다)에서 주야 구별없이 발생한다.

3) 상황
느린 속도로 발생하고 지속시간은 비교적 길어서 1~2일에서 수일 계속된다. 처음은 지구의 자극 부근에서 발생하여 점차로 저위도 지방을 진행한다. 저위도지방 일수록 영향은 적다.

4) 통신에 주는 영향
20[MHz] 이상의 높은 주파수의 전파에 영향이 심하다. 전파통로가 특히 극지방을 통과할 때에는 더 큰 영향을 받는다.

5) 전리층에 주는 변화
주로 F_2층의 임계 주파수는 저하하고, 높이는 높아지며 흡수도 증가한다. MUF와 LUF의 폭이 좁아지며 없어지기도 한다.

6) 출현주기
빈발성이 적으며 태양폭발이 선행되기 때문에 미리 예측할 수 있다. 중위도 지방에서는 태양폭발이 관측된 다음 0.5~1일 후에 발생한다.

(3) Echo 현상
동일 신호가 여러 전파통로를 거쳐 수신되는 경우 그 도달시간이 다르게 되어 동일 특성의 신호가 일정시간 간격으로 수회 되풀이되어 나타나는 현상

(4) 대척점 효과(Antipode effect)
송수신점이 지구 정반대 (대척점)에 있을 때는 대원통로가 무수히 많아 수신점에서는 모든 방향의 전파가 도달되어 거리가 멀어도 수신전계가 커지는 효과

(5) 룩셈부르그 효과(Luxemburg effect)
전리층의 한 점을 두 전파가 지나갈 때 복사전력이 강한쪽 전파에 의해 다른 쪽 전파가 변조되어 이를 수신하면 강한 쪽 전파가 혼입되는 현상

5. 주파수별 전파 전파 특성

5-1 장파

장파는 지표파와 전리층 반사파로 전파되어 근거리에서는 지표파에 의하여 원거리에서는 지표파와 전리층파에 의하여 전파된다.

(1) 지표파의 전파
① 지표파는 파장이 길수록, 도전율이 클수록 감쇄가 적다.
② 건조지대에서는 감쇄가 크고 해상에서는 원거리까지 잘 전파된다.

(2) 전리층파의 전파
① 주간에는 D층 반사로 전파되고, 야간에는 D층이 소멸되므로 E층반사에 의하여 전파된다.
② 주파수가 높을수록 D층 깊숙히 침입하여 감쇄를 많이 받는다.
③ 일출과 일몰시에는 일몰효과가 생긴다.
④ 송수신점이 가까울 경우 지표파 전계와의 간섭으로 근거리 페이딩이 다소 발생하지만 심하지는 않다.
⑤ 장파는 전리층을 투과하지 못하므로 지역별로 주파수를 공용할 수 없다.
⑥ 전계강도는 태양 흑점수와 관계가 있다.

5-2 중파

(1) 지표파의 전파
① 주간의 수신전계는 지표파에 의한 것뿐이며 장파보다 대지에 의한 지표파의 감쇄가 심하여 장파보다 전파거리가 짧다.
② 주파수가 낮을수록 감쇄가 적다.

(2) 전리층파의 전파
① E층 반사로 전파되므로 주간에는 D층에 의해 심한 제1종 감쇄를 받아 전리층 반사파는 존재하지 않고 야간에는 D층이 없어지고 E층의 전자밀도가 저하하므로 전파의 흡수가 작아져서 수신전계는 커진다.

② 여름보다는 겨울철에 야간수신이 잘 된다.
③ 중위도 지방에서는 자이로 주파수가 1~1.5[MHz]정도 되므로 이 부근의 주파수는 감쇄가 심하다.
④ 일몰시에는 전리층파가 나타나기 시작하므로 지표파와의 간섭에 의한 원거리 페이딩이 나타나기도 한다.
⑤ 계절의 영향은 없으나 여름보다는 겨울의 페이딩이 약간 더 심하다.
⑥ 입사각이 커지면 감쇄가 증가하고 남북 방향은 동서 방향 보다 감쇄가 적다. 또 고위도 지방을 통과하는 전파일수록 감쇄가 크다.
⑦ 야간의 지표파에 의한 전계강도와 E 층 반사파에 의한 전계강도가 같은 지점까지의 범위를 양청구역(service area)이라고 한다.

5-3 단파

단파는 파장이 짧으므로 지표파는 감쇄가 심해 거의 실용성이 없다. 그러나 전리층 반사파는 F 층 반사로 전파되는데 제1종 감쇄가 적으므로 소전력으로 원거리 통신이 가능하다. 편의상 도약거리 이내를 근거리, 그 밖을 원거리라고 한다.

(1) 근거리 전파
① 송수신점 부근에서는 직접파, 지표파 및 전리층파가 있는데 지표파는 감쇄가 크고 직접파는 오히려 초단파 쪽이 유리하므로 실용되지 않는다.
② 도약거리 이내의 불감지대에서는 미약하나마 수신이 되기도 하는데 이는 전리층 산란파와 산재 E 층의 반사에 의한 것이다.

(2) 원거리 전파
① F 층 반사파에 의존하므로 MUF보다 낮은 주파수를 선택하여야 하며 전파특성은 전리층의 상태, 입사각등에 의해서 달라진다.
② 임계주파수 보다 높은 주파수를 사용할 때는 입사각이 작을수록 투과할 가능성이 커진다.
③ 전자밀도가 적을수록 임계주파수의 전파는 반사가 잘 되지만 전리층에서의 감쇄가 커지므로 MUF의 85[%]의 주파수를 사용하며 이를 FOT라고 한다.

④ 전파통로가 고위도지방을 통과하면 극광(aurora), 자기람 등 영향을 많이 받아 전파상태가 불안정하여진다. 자기람이 끝나면 평상시 보다 수신 상태가 좋아질 때도 있다. 또 고위도 전파 시에는 델린저 현상의 영향을 받지 않는다.
⑤ 동일거리의 남북간 통신이 동서간통신보다 신뢰도가 높고 연속적인 통신을 확보하기가 용이하다. 그 이유는 동서간 통신보다는 남북간 통시로가 전파통로에 시차가 없기 때문이다.
⑥ 동서통신은 전파통로의 일부에 주간이 들어가므로 델린저 현상의 영향을 반드시 받게 되나 남북통신은 주간만 영향을 받는다.
⑦ 동서통신에서는 도약성 페이딩이 생기고 극광대 근처에 접근한 남북통신에서는 flutter fading이 발생한다.
⑧ 공전의 영향은 비교적 적지만 공전이 빈발하는 적도를 포함하는 남북통신이 더 많은 영향을 받는다.
⑨ 대척점효과가 있는 곳에서는 전계강도도 커지고 페이딩도 적어진다. 이 때의 전파의 도래방향은 시간적, 계절적으로 거의 규칙적으로 변화한다.

5-4 초단파대 이상

① 초단파대 이상의 주파수는 F2층 까지도 투과하므로 전리층파는 이용할 수 없다.
② 산재E층이 나타났을 때에는 전자밀도가 커서 초단파도 반사하지만 그의 발생이 산발적이고 지역적이기 때문에 안정회선을 구성할 수 없다.
③ 초단파대 이상의 주파수는 F_2 층 까지도 투과하므로 전리층파는 이용할 수 없다.
④ 산재E층이 나타났을 때에는 전자밀도가 커서 초단파도 반사하지만 그의 발생이 산발적이고 지역적이기 때문에 안정회선을 구성할 수 없다.

(1) 가시거리내의 전파

① 주파수가 높아서 지표파는 감쇄가 커 이용할 수 없고 직접파와 대지 반사파에 의하여 수신전계가 결정된다.

② 대기에 의한 굴절로 인해 전파 가시거리는 광학적 가시거리보다 약간 멀다. 이 때 지구의 반경을 약 $\frac{4}{3}$ 배로 확대한 등가 지구를 채택하면 전파통로를 직선으로 표시할 수 있다.
③ 송신소 근처에서는 직접파와 대지 반사파의 간섭으로 수신 공중선의 높이나 송수신점간의 거리에 의해 진동적으로 변화하는 영역이 생긴다.
④ 전파통로 내에 산악, 건물 등 장애물이 있으면 회절파와 직접파의 간섭에 의해 Fresnel Zone이 생기고 기하학적 음영부분에도 회절파에 의한 전계가 존재한다.
⑤ 신틸레이션 페이딩, K형 페이딩, 덕트형 페이딩, 산란형 페이딩, 감쇄형 페이딩이 발생한다.
⑥ 해상전파는 육상전파보다 불안정하고 심한 페이딩이 생긴다.

(2) 초가시거리 전파

① 대기의 굴절로 기하학적 가시거리 보다 약간 더 먼 곳까지 도달하는 초가시거리전파는 산악회절파, 라디오덕트파, 대류권 산란파, 산재E층에서의 반사, 전리층 산란파 등이 있다.
② 라디오덕트와 산재 E 층 반사는 시간적, 공간적으로 불규칙하여 안정회선을 구성할 수 없다.
③ 산악회절파는 송수신점의 중간에 산악이 있어야 하는 단점이 있으나 여러 곳에서 실용화 되었고 대류권 산란파와 전리층 산란파도 안정회선을 구성할 수 있다.
④ 대류권 산란파는 한일간 통신에 이용된 적이 있다.
⑤ 전리층 산란파는 협대역이라는 단점이 있다.

5-5 마이크로파 통신

(1) 개요

마이크로파의 전파는 주로 3[GHz]에서 30[GHz]사의 주파수 대역을 이용하는 전파

(2) 마이크로파 통신의 특징

1) 장점
① 광대역성
② 고이득, 예민한 지향성

$$G = \frac{4\pi A_e}{\lambda^2} = \eta(\frac{\pi D}{\lambda})^2 \ , \ \theta = \frac{70\lambda}{D}$$

③ 1W 이하의 적은 전력 통신 가능
④ 열잡음, 혼변조 잡음과 같은 외부잡음 등에 강하다
⑤ S/N 개선도가 크다
⑥ 가시거리 내 통신방식이다
⑦ 전리층을 통과해서 전파
⑧ 천재지변 등의 재해에 강하다
⑨ 회선건설기간이 짧고 경제적이다

2) 단점
① 무선통신이기 때문에 보안에 취약
② 기상 상태에 따라 전송 품질이 변화한다

(3) 전파의 창

감쇄가 적어 우주통신을 하기에 적합한 1~10[GHz]사이의 주파수 대역을 전파의 창(Radio Window)이라하며 결정요인은 다음과 같다.

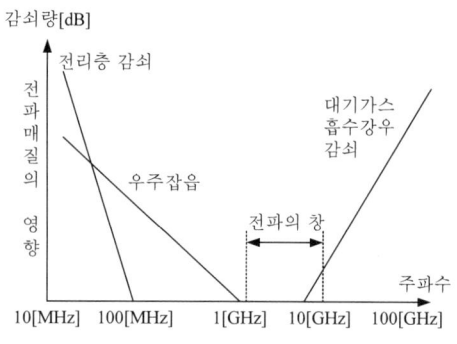

그림 전파의 창

① 전리층의 영향　　　　② 대류권의 영향
③ 잡음의 영향　　　　　④ 정보전송량
⑤ 송수신계의 문제(송신출력, Ant 이득, 급전선 손실, 내부잡음 등)

6. 전파잡음

6-1 분류

(1) 전파잡음의 발생 원인에 의한 분류

$$전파잡음 \begin{cases} 자연잡음 \begin{cases} 우주잡음 \begin{cases} 태양잡음 \\ 은하잡음 \end{cases} \\ 공전잡음 \end{cases} \\ 인공잡음 \end{cases}$$

(2) 잡음의 성질에 의한 분류
① 충격성잡음
② 연속성잡음
③ 주기잡음

6-2 자연잡음

(1) 우주잡음

① 태양잡음
 태양 활동에 수반해서 발생하여 지구에 도달하는 잡음 전파로 Corona와 같은 고온부에서의 열교란에 기인한다.

② 은하잡음
 태양이외의 항성에서 발생하는 잡음으로써 이 잡음 전파의 강도는 방향과 파장에 따라서 다르나 은하의 중심 방향에서 가장 강하다.

(2) 공전잡음

1) 공전잡음의 종류

① 클릭(Click)
② 그라인더(Grinder)
③ 힛싱(Hissing)

2) 공전잡음의 경감법

① 지향성 공중선을 사용한다.
② 비접지 공중선을 사용한다.

③ 수신 대역폭을 좁게 하여 선택도를 높인다.
④ 송신 출력을 증대시켜 수신점의 S/N을 크게 한다.
⑤ 수신기에 잡음억압회로, limiter등을 사용한다.
⑥ 높은 주파수(짧은 파장)을 사용한다.

6-3 인공잡음

① 불꽃방전
② 취동접촉
③ 코로나방전
④ 글로우방전
⑤ 지속진동
⑥ 도시잡음
⑦ 백색잡음(White noise)

6-4 잡음방해의 일반적인 개선 방법

① 송신전력을 크게 하거나 안테나의 지향성을 예민하게 하여 이득을 높이므로서 수신전력을 크게 한다.
② 내부잡음이 적도록 수신기의 설계를 적절히 한다.
③ 수신기의 실효대역폭을 좁게한다.
④ 전원회로에 필터를 삽입하거나 차폐를 한다.
⑤ 적절한 통신방식을 선택한다.
⑥ 동축급전선을 사용하고 수신기에는 잡음억제회로를 채택한다.

포도주는 새 술일 때에는 신포도와 같은 맛이 난다.
그러나 오래 되면 오래 될 수록 맛이 좋아진다.
지혜도 똑같은 것이다.
해를 거듭함에 따라 지혜는 닦여진다.

- 탈무드 -

Wireless Communication Engineering

Chapter 02 무선통신기기

Section 1. 무선 송수신

1. 무선통신 개요

1-1. 무선통신기기의 구성

무선통신기기는 무선으로 통신하는 기기로서 전파를 보내는 송신장치 Transmitter)와 전파를 받아들이는 수신장치(Receiver)로 구성되며, 전파의 발사와 수신에 필요한 안테나(Antenna)와 급전선(Feeder)이 부수적으로 따르게 된다.

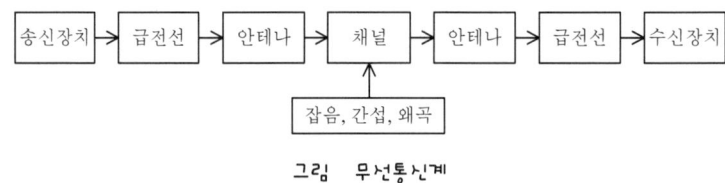

그림 무선통신계

(1) 송신장치

① 발진부 : 발진부에서 반송파(carrier)를 발진
② 저주파 증폭부 : 보내고자 하는 정보를 전기적 진동의 신호로 변환, 증폭
③ 변조부 : 신호를 적절히 증폭하여 반송파에 실음(변조).
④ 전력 증폭부 : 변조된 피변조파를 증폭
⑤ 송신 안테나 : 증폭된 피변조파를 안테나에 보내어 효율 좋게 방사

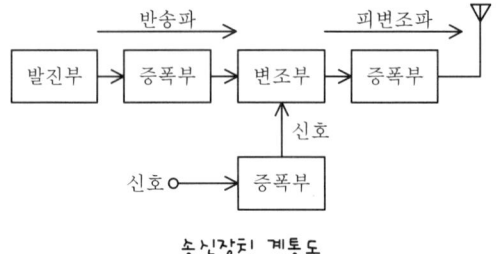

송신장치 계통도

(2) 수신장치

① 동조 및 고주파 증폭부 : 수신 안테나에 유기된 전파 중 목적 주파수만을 선택 증폭
② 주파수 변환부 : 국부 발진 주파수와 혼합시켜 중간 주파수로 변환
③ 중간 주파 증폭부 : 중간 주파수로 충분한 증폭
④ 복조부 : 증폭된 수신 전파에서 신호파 검출
⑤ 저주파 증폭부 : 신호파를 적절하게 증폭
⑥ 스피커 : 증폭된 신호를 기계적 진동으로 변환시켜 본래의 정보를 얻음.

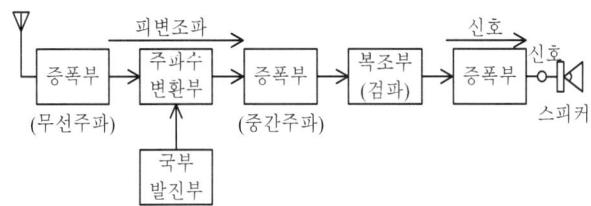

수신장치 계통도

1-2. 변조

(1) 변조의 개념

전송하고자 하는 정보신호를 전송로의 특성에 가장 적합한 형태로 변환하는 과정은 기저대역 전송을 위한 선로 부호화(Line coding)와 통과대역 전송을 위한 변조(Modulation)방식이 있다.

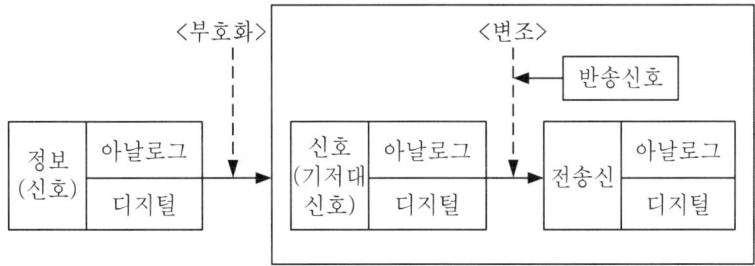

변조의 개념

1) 시간영역

정보신호 $f(t)$에 반송파를 곱하는 과정

$$f(t) \cdot \cos 2\pi f_c t$$

2) 주파수 영역

$f(t)$의 푸리에 변환 $F(f)$ 스펙트럼을 반송파 주파수 대역인 $\pm f_c$로 이동시키는 과정

$$f(t) \cdot \cos 2\pi f_c t \longrightarrow F(f) * F[\cos 2\pi f_c t]$$
$$= F(f) * \frac{1}{2}[\delta(f+f_c) + \delta(f-f_c)]$$
$$= \frac{1}{2}[F(f+f_c) + F(f-f_c)]$$

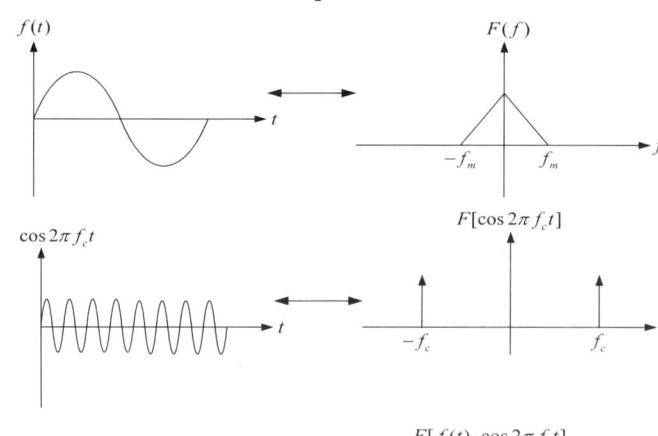

(a) 변조기

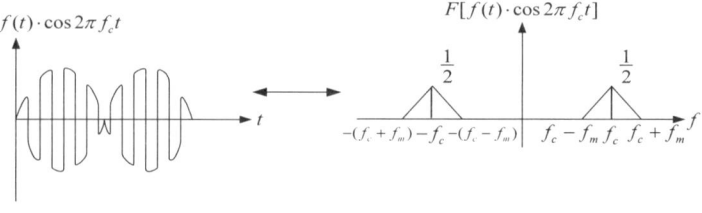

(b) 시간영역   (c) 주파수 영역

그림 변조의 개념

(2) 변조의 필요성

1) 복사용이(송수신 안테나 설계 가능)

무선통신시 변조과정을 거치지 않고 낮은 주파수의 기저대역 신호를 직접 보낼 경우 송·수신 측의 안테나 길이는 수 [km]에 달해 설계가 곤란하게 된다.

2) 주파수 할당을 위해(상호 간섭 배제)

다른 통신시스템에서 사용하는 주파수대역과는 다른 주파수대역을 할당해 통신시스템 간 간섭 방지를 위하여 변조가 필요하다.

3) 다중화

변조를 통해 하나의 전송로에 복수의 신호 전송 회선 구성 가능

① FDM (주파수 분할 다중) : 반송파가 정현파인 경우

② TDM (시분할 다중) : 펄스열인 경우

4) 광대역 변조에 의한 유해 잡음 성분의 억압 및 간섭제거

(전송 대역폭을 넓게 한 광대역 FM변조 방식은 복조 단계에서 유해 잡음 억압 : FM)

5) 장비의 제한을 극복하기 위한 변조

높은 주파수 대역으로 주파수를 천이시키면 전송장비의 크기를 작게 제작할 수 할 수 있다.

6) 전송매체와의 정합을 위한 변조

전송할 신호의 주파수대역이 전송매체의 특성에 맞지 않을 경우 이 신호의 주파수대역을 전송매체의 주파수대역으로 옮기기 위하여 변조가 필요하다.

(2) 변조의 종류

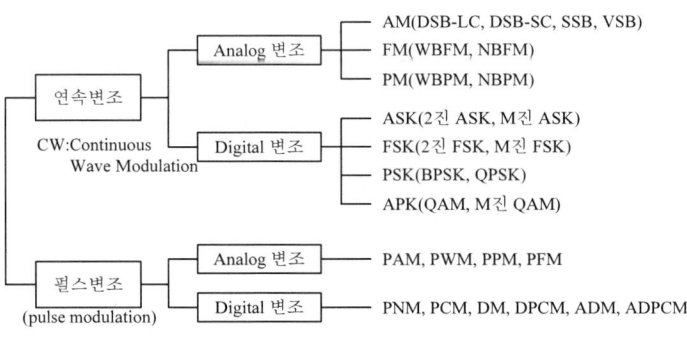

그림 변조의 종류

2. AM 변조이론

2-1. 변조반송파 억압 진폭 변조(DSB-SC)

(1) 변조의 DSB-SC 변조방식

DSB-SC란 Double Side Band-Suppressed Carrier 로 피변조파에 반송파가 포함되지 않는 진폭 변조방식이다

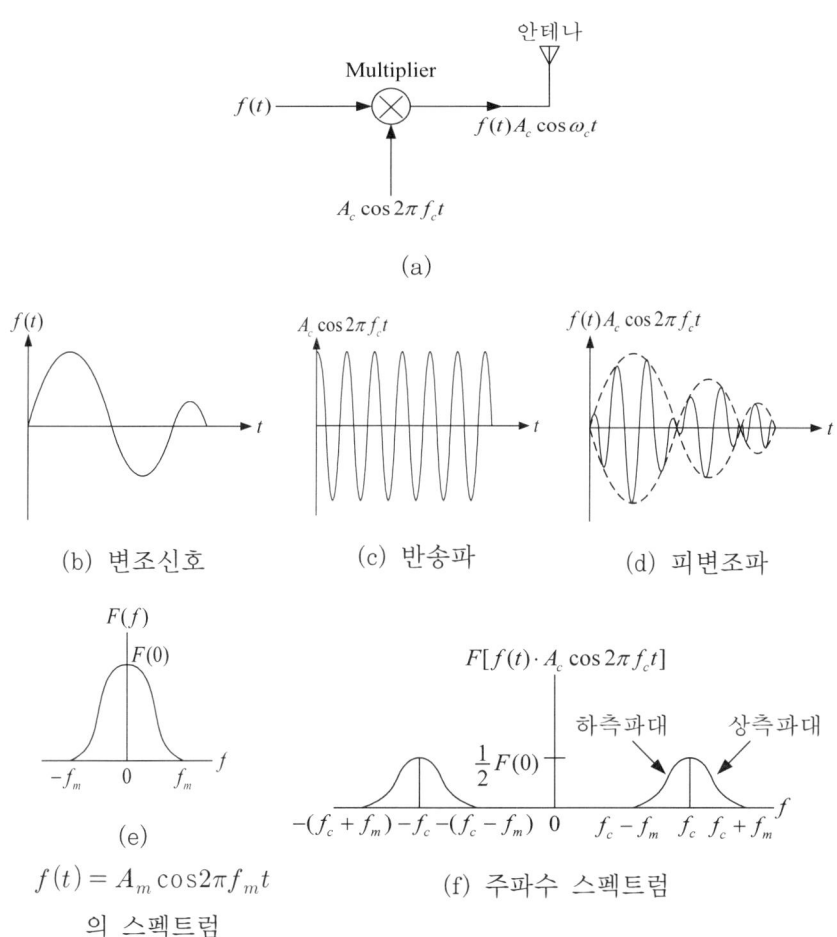

그림 DSB-SC 송신 시스템

1) 시간 영역에서의 일반식

$$v_{DSB-SC}(t) = f(t) \cdot A_c \cos 2\pi f_c t$$

여기서,

A_c : 반송파의 진폭(크기)

f_c : 반송파 주파수

만약 $f(t)$가 $A_m \cos 2\pi f_m t$라 하면 다음과 같이 표시된다.

$$v_{DSB-SC}(t) = f(t) \cdot A_c \cos 2\pi f_c t = A_m \cos 2\pi f_m t \cdot A_c \cos 2\pi f_c t$$

$$= \frac{1}{2} A_c A_m [\cos 2\pi (f_c + f_m)t + \cos 2\pi (f_c - f_m)t]$$

이 식에 반송파 $A_c \cos 2\pi f_c t$가 포함되어 있지 않으므로 반송파 억압 진폭 변조(DSB-SC)라 한다.

2) 주파수 영역에서의 일반식

$$v_{DSB-SC}(f) = F[f_{(t)} \cdot A_c \cos 2\pi f_c t]$$

$$= F[f_{(t)}] * F[A_c \cos 2\pi f_c t]$$

$$= F(f) * \frac{1}{2} A_c [\delta(f+f_c) + \delta(f-f_c)]$$

$$= \frac{1}{2} A_c [F(f+f_c) + F(f-f_c)]$$

$$= \frac{1}{2} A_c [F(f+f_c) + F(f-f_c)]$$

(2) DSB-SC 변조기(Ring modulator)

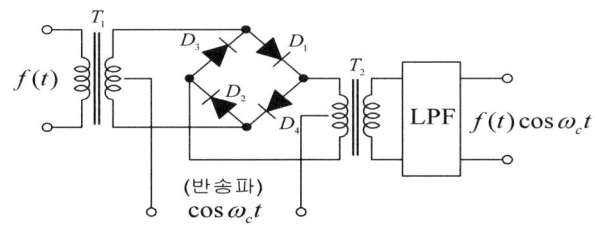

(a) 링 변조기의 원리

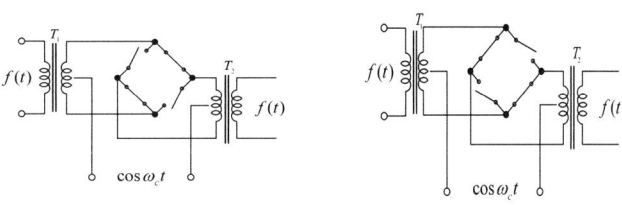

(b) $\cos\omega_c t$가 +주기일 때의 D_1, D_2 동작   (c) $\cos\omega_c t$가 -주기일 때의 D_3, D_4 동작

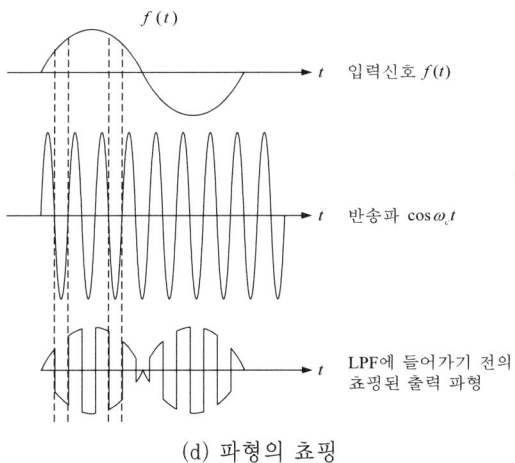

(d) 파형의 쵸핑

그림 링 변조기의 원리와 동작

① 평형 변조기를 대칭으로 배치한 이중 평형 변조기로 변조기 출력에는 변조 신호 성분이 나타나지 않으므로 반송파 주파수와 변조 신호가 근접해 있을 때 사용하면 좋다.
② 다이오드 스위칭 작용을 하는 반송파와 변조신호가 동시에 인가 시에만 피변조파 출력에 반송파가 제거된 상·하측파대가 출력된다.

③ 증폭 소자를 사용하지 않으므로 입력보다 출력이 적게 되어 후단에서 증폭을 행해야 한다.
④ 증폭소자를 포함하지 않는 수동망이므로 역방향으로 동작이 가능해 DSB-SC 복조기로 사용할 수 있다.
⑤ 정류 회로로도 사용할 수 있다.
⑥ 동작 전원이 불필요하고 구조가 간단해 SSB통신에 널리 사용된다.

(3) DSB-SC 신호의 동기검파

① 동기검파는 그림처럼 변조된 신호 $x(t)$에 국부 반송파 신호 $\cos(\omega_c t)$를 곱한 후 저역통과 여파기에 통과시킴으로써 원래의 신호 $f(t)$를 검파하는 방법이다.

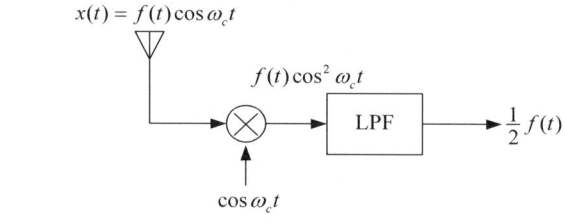

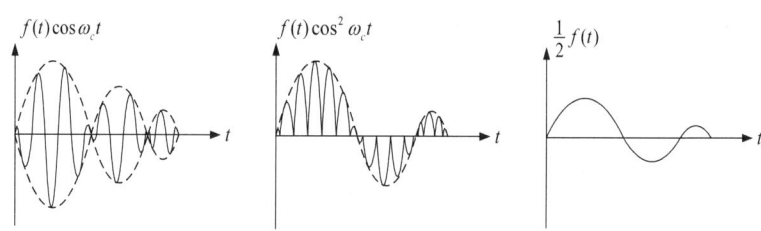

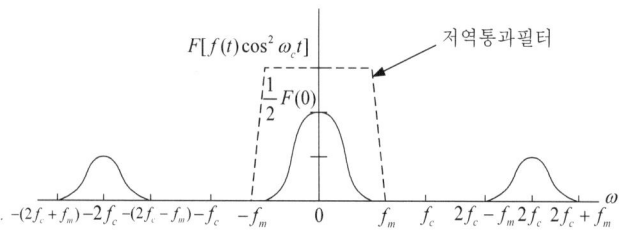

그림 동기검파와 여파기 특성

② 반송파 억압 진폭 변조된 신호 $x(t) = f(t)\cos 2\pi f_c t$에 반송파와 같은 신호를 한번 더 곱하면 삼각함수 특성에 의하여

$$f(t)\cos^2 2\pi f_c t = \frac{1}{2}[f(t) + f(t)\cos 2\pi(2f_c)t]$$

가 되어 LPF(저역통과필터)를 거치면 $2f_c$ 신호는 제거되고 원래 신호 $f(t)$를 찾을 수 있다. 이와 같이 반송파와 같은 신호를 수신단에서 만들어 곱해야 하므로 동기검파 또는 승적검파라 한다.

③ 반송파의 주파수나 위상에 차이가 있으면 복조된 신호는 왜곡이 생기게 된다. 반송파가 $\cos[2\pi(f+\Delta f)t+\Delta\theta]$로 주파수가 Δf 만큼, 위상이 $\Delta\theta$만큼 틀어져있으면

$$f(t)\cos 2\pi f_c t \cdot \cos[2\pi(f_c+\Delta f)t+\Delta\theta]$$
$$= f(t)\left[\frac{1}{2}\cos(2\pi\Delta f t+\Delta\theta)+\frac{1}{2}\cos(2\pi 2f_c+\Delta f)t+\Delta\theta\right]$$

가 되는데 LPF를 통과하면 뒤 항은 제거되고 앞 항만 남게 된다.

$$\frac{1}{2}f(t)\cos(2\pi\Delta f t+\Delta\theta)$$

주파수만 틀어진 경우 : $\frac{1}{2}f(t)\cos(2\pi\Delta f t)$

위상만 틀어진 경우 : $\frac{1}{2}f(t)\cos\Delta\theta$

④ 주파수가 틀어진 경우는 $\cos(2\pi\Delta f t)$가 t에 따라 변하고, 위상만 틀어진 경우는 $\cos\Delta\theta$는 상수이므로 주파수가 틀어진 경우가 훨씬 더 큰 왜곡이 된다.

2-2. 반송파가 있는 진폭 변조(DSB-LC)-AM

(1) DSB-LC 일반식

DSB-LC란 (Double Side Band-Large Carrier) 주파수 스펙트럼이 2개의 측파대를 가지며 피변조파에 반송파가 포함된 진폭 변조를 말한다 (DSB-LC(Double Side Band-Transmitted Carrier)는 DSB-TC 또는 AM이라 한다.)

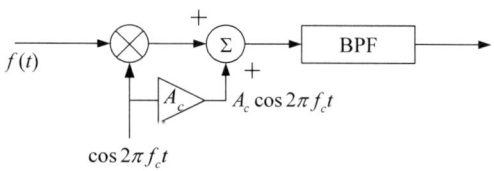

그림 DSB-LC

1) 시간 영역에서의 일반식

변조신호를 $f(t)$, 반송파를 $A_c \cos \cdot 2\pi f_c t$라 할 때 AM(DSB-LC)의 시간영역에서의 일반식은 다음과 같다.

$v_{DSB-LC}(t) = [A_c + f(t)]\cos 2\pi f_c t$

f_c : 반송파 주파수

만약 $f(t)$가 $A_m \cos 2\pi f_m t$라 하면

$$\begin{aligned} v_{DSB-LC}(t) &= [A_c + f(t)]\cos 2\pi f_c t \\ &= [A_c + A_m \cos 2\pi f_m t]\cos 2\pi f_c t \\ &= A_c\left[1 + \frac{A_m}{A_c}\cos 2\pi f_m t\right]\cos 2\pi f_c t \\ &= A_c[1 + m\cos 2\pi f_m t]\cos 2\pi f_c t \end{aligned}$$

여기서, A_c : 반송파의 진폭(크기), A_m : 변조신호의 크기, m : 변조도

이 식에는 $A_c \cos 2\pi f_c t$가 포함되어 있으므로 AM을 반송파를 갖는 진폭 변조라 한다.

2) 주파수 영역에서의 일반식

시간영역에서의 일반식을 푸리에 변환(Fourier Transform)을 하면 주파수 영역에서의 일반식을 구할 수 있다.

$$V_{DSB-LC}(f) = F[(A_c + f(t))\cos 2\pi f_c t] = F[A_c \cos 2\pi f_c t + f(t)\cos 2\pi f_c t]$$

$$= F[A_c \cos 2\pi f_c t] + F[f(t)\cos 2\pi f_c t]$$

$$= A_c \cdot \frac{1}{2}[\delta(f+f_c) + \delta(f-f_c)] + [F\{f(t)\} * F\{\cos 2\pi f_c t\}]$$

$$= \frac{1}{2}A_c[\delta(f+f_c) + \delta(f-f_c)] + [F(f) * \frac{1}{2}\{\delta(f+f_c) + \delta(f-f_c)\}]$$

$$= \frac{1}{2}A_c[\delta(f+f_c) + \delta(f-f_c)] + \frac{1}{2}[F(f+f_c) + F(f-f_c)]$$

(2) AM의 전력

AM파가 방사저항 R인 안테나에서 방사될 때 반송파 전력 P_c, 상측파대 전력 P_u, 하측파대 전력 P_l이라고 하고 일반적인 전력 구하는 공식 $P = VI = \dfrac{V^2}{R}[\text{W}]$을 적용하여 전개하면 각각 다음과 같이 된다.

$$P_c = \frac{(A_c/\sqrt{2})^2}{R} = \frac{A_c^2}{2R}[\text{W}]$$

$$P_u = \left(\frac{mA_c/2}{\sqrt{2}}\right)^2 \cdot \frac{1}{R} = \frac{m^2 A_c^2}{8R} = \frac{m^2}{4} \cdot \frac{A_c^2}{2R} = \frac{m^2}{4}P_c[\text{W}]$$

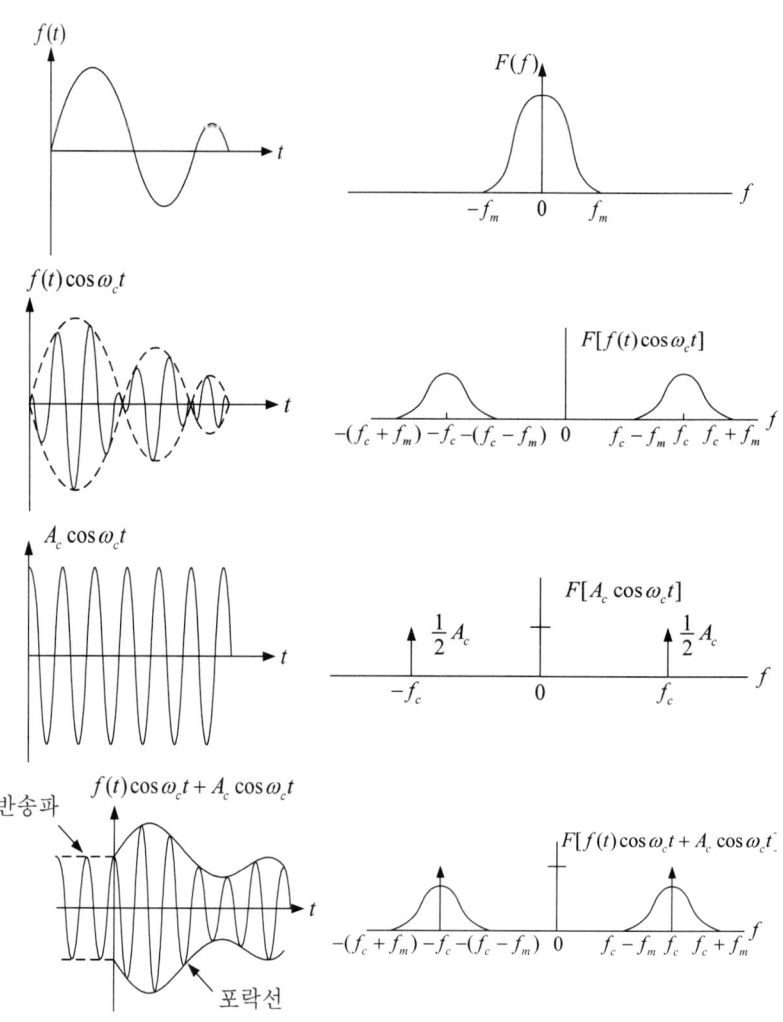

그림 AM신호의 스펙트럼

$$P_l = \left(\frac{mA_c/2}{\sqrt{2}}\right)^2 \cdot \frac{1}{R} = \frac{m^2 A_c^2}{8R} = \frac{m^2}{4} \cdot \frac{A_c^2}{2R} = \frac{m^2}{4} P_c$$

따라서 피변조파 전력 P_{AM}는

$$P_{AM} = P_c + P_u + P_l$$

$$= P_c(1 + \frac{m^2}{4} + \frac{m^2}{4}) = P_c(1 + \frac{m^2}{2})[\text{W}]$$

가 된다. 이식에서 AM파의 피변조파 전력은 변조도

$100[\%](m=1)$일 때 반송파 전력의 1.5배인 것을 알 수 있다. 피변조파는 반송파, 상측파대, 하측파대로 구성되므로 이들 성분의 비는 $P_c : \dfrac{m^2}{4}P_c : \dfrac{m^2}{4}P_c$가 되어 $1 : \dfrac{m^2}{4} : \dfrac{m^2}{4}$이 된다.

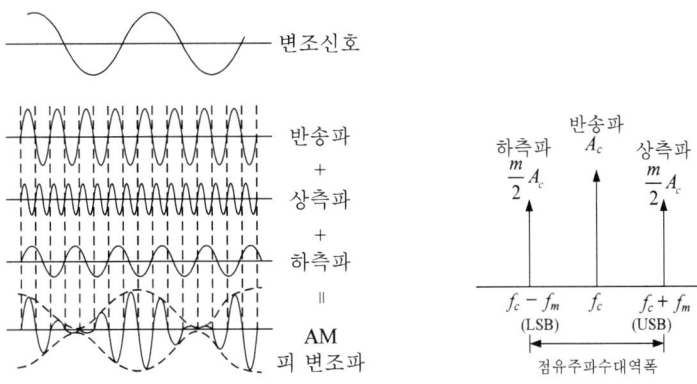

그림 진폭 변조파

(3) 변조도와 효율

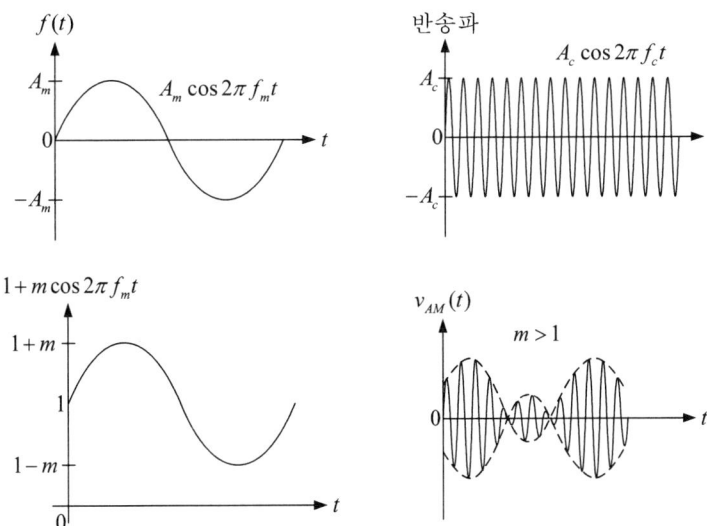

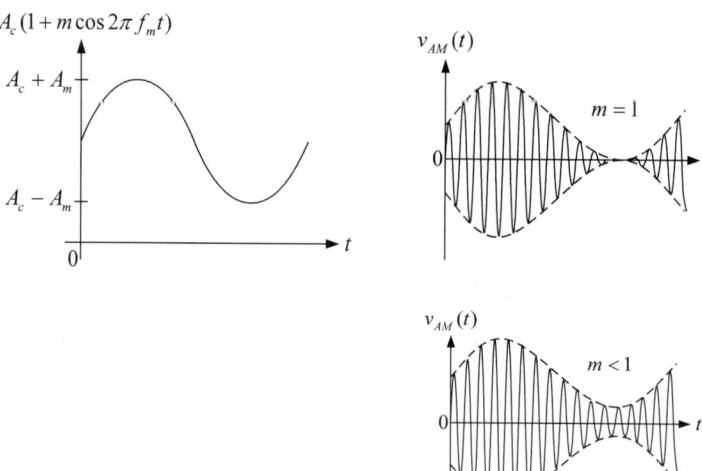

그림 m(변조지수)값에 따른 피변조파

1) 변조도

DSB-LC, 즉 AM에서의 변조도(변조 지수 또는 변조율)는 다음과 같이 정의된다.

$$m = \frac{A_m(\text{변조 신호의 진폭})}{A_c(\text{반송파의 진폭})}$$

방사저항 R인 안테나에 흐르는 반송파 전류를 I_c, 피변조파 전류를 I_m이라 하면

$$\frac{P_{AM}}{P_c} = \frac{I_m^2 R}{I_c^2 R} = 1 + \frac{m^2}{2}$$

이 되어, 다음과 같은 식이 각각 성립된다.

$$I_m = I_c \sqrt{1 + \frac{m^2}{2}}$$

$$\therefore m = \sqrt{2\left[\left(\frac{I_m}{I_c}\right)^2 - 1\right]}$$

2) 효율

$$\eta = \frac{신호\ 전력}{전체\ 전력} = \frac{\dfrac{(A_c \cdot m)^2}{4}}{\dfrac{(A_c)^2}{2} + \dfrac{(A_c \cdot m)^2}{4}} = \frac{m^2}{2+m^2} \times 100\ [\%]$$

AM방식에서 얻을 수 있는 최대 변조도는 $m=1$이므로, AM의 변조효율은 $33.3\ [\%]$가 된다.

(4) DSB-LC 신호의 포락선 검파(직선 검파)

포락선 검파방식은 검파 시 송신측의 반송파가 필요없어 비동기 검파방식이라 하며 구성이 간단하고 가격이 저렴해 DSB-LC 신호의 검파에 널리 사용한다.

Diode의 선형부분을 이용하므로 직선검파, 선형복조, 다이오드검파라 불린다.

변조 포락선의 모양은 시정수 CR에 의해 결정되므로 복조하고자 하는 신호에 알맞은 시정수를 선택하는 것이 중요하다.

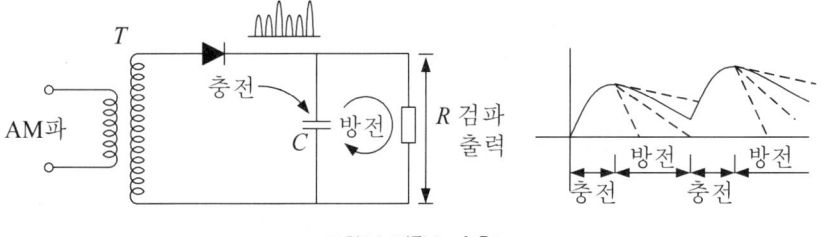

포락선 검파의 원리

검파 효율 $\eta = \dfrac{V_s}{mV_c} \times 100\,[\%]$

시정수 $\tau = RC$

표 클리핑 현상

구분	다이애거널 클리핑	네거티브 클리핑
검파출력	다이애거널 클리핑 / 방전 전압에 파묻힌다.	네거티브 피크 클리핑
원인	CR 시정수가 너무 커서 변조 포락선의 변화에 추종하지 못함	CR 시정수가 너무 작아 변조 포락선의 밑부분이 잘림

(5) DSB-SC 신호와 DSB-LC신호의 특징 비교

1) 변조방식

DSB-SC변조기는 초퍼형 변조기 또는 평형변조기(비선형 변조)를 사용하나 DSB-LC변조기는 컬렉터 변조기(선형변조)를 주로 사용한다.

2) 복조 방식

DSB-SC방식은 반송파가 없으므로 수신기에서 반송파를 재생하여 복조하는 동기검파방식을 사용해야 하나, DSB-LC방식은 반송파가 필요없는 비동기 검파방식인 포락선 검파방식을 사용해 복조할 수 있다.

포락선 검파방식은 동기검파방식에 비해 구성이 간단하고 가격이 저렴해 DSB-LC 신호의 검파에 널리 사용되고 있다.

3) 변조 효율

DSB-LC방식에서 얻을 수 있는 최대 변조효율은 33.3 [%]가 되나 DSB-SC방식의 경우에는 반송파가 없으므로 변조효율이 100 [%]가 된다.

4) 신호대 잡음비

DSB-SC방식의 출력 신호대 잡음비는 $\frac{S_0}{N_0} \propto \frac{S_i}{N_i}$이 되나, DSB-LC방식은 $\frac{S_0}{N_0} \propto m^2 \frac{S_i}{N_i}$가 되어 출력측의 신호대 잡음비 개선은 변조도 m의 자승에 비례한다.

2-3. SSB (Single Side Band)

SSB란 single side band로 단측파대 진폭 변조라 하며 피변조파 점유 대역이 DSB방식의1/2이며 전력 소모도 적어 단파대역 무선전화 방식으로 사용되고 있다. SSB의 종류로는 반송파 특성에 따라 억압반송파(J3E), 전반송파(H3E), 저감반송파(R3E)방식이 있으며, 일반적으로 SSB라 함은 억압 반송파 SSB(J3E)방식을 의미한다.

(1) SSB 변조

$f(t) = \cos 2\pi f_m t$ 라 하면

$$v_{DSB-SC}(t) = f(t)\cos 2\pi f_c t$$

$$= \cos 2\pi f_m t \cdot \cos 2\pi f_c t$$

$$= \frac{1}{2}[\cos 2\pi(f_c+f_m)t + \cos 2\pi(f_c-f_m)t]$$

$$= \underbrace{\frac{1}{2}\cos 2\pi(f_c+f_m)t}_{\text{상측파대}} + \underbrace{\frac{1}{2}\cos 2\pi(f_c-f_m)t}_{\text{하측파대}}$$

SSB는 이 중 한쪽 측파대만 사용하며, 여기서는 상측파대(USB)를 사용한다면

$$V_{SSB-U}(t) = \frac{1}{2}\cos 2\pi(f_c+f_m)t$$

$$= \frac{1}{2}[\underbrace{\cos 2\pi f_m t}_{f(t)} \cdot \cos 2\pi f_c t - \underbrace{\sin 2\pi f_m t}_{\hat{f}(t)} \cdot \sin 2\pi f_c t]$$

$$= f(t)\cos 2\pi f_c t \quad \hat{f}(t)\sin 2\pi f_c t$$

($\frac{1}{2}$라는 상수는 제거해도 무방)

만약 하측파대(LSB)를 사용한다면 같은 방법으로

$$v_{SSB-L}(t) = f(t)\cos 2\pi f_c t + \hat{f}(t)\sin 2\pi f_c t$$

(2) SSB 변조방식의 종류

1) 평형 변조기와 BPF를 이용하는 방법(필터법)

DSB-SC 신호를 발생시킨 후 원치 않는 한쪽의 측파대를 BPF를 이용하여 제거시킨 후 송신하는 방식이다.

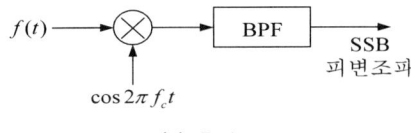

(a) 구성도

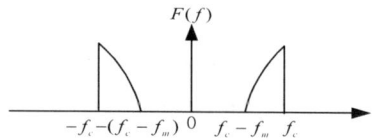

(b) 하측파대만 존재하는 경우

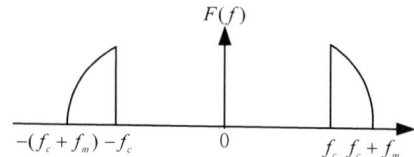

(c) 상측파대만 존재하는 경우

그림 필터법에 의한 SSB변조

2) 위상 천이(Phase shifter)에 의한 방법

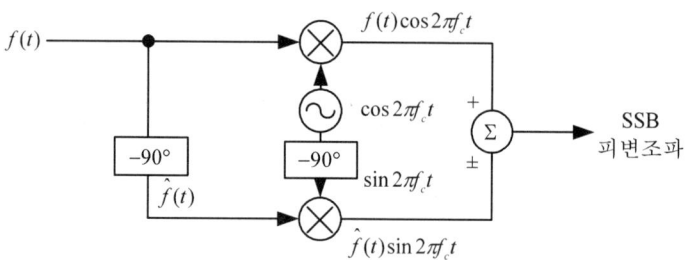

그림 위상 천이법에 의한 SSB변조

$$v_{SSB}(t) = f(t)\cos 2\pi f_c t \pm \hat{f}(t)\sin 2\pi f_c t$$

3) Weaver 법(제 3의방법)

Filter법과 위상 천이 방법을 적절히 조합시킨 방법으로 불필요 측파대가 발생하지 않는 장점을 가지고 있으나 회로가 복잡하고 가격이 비싸 거의 사용하지 않는다.

(3) SSB 동기검파

상측파대를 사용한 경우

$$r(t) = [f(t)\cos 2\pi f_c t - \hat{f}(t)\sin 2\pi f_c t] \cdot \cos 2\pi f_c t$$

$$= f(t) \cdot \cos 2\pi f_c t \cdot \cos 2\pi f_c t - \hat{f}(t)\sin 2\pi f_c t \cdot \cos 2\pi f_c t$$

$$= f(t) \cdot \frac{1}{2}[\cos 0 + \cos 4\pi f_c t] - \hat{f}(t) \cdot \frac{1}{2}[\sin 0 + \sin 4\pi f_c t]$$

$$= \frac{1}{2}f(t) + \underbrace{\frac{1}{2}f(t)\cos 4\pi f_c t - \frac{1}{2}\hat{f}(t)\sin 4\pi f_c t}_{\text{LPF로 제거}}$$

$$= \frac{1}{2}f(t)$$

(4) SSB통신 방식의 특징

1) SSB통신 방식의 장점

① 점유 주파수대 폭이 1/2로 축소된다.(주파수 이용 효율이 높다.)

② 적은 송신 전력으로 양질의 통신이 가능하다.
(평균 전력 대비 1/6, 공칭 전력 대비 1/4)

③ 송신기의 소비 전력이 적다.
(변조시에만 송신하므로 DSB의 30%)

④ 선택성 페이딩의 영향이 적다.(3[dB]개선)

⑤ S/N비가 개선된다.(평균전력이 같다고 했을 때 전체 10.8[dB] 개선, 첨두 전력이 같다고 했을 때 전체 12[dB] 개선)

⑥ 비화성을 유지할 수 있다. (DSB수신기로 수신 불가)

2) SSB통신 방식의 단점

① 송수신기 회로 구성이 복잡하며 가격이 비싸다.

② 높은 주파수 안정도를 필요로 한다.

③ 수신부에 국부 발진기가 필요하며 동기 장치(Speech clarifier)가 있어야 한다.

④ 반송파가 없어 AGC회로 부가가 어렵다.

2-4. VSB (Vestigial Side Band)

(1) VSB 개요

① VSB란 Vestigial side band로 잔류측파대 진폭 변조라 하며 SSB(Single Side Band)방식의 장점인 대역폭과 전력에 대한 장점을 살리고 DSB(Double Side Band)의 장점인 포락선 검파(비동기검파)를 할 수 있는 변조 방식이다.

② DSB 장점은 피변조파내에 반송파가 포함되어 있으므로 검파하기 쉽고, SSB는 한쪽 대역만 사용하므로 전력이나 점유 주파수 대역이 적게 된다.

③ TV 영상신호는 0 ~ 4.5 [MHz]정도의 주파수를 포함하고 있기 때문에 AM 변조를 하면 점유주파수대폭이 9 [MHz]로 되어 주파수 이용 효율 상 좋지 않고 SSB로 전송하면 한쪽의 측파대의 분리가 곤란하고 직류에 가까운 저역성분이 손상을 입어 화질이 저하하게 되므로 이를 해결하기 위하여 개발된 방식이 VSB (Vestigial side band) 방식이다.

④ 현재의 아날로그 TV(NTSC)영상신호 변조방식이며, 한국 미국식 디지털 TV의 표준기술인 ATSC 방식에서 8-VSB로 응용하고 있다.

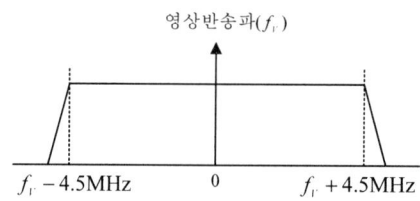

(a) 양측파대 진폭변조

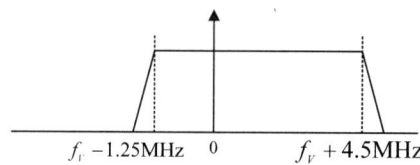

(b) 잔류측파대 진폭변조(VSB)

그림 DSB방식과 VSB 방식

(2) VSB의 특징
① 검파가 용이하다.
② 소요 주파수 대역이 감소한다.
③ 송신 전력이 감소한다.
④ 잡음 및 선택성 페이딩의 영향이 적다.
⑤ 저주파 신호성분이 많은 TV 영상 신호 전송에 적합

3. AM 송, 수신기

3-1. AM 송신기

(1) 개요

① AM 송신기는 발진기, 증폭기, 변조기 및 전원부로 구성됨.
② 부속 장치는 제어 장치, 보호 장치, 냉각 장치, 감시 장치 등
③ 대표적인 DSB 송신기인 종단전력 증폭기는 효율이 높은 C급 증폭기를 사용하고, 변조전력도 효율 높은 B급 증폭의 변조기에서 공급하므로 일그러짐도 작고, 고효율이어서 중파, 단파 라디오 방송에 채택됨.
④ DSB 송신기(A3E 등) : 중파 및 단파방송, VHF대 항공기 통신
⑤ SSB 송신기(J3E, R3E, H3E) : 단파대의 선박통신
⑥ VSB 송신기 : TV 영상 송신기

(2) DSB AM 송신기 구성

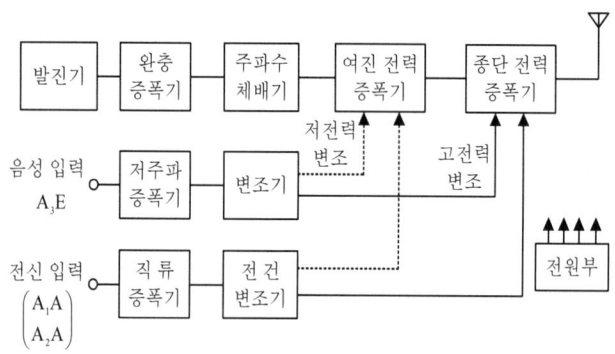

그림 AM 송신기의 구성도

1) **발진기(Oscillator)**

   주로 수정발진기를 사용하여 주파수편차가 적은 안정한 반송파를 만드는 회로임.

2) **완충증폭기(Buffer Amp)**

   발진회로를 다음 단과 너무 밀결합하면(큰 부하를 거는 것이 됨) 다음 단의 회로의 변동에 의한 영향을 받아 발진전압이나 발진주파수가 변동하는 경우가 있으므로 이를 방지하기 위한 증폭기임.

3) 주파수 체배기(Frequency multiplier)

수정발진기로 발진시킬 수 있는 주파수에는 한계가 있음(약 10[MHz]이상의 수정편은 만들기 곤란함). 따라서 그 이상의 고주파를 반송파로 할 경우에는 체배기에서 C급 증폭을 해서 그 양극전류에 포함된 고주파 성분을 양극동조회로에서 공진시켜 빼냄. 이것을 주파수 체배기라 하며 소요 주파수에 따라 몇 단으로 체배시킴.

4) 여진전력증폭기(Exciter)

큰 전력을 발사하기 위하여 큰 진공관이나 트랜지스터를 사용하며 그 입력도 그에 따라 커지지 않으면 안 됨. 이와 같이 종단 출력단의 여진용 전압을 만들어주는 회로를 말함.

5) 종단전력증폭기(Power Amp)

필요한 고주파 전력을 공중선에 공급하기 위한 진공관(트랜지스터)회로

6) 가청주파전압 증폭기(Audio Amp)

마이크에서 얻어지는 출력전압이 적으므로 필요한 정도까지 증폭하는 회로

7) 가청주파 전력 증폭기(Audio power Amp)

저주파 전력증폭부로써 반송파를 변조하기에 충분한 전력을 얻으며 피변조기에 연결되어 변조를 행함.

8) 직류증폭기 및 전건부(DC Amp & Keying part)

A_1 방식의 경우에 필요한 것으로 Key에서 얻어진 직류전압을 필요한 정도로 증폭하여 전건관에서 반송파 출력을 ON-OFF시킴.

9) 전원부(Power supply part)

각 부분의 진공관이나 트랜지스터의 동작을 위한 각종 전압을 공급하여 주는 부분임.

3-2. AM 슈퍼헤테로다인 수신기

슈퍼헤테로다인(super-heterodyne)수신기는 희망 주파수만 선택해서 고주파(RF)증폭 후 주파수 변환기에서(mixer)에서 미리 정해진 중간 주파수(IF : Intermediate Frequency)신호로 변환 후 포락선 검파기를 이용해 검파를 행하는 수신기이다.

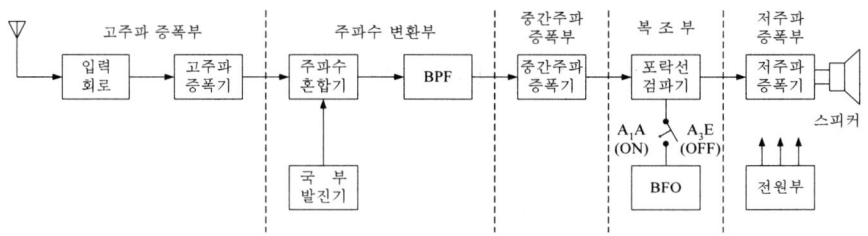

[슈퍼헤테로다인 수신기 구성도]

(1) 입력회로

수신을 희망하는 주파수만을 선택하는 동조회로(BPF)

(2) 고주파 증폭부

① 수신기의 감도향상　　　　② S/N 개선
③ 영상 주파수 선택도 개선　　④ 불요 방사의 억제
⑤ 공중선회로와의 정합

(3) 주파수 변환부

① 수신 주파수를 중간 주파수로 변환
② 신호에 대한 증폭과 선택작용을 용이하게 함.

　1) 단일 조정(Uni-control)

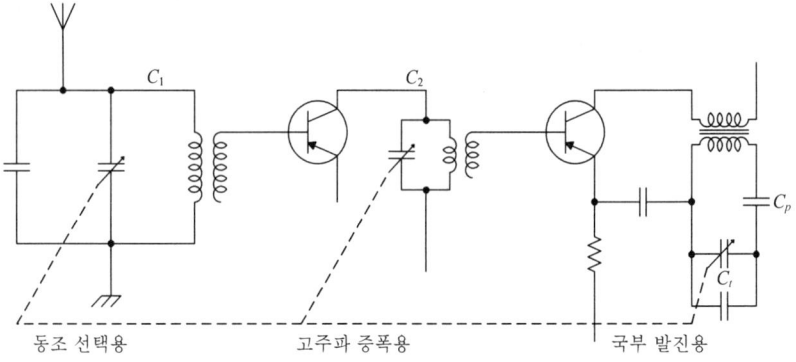

그림 연동 바리콘의 구성

① 슈퍼 헤테로다인 수신에서는 중간 주파수를 일정하게 보존하기 위해 수신 주파수가 변할 때마다 국부 발진 회로도 조정해야만 된다. 이것으로는 수신 조작이 까다로우므로 고주파부의 두 동조 회로의 바리콘과 국부 발진 회로의 동조용 바리콘을 기계적으로 연결하여 한조작에서 두 동조 회로의 공진 주파수가 동시에 변화할 수 있게 된다.

② 이때 두 동조 회로의 주파수 차가 항상 중간 주파수에 같게 되도록 동조 회로를 조정하는 것을 단일 조정(Uni-control) 또는 트래킹(Tracking)이라 한다.

2) 단일 조정 불량 시 현상

① 이득의 저하 : IF가 부정확하여 IFT의 동조점을 벗어나므로 증폭도가 떨어짐.

② 충실도가 나빠짐 : 이조에 의하여 상, 하측파대의 증폭도가 달라짐.

③ S/N가 저하함 : 이조에 의하여 신호의 Level이 저하하기 때문임.

④ 혼신 방해가 많음 : 이조에 의하여 방해파가 혼입되기 쉬움.

(4) 중간 주파수 증폭부

1) 중간 주파수 증폭부의 설치목적

① 이득의 향상
② 근접주파수 선택도의 개선
③ 통과 대역 조정

2) 중간주파수 f_i 를 높게 선정 시 장점

① 영상주파수 선택도 개선

중간 주파수 f_i 가 높을수록 개선된다. 희망파 f_1 에 대한 영상주파수는 $f_1 + 2f_i$ 또는 $f_1 - 2f_i$ 로 되어 f_i 가 높을수록 희망파와 영상주파수 사이의 주파수 차가 크게 되므로 동조 회로에 의한 감쇠가 증가되기 때문이다.

② 인입 현상 개선

f_i 가 높을수록 개선된다. 즉 f_i 가 높을수록 희망파와 국부 발진 주파수의 차가 커지기 때문에 인입현상의 발생 확률이

적어진다.

③ 주파수 특성 개선

f_i가 높을수록 양호하게 된다. 충실도는 대역폭을 넓게 하여 희망파의 전체 스펙트럼을 통과시키면 개선된다.

이것은 대역폭 $B = f_o/Q \, (f_o = f_i)$ 이므로 f_i가 높으면 B가 증가하기 때문이다.

3) f_i를 낮게 선정 시 장점

① 근접주파수 선택도 개선

중간 주파수가 낮을수록 우수한 선택성을 갖는다. 예를 들어 1,000[kHz]의 전파를 수신한 경우에 980[kHz]가 혼신된다고 하면 그 분리도 (이조도)는

$$\frac{1,000-980}{1,000} \times 100 = 2[\%]$$

그러나 국부 발진에 900[kHz]를 사용하는 슈퍼 헤테로다인으로 하면 중간 주파수는 100[kHz]가 되어 혼신에 대하여는 80[kHz]가 되므로 분리도는

$$\frac{100-80}{100} \times 100 = 20[\%]$$

가 되어 분리가 용이하여진다.

② 단일 조정용이

단일 조정은 중간 주파수가 낮을수록 정확히 할 수가 있다.

③ 감도, 안정도 개선

중간 주파단에서 안정하고 큰 이득의 증폭을 하기 위해서는 중간 주파수가 낮을수록 좋다.

(5) 검파부(복조회로)

피변조파에서 원래의 신호파를 검출해 내는 조작.

① 자승검파(제곱검파) 왜율 $D = \dfrac{m}{4}$

② 직선검파(선형검파) : 포락선 검파

(6) 저주파 증폭부

검파기에서 얻어진 신호파를 전압증폭 및 전력증폭하여

스피커(Speaker) 또는 헤드폰(Headphone) 등을 구동하기 위한 오디오(Audio)증폭회로

3-3. AM 수신기의 보조회로

(1) 자동이득 조절회로(AGC : Automatic gain control circuit)

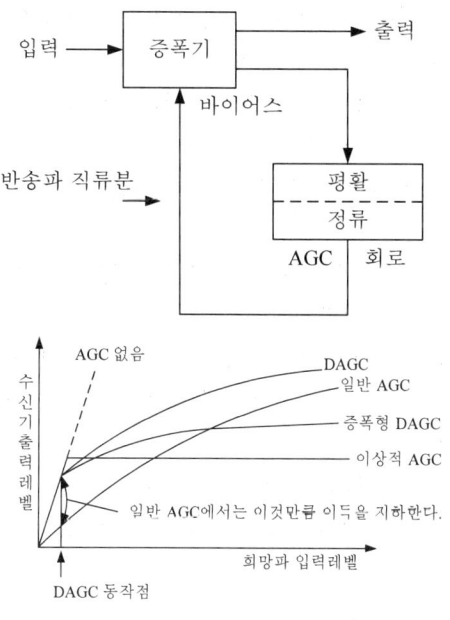

그림 자동이득 조절회로

① 무선통신에서는 Fading 등의 원인에 의해 수신 전계강도가 변동한다.
② AGC(Automatic gain control : 자동이득제어)회로는 이와 같은 변동에 대응하여 증폭기(RF, IF)의 이득을 제어하고, 수신기 출력을 일정하게 하기 위하여 사용된다.
③ 또 큰 진폭 입력에 의하여 발생되는 혼변조, 상호변조를 방지하기 위하여 사용된다.

(2) 자동 잡음 억제 회로 ANL(Automatic noise limiter)회로

공전 및 각종 인공 잡음 등 충격성 잡음을 억제하는 회로로 연속성 잡음에 대해서는 효과가 없다.

3-4. 슈퍼헤테로다인 수신기의 특징

(1) 슈퍼헤테로다인 수신기 장점
① 저잡음 RF증폭기를 사용하고, 낮은 중간 주파수를 사용하므로 안정된 고이득 증폭이 가능해 감도가 양호하다.
② 근접주파수 선택도가 양호하다.
   주파수 변환회로를 이용하여 희망파를 일정한 중간 주파수로 만들 수 있기 때문에 차단특성이 우수한 BPF를 사용하여 근접 주파수 선택도를 좋게 할 수 있다.
③ 수신주파수에 의한 대역폭의 변화가 없어 수신 감도와 선택도는 거의 일정하다.
④ 중간 주파수가 일정하기 때문에 수신 주파수에 의한 변화가 없다.
⑤ 단일 조정을 할 수 있으며 넓은 주파수대에 걸쳐 조정을 바꿀 필요가 없다.
⑥ 전파형식에 따라 통과 대역폭을 변화시킬 수 있다. 전파형식에 따라서 BPF를 다르게 사용할 수 있기 때문에 필요한 대역폭을 얻을 수 있다.
⑦ 수신기 출력의 변동이 적다.
   수신 전계강도가 변화하여도 AGC 회로를 사용하므로 출력의 변화가 적게 된다.

(2) 슈퍼헤테로다인 수신기 단점
영상 주파수에 의한 혼신을 받는다. (영상주파수 $f_{im} = f + 2f_i$)
단, f : 수신주파수, f_i : 중간주파수
회로가 복잡하고 조정이 어렵다.
주파수 변환 잡음이 생길 수 있다.
국부 발진기의 주파수 안정도가 나쁘면 전파 발사의 우려가 있다.

3-5. SSB수신기

1) SSB 수신기의 구성
일반적인 SSB 수신기도 일부를 제외하고, AM수신기와 동일하다.

따라서 AM수신기와 다른점은 억압반송파 SSB(J3E)는 반송파가 없어서 복조를 위한 국부발진기가 하나더 있는 것과, 이 국부발진 주파수를 송신측과 일치시키기 위한 동조조정회로(Speech Clarifier)가 있고 복조방법이 약간 다르다는 것이다.

이들 외에 보조회로로서는 자동 이득조정회로(AGC), 자동음량 조정회로(AVC) 및 필요에 따라 잡음 제한기(Noise limiter), 자동주파수 조정회로(AFC)등이 사용된다.

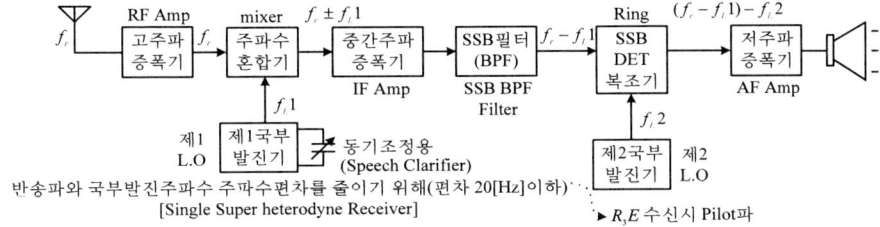

[Single Super heterodyne Receiver]

① 수신기의 구성은 슈퍼 헤테로다인 수신방식을 사용하고 있다. SSB파 수신의 경우에는 송신측에서 억압한 반송파를 수신기에서 발생하며, 수신파와 합성해 주어야 복조가 가능하다.

② 이 새로운 반송파를 동기 반송파라고 하는데, 이 주파수가 송신측에서 사용하였던 반송파의 주파수와 완전히 같아야 이상적인 복조가 되는데, 만일 차이가 나면 일그러짐이 발생하며, 심한경우에는 수신불가능 상태까지 도달한다. 일그러짐을 감수하면서도 통신 할 수 있는 주파수차의 한계값은 20Hz를 넘지 못한다. (이동 무선국의 경우에는 50Hz)

③ 이러한 난점을 극복하기 위해 주파수 변환부의 제1국부발진기의 동조회로에 병렬로 작은 콘덴서를 접속하는데 이것을 동기조정용 콘덴서(Speech Clarifier)라 한다.

④ 주파수 변환된 피변조파를 중간주파 증폭기에 크게 증폭하여 필요한 선택특성을 가지게 한다.
따라서 SSB 여파기를 포함한 이 증폭부의 Q는 커야하고 대역폭도 AM수신기의 $\frac{1}{2}$ 정도로 되어, 차단 특성이 예민하기 때문에 잡음이나 불필요한 신호의 혼입을 방지한다.

⑤ 복조부는 중간주파 증폭부에서 얻는 SSB신호와 동기 반송파를 합성해서 검파하므로 이것을 위한 제2국부발진기가 반드시 필요하다. 여기서 복조된 변조신호는 저주파 증촉기로 전달되어 선형 증폭된다.

4. 각 변조(Angle Modulation)

4-1. FM 변조 이론

(1) FM 신호와 PM 신호의 일반식

$$v_c(t) = A_c \cos\theta(t)$$

진폭 : 일정 (순시위상각)

$$\theta(t) = 2\pi f_c t + \Theta(t)$$

① 임의의 시각 t에서 피변조파의 순시각 주파수는

$$\omega_i(t) = \frac{d\theta(t)}{dt}$$

이므로

$$f_i(t) = \frac{d\theta(t)}{2\pi dt} = f_c + \frac{d\Theta(t)}{2\pi dt}$$

$$= f_c + \Delta f$$

각변조는 변조신호 $f(t)$의 진폭에 따라 반송파의 위상 및 주파수에 편이를 주게 된다.

② FM : 주파수 편이

$$\frac{d\Theta(t)}{2\pi dt} \propto f(t)$$
$$= k_f f(t)$$
$$\Theta(t) = 2\pi k_f \int_0^t f(t)dt$$

③ PM : 위상 편이

$$\Theta(t) \propto f(t)$$
$$= k_p f(t)$$

여기서,

k_f : 주파수감도계수 [Hz/V]

k_p : 위상감도계수 [rad/V]

④ 피변조파의 식은 다음과 같이 주어진다.

$$\text{FM} : v_{FM}(t) = A_c \cos 2\pi [f_c t + k_f \int_0^t f(t) d\tau]$$

$$\text{PM} : v_{PM}(t) = A_c \cos [2\pi f_c t + k_p f(t)]$$

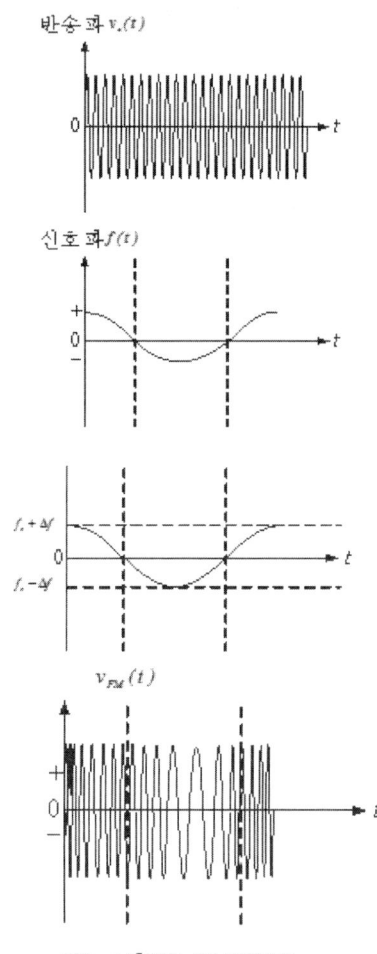

그림 신호파와 FM 피변조파

(2) FM 신호와 PM 신호 발생

① 변조신호 $f(t)$를 적분하여 반송파를 위상 변조하면 FM 신호를 얻을 수 있으며 변조신호 $f(t)$를 미분하여 주파수 변조하면 PM 신호를 얻을 수 있다.

$$A_c \cos 2\pi [f_c t + k_f \int_0^t \frac{df(t)}{dt} dt]$$

$$= A_c \cos 2\pi [f_c t + k_f f(t)]$$

PM 신호의 발생

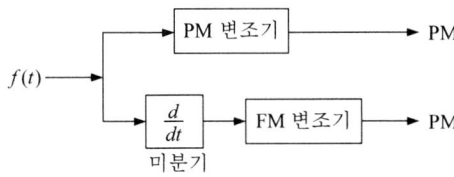

FM 신호의 발생

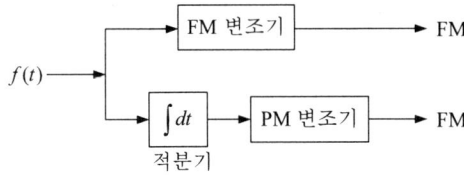

PM 및 FM 신호발생 블록도

② 변조신호 $f(t) = A_m \cos 2\pi f_m t$인 경우에 대하여 FM출력은

$$v_{FM}(t) = A_c \cos 2\pi [f_c t + A_m k_f \int_0^t \cos 2\pi f_m t dt]$$

$$= A_c \cos [2\pi f_c t + \frac{A_m k_f}{f_m} \sin 2\pi f_m t]$$

$$= A_c \cos [2\pi f_c t + \frac{\Delta f}{f_m} \sin 2\pi f_m t]$$

$$= A_c \cos [2\pi f_c t + m_f \sin 2\pi f_m t]$$

여기서, m_f 또는 β를 변조지수(modulation index)라 한다.

$$\beta = m_f = \frac{\Delta f}{f_m} = \frac{\Delta \omega}{\omega_m}$$

$$\Delta f = |\frac{d}{dt}(A_m k_f \int_0^t \cos 2\pi f_m \tau d\tau)|_{\max}$$

$$= |A_m k_f \cos 2\pi f_m t|_{\max}$$

$$= k_f A_m$$

③ 반송 주파수가 무변조시 반송주파수인 f_c에서 벗어난 정도를 주파수 편이(frequency deviation)라 하는데, 변조신호 $f(t)$의 최대진폭은 A_m이라 하면 최대주파수 편이는 다음과 같이 나타낼 수 있다.

$$\Delta f = k_f A_m$$

FM의 최대 주파수 편이는 변조 신호의 최대 진폭에 비례함을 알 수 있다.

④ 대역폭

$$B_{fm} = 2(\Delta f + f_m) = 2f_m(m_f + 1)$$

⑤ 변조도

$$k_f = \frac{mf \cdot f_m}{\Delta f}$$

(3) FM과 PM의 측파대와 점유주파수 대역폭

① 반송파의 각 주파수를 중심으로 $f_c \pm f_m$, $f_c \pm 2f_m$, ……, $f_c \pm nf_m$와 같이 $n = \infty$까지 측파대가 넓어지는 것이 되지만, 실제로는 무한대까지는 고려하지 않아도 된다.

f_m가 높아지면 간격이 넓어지기 때문에 대역폭이 넓어지는 것처럼 볼 수 있는데, $m_f = \frac{\Delta f}{f_m}$에서 f_m가 높아지면 m_f는 작게 되어, 고차의 측파대가 감소하여 대역폭은 거의 변하지 않는다.

② 전파법에서는 각도 변조의 점유주파수 대폭은 전 에너지의 99 [%]를 포함하는 측파대까지로 정하고, 이 중에 들어오는 측파대의 개수가 많은 경우에는 다음 식과 같다.

$$B ≒ 2(f_m + \Delta f) = 2f_m(1 + m_f)$$

만일, $1 \ll m_f$인 경우에는 $B ≒ 2f_m \cdot m_f$

m_f를 높게 하면 에너지 분포가 넓어지고, m_f가 작은 경우 $B = 2f_m$에 가깝게 되어 AM(DSB)의 측파대 분포와 비슷하

다.

③ PM인 경우, m_f를 m_p로 치환하면 되지만 m_p는 f_m에 관계없기 때문에 FM과 달라서 f_m이 높아지면 측파대의 간격이 넓어지고, 결과적으로 대역폭이 넓어지게 된다.

일반적으로 m_f가 $0.5(0.577)$ 이하를 협대역 FM, 그 이상을 광대역 FM이라 한다.

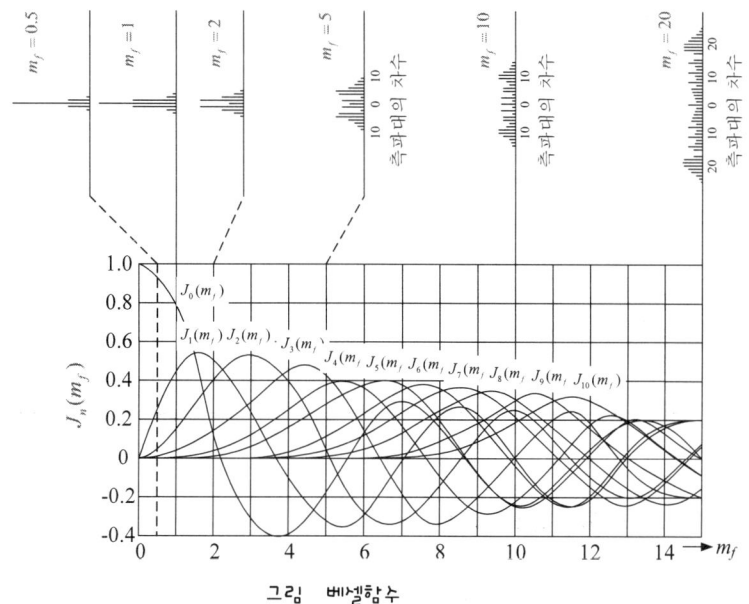

그림 베셀함수

표 $J_n(m_f)$값

n	$J_n(0.1)$	$J_n(0.2)$	$J_n(0.5)$	$J_n(1.0)$	$J_n(2.0)$	$J_n(5.0)$	$J_n(10)$
0	1.00	0.99	0.94	0.77	0.22	−0.18	−0.25
1	0.05	0.10	0.24	0.44	0.58	−0.33	0.04
2			0.03	0.11	0.35	0.05	0.25
3				0.02	0.13	0.36	0.06
4					0.03	0.39	−0.22
5						0.26	−0.23
6						0.13	−0.01
7						0.05	0.22
8						0.02	0.32
9							0.29
10							0.21
11							0.12
12							0.06
13							0.03
14							0.01

(4) PM과 FM의 차이

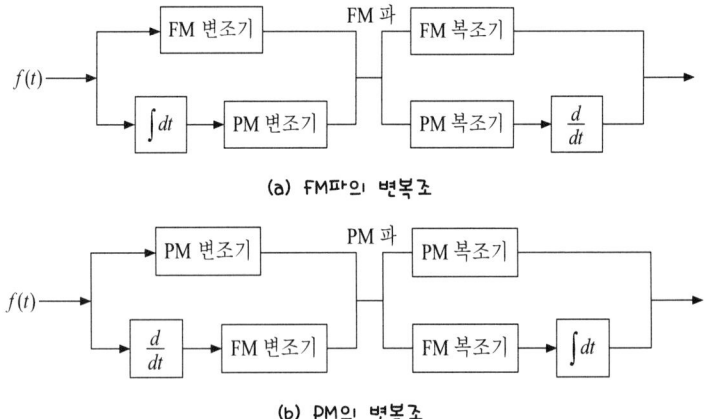

(a) FM파의 변복조

(b) PM의 변복조

그림 FM과 PM의 변복조

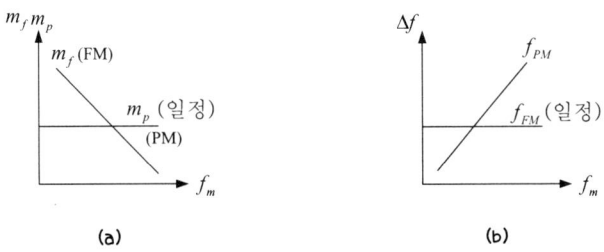

그림 PM과 FM의 변조특성

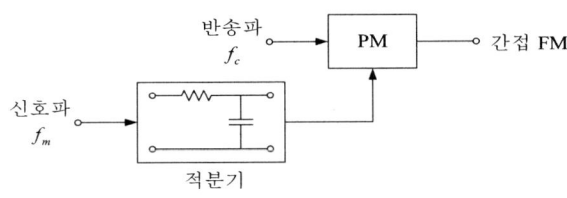

(a) 간접 FM

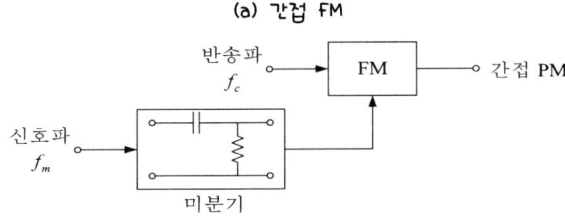

(b) 간접 PM

그림 간접 FM과 간접 PM 구성도

4-2. FM 변조방식의 종류

(1) 개요

구분	직접 FM 방식	간접 FM 방식
구성	LC OSC → FM 변조기 → FM 파	X-tal OSC → PM 변조기 → 등가 FM 파 / 적분회로 (Pre-distorter)
종류	① Reactance관 변조 ② 가변 Inductance 변조 ③ 가변 용량 다이오드 변조 ④ 콘덴서 Microphone을 사용한 변조 ⑤ Reflex Klystron을 사용한 변조	① 벡터 합성법 $\begin{cases} Amstrong방식 \\ AM-C합성방식 \\ AM-AM합성방식 \end{cases}$ ② 펄스 위치 변조법 $\begin{cases} Serrasoid방식 \\ 포화변압기방식 \end{cases}$ ③ 이상기법 - 가변 저항, 가변 리액턴스 방식
특징	① 중심 주파수(반송파)의 안정도가 나쁘다. ② AFC 회로가 필요하다. ③ 발진주파수를 어느 정도 높게 해서 체배단 수를 적게 할 수 있다. ④ FM변조가 비교적 간단하다.	① X-tal을 사용하므로 주파수 안정도가 좋다. ② AFC 회로가 필요 없다. ③ 큰 주파수 편이가 얻기 어려우므로 큰 주파수 편이를 요하는 송신기는 많은 주파수 체배단 수를 필요로 한다. ④ 장치가 복잡해진다. ⑤ PM에서 FM을 얻는 방법으로 전치 보상기(Pre-distorter)회로가 필요하다. ⑥ Spurious 발사에 충분한 주의를 필요로 한다.

(2) 리액턴스관(Reactance tube) 직접 FM 변조회로

① LC 발진기의 발진주파수 f 는 $f = 1/2\pi\sqrt{LC}$ 로 표현되나 이 식에 있어서 L 이나 C 의 값을 변화시키면 발진주파수 f 의 값이 변화한다.

② 그래서 어떤 방법으로든 신호파의 진폭에 따라 L 또는 C의 값을 변화시키면 발진기의 출력은 FM파가 된다. 이같은 방법으로 FM변조를 시행하는 것을 직접 FM방식 이라고 한다.

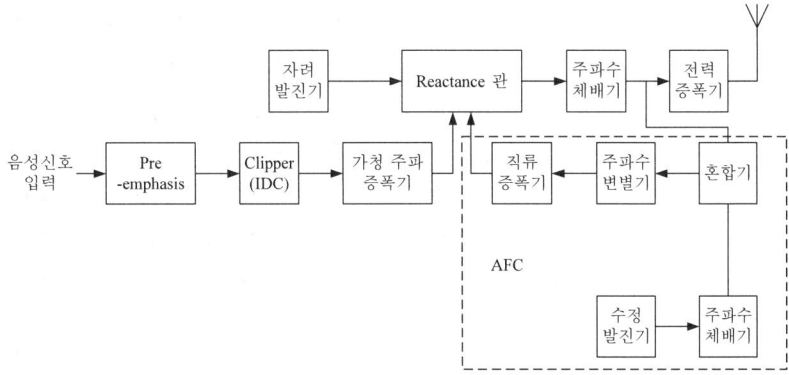

③ 리액턴스관(Reactance tube) 직접 FM 변조회로는 리액턴스 소자를 사용하여 신호파의 주파수에 따라 발진주파수를 변경시키는 FM 송신기이다.
④ LC 발진기의 동조 회로에 병렬로 Reactance tube를 접속하고 리액턴스관의 gate(또는 base)에 음성신호를 인가하여 그 $g_m(h_{fe})$ 가 신호 전압에 따라서 등가적으로 리액턴스가 변화하게 되어 발진 주파수가 변화하므로 FM이 된다.
⑤ LC 발진기의 발진 주파수를 리액턴스 관으로 제어하므로 주파수 편이를 크게 얻을 수 있으며, 따라서 체배수가 적어도 되고 변조의 직선성이 양호하다.
⑥ LC 발진기의 기준 주파수는 3~15[MHz] 정도로 사용되므로 필요한 주파수까지 체배하여 전력 증폭을 행한다.
⑦ LC 발진기 자체의 주파수 안정도는 낮기 때문에 수정 발진기를 표준으로 한 AFC 회로를 사용하여 높은 주파수 안정을 기한다.
⑧ 음성신호는 Pre-emphasis 회로에 의해서 높은 주파수 성분이 될 수록 강하게 만들고 다시 Clipper 회로로 큰 입력이 있어도 어떤 일정 진폭 이상이 되지 않도록 소요의 한계 Level까지 증폭하여 리액턴스관에 인가한다.

(3) AM-C 합성법 간접 FM 변조 회로

① 간접 FM 변조라 함은 음성 신호를 전치 보상기(Pre-distorter)를 통과시킨 후에 위상 변조를 행하며 등가적인 FM파를 얻는 변조 방식이다.

② LC 발진 회로의 발진 주파수는 L, C, R, Tr 등의 전기적인 소자의 온도에 대한 값의 변동 등에 따라 주파수 안정도는 고작 10^{-4} 정도여서 실용의 FM통신에 사용하기에는 불충분하다.

③ 이에 대해 수정 진동자를 사용한 발진 회로는 발진 주파수가 LC발진 회로에 비해 크게 안정되어 있으나, 이 발진 회로로 직접 FM을 실행하면 수정진동자의 안정성을 감소시키거나 주파수 편이가 적다는 등의 문제가 있다.

④ 이 같은 이유에서 발진회로는 수정발진회로를 사용해서 안정된 주파수를 발생시키고, 그것을 반송파로서 PM 회로에 가해 간접적으로 FM 파를 발생시키는 방법이 간접 FM 변조 방식이다.

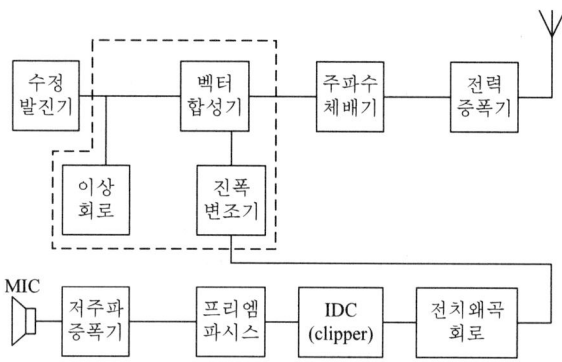

⑤ 수정 발진기의 반송파 발진 출력을 이상 회로를 통하여 진폭 변조기에 인가한다.

⑥ 음성 신호는 Pre-emphasis 회로를 일정 주파수(예컨대 1,000[Hz]) 보다 높은 주파수 성분일수록 강하게 한 뒤, 또 일정 진폭 이상이 되지 않도록 clipper 회로로 진폭 제한을 한다. 이것을 다시 Pre-distorter로 주파수에 비례해서 진폭을 낮춘 후 진폭 변조기에 가한다.

⑦ 수정 발진기의 출력과 진폭 변조기의 출력을 혼합하면 이것들은 서로 위상이 같지 않고 또 진폭 변조기의 출력은 신호파에 따라서 진폭이 변화하므로 합성 Vector의 위상은 신호파에 따라 위상 편이를 발생한다. 즉, PM파가 얻어지는데 음성파는 전치 왜곡 회로를 통과하므로 등가적인 FM파로 된다.

⑧ 이와 같이 해서 얻은 등가 FM파는 주파수 편이가 적기 때문에 직접 FM 방식보다 많은 주파수 체배를 하여 소요 주파수 편이를 얻으며 다시 소요 전력을 얻을 때까지 전력 증폭을 한다.

(4) IDC 회로(Instantaneous deviation control)

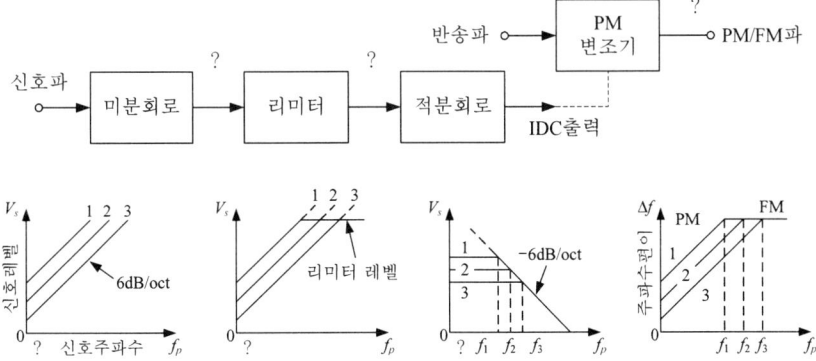

① IDC(instantaneous Deviation Control : 순시 편이 제어) 회로는 각도 변조에서 송신전력 최대주파수 편이의 확산을 일정치 이하로 제한하는 것으로, 그 구성은 FM계(직접 FM, 간접 FM)와 PM계(직접 PM, 간접 PM)의 송신기에서는 다르게 된다.

② FM의 순시주파수는 최대주파수편이(ΔF)에 비례하지만, 이 ΔF는 신호의 진폭 V_s에 비례하므로, 순시주파수 편이를 일정치 이하로 제한하려면 신호의 진폭만을 제한하면 된다.

③ PM의 순시주파수는 최대위상편이 $\Delta\theta$(=변조지수 m_p)와 신호주파수 f_p의 곱에 비례하지만, $\Delta\theta$는 ΔF와 마찬가지로 V_s에 비례한다. 따라서 PM의 순시주파수 편이를 일정치 이하로 제한하려면 V_s와 f_p의 곱을 제한해야 한다.

(5) 프리 엠파시스(Pre-Emphasis)

1) 사용목적

FM 복조기의 출력 잡음 전력 밀도 스펙트럼은 주파수의 제곱에 비례하여 증가하므로 고역신호의 SNR을 개선하기 위해 송신 측에서 변조를 수행하기 전에 변조 신호의 고역 주파수 성분의 진폭을 강조시키는 미분회로를 사용한다. 이러한 미분 회로를 pre-emphasis라 한다.

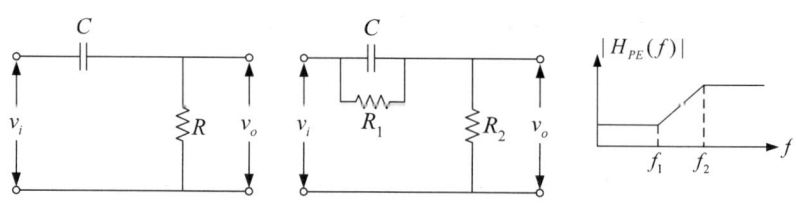

그림 Pre-emphasis 회로와 주파수 특성

2) 전압이득

전압이득 $\dfrac{v_0}{v_i}$ 가 f와 비례 관계에 있으므로 높은 주파수 성분일수록 그 진폭이 강조된다. $\dfrac{v_0}{v_i} = \sqrt{1+(\omega CR)^2}$

3) S/N 개선

pre-emphasis와 de-emphasis를 사용하면 SNR을 7 ~ 13 [dB] 정도 개선시킬 수 있다.

(6) 디 엠파시스(De-Emphasis)

1) 사용목적

수신기의 검파 출력은 송신측에서 고역부분을 강조한 신호가 나타나므로 원래의 신호를 얻기 위해서 고역주파수성분 약화시키는 적분 회로에 통과시키는데 이러한 적분 회로를 de-emphasis라 한다.

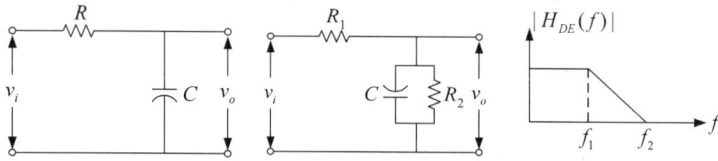

그림 De-emphasis회로와 주파수 응답 특성

2) 전압이득

전압 이득 $\dfrac{v_0}{v_i}$ 가 ω와 반비례 관계, 즉 f에 반비례 관계에 있으므로 높은 주파수 성분일수록 그 진폭이 약화됨을 알 수 있다.

$$\frac{v_0}{v_i} = \frac{1}{\sqrt{1+(\omega CR)^2}}$$

3) 각 업무의 프리엠파시스의 규정

① 지상파 텔레비전의 음성 : 시정수 $75\,[\mu s]$

② FM방송 : 시정수 $75\,[\mu s]$

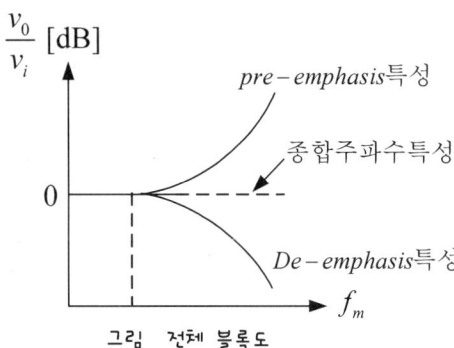

그림 전체 블록도

4-3. FM 변조방식의 주요특성

(1) 한계 레벨

① 수신 입력 레벨을 작게 하는 경우, 어떤 값에서 S/N비가 급격히 저하되는 현상이 나타나는데 이때의 수신 입력 레벨을 한계 레벨(Threshold level)이라 한다.
이러한 한계 레벨이하의 수신 입력 레벨에서는 출력 S/N비는 AM의 경우보다 더 작아지게 된다.

② 한계 레벨시의 반송파 전력대 잡음 전력비(C_{th}/N)를 Crest factor라 한다.

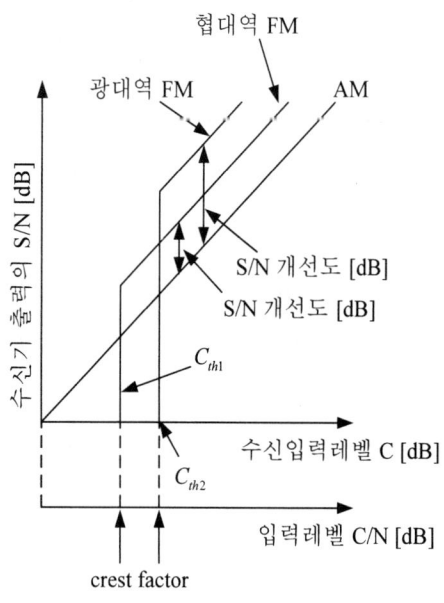

그림 한계 레벨과 S/N 개선도

FM 피변조파를 정상적으로 수신하기 위해서는 C_{th}/N이 9 [dB] 이상 되어야 한다.

FM에서는 Threshold level은 신호의 Peak치와 잡음의 Peak치가 동일한 점이 되므로, 전력비로서는 8배(또는 9 dB)가 되며, 따라서 $C_f = 8$이다.

③ Threshold level, C_{th}와 Crest factor C_f와의 관계는 다음과 같다.

$$C_{th} = KTBF \cdot C_f \text{ [W]}$$

또는 C_{th} [dBm] $= KTBF$ [dBm] $+ C_f$ [dB]

여기서, N은 수신기 내부 잡음 출력의 입력 환산치로 $KTBF$가 되며, F는 잡음지수, k는 볼쯔만 상수(1.38×10^{-23} J/K), T는 절대온도, B는 등가잡음 대역폭이다.

④ 한계 레벨은 내부 잡음 출력의 입력 환산치보다 9 [dB] 높은 수신 입력 레벨로 되는 것을 알 수 있다. 광대역 FM(주파수 편이와 변조지수가 크다)에서는 B가 넓기 때문에 한계 레벨도 높게 되어 협대역 FM보다 수신 입력 레벨을 크게 하여야 한다.

(2) S/N 개선

① 입력신호 Level이 Threshold level 이상이 되면 복조 회로를 통과하면서 S/N비는 크게 개선된다.

즉, $(S/N)_{out}[dB]$는

$$(S/N)_{out}[dB] = C/N[dB] + (S/N \text{개선량})[dB]$$

② S/N 개선량은 S/N 개선율이라고도 하며, 통신방식과 그 변조도, 그리고 수신 대역폭 등에 의해서 일정한 값을 갖는다.

③ 각 방식의 S/N 개선도 $\left(I = \dfrac{S/N}{C/N}\right)$

- AM 방식 : $I_{AM} = m^2 \dfrac{B}{2f_m}$

- FM 방식 : $I_{FM} = 3m_f^2 (\dfrac{B}{2f_m})$

- PM 방식 : $I_{PM} = (\Delta\theta)^2 \dfrac{B}{2f_m}$

(단, B : 수신 등가 대역폭, f_m : 최대 변조 주파수)

4-3. FM 통신 방식과 AM통신 방식의 비교

(1) 점유 주파수 대역폭

FM방식은 여러 가지 장점이 있으나 광대한 주파수 대역폭을 필요로 한다. AM의 대역폭은 $2f_m$(f_m는 최고 변조 주파수)이나, FM은 변조지수가 $1 < m_f < 5$의 범위에서 $2(\Delta f + f_m)$로 되어 AM보다 훨씬 넓어진다. 따라서 한정된 주파수대역에서 통신로의 채널수가 적어진다.

(2) 신호대 잡음비

FM은 AM보다 대역폭이 넓으므로 광대역 이득에 의하여 $\sqrt{3}\,m_f$배 만큼 S/N비가 개선된다. 또, 진폭 제한기에 의해 잡음이 제거되고 스켈치 회로에 의해 무반송파대 기기 잡음까지 제거시킨다.

(3) 신호대 혼신비

FM은 스켈치 회로의 조정에 의하여 신호파 진폭이 혼신파 진폭보나 악산반이라노 크면, 강한 전파는 약한 전파를 완전히 억압하여 출력에 나타나지 않게 하는 약육강식의 성질이 있으므로 혼신을 제거하는 능력이 우수하다.

(4) 페이딩의 영향

FM은 진폭 제한기를 사용하므로, 페이딩 등으로 진폭 변화가 있어도 항상 일정한 출력을 유지시켜 AM파 같은 페이딩의 영향을 받지 않는다. 따라서, 수신 입력변동에 대하여 수신 신호 레벨을 일정하게 유지시킬 수 있어 레벨변동의 영향이 없어진다.

(5) 사용 주파수대

AM은 대역폭이 좁으므로 어떤 주파수대에서도 사용 가능하나 FM은 대역폭이 넓게 취해지므로 초단파대 이상에서 사용해야 한다.

(6) 송신기의 효율

FM 방식에서는 전력증폭을 모두 C급 동작으로 하기 때문에 송신기를 효율적으로 설계 할 수 있으며 AM방식처럼 직선성에 관한 고려를 신중히 할 필요가 없고 송신기에서 과변조가 되어도 변조왜곡을 일으키지 않으므로 고 충실도 FM 방송에 적합하다.

또한 AM 방식과 비교시 반송파레벨이 측파대에 대하여 적게 되므로 종단증폭관의 출력을 전면적으로 신호전송에 이용할 수 있어 효율적이다.

(7) 수신기

FM은 VHF대 이상을 사용하므로 주파수를 체배하는 부분이 많고, 리미터를 동작시키기 위하여 AM보다 수신기 이득을 높일 필요가 있다. 또한 FM 수신기는 스켈치 부속회로 등으로 AM 수신기보다 회로가 더 복잡해진다.

(8) 동일주파수의 혼신방해 경감

FM 방식에서는 동일 주파수의 희망파와 방해파가 동시에 수신되었을 경우 그 레벨차가 $10\,[dB]$ 정도 있으면 방해파에 의한 영향은 전혀 발생하지 않는다. 반면 AM 방식은 희망파와 방해파에 비례해 수신기 출력에 그대로 혼신으로서 존재한다.

표 진폭 변조와 각변조의 신호 특성 비교

구분	진폭 변조(AM)	각변조(FM, PM)
신호의 진폭	변조에 의한 변화	일정하다(정진폭 변조)
주파수 대역폭	협대역	광대역
반송파의 진폭	일정하다	변조지수 m_f값에 따라 변화
변조에 의한 전력의 변화	증가한다.	변화하지 않는다.
상하측하대의 위상	동위상	우수차 : 동위상 기수차 : 역위상
송신기의 회로 구성	간단하다.	약간 복잡하다.
변조도	100% 이상 사용불가	변조지수 1이상 가능.
S/N 비	S/N을 좋게 하기 위해서는 송신 전력을 크게 해야 한다.	변조지수를 크게 할수록 커진다.
외부 잡음의 유해	약하다.	강하다.
S/N 개선의 Threshold	Threshold가 없기 때문에 약 전계에서도 사용가능하다	Threshold가 존재하기 때문에 강전계가 필요하며 변조지수를 크게 하면, Threshold 레벨이 높게 된다.
복조한 수신기의 전력	저주파 출력이 일정하지 않기 때문에 AGC가 필요하다.	전계 강도에 무관하게 일정하다.
고주파 증폭기의 직선성	증폭기의 특성이 직선적이어야 한다.	고주파 증폭기의 비직선성에 관계가 없다.

표 AM과 FM의 특성 비교

구분	반송파 주파수	변조신호의 기저대역폭	중간주파수	채널간격
AM	$535 \sim 1605[kHz]$	$5[kHz]$	$455[kHz]$	$10[kHz]$
FM	$88 \sim 108[MHz]$	$15[kHz]$	$10.7[MHz]$	$200[kHz]$

4-4. FM 신호의 복조(FM Demodulation)-FM 수신기

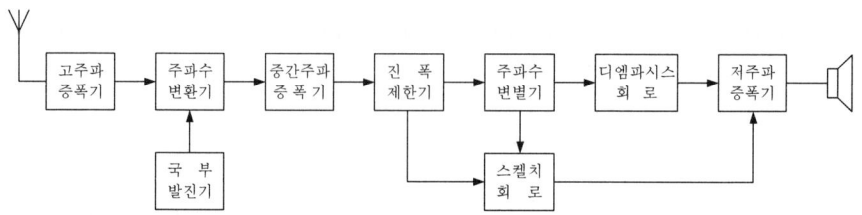

(1) AM수신기와 비교시 구성상 차이점

1) 진폭제한기(Limiter)사용
잡음, 페이딩에 의한 진폭성분을 제거한 일정 진폭의 FM파를 얻기 위한 회로로 주파수 변별기 앞단에 둔다.

2) 주파수 변별기
미분기와 포락선 검파기로 구성되며 주파수 변화를 진폭변화로 변환시켜 검파하는 역할을 수행한다. 주파수 변화에 대한 출력 진폭의 비율[V/kHz]을 변별 감도라 한다.

3) 스켈치 회로
반송파 입력이 미약하거나 없을 때 진폭 제한기가 동작하지 않아 큰 잡음이 발생하므로, 도래 전파가 없을 때는 잡음전압을 이용하여 저주파 증폭단을 차단하는 회로이다.

4) 디엠파시스
송신측에서 프리엠파시스에 의해 고역이 강조된 음을 고역을 약화시켜 원음으로 재생시켜주는 적분회로

(2) AM수신기와 비교시 특성상 차이점

1) 증폭기의 대역폭
FM파는 많은 측파대를 함유하므로 고주파 및 중간주파 증폭기의 통과 대역이 넓어야 한다.

2) 이득

리미터가 충분히 동작할 수 있도록 안테나 입력에서 리미터회로까지 충분히 이득이 커야한다.

3) 선택도

채널 간격이 작으므로 반송주파수에 대한 비대역이 대단히 작기 때문에 인접 채널에 대한 선택도가 높아야 한다.

4) 잡음 페이딩 영향

FM수신기 리미터에서 제거하므로 출력에 나타나지 않는다.

5. 디지털 송수신기

1-1. 개요

디지털 변조방식은 Digital data에 따라 아날로그 정현파 반송파의 진폭을 변화시키는 ASK방식, 주파수를 변화시키는 FSK방식, 위상을 변화시키는 PSK방식, 진폭과 위상을 동시에 변화시켜 정보를 전송하는 QAM방식이 있다.

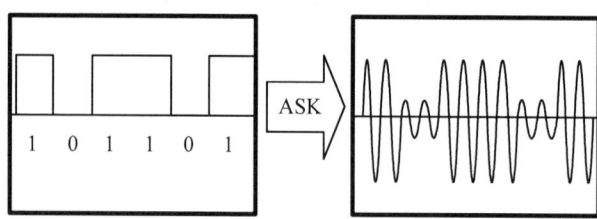

[그림] ASK 변조

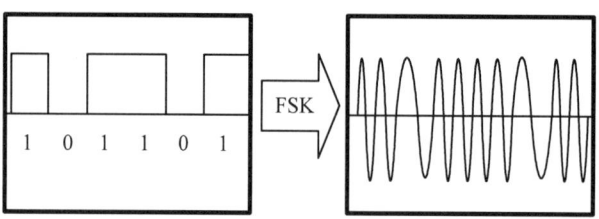

[그림] FSK 변조

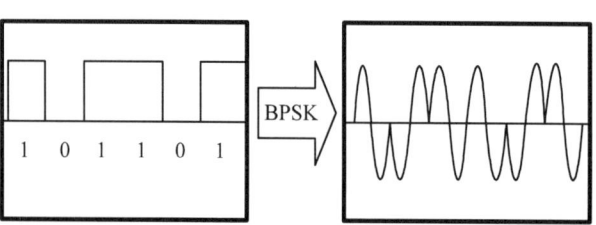

[그림] BPSK 변조

그림 디지털 변조방식의 종류

표 디지털 변조 방식의 종류와 특성

특성＼종류	ASK		FSK			BPSK		QPSK		16QAM
심볼배치	0 1		(원)			0 1		01 | 11 00 | 10		1101 1100 1110 1111 1001 1000 1010 1011 0001 0000 0010 0011 0101 0100 0110 0111
심볼당 전송bit	1bit		1bit			1bit		2bit		4bit
복조법	동기 검파	포락선 검파	FM 검파	동기 검파	지연 검파	동기 검파	지연 검파	동기 검파	지연 검파	동기 검파
BER 10^{-4}의 소요 C/N[dB]	14.4	15	변조 지수에 의존			8.5	9.4	11.5	13.8	19
특 징	• 구성 간단 • 잡음, 레벨 변동에 약해 오류 확률이 높다.		• 정진폭이므로 비선형 증폭에 적합하다. • 잡음, 레벨변동에 강하다. • 주파수 변동에 약하다(AFC 필요) • 주파수 효율이 낮아 고속 전송에 부적당			• 잡음, 페이딩에 강해 심볼 에러가 적다 (소요 C/N이 적다). 동기 검파 방식만 사용 가능		• 주파수 이용 효율우수 • 이동통신분야 변조 방식으로 널리 사용		• 주파수 이용 효율이 큼. • 전송용량 증대 • 비직선 일그러짐,잡음 등에 약함 (소요 C/N이 비교적 크다)

(1) FSK의 발전

① FSK(Frequency shift keying)
　　↓　switching으로 인한 위상의 불연속성 해결
② CPFSK(Continuous phase FSK)
　　↓　side lobe의 최소화(협대역화)
③ MSK(Minimum Shift Keying)=FFSK(Fast), Sine filtered QPSK
　　↓　Main lobe의 협대역화
④ Filtered MSK

(2) PSK의 발전

① PSK(Phase SK)
    ↓ 전송 효율향상
② QPSK(Quadrature PSK)
    ↓ Constant envelope 유지
③ OQPSK(Offset QPSK)
    ↓ Side lobe의 협대역화
④ Sine filtered OQPSK = MSK

(3) QAM의 발전

① PSK(Phase SK)
    ↓ 전송 효율의 향상을 위해 진폭변화 이용
② QAM(Quadrature Amplitude Modualtion)
    ↓ 스펙트럼 효율의 향상을 위해 PRF(Partial Response Filter)사용
③ QPRS(Quadrature Partial Response Signalling)

5-2 진폭 편이 변조(ASK, Amplitude Shift Keying)방식

(1) 개요

디지털 신호의 0과 1의 값에 따라 반송파의 진폭을 변화시키는 방식이다.

$$S_{ASK}(t) = A\cos(2\pi f_c t + \theta)$$

단, f_c는 반송파 주파수, θ : 임의의 위상임

2진 ASK는 OOK(On Off Keying)이라 부른다.

1인 경우 : $S_{ASK}(t) = A\cos 2\pi f_c t$

0인 경우 : $S_{ASK}(t) = 0$

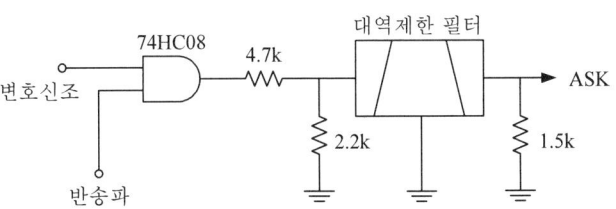

그림 2진 ASK의 변조 회로

(2) ASK 변복조 특성

① 오류확률 $P_e = \frac{1}{2}erfc(\sqrt{\frac{E_b}{4N_0}})$, $Q(x) = \frac{1}{2}erfc(\frac{x}{\sqrt{2}})$ 이므로

$P_e = Q\left(\sqrt{\frac{E_b}{2N_O}}\right)$ 로도 표현할 수 있음.

② 대역폭 $B_W = 2f_b = \frac{2}{T_b}$

(3) ASK 특징

① 구성이 간단
② 비 동기 검파방식(포락선 검파)방식과 동기 검파방식(정합여파기) 모두 사용이 가능
③ 오류확률 높음

5-3. 주파수 편이변조(FSK : Frequecy Shift Keying)방식

(1) 개요

디지털 신호의 0과 1의 값에 따라 반송파의 주파수를 변화하는 방식이다.

$$S_{FSK}(t) = A\cos(2\pi f_c t + \theta)$$

1인 경우 : $S_{FSK}(t) = A\cos(2\pi f_1 t + \theta)$

0인 경우 : $S_{FSK}(t) = A\cos(2\pi f_2 t + \theta)$

(2) FSK 변복조 특성

① 오류확률 $\frac{1}{2}erfc(\sqrt{\frac{E_b}{2N_0}})$

② 대역폭

수신 시 검파된 각 심볼이 겹치지 않도록 하는 조건을 만족하는 주파수간 최소간격 Δf는 $\Delta f = f_2 - f_1 = \frac{1}{2T_b}$, 여기서 T_b는 비트 지속기간

$$B = 2(\Delta f + f_b) = 2(\Delta f + \frac{1}{T_b}) = 2(\frac{1}{2T_b} + \frac{1}{T_b}) = 2(\frac{1+2}{2T_b}) = \frac{3}{T_b}$$

(3) FSK 특징

① FSK방식은 진폭변화에 무관하므로 비선형 전송채널 환경의 송수신시스템에 적합하다.
② 비동기 검파방식(포락선 검파)방식과 동기 검파방식(정합여파기) 모두 사용이 가능
③ FSK방식은 주파수변화를 이용하므로 도플러 편이 등의 영향을 받지 않는다.
④ 점유대역폭이 넓고 PSK방식보다 BER성능이 떨어져 고속 데이터 전송에는 부적합한 방식이다.
⑤ ASK방식보다 오류 확률은 적으나 고속 정보 전송이 곤란해 1200[bps]이하 비동기식 모뎀이나 Pager변조 방식으로 사용한다.

5-4. 2진 위상편이변조(BPSK : Binary Phase Shift Keying) 방식

(1) 개요

디지털 데이터의 0과 1에 대해 반송파의 위상을 변화시키는 방식으로 PRK(Phase Reverse Keying)이라고도 한다.

$S_{BPSK}(t) = A\cos(2\pi f_c t + \theta)$

1인 경우 : $S_{BPSK}(t) = A\cos(2\pi f_c t)$

0인 경우 : $S_{BPSK}(t) = A\cos(2\pi f_c t + \pi)$

$M=2^n$개의 위상으로 분할시킨 위상 변조 방식을 M진 PSK(Mary PSK)라 한다.

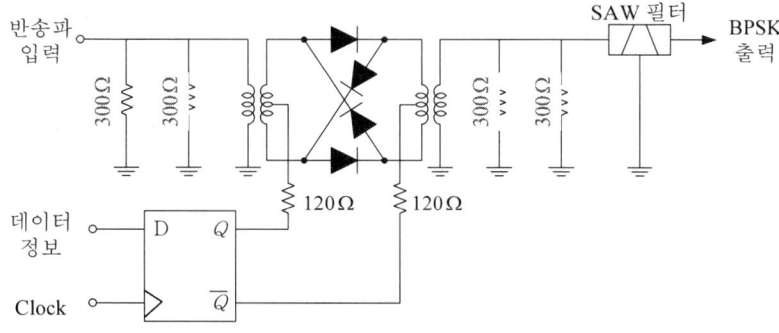

그림 BPSK 변조회로

(2) 변복조 특성

① 오류확률 $\frac{1}{2}erfc(\sqrt{\frac{E_b}{N_0}})$

$Q(x)=\frac{1}{2}erfc(\frac{x}{\sqrt{2}})$이므로 $P_e = Q\left(\sqrt{\frac{2E_b}{N_O}}\right)$로도 표현할 수 있음.

② 대역폭 $B_W = \frac{2}{T_b}$

③ 대역폭효율 : 1bps/Hz (BPSK)

M진 PSK 방식의 대역폭 효율은

$$n = \log_2 M = \frac{R(비트율)}{B(전송대역폭)} \text{ [bps/Hz]}$$

으로 변조방식과 무관하며 심볼당 전송비트수로 결정됨

(3) BPSK의 특징

① 점유대역폭은 ASK와 같으나 전송로 등의 잡음, 레벨 변동 영향에 강해 심볼 오류확률이 적다.

② 비동기식 포락선 검파방식은 사용이 불가능하며 동기 검파 방식만 사용이 가능해 구성이 비교적 복잡하다

③ M진 PSK의 경우 M의 증가에 따라 스펙트럼 효율 증가해 고속 데이터 전송이 가능하다

④ BPSK 심볼 오류 확률은 QPSK 심볼 오류 확률의 $\frac{1}{2}$이지만 비

트 오류 확률(P_b)은 동일하다.

(4) 상호비교

구 분	ASK	FSK	PSK
오류확률	크다 $\frac{1}{2}erfc(\sqrt{\frac{E_b}{4N_0}})$	중간 $\frac{1}{2}erfc(\sqrt{\frac{E_b}{2N_0}})$	작다 $\frac{1}{2}erfc(\sqrt{\frac{E_b}{N_0}})$
대역	$\frac{2}{T_b}$	$\frac{3}{T_b}$	$\frac{2}{T_b}$
포락선 검파	가능	가능	불가능
시스템 구성	간단	보통	복잡
데이터 속도	저속	중저속	고속 데이터

(5) Costas loop를 이용한 BPSK 복조

① 입력 신호의 동상 성분과 직교 성분은 상관치는 0이 된다. 그러나 동상성분과 직교 성분에 위상 편이가 발생하면 각각의 상관치는 0이 되지 않는다.

② 코스타스 루프 회로는 동상성분과 직교성분의 상관치가 0이 되도록 PLL(Phase Locked Loop) 회로를 사용해서 입력 신호의 주파수와 동기를 취하면서 반송파 재생을 행한다.

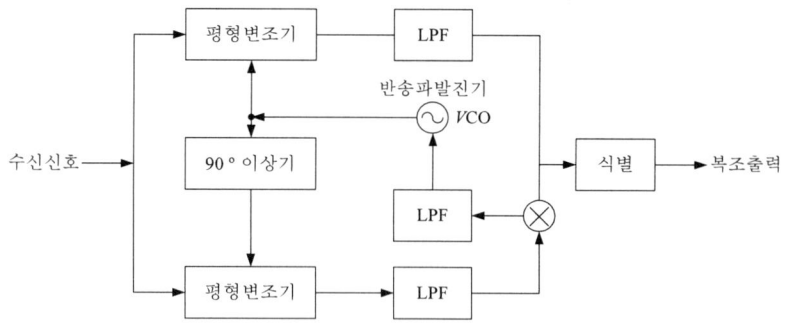

그림 Costas loop를 이용한 BPSK 복조

③ 복조된 신호끼리 곱해서 상관 출력을 구하고 그 값이 항상 0이 되도록 VCO(Voltage Controlled Oscillator)를 제어하여 송신 반송파 신호의 위상과 수신 재생 신호의 위상을 동기화시켜 데이터를 복조하는 방식이다. 코스타스 루프 회로를 이용하면 별도의 데이터 복조회로가 불필요해진다.

5-5. CPFSK와 MSK

(1) CPFSK /MSK 개요
① FSK(Frequency Shift Keying)방식의 위상의 불연속성을 해결하기 위한 연속위상 FSK(CPFSK : Continuous Phase FSK)은 다음과 같은 수식으로 표현할 수 있다.
$$S_{CPFSK} = A\cos[2\pi f_c t + \phi(t)]$$
② 여기서, 위상 $\phi(t)$는 시간의 연속함수이므로 $S_{CPFSK}(t)$도 시간의 연속함수이다. 만일 2진 입력정보 데이터 0, 1을 대표하는 주파수를 각각 f_1, f_2라 하면 중심 주파수는 다음과 같이 정의된다.
$$f_c = \frac{1}{2}(f_1 + f_2)$$

(2) MSK 특징
① CPFSK방식중 주파수 편이비가 0.5로 가장 작은 방식이다.
② BPSK보다 Main lobe의 폭은 넓지만 side lobe는 좁다(GMSK방식으로 보완).
③ 연속된 위상을 갖는 정포락선(Constant Envelope)변조 방식이다.

5-6. GMSK(Gaussian filtered MSK) 방식

(1) GMSK 개요
① MSK는 정포락선(constant envelop), 연속위상(phase continuity), 동기검파 등의 장점 때문에 우수한 변조특성을 가지므로 위성통신 및 이동통신 등에 많이 사용된다.
② GMSK변조방식은 MSK의 단점인 메인 로브가 넓어지는 단점을 보완하기위해 가우시안 필터라고 부르는 저역 통과 필터를 사용하여 주파수 대역을 적절히 제한한 후 MSK 변조하는 방식이다

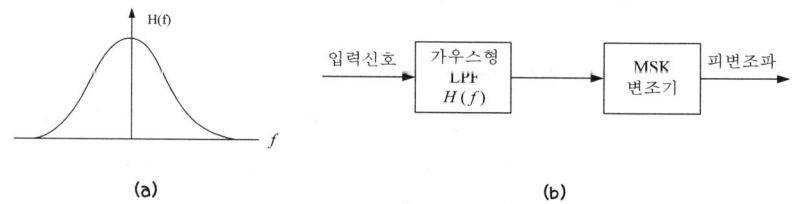

그림 가우스 필터 특성과 GMSK 변조

(2) GMSK의 특징

① 대역외(Out of band)의 스펙트럼에 대한 억압도가 매우 높다.
② MSK는 위상만이 연속일 뿐 입력 데이터에 따라 2개의 주파수 중 하나를 선택하지만, GMSK는 주파수에 있어서도 2개의 주파수 사이를 연속적으로 변화하고 있으므로 스펙트럼 집중도가 매우 우수하다.
③ 유럽 TDMA 이동 통신 시스템인 GSM의 표준으로 사용한다.

5-7. DPSK 변조 방식

(1) DPSK 개요

① PSK의 동기 검파만 가능한 단점을 보완한 비동기 검파 방식(위상 정보 불필요)으로 1구간(T초)전의 PSK신호를 기준파로 사용하여 검파하는 차동위상 검파 방식이다.
② 즉, 바로 전의 신호위상을 기준으로 '1'을 나타내는 bit에서 그 위상을 180° 만큼 바꾸고 '0'을 나타내는 bit에서는 그 위상을 그대로 유지시키는 방식이다.

(2) DPSK 송신계통도

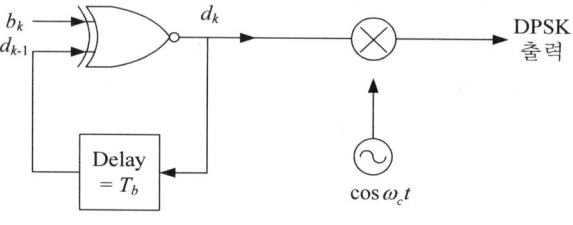

그림 DPSK 변조

$$d_k = d_{k-1} \cdot b_k + \overline{d_{k-1}} \cdot \overline{b_k} = d_{k-1} \odot b_k$$

정보 전송 비트가 $b_k = 10010011$일 때 d_k를 간단히 만드는 방법 위의 경우 1 0 0 1 0 0 1 1에서 제일 앞에 1을 쓴 후 같은 것 끼리 곱하면 1, 다른 것 끼리 곱하면 0으로 하면 된다. 즉,

```
      1   0   0   1   0   0   1   1
*  ↗ ↓ ↗ ↓ ↗ ↓ ↗ ↓ ↗ ↓ ↗ ↓ ↗ ↓ ↗ ↓
   1   1   0   1   1   0   1   1   1
```

(3) DPSK 차동 위상 검파

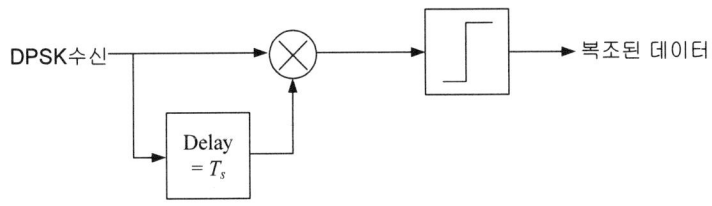

그림 DPSK 검파

d_k를 가지고 b_k를 간단히 찾는 방법은 바로 옆의 bit와 같으면 1, 다르면 0으로 하면 된다. b_k는 1 0 0 1 0 0 1 1 이 된다.

```
1 1 0 1 1 0 1 1 1
↑ ↑ ↑ ↑ ↑ ↑ ↑ ↑ ↑
  1 0 0 1 0 0 1 1
```

(4) DPSK의 특징

① 회로가 간단해 무선 LAN 분야 변조 방식으로 널리 사용되고 있다.
② 동기식 BPSK 방식보다 S/N 값이 3 [dB]성능이 저하된다.
   $P_b \leq 10^{-3}$ 환경)
③ 전력 제한을 받는 위성통신 시스템에는 사용치 않는다.

5-8. 4진 PSK(QPSK)

(1) 개요

① QPSK는 전송 Data신호를 연속되는 2bit 조합으로 분할하여 직전에 전송한 반송파를 기준으로 위상을 4개의 다른 심볼 상태로 정보를 변조하는 방식이다.

② 4개 심볼의 위상은 45°, 135°, 225°, 315°로 각 위상에 한쌍의 비트(11, 01, 00, 10)를 대응시킨다.
③ Mapping시 사용하는 매핑 부호는 서로 이웃하는 심볼 사이에 수신에러가 일어나더라도 단지 한 비트의 에러만 발생하는 Gray Code 사용한다.

표 QPSK 표준 Gray 부호할당

전송 비트	위상
11	45°
01	135°
00	225°
10	315°

(2) QPSK 변조기

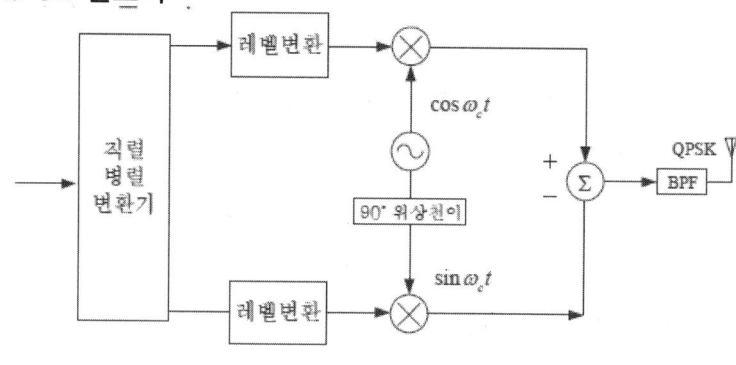

그림 QPSK 변조기

입력 Data열을 $\frac{\pi}{2}$ 위상차를 갖는 2개의 반송파(I ch과 Q ch)에 BPSK방식처럼 변조 후 벡터 합성하여 전송한다.(2진 부호 중 짝수 bit는 I ch, 홀수 bit는 Q ch로 전송)
여기서 I ch은 동상(InPhase Channel)이고 Q ch(Quadrature -Phase Channel)임
① QPSK 피변조파 일반식

$$S_{QPSK}(t) = d_I(t) \cdot \cos 2\pi f_c t - d_Q(t) \cdot \sin 2\pi f_c t$$
$$= \alpha(t)\cos(2\pi f_c t + \theta(t))$$

여기서, $\alpha(t) = \sqrt{d_I(t)^2 + d_Q(t)^2}$

$$\theta(t) = \tan^{-1}\frac{d_Q(t)}{d_I(t)}$$

(3) 진리표와 페이저도

$d_I(t) = 0$, $d_Q(t) = 0$ 일 때,

$$\theta(t) = \tan^{-1}\frac{-1}{-1} = 225°$$

$d_I(t) = 1$, $d_Q(t) = 0$ 일 때,

$$\theta(t) = \tan^{-1}\frac{-1}{+1} = 315°$$

$d_I(t) = 0$, $d_Q(t) = 1$ 일 때,

$$\theta(t) = \tan^{-1}\frac{+1}{-1} = 135°$$

$d_I(t) = 1$, $d_Q(t) = 1$ 일 때,

$$\theta(t) = \tan^{-1}\frac{+1}{+1} = 45°$$

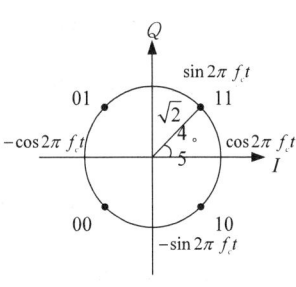

그림 QPSK 성상도

(4) QPSK 복조기

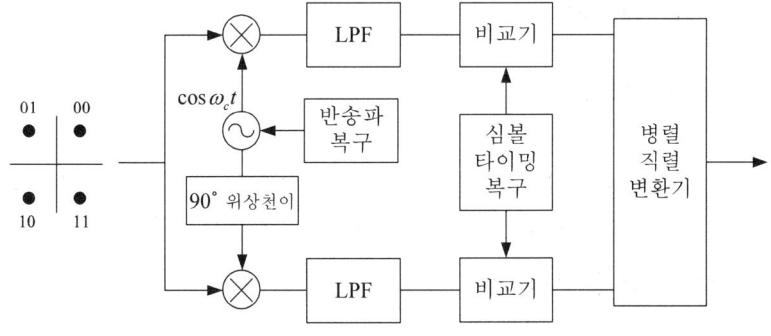

QPSK 복조기

2개의 BPSK 검파기를 병렬로 놓고, 검파출력을 합성한 것과 같은 구조로 정합 필터(상관기)를 이용한 동기 검파 방식만 사용가능하다.

(5) QPSK방식의 특징

① QPSK방식은 두 개의 직교성 BPSK 신호의 합성과 같으므로 BPSK 방식에 비하여 송수신기의 시스템 구성이 복잡하다.
② QPSK는 각 채널이 독립적이므로 비트오류율은 BPSK의 오류확

률과 같지만 심볼오류율은 BPSK 심볼 오류 확률의 2배이다.

BPSK의 심볼 오류확률 $P_e = P_b = \dfrac{1}{2}erfc(\sqrt{\dfrac{E_b}{N_0}})$

QPSK의 심볼 오류확률 $P_e = erfc(\sqrt{\dfrac{E_b}{N_0}})$

③ BPSK 방식보다 $\dfrac{E_b}{N_0}$ 값이 3 $[dB]$ 떨어진다.

④ 스펙트럼 효율은 BPSK 보다 우수하다(2 [bps/Hz])

M진 PSK 방식의 대역폭 효율은

$$n = \log_2 M = \dfrac{R(비트율)}{B(전송대역폭)} \text{ [bps/Hz]}$$

으로 변조방식과 무관하며 심볼당 전송비트수로 결정된다.

M진 PSK의 경우 M의 증가에 따라 스펙트럼 효율 증가해 고속 데이터

5-9. 16 QAM

(1) QAM 개요

QAM은 PSK와 ASK의 변조의 장점만 합쳐 놓은 방식으로 정보신호에 따라 반송파의 진폭과 위상을 동시에 변화시키는 APK(Amplitude Phase Keying)의 한 종류이다.

(2) QAM 일반식

$$S_{QAM}(t) = u_I(t) \cdot \cos 2\pi f_c t - u_Q(t) \cdot \sin 2\pi f_c t$$

$$= \alpha(t)\cos(2\pi f_c t + \theta(t))$$

여기서, $\alpha(t) = \sqrt{u_I^2(t) + u_Q^2(t)}$, $\theta(t) = \tan^{-1}\dfrac{u_Q(t)}{u_I(t)}$

$u_I(t)$와 $u_Q(t)$는 서로 독립적임

(3) 16진 QAM 변조기

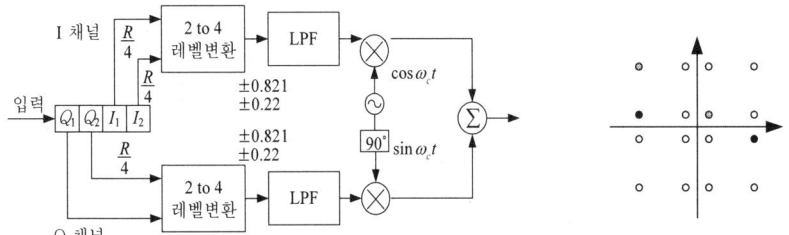

그림 16진 QAM 변조기 구성도

① Q_1, I_1 : 극성결정 (1은 '+', 0은 '-')
② Q_2, I_2 : 크기결정 (1은 0.821V, 0은 0.22V)
③ 직병렬 변환기는 R/2의 전송 속도를 갖는 비트 계열을 만들어 2개의 채널에 분배하는 회로이다
④ 2-to-L레벨 변환기 : 직교 채널에 들어온 비트 계열을 L 레벨 신호로 발생시키는 회로
2 to 4 레벨 변환기는 2개의 입력을 받아 4개의 PAM 신호 발생 (±0.821V, ±0.22V)
⑤ 곱셈기(multiplier)와 합성기(combiner)
I와 Q 채널에 90°의 위상차를 갖는 2개의 반송파를 곱하고 합성하여 M진 QAM 심볼을 생성하는 회로

```
1101  1100 | 1110  1111
  x     x  |   x     x
1001  1000 | 1010  1011
  x     x  |   x     x
───────────┼───────────
0001  0000 | 0010  0011
  x     x  |   x     x
0101  0100 | 0110  0111
  x     x  |   x     x
```

그림 16 QAM방식의 성상도

⑥ $0.821\sin\omega_c t + 0.821\cos\omega_c t$의 경우를 계산해보면

① 크기 : $\alpha(t) = \sqrt{0.821^2 + 0.821^2} = 1.161$

② 위상 : $\theta(t) = \tan^{-1}\dfrac{0.821}{0.821} = 45°$

(4) 16진 QAM 복조기

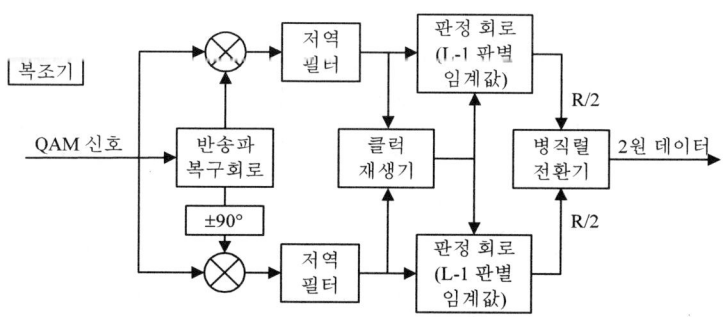

그림 16진 QAM 복조기 구성도

① 판정회로(decision circuit) : 각 베이스밴드 신호를 복호화하기 위하여 디지털 논리를 사용하여 L 레벨 신호를(L-1)판별 임계값(decision threshold)와 비교
② 병직별 변환기(parallel-to-serial conversion) : 최종적으로 2개의 검파된 비트 계열을 합성

(5) 16진 QAM 특징

① 2개의 직교성 DSB-SC 신호를 선형적으로 합한 것과 같다.
② 소요 전송대역이 정보신호 대역폭의 2배로 DSB-SC 의 경우와 동일하다.
③ 동기 검파 방식만 사용 가능하다.
④ M진 QAM의 대역폭 효율은 $\log_2 M \, [bps/Hz]$이다.
⑤ 동일 심볼을 갖는 M진 PSK와 스펙트럼 및 대역폭 효율이 동일하다.
⑥ QAM 변조기 전단이나 후단에 Cosine 함수 형태의 주파수 전달 함수 특성을 갖는 좁은 대역의 LPF나 BPF를 설치하여 Partial response filtering 시킴으로 스펙트럼 효율을 증가시킨 것을 QPRS(Quadrature Partial Response Signalling)변조 방식이라 한다.

5-10. 디지털 변조의 특성 비교

(1) 심볼률(Baud rate)

변조속도, 기호속도를 나타내며 채널을 통해 2진 정보를 보내기 위하여 변화시킨 초 당 심볼의 변화수로 기호속도, 변조속도라 한다. 심볼률의 단위는 sps(symbol/second)이므로 Hz 또는 $baud$를 사용한다.

(2) 정보 전송 속도

정보전송 속도는 1초간에 전송 할 수 있는 bit수로 변조 속도에 한 번에 보낼 수 있는 bit수(n)를 곱함으로써 얻어진다.

∴ 데이터 전송속도 $R = n \cdot B$ [bps]

(3) 오류 확률(심벌 오율)

ASK 변조	FSK 변조	DPSK 변조	PSK 변조	QAM 변조
ASK (2진 ASK)	FSK (2진 FSK)	2진 DPSK	2진 PSK	QAM
		4진 DPSK	4진 PSK	4진 QAM
		8진 DPSK	8진 PSK	8진 QAM
			16진 PSK	16진 QAM
		M진 DPSK	M진 PSK	M진 QAM

오류 확률 증가 ↓

① M진 심볼 오류 확률 = 2진 심볼 오류 확률 × $\log_2 M$

② BPSK 심볼 오류 확률은 QPSK 심볼 오류 확률의 $\frac{1}{2}$이지만 비트 오류 확률(P_b)은 동일하다.

BPSK의 심볼 오류확률 $P_e = \frac{1}{2} erfc(\sqrt{\frac{E_b}{N_0}})$

QPSK의 심볼 오류확률 $P_e = erfc(\sqrt{\frac{E_b}{N_0}})$

③ QPSK보다는 QAM의 오류 확률이 약간 감소한다.

④ QPSK와 OQPSK는 한 채널을 $\frac{1}{2} T_s$ 만큼 delay 시키는 것 외에는 같으므로 오류 확률은 같다.

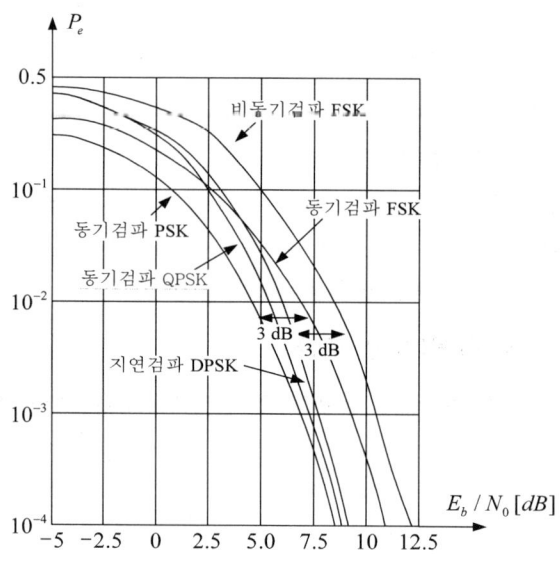

그림 각종 디지털 통신 방식의 오율

(4) 에너지

M진 에너지 $= E_b(\log_2 M)$

여기서, E_b : 2진(기본) 에너지

① 진수(M)가 증가할수록 에너지는 증가하게 된다.
② BPSK는 심볼 당 에너지와 비트 당 에너지가 동일하다.($E_s = E_b$)
③ 동일한 P_e에서 동기 PSK방식이 동기 FSK 방식보다 E_b/N_0값에서 3[dB]의 차이를 나타내고 비동기 방식도 PSK 방식이 FSK 방식보다 3[dB]정도 우수하다.
④ 비동기 방식은 동기 방식보다 구성은 간단하나 성능이 떨어진다.

(5) 전송 대역폭

① 전송에 필요한 대역폭을 말하며 다음과 같이 정의 된다.

$$전송대역폭 = 신호방식율 = 기호율 = \frac{1}{기호\ 지속\ 시간}$$

$$= \frac{R}{n} = \frac{R}{\log_2 M}\ [\text{baud}]$$

여기서 n은 심볼당 전송 bit (한번에 보낼 수 있는 bit수)로 $M = 2^n$이므로 $n = \log_2 M$

② 16진 PSK의 경우 $n = 4$, 4진 PSK의 경우 $n = 2$이므로 같은 bit rate일 때 16진 PSK는 4진 PSK경우보다 $\frac{1}{2}$ 대역폭만 필요하게 된다.

③ 전송 대역폭은 ASK, FSK, PSK 등의 변조 방식에는 관계없고 n 또는 $\log_2 M$에 의해 결정된다.

(6) 대역폭 효율(스펙트럼 효율)

대역폭 효율이 좋다는 것은 심볼 당 전송 bit수가 많다는 것이며 주어진 대역폭을 효과적으로 사용함을 의미한다.

$$n = \log_2 M = \frac{R(비트율)}{B(전송대역폭)} \ [\text{bps/Hz}]$$

여기서, n : 심볼 당 전송 bit수

(7) 디지털 통신 시스템의 성능 표시

1) $\frac{E_b}{N_0}$

디지털 통신 시스템의 성능은 E_b/N_0에 대한 BER(Bit Error Rate)로서 판단한다.

비트당 에너지를 나타내는 E_b는 신호전력을 bit전송속도로 나누면 구할 수 있다.

$$E_b = \frac{C[W]}{R[\frac{\text{bit}}{\text{sec}}]} = \frac{C}{R}[\frac{\text{J}}{bit}]$$

단위주파수당 잡음전력레벨을 나타내는 N_0는 잡음전력을 주파수대역폭으로 나누면 구할 수 있다.

$$N_0 = \frac{N[W]}{W[Hz]}[\frac{W}{Hz}]$$

따라서 디지털 통신시스템의 성능을 표시하는 $\frac{E_b}{N_0}$는 비트당 에너지를 단위 주파수당 잡음전력으로 나누면 얻을 수 있다.

$$\frac{E_b}{N_0} = \frac{\frac{C}{R}}{\frac{N}{W}} = \frac{C \cdot W}{N \cdot R}$$

여기서,

R : bit rate [bps]

W : 통신시스템의 대역폭 [Hz]

즉, $\dfrac{E_b}{N_o}$는 해당 BER을 만족하기 위해 단위주파수당 잡음전력에 대해 필요한 Bit 당 Energy를 표시하는 파라메터이다.

2) $\dfrac{C}{N}$ 과 $\dfrac{E_b}{N_o}$ 의 상호변환관계

$$\frac{C}{N} = \frac{E_b}{N_0} \cdot \frac{R_b}{W}$$

여기서, R : bit rate [bps]

W : 수신기의 대역폭 [Hz]

5-11. 채널 용량

(1) Nyquist 채널 용량

잡음이 없는 기저대역에서 ISI 없이 전송하기 위한 최소 대역폭은

$$W_{\min} = 0.5 \times \frac{1}{T_s}$$

여기서 T_s는 심볼주기이다.

채널이 보장하는 최대 심벌률이 $2Wmin$ [sps]이고, 각 심벌은 $\log_2 M$ 비트를 전달하므로 채널 대역폭이 W [Hz]인 기저대역에서의 채널 용량 C는

$$C = 2W \log_2 M \text{ [bps]}$$

(2) Shannon-Hartley 채널 용량

① 잡음 환경에서의 채널 용량

$$C = W \log_2 \left(1 + \frac{S}{N}\right) \text{ [bps]}$$

여기서, C : 채널 용량(통신 용량), W : 채널의 대역폭, S/N : 신호 대 잡음비

② 채널의 통신 용량(전송 용량)을 늘리려면 다음과 같은 방법을 사용한다.

- 채널의 대역폭 W를 증가 시킨다.
- 신호 세력을 높인다.
- 잡음 세력을 줄인다.

③ Shannon의 정리는 AWGN 잡음만을 고려한 채널의 이론상 최대 전송 속도이나 실제로는 충격 잡음, 감쇄 현상, 지연 왜곡 등에 의해 채널은 이 보다 더 낮은 속도로 사용된다.

5-12. PLL(Phase Lock Loop)

(1) 개요

① PLL의 역사는 1932년 de Bellescize에 의해 소개된 이후 오랜 시간이 지난 1976년부터 채택됨.
② PLL은 출력의 궤환 신호(Feedback Signal)를 입력신호와 비교하여 출력신호가 일정한 값이 될 수 있도록 제어하는 궤환 시스템임.
③ PLL을 적용한 간접 주파수 합성기는 기본적으로 위상 검출기(Phase Detector), Loop Filter, VCO와 주파수 분주기로 구성됨.
④ 현재 거의 모든 통신 시스템에서는 이 PLL 방식이 없이는 구현이 불가능 할 정도로 널리 사용되고 있음.

(2) PLL 구성 요소

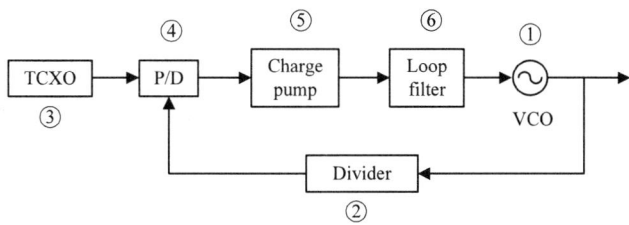

1) VCO(Voltage Controlled Oscillator)

입력전압에 따라 특정한 주파수를 내보내는 PLL의 최고 핵심요소. 스스로 특별한 기능을 수행하는 것은 아니고 뒤에 입력되는 전압이 있으면 해당하는 주파수를 출력시킴. 그런데 온도나 주변전자파환경 등 주변 영향에 민감하므로 PLL과 같은 복잡한 구조를 사용함.

2) Divider(또는 counter)

VCO의 출력주파수를 비교시켜야 하는데, 주파수가 너무 높아 비교하기 힘들므로 적절한 비율로 나누어 비교하기 좋은 주파수로 만들어주는 기능을 함. 디지털 카운터 같은 구조로 되어 있으며, 이 분주비를 변경하여 PLL 구조의 출력주파수 가변을 할 수 있게 하는 역할도 함. PLL IC의 핵심적인 역할을 하는 것으로 S/W적으로 분주비를 조정할 수 있도록 만듦.

3) TCXO(Temperature Compensated X-tal Oscillator)

온도변화에 대해 흔들림 없이 매우 안정적인 주파수를 발생할 수 있는 크리스털 오실레이터. 이 변하지 않는 주파수를 기준주파수로 삼아 출력주파수가 맞는지 틀린지를 비교함.

4) P/D(Phase Detector, PFD : Phase Frequency Detector)

TCXO의 기준주파수와 divider를 통해 나뉘어져 들어온 출력주파수를 비교하여 그 차이에 해당하는 펄스열을 내보냄.

5) Charge Pump(C/P)

P/D에서 나온 펄스폭에 비례하는 전류를 펄스 부호에 따라 밀거나 당겨줌. 펄스를 전류로 변환해주는 과정에서 전류이득(I_{cp})이 존재하고, 이 양은 lock time을 비롯한 PLL의 성능에도 큰 영향을 줌. PLL IC에 따라서는 I_{cp} 값을 조정할 수도 있음.

6) Loop Filter(LPF)

저역통과여파기(LPF)구조로 구성된 이 필터는 loop 동작 중에 발생하는 각종 잡스런 주파수들을 걸러내고, capacitor를 이용하여 축적된 전하량 변화를 통해 VCO 조절단자의 전압을 가변하는 역할을 함. 실제로 PLL IC를 이용하는 경우 외부에서 튜닝 가능한 거의 유일한 소자들이기 때문에 많은 엔지니어의 집중적인 튜닝대상이 됨.

(3) PLL의 응용분야

① 주파수 합성기
② 각종 디지털 변, 복조 Modem
③ 국부발진기

6. 항법 장치

6-1. 레이다 시스템

(1) 레이다 시스템의 기본 원리

레이다(RADAR) : radio detection or direction and ranging)는 전파의 직진성과 반사성을 이용하여 목표물까지의 거리와 방향을 측정하는 장치이다.

(2) 레이더용 전파

① 지향성이 강해야 한다.
② 레이더의 전파는 펄스형으로 발사된다.
③ 전파는 파장이 짧을수록 지향성이 강하므로 레이더는 100[MHz] 이상의 초단파가 사용된다.

(3) 레이더의 지시 방식

1) A 스코프 방식 : 목표물까지의 거리만 표시한다.

2) PPI(Plane Position Indication)**방식**

① 레이더에서 가장 널리 사용되는 방식이다.
② 거리와 방위를 동시에 표시한다.

(4) 레이더 장치의 구성

1) 송신기부

① 발진부에서의 주로 저전과(magnetron)이 사용되고 있으며 변조기로부터 그 고압펄수가 가해질 때만 발진한다.

② 변조부에서는 사이라트론(thyratron)등의 가스방전관을 방전시켜 가령 1[μs]지속하는 직류 펄스파 같은 것을 발생시켜 1/1,000초와 같은 소정 주기가 되도록하여 이것을 자전관에 가하면 펄스폭 1[μs]을 가진 일정한 반복 주파수 1,000 [Hz]의 송신용 펄스를 발생하므로 이것을 도파관을 경유해서 공중선에 비임상으로 하여 전파를 방사한다.

2) 수신기부

물표로부터 반사 펄스가 수신되어 TR관을 경유해서 혼합부에 가해지고 여기서 국부 발진 출력과 혼합하여 중간 주파수로 변환 검파된 후 비데오(영상) 신호 증폭부에서 한층 증폭되어 비데오 신호로서 지시부에 가해진다.

3) 지시부

브라운관에서는 전자비임(beam) 펄스 전파가 방사 할때마다 스코우프의 중심으로 공중선의 회전과 동기하여 회전하는 스위이프(sweep) 선을 만든다.

4) 송·수 전환부

도파관 및 안테나는 송수 공용이므로 송신중에는 송신펄스가 수신기에 들어오지 않도록, 또 수신중에는 수신펄스가 송신기쪽으로 들어가지 않도록 전환할 필요가 있으며 그림 중의 TR관 및 ATR관은 그 전환 작용을 하는 것이다.

5) 부속 회로

① AFC(Automatic Frequency Control)회로
  중간 주파수를 일정하게 유지하기 위한 회로

② STC(Sensitivity Time Control)회로
  해면 반사의 영향을 적게 하는 해면 반사 억제 회로

③ FTC(Fast Time Constant)회로
  비나 눈의 반사의 방해를 제거하는 회로

(5) RADAR의 특성

1) 최대 탐지 거리(탐지 능력)

① 어느 물표에서의 반사파를 측정할 수 있는 최대한 거리를 최대 탐지 거리라 하며 될 수 있는 대로 원거리의 목표까지 탐지 할 수 있어야 한다.

② 최대 탐지 거리는 송신출력의 1/4승에 비례하고 수신감도의 1/2 승에 반비례 하므로 송신출력을 증대하는 것보다도 수신 감도를 증대시키는 쪽이 탐지 능력을 현저하게 증대 시킨다.

③ 안테나를 높게 할수록 가시거리가 증대하고 효과가 있다.

④ 안테나 이득이 큰 것을 사용하고 사용파장을 짧게 사용하면 좋다.

2) 최소 탐지 거리

① 목표를 탐지할 수 있는 최소한의 거리를 말하며 가능한 한

근거리의 목표까지 탐지 될 수 있어야 된다.

② 펄스폭은 될 수 있는한 좁은 것이 좋으나, 너무 좁게하면 영상의 선명도, S/N 등이 반대로 저하된다.

3) 거리 분해능

① 동일 방향에 있는 그 목표가 점차 근접할 때 어느때 한점으로 보이는가를 표시하는 최소 거리를 말한다.

② 레이다에서 본 같은 방위에 있는 거리차가 작은 두 개의 목표를 판별하는데 거리차가 작을것, 이것은 펄스폭이 좁을수록 또 부라운관의 스포트가 작을수록 좋아진다.

4) 방위분해능

① 동일 거리내에 있는 2개의 적은 물표를 점차 근접할 때 어느때 한 점으로 보이는가를 표시하는 한계의 각도를 말한다.

② 방위 분해능은 수평면 내의 비임폭이 좁을 수록 향상된다. 즉, 사용파장을 짧게 하거나 반사파의 횡폭을 크게 하면 된다.

5) 상의 선명도

① 펄스 반복 주파수를 크게하고 공중선 장치의 회전수를 작게 하면 상은 선명하여 진다. 또 스포트의 크기에도 영향이 있다.

6-2 GPS(Global Positioning System)

(1) 개요

① GPS(Global Positioning System)는 인공 위성을 이용하여 전 세계적으로 현재의 위치나 시각을 결정할 수 있는 위성 측위 시스템이다.

② GPS(Global Positioning System)는 미국정부가 1973년부터 개발에 착수하여 약 60억불의 예산을 투자하여 구축한 항법지원 시스템이다.

③ 원래는 군사목적으로 개발을 시작하였지만, GPS신호의 일부를 민간인이 사용할 수 있도록 하는 것을 전제로 미의회가 예산을

승인하게 되어 GPS신호중 L1, C/A 코드는 민간에 개방되었다.
④ GPS 위성에서 방송하는 C/A 코드를 이용하면 전세계 어디에서나 전천후, 24시간 측위가 가능하며, 그 정확도는 약 10m정도가 된다.
⑤ GPS시스템은 위성, 위성을 관제하는 지상 관제설비, 그리고 사용자가 이용하는 GPS수신기를 모두 포괄하여 말한다.

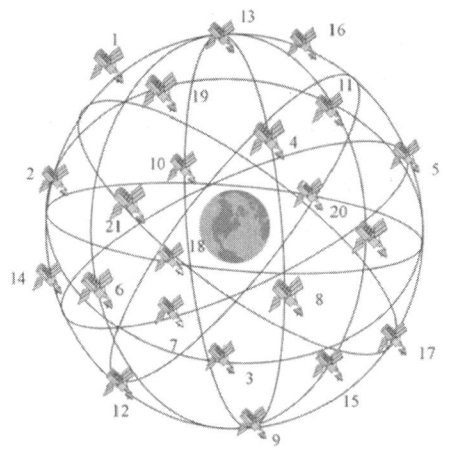

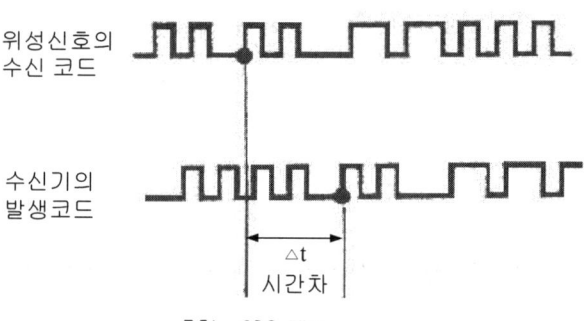

그림 GPS 개요

(2) GPS 시스템 구성

1) 위성 부문

① 위성 부문은 24개의 GPS 위성으로 구성 되어 있으며, 21개의 동작 위성과 3개의 예비 위성이 11시간 58분 주기로 지구를 공전한다.
② 적도면에 등 간격으로 분포된 6개의 궤도면에 각각 4개씩 할당된다.

③ 각각의 GPS 위성에는 정밀한 시계(세슘 원자시계와 루비듐 시계)가 각각 2개씩 장착 되어 정밀한 시간을 유지한다.

④ 모든 위성은 같은 주파수로 각자의 데이터를 실어보내기 때문에 각각의 위성마다 ID 코드를 부여하여 식별하는 CDMA 방식을 사용한다.

⑤ 위성의 ID는 1023비트로 구성되어 있으며 사용 PN코드는 C/A코드, P코드, Y코드가 있다.

⑥ C/A코드는 일반에게 공개되어 자유롭게 사용할 수 있으며 P코드는 군사용으로 한정된 범위에 사용됨.

⑦ Y코드는 P코드와 유사한 코드이지만 P코드와 달리 공식은 공개되어 있지 않다.

⑧ 위성에서 신호는 L밴드 대역의 L_1, L_2 반송파로 송신되며 GPS수신기는 수신 후 저장된 위성 ID 중 일치되는 것을 검색하여 위성의 ID를 식별한 후 해당 위성의 시각, 궤도, 기타 보정 값 등으로 구성된 위성항법 데이터를 수신하여 위치를 계산하게 한다.

⑨ L Band 반송파 구분

L1 : 1,575.42MHz : SPS (Standard Positioning System), 민간이용

L2 : 1,227.6MHz : PPS (Precise Positioning System), 군사용

2) 지상 관제 부문

① 지상 관제 부문은 전 세계에 위치하고 있는 추적 관제국 및 송신국의 시스템으로 구성 되어 있다.

② 주관제국와 무인으로 운영되는 부관제국 및 지상 송신국으로 구성된다.

③ 주관제국은 GPS의 전체 시스템을 관리/통제 (미국 콜로라도 스프링에 있는 펠콘 공군 기지)

④ 부관제국은 세계적으로 분포된 5개의 GPS 감시소로 구성되어 있으며, 상공을 지나는 모든 GPS 위성을 추적하여 위성까지의 거리와 거리 변화율을 동시 측정.

⑤ 3개의 지상 송신국은 위성의 동작 상태에 관한 자료 수신, 주 관제국으로부터 받은 새로운 내용의 항법 메시지를 위성으로 보낸다.

3) 사용자 부문

① 사용자 부문은 GPS 수신기와 안테나 그리고 자료 처리 소프트웨어로 구성된다.

② GPS 위성으로부터 신호를 수신하여 안테나의 위치와 속도 및 시각을 판단

(3) GPS 측정원리

① GPS는 정확한 위치를 알고 있는 인공위성에서 발사한 전파를 수신하여 관측점까지 소요 시간을 관측함으로써 관측점의 위치를 구할 수 있으며, 삼각 측량의 기법과 비슷하다.

② 3차원 공간의 경우 송신점으로 부터 거리가 일정한 점의 궤적은 그 거리를 반지름으로 하는 구면이 되므로 3개의 송신점으로 부터 거리를 측정하여 구면의 교점을 구하면 이점이 수신지점이 된다.

③ 4개 GPS위성의 위치와 이용자의 위치를 그림으로 나타내면 다음과 같다.

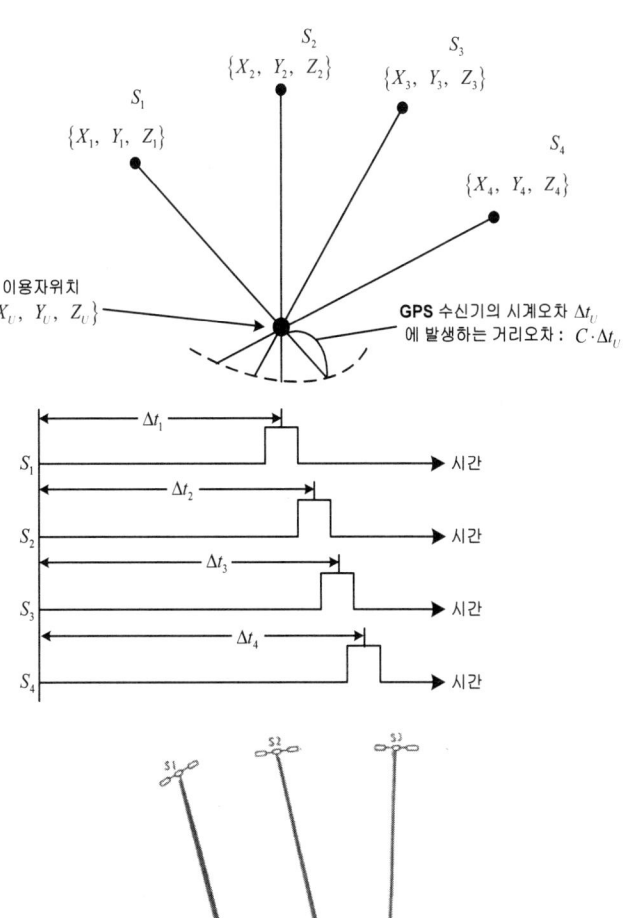

그림 GPS의 동작원리

위 그림으로부터 다음의 관계식을 유도할 수 있다.

$$(X_1 - X_U)^2 + (Y_1 - Y_U)^2 + (Z_1 - Z_U)^2 = (C \cdot \Delta t_1 - C \cdot \Delta t_u)^2$$

$$(X_2 - X_U)^2 + (Y_2 - Y_U)^2 + (Z_2 - Z_U)^2 = (C \cdot \Delta t_2 - C \cdot \Delta t_u)^2$$

$$(X_3 - X_U)^2 + (Y_3 - Y_U)^2 + (Z_3 - Z_U)^2 = (C \cdot \Delta t_3 - C \cdot \Delta t_u)^2$$

$$(X_4 - X_U)^2 + (Y_4 - Y_U)^2 + (Z_4 - Z_U)^2 = (C \cdot \Delta t_4 - C \cdot \Delta t_u)^2$$

여기서 C는 전파속도에 해당하는 광속을 나타내며, Δt_u는 위성의 표준시각과 수신기 시각의 시간오차를 나타낸다.

④ 이용자의 위치(X_U, Y_U, Z_U) 및 위성과 수신기의 시간오차 Δt_u 등의 미지수가 4개이므로 최소한 4개 이상의 위성신호를 수신하여야 측위가 가능하게 된다.

⑤ 1개의 위성에서 1개의 식이 만들어지므로 최소한 4개 이상의 위성신호를 수신하여야 위성 측위가 가능하다.

(4) 단일항법시스템 위치측정기법

① 4개 이상의 GPS위성 신호를 수신할 수 있는 하나의 GPS수신기로 지구 어느 곳에서든지 약 100m의 위치 정확도로 사용자의 위치를 구할 수 있다

구 분	내 용
위성부문	- 위성 수 24개(3개는 예비), - 위성고도 : 20,200km, - 주기 : 12시간 - 궤도면 : 지구 적도면과 55°의 기울기를 갖는 6개 궤도면에 4개씩 배치
지상국 부문	- 주 관제소 1개 및 5개의 부관제소 및 3개의 uplink 안테나 - 역할 : GPS 위성 신호 관찰, 위성시계 점검 및 동기
사용자 부문	- 안테나+수신기 - 수신기는 GPS의 세 구성 부분 중 유일하게 미국이 아닌 타국에도 개방되어 있는 부분으로 지속적인 성능향상이 이루어지고 있음

② 단일항법시스템 제공 서비스 종류

구분	표준 위치측정 서비스	정밀 위치 측정 서비스
반송파주파수	L1	L1/L2
PRN코드	C/A Code	C/A Code, P Code
응용	일반사용자	군사용

③ 00년 5월 1일을 기점으로 GPS의 고의적 오차 성분인 SA가 중단되었으며, 이에 따라 민간에서 이용할 수 있는 L1주파수의 코드정보를 이용해 100m의 수평오차를 갖던 GPS의 정밀도가 10m 안팎의 정밀도를 제공할 수 있도록 성능이 크게 개선되었

다.

(5) DGPS(보정위성항법 시스템)

① 단독 측위 기법의 정밀도를 향상시키기 위해 개발된 것으로 2대 이상의 수신기(기준국 수신기와 이용자 수신기)와 통신 매체가 필요.
② 기준국에 설치된 1대의 수신기에서 이미 알고 있는 기준점의 위치 정보를 이용하여 각 위성의 거리 오차 계산, 보정치로 환산해서 이동체에 전달.
③ 이동체에서는 저가의 항법용 수신기를 가지고도, 이동시 수m, 정지시 1m 이내의 실시간 위치 측정 가능.

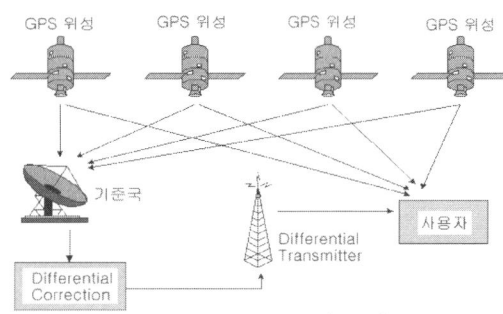

그림 DGPS의 구성

④ DGPS 측정방법
- 위치가 미리 측정된 기준국(고정국)과 사용자(이동국)로 구성.
- 기준국에서 GPS위성 신호를 수신하여 계산한 위치 값과 이미 알고 있는 위치 값을 비교하여 오차 보정 값을 계산 → 사용자는 자신의 위치계산에 반영.
- 기준국과 사용자의 공통오차 제거 효과.
- 위성시계오차, 위성궤도오차, SA, 전리층지연오차, 대류권 지연오차.
- 기준국과 사용자와의 거리 제한.

1) 광역 보정 위성항법 시스템 (WADGPS : Wide Area Differential Global Position System)

① 지구정지궤도 상공의 위성을 이용하여 보정정보를 제공하는 방식이다.
② GPS위성 및 통신기능을 담당하는 정지위성과 기지국으로

구성되어 있으며 기지국은 광역 기준국, 광역 주기지국, 지상국으로 구성되어 있다.

③ 광역 주기지국에서 처리된 보정데이터는 지상국으로 송신되며 지상국은 이러한 보정데이터를 정지위성으로 송신한다.

2) 지역 보정 위성항법 시스템(LADGPS: Local Area Differential Global Position System)

① 기준점의 위치를 알고 있는 기준점에 기준국을 설치하여 위성신호를 받아 오차를 보정한 후 그 보정값을 지상의 무선통신망을 통하여 이동체 및 이용자에게 제공하는 방식이다.

② 위치를 알고 있는 기준점에서 100-200km 떨어진 지점의 GPS측위정보의 오차는 기준점오차와 유사하므로 정해진 면적에 기준국의 수가 많을수록 수 Cm까지 오차를 감소시킬 수 있는 처리방식이다.

③ 이용자에게 실시간으로 보정값을 전송하는 실시간 처리방식과 관측을 먼저 행하고 난 후 저장했던 측량자료를 후처리하여 위치를 보정하는 후처리방식이 있다.

(5) GPS의 이용분야

① 항법장치 : 선박, 자동차, 항공기, 인공위성 등
② 측지분야 : 기준점 측량, 중력측량, 항공사진측량, 노선측량, 수심측량 등
③ GIS분야 : 답사, 주제도 제작, 주요지물의 위치점 측정
④ 해양분야 : 정기노선항해, 시추공 위치결정, 해상중력측량, 해상 탐색 및 구조 등
⑤ 지구물리학 : 지각변동관측, 지질구조해석 등
⑥ 군사분야 : 각종 장비의 항법장치, 목표물 위치결정, 사전답사, 지휘 및 통신 등
⑦ 레져분야 : 등산, 여행, 탐사 등
⑧ GPS 서비스의 종류 : 차량 항법 시스템, 차량 위치 정보 서비스, 텔레매틱스 등

6-3. 쌍곡선 항법장치

두 지점으로부터의 거리의 차가 일정한 지점의 궤적은 그 두 지점을 초점으로 하는 쌍곡선이 된다는 원리를 이용한 전파 방법이다.

(1) 데카(decca) : 쌍곡선 항법의 일종으로서 위치 측정의 확도가 크고 중거리용 항법장치로서 선박 및 항공기에 이용된다. decca

에서는 한 개의 주국과 3개의 종국에서 동기한 지속전파를 발사하면 수신점에서는 주국과 종국에서 도착하는 지속전파의 도달시간차에의한 무선주파수의 위상차를 측정해서 미리 쥰비한 decca chart에서 위치선을 결정한다.

(2) **로란(loran : long range navigation)** : 로오란은 주국 M 및 종국 S1, S2의 3국을 설치하여 각각 전방향에 펄스신호를 발사해서 항행중의 무선국이 그들을 수신하여 M 과 S1및 M과 S2의 도래시간차를 구하여 지도상에 미래 기입한 도래 시간차의 일정곡선 즉, 쌍곡선의 만난점으로써 자국의 위치를 결정하는 것이다.

1) 표준로런(로런 A) : 서로 다른 두 지점에서 발사되는 펄스파의 도착 시간을 구하여 수신 위치를 결정하는 쌍곡선 항법으로서 항공기나 선박의 항행 보조에 사용되며, 중단파대의 주파수를 이용하여 동기된(실제는 편의상 시간 간격을 가진다) 펄스파를 발사하기 때문에 선박이나 항공기에서는 로런 수신기로 이 펄스를 수신한다.

2) 로런(Long Range Navigation, LORAN) C : 주파수 100[kHz]를 사용하는 장파대의 항법 장치로서 유효 거리가 표준 로런의 2배 정도로 확대되고, 시간차 측정의 확도를 크게 향상시킨 방법으로, 항공기나 선박의 장거리 항행 보조에 사용된다.

(3) **로란(loran)과 데카(decca)의 차이점**

① loran에서는 하나의 주국과 2개의 종국이 배치되어 동기된 pulse를 발사하지만 decca는 하나의 주국과 3개의 종국이 배치되어 조파관계에 있는 지속파를 발사한다.

② loran은 유효구역이 넓으나 decca는 주국에서 약 450[km]가 유효거리이다. 그러나 유효거리내에서의 측정확도는 매우 높다.

③ loran과 decca는 쌍곡선 항법이다.

④ loran은 pulse 전파를 이용해서 2정점으로 부터의 동기되어 발사된 pulse의 도착 시간차를 측정하여 미리 만들어 놓은 loran chart에서 위치를 결정하는데 대하여 decca는 2정점에서 동기된 지속파를 발사하고 양자의 도달 시간차에 따른 무선주파수의 위상차를 측정하고 decca chart에서 위치를 결정한다.

6-4. Radio beacon(무선 표지)

(1) Radio beacon의 정의
Radio beacon은 무지향성 또는 지향성을 가진 전파를 beacon국에서 발사해서 항공기의 방향탐지를 가능하게 하는 것이다.

(2) Beacon의 종류별 사용주파수대
① 무지향성 radio beacon : 200~415[kHz](특병한 경우는 1605 ~ 1750[kHz])
② 회전식 radio beacon : 285~325[kHz]
③ AN식 range beacon : 200~415[kHz]
④ 전방향 range beacon(VOR) : 108~118[MHz]

(3) 무지향성 radio beacon
① 고정된 beacon 국에서 무지향성 전파를 발사하고 그 전파를 선박 및 항공기에 설치한 방향탐지기로 수신하여 방향탐지를 하는 것으로서 현재 각국에서 널리 사용되고 있다.
② 항공용으로 사용되는 무지향성 radio beacon은 호밍(homing) 비이콘이라 하며 200~415[kHz] 또는 1605~1750[kHz]의 주파수를 사용하고 있다.

(4) 회전식 radio beacon
① 송신측(beacon 국)에서 8자 특성의 지향성 전파를 발사하고, 그것을 선박측에서 수신하여 표준방향(동서 또는 남북)에 상당하는 전파를 들으면서 실제 최소음이 되는 점까지의 시간 또는 각도를 재서 배의 방위를 결정하는 방식이다.
② 방향탐지기가 없어도 간단한 수신기만 있으면 이용할 수 있으므로 소형선박을 대상으로 사용되는 radio beacon이다.

(5) AN식 range beacon
① 4 course range beacon 또는 AN식 지향성 무선표식 이라고도 한다.
② range beacon은 항공기의 비행 코스를 전파로 유도하는 것인데 악천후일 때에도 항공로를 명확히 지시한다.

(6) VHF 전방향식 range beacon(VOR : VHF omni-directional rangbeacon)

① VOR는 초단파(108~118[MHz])를 사용하는 회진식 radio beacon의 일종으로서 항공기에게 항공 course를 제공하여 주는 장치이다.
② VOR국에서 가변위상신호(V)와 기준 위상 신호(R)의 2개 신호를 발사하여 항공기의 VOR 수신기로 2개의 신호를 수신하여 기준 신호에 대한 가변위상 신호의 위상을 검출하여 방향을 탐지한다.

6-5. 항공기 계기 착륙장치(ILS : intrument landing system)

(1) 개요

① 공항에서 필요한 전파를 발사하고 조종사는 이것을 받아서 계기의 지시에 따라 항공기를 안전하고 무사하게 착륙시키는 장치이다.
② ILS는 항공기에 설비된 계기등에 대하여 착륙에 필요한 수평, 수직 및 거리를 표시케하는 무선항행방식으로 localizer, glide pzth, marker의 3개 장치를 종합하여 구성하고 있다.
③ 기본적인 원리는 지상의 ILS로부터의 신호를 오토 파일롯(Auto Pilot)에 입력시켜서 강하 중에 항공기의 피치(Pitch)와 롤(Roll) 기능을 조종한다.

(2) 기본 구성

1) 글라이드 패스(Glide path) : 항공기에 수직면내에 있어서의 하강로를 알리는 장치

① 항공기가 강하할 때 UHF대의 전파를 이용하여 수직면 내에서의 올바른 코스를 지시하는 것으로, 로컬라이저와 마찬가지로 90[Hz] 및 150[Hz]로 변조된 두 전파에 의하여 표시된다.
② 코스의 상부에서는 90[Hz] 성분이 강하고, 하부에서는 150[Hz] 성분이 강하게 나타난다.

2) 로오칼라이져(localizer)

수평면내에 있어서 항공기가 착륙로에 대하여 어떠한 위치에 있는가를 표시하는 장치이다.

① VHF대의 전파를 이용하여 활주로 중심선의 연장면을 나타낸다.

② 항공기의 진입에 있어 조종사에게 활주로의 정확한 연장선을 알리는 것으로 약 $5°$의 폭을 가진 초단파에 의하여 표시된다.

③ 이 전파는 150[Hz] 및 90[Hz]로 변조되고 있으며, 항공기로부터 활주로를 향하여 우측에서는 150[Hz] 성분이 강하며, 좌측에선 90[Hz] 성분이 강하고, 중앙에서는 이들의 세기가 같게 나타난다.

3) 마아커(marker)

ILS 강하로상에서 일정한 지점을 표시하는 신호이며 수직방향의 beam 이다.

① 착륙 자세에 들어간 항공기에 활주로까지의 대략의 거리를 알려 주는 것으로, 부채꼴 모양의 지향성 전파에 의하여 표시된다.

② 마커는 외부, 중앙, 내부의 세 부분으로 나누어지는데, 대부분의 경우 내부 마커는 사용하지 않고 진입로 표시 등으로 이를 대신하고 있다.

6-6. 지상 제어 진입 장치(GCA : Ground Controlled Approach)

(1) 개요

지상에서 발사된 전파가 항공기에서 반사되어 돌아오는 반사파를 공항 관제관이 CRT(모니터)에 잡아서 조종사에 지시를 내리고, 조종사는 그 지시에 따라 착륙하는 방식을 말한다.

(2) 구성

1) 수색 레이더(SRE : Surveillance Radar Element)

공항을 중심으로 하여 30마일 정도의 범위 내에 들어오는 항공기의 거리와 방위를 PPI 방식으로 CRT면상에 나타낸다.

2) 정측 레이더(PAR : Precision Approach Radar)

① 항공기를 활주로에 유도하여 착륙시키는 레이더이다.
② 활주로의 연장선 및 하강 코스를 읽을 수 있다.

6-7. 원형 항법장치

(1) DME(distance measuring equipment)

① DME(Distance Measuring Equipment)는 항행 중인 항공기가 미지의 지점으로부터의 거리에 대한 정보를 연속적으로 얻을 수 있는 항법 장치이다.
② 사용 주파수대는 960~1,215[MHz]을 사용하며 질문기(interrogator)와 응답기(transponder)로 이루어진다

(2) TACAN

① TACAN(Tactical Air Navigation)은 VOR과 DME의 기능을 합친 항행 방식이다.
② 사용 주파수대는 962~1,213[MHz]을 사용하며 지상 TACAN국으로부터 발사되는 전파를 받아 항공기에서 자국의 방위와 거리를 작동하는 장치이다.

6-8. INS(Inertial Navigation System)

① INS는 자기의 위치를 알기 위해서는 지금까지 지상 원조 시설(VOR/DME, 로란 등) 없이도 단독으로 자기 위치를 산출할 수 있는 자장항법장치이다.
② INS는 원래 우주 공간을 비행하는 로켓의 유도 등을 위해 개발된 것으로서 민간 항공기용으로 사용되기 시작한 것은 점보기(B747)가 처음이다.

③ 이 장치를 탑재하고 있으면 전세계를 제한 없이 비행할 수 있으나 시간의 경과와 함께 오차가 커지는 결점이 있으며 1시간당 약 1~1.5NM의 오차가 생긴다.

④ 태평양을 횡단하는 항공기에는 신뢰성을 향상시키기 위하여 INS를 3대 탑재하고 있으며, 자이로스코프(Gyroscope)를 이용한 고가의 복잡한 장치이다.

Section 2 전원설비

1. 축전지

1-1 개요

① 일반적으로 전지라고 하면 1차 전지(건전지)와 2차 전지(축전지)로 구분된다.
② 1차전지는 한번 사용하면 다시 사용할 수 없는 것으로서 1개당 단자 전압은 1.5[V]이다.
③ 2차전지는 충전(Charge)와 방전(Discharge)을 몇 번이고 되풀이하여 계속 사용할 수 있는 전지를 말한다.
④ 전기에너지를 축전지에서 외부로 공급하는 것을 방전이라 하고, 축전지가 외부로부터 전기 에너지를 받는 것을 충전이라고 한다.

1-2 종류

축전지에는 대표적으로 납축전지와 알칼리 축전지가 있으며 극판형식에 따라 다음과 같이 분류된다.

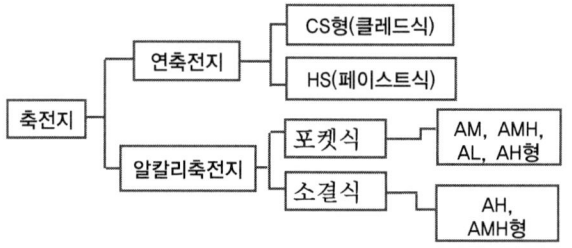

그림 극판의 형식에 따른 분류

구 분	연(납) 축 전 지		알 칼 리 축 전 지	
1. 공칭 전압	2.0 V		1.2 V	
2. 구조	+극:PbO_2 -극:Pb 전해질 : H_2SO_4		+극: NiOOH(수산화니켈) -극: Cd(카드뮴) 전해질 : KOH(수산화칼륨)	
3. 충전시간	길다		짧다	
4. 과충전 과방전	약함		강함	
5. 수명	10~20년		30년 이상	
6. 정격 용량	10시간		5시간	
7. 용도	장시간, 일정 전류 부하에 적합		단시간, 대전류 부하에 적합(전류 변화 큰 부하)	
8. 가격	경제적		고가	
9. 온도특성	떨어짐		우수	
10. 형식	CS 클래드식	HS 페이스트식	포켓식	소결식
	완방전식	급방전식 단시간대전류 자동차기동 엔진기동등	AL:완방전식 AM:표준형 AH:급방전식	AHS급방전식 AHH급방전식

1-3 납축전지

(1) 납축전지의 구조

① 양극 : 과산화납층(PbO_2) : 양극판의 수명이 축전지의 수명 결정

② 음극 : 순수납(Pb) : 회색

③ 격리판 : 양극과 음극간의 전기적인 단락을 방지하는 역할을 하묘 다공질의 페놀 수지 사용

④ 전해액 : 양극과 음극의 도체역할을 하는 묽은 황산 용액으로 충전 시 비중은 1.26~1.30(25℃)이며, 방전시 1.1 이하로 감소.

⑤ 전해액의 비중은 온도가 높으면 커지고 낮으면 작아지는데 매

1[℃]에 대한 비중의 차이는 0.0007이다. 이것은 용액이 20[℃]일 때의 비중을 표준으로 한 것인데, t [℃]일 때의 비중을 측정하여 20[℃]의 비중으로 환산한 식은 다음과 같다.

$$S_{20} = S_t + 0.0007(t-20)$$

여기서, S_{20}은 20[℃]로 환산한 비중, S_t는 t[℃]에서 측정된 비중, t는 측정시의 전해액 온도이다.

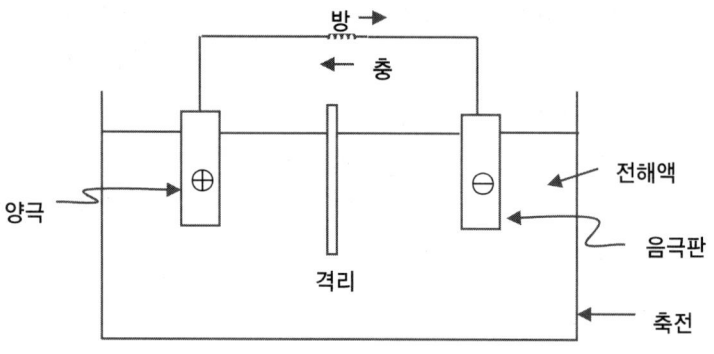

그림 납축전지의 구조

(2) 납축전지의 규격

① 규정전압은 1개당 2[V], 충전 완료시 2.2~2.4[V]
② 방전종기 전압 : 1.8[V]
③ 용량 : 완전 충전 상태에서 단자 전압 1.8[V]까지 방전시 방출되는 전기량으로[AH]또는 [WH]로 표시된다.

[AH]=방전전류[A]×방전시간[H]
[WH]=방전전류[A]×방전전압[V]×방전시간[H]

축전지의 용량은 전해액의 농도 및 온도가 높을수록 극판의 면적이 클수록 크다.

④ 효율: 방전 시간, 온도, 사용시간 등에 따라 달라지나 대략 87%~93%정도

(3) 납축전지의 화학 반응

$$\underset{\text{(양극) (전해액) (음극)}}{PbO_2 + 2H_2SO_4 + Pb} \underset{\text{충전}}{\overset{\text{방전}}{\rightleftarrows}} \underset{\text{(양극) (물) (음극)}}{PbSO_4 + 2H_2O + PbSO_4}$$

① 납축전지의 화학반응은 식과 같이 충전에서 방전으로, 또는 방전에서 충전으로 변화시킬 수 있으며, 단지 전기분해로 인한 수소 및 산소가스의 기화로 인하여 증류수 보충만을 하면 된다.
② 따라서 축전지가 방전하면 양극과 음극이 황산납($PbSO_4$)이 되고 물이 생기므로 극판색과 전해액 농도가 달라진다.
③ 그리고 충전하면 (+)극판은 적갈색이 되고 음극판은 회백색이 되며 전해액의비중은 높아진다.
④ 한편 축전지가 완전히 충전되면 개당 단자전압은 약 2.4[V]정도가 되는데 온도가 상승하면 기전력도 올라간다.
⑤ 평균온도 계수는 0.000398[V/℃] 정도가 된다.

1-4. 알칼리 축전지

① 니켈-카드뮴 축전지는 납축전지에 셀당 기전력 1.2V로 낮고 값이 비싼 결점을 가지고 있지만, 수명이 길고, 과충전, 과방전에 강한 장점을 가지고 있어 널리 쓰이고 있다.
② 니켈수소축전지는 (-)극에 카드뮴대신 환경오염이 적은 수소 흡장 합금 사용하였으며 기전력은 거의 니켈 카드뮴축전지와 같으나 용량이 크다.
③ 최근 니켈수소축전지의 차세대 축전지로 리튬전지나 나트륨유황(NAS)전지가 사용되고 있다.

1-5 충전 방식의 종류

(1) 초기 충전
① 제품공장에서 생산 시 축전지에 전해액을 주입하여 처음으로 행하는 충전으로 비교적 소 전류로 장시간 축전지를 충전하는 방식이다. 온도상승을 위해 75~80시간 충전시키기 위해서 10시간 율로 65~70%로 충전하는 방식
② 충전 전압은 2.6~2.8[V]까지 상승하다가 그 후 일정하게 된다.

(2) 사용 중의 충전

1) 부동충전(Floating charge)방식

축전지와 정류기를 병렬로 접속하여 평상시에는 정류기에서 부하 전류를 공급하고 정전시에는 축전지에서 부하 전류를 공급하는 방식

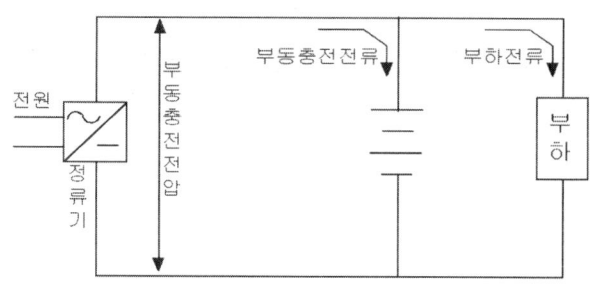

그림 부동 충전 방식의 구성

① 공급 전력의 대부분을 충전기가 부담하므로 축전지의 용량이 작아도 된다.
② 축전지의 충방전 전기량이 극히 적으므로 축전지의 수명이 길어진다.
  - 세류 충전 : 자기 방전만을 항상 충전하는 방식
  - 회복충전: 방전한 축전지를 차 회의 방전에 대비해 용량이 충분히 회복할 때까지 충전하는 방식
③ 정류 장치에 맥동이 포함되어도 축전지가 흡수한다.
④ 부하에 대한 전압 변동이 적고 직류 출력 전압이 안정하다.
⑤ 정전시 축전지가 전류를 공급하므로 안정적인 전원 공급이 가능하다.
⑥ 보수가 용이하다.
⑦ 이동용 무선 설비, 전화국 전원 등에 이용된다.

2) 균등 충전

① 부동 충전 방식에 의해 사용할 때 각 전지간에 전압이 불균일하게 된다. 이를 시정하기 위해 일시적으로 과 충전하는 방식
② 약 1~2개월에 한 번 정도 실시

③ 인가 전압 : 연축전지 2.4V ~ 2.5V
    납축전지 1.45~1.5V

④ 인가시간 : 약10~15시간

⑤ 균등 충전 시기

- 부동 충전시 1~2개월에 한 번 정도 실시
- 충 방전이 심한 경우(월1회)
- 과 방전시 또는 오래 방치한 경우
- 방전 후 즉시 충전하지 않은 경우

3) 자동 충전 방식

① 초기에 대전류가 흐르는 결점을 보완하여 일정전류 이상이 흐르지 않도록 자동 전류 제한 장치를 달아 충전하는 방식
② 회복 충전 시 : 균등충전 방식으로 작동
③ 충전 완료후 : 자동으로 부동충전 상태로 전환됨.
④ 최근에는 거의 이 방식으로 충전

(3) 이상시 충전 방식

1) 급속 충전

응급적으로 용량을 약간 회복시키기 위하여 단시간에 보통 충전 전류의 2-3배의 전류로 충전하는 방식으로 자주하면축전지 성능이 저하된다.

2) 과 충전

축전지 백색 황산납 등으로 발생하는 성능저하를 사전에 방지하거나 이미 고장 난 축전지를 회복하기 위해 저 전류로 장시간 충전하는 방식.

3) 보 충전

축전지를 장시간 방치 시(자기방전상태) 미소전류로 장시간 충전하는 방식

1-6 축전지의 고장과 취급상 주의점

(1) 축전지의 고장의 주요원인
① 온도저하, 자기방전, 방전전류 과대, 비중의 과대, 극판의 노출 등에 의한 백색 황산납의 생성
② 과대전류의 충,방전에 의한 수축과 팽창 또는 고온(45[℃]이상)으로 사용했을 때 극판의 만곡
③ 과대전류의 통과나 극판의 만곡으로 인한 작용물질의 탈락
④ 극판의 만곡으로 인한 극판의 단락
⑤ 전해액 등에 불순물이 있거나 전해액이 너무 진할 때 극판의 부식
⑥ 전해액 중에 불순물이 있을 때 생기는 국부방전

(2) 축전지 취급상의 주의점
① 축전지의 전압이 약 1.8[V], 비중 1.14가 되면 방전을 정지시키고 곧 충전을 한다. 즉 방전한 상태로 방치하지 말아야 한다.
② 극판이 전해액 면에서 노출하지 않을 정도로 전해액을 보충해 두어야 한다.
③ 충전은 규정 전류로 규정시간에 한다.
④ 전해액의 비중, 온도는 규정치가 되도록 하고 불순물이 들어가지 않도록 한다.
⑤ 충전시 일정한 상태에 도달하면 정지하고 과충전이 되지 않도록 한다.
⑥ 전지는 일광직사가 되는 장소에 두는 것을 피하고 통풍이 양호한 장소에 두어야 한다.

2. UPS

2-1. 개요와 기본구성

UPS는 잠시도 정전 또는 전압 변동을 허용할 수 없는 중요한 부하 기기에 상용전원이 정전 되거나 긴급 사고가 발생할 때 부하측 전원이 차단 또는 전압 변동이 되지 않도록 준비된 비상 전원에 의해 양질의 전원을 공급하는 무정전을 위한 전원장치이다.

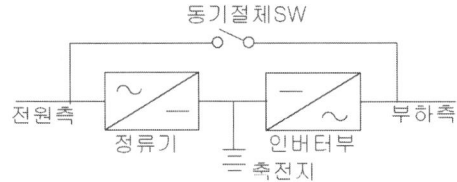

그림 UPS 기본 구성

(1) 컨버터(정류기, 충전기)

3상 또는 단상 입력 전원을 공급받아 직류 전원으로 변환하는 동시에 축전지를 충전시킨다.

(2) 인버터

직류 전원을 양질의 교류 전원으로 변환하는 장치

(3) 동기 절체 스위치(BY PASS SW)

UPS의 과부하 및 이상시 상용전원이나 발전기 전원으로 절체

(4) 축전지

정전 시 인버터부에 직류 전원을 공급하여 부하에 일정시간 동안 무 정전으로 전원을 공급하는 설비

2-2. UPS 시스템 분류

UPS	바이패스	시스템 구성	적용 예
단일 시스템	무	→ UPS →	주파수 변환을 요하는 곳 바이 패스를 적용 못하는 곳
단일 시스템	절단전환	(스위치 바이패스 + UPS)	* 바이패스 전환시간(0.05-0.1초)이 허용되는 부하
단일 시스템	무순단 절환	(다이오드 바이패스 + UPS)	절대 정전을 허용하지 않는 부하
병렬 시스템	무	→ UPS / UPS →	주파수 변환을 요하는 부하중 대 용량
병렬 시스템	절단전환	(스위치 바이패스 + UPS/UPS)	바이패스 전환시간(0.05-0.1초)이 허용되는 부하중 대 용량
병렬 시스템	무순단 절환	(다이오드 바이패스 + UPS/UPS)	절대 정전을 허용하지 않는 부하 중 대 용량 (금융기관등)

2-3. ON-LINE 방식(UPS의 일반적인 방식)

ON-LINE 방식은 대용량화가 용이하고 부하가 요구하는 전원 특성을 충분히 맞추어 줄 수 있어 일반적으로 많이 사용한다.

(1) 구성

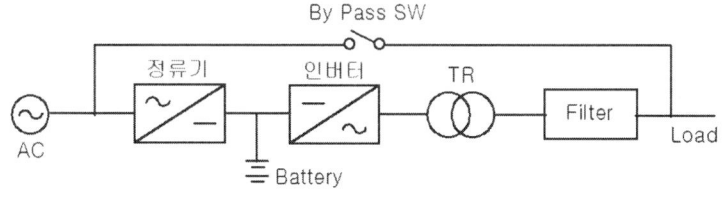

그림 ON-LINE 방식

1) **컨버터(정류기, 충전기)**

   3상 또는 단상 입력 전원을 공급받아 직류 전원으로 변환하는 동시에 축전지를 충전시킨다.

2) **인버터**

   직류 전원을 양질의 교류 전원으로 변환하는 장치

3) **동기 절체 스위치**

   인버터의 과부하 및 이상시 상용전원이나 발전기 전원으로 절체

4) **축전지**

   정전 시 인버터부에 직류 전원을 공급하여 부하에 일정시간 동안 무정전으로 전원을 공급하는 설비

(2) 동작원리

① AC - DC - AC로 2중 변환을 하여 평상시에도 항상 인버터를 통하여 전원이 공급.

② 입력전원이 인가되면 충전부는 축전지를 충전시키고, 정류부는 인버터에 직류전원을 공급.

③ 정류부에서 직류 전원을 공급받아 인버터부가 스위칭 동작을 하여 필터를 통하여 정현파를 만들어 부하에 전원을 공급.

(3) 장 단점

① 이중변환을 거침으로서 고조파, 서지, 노이즈등 많은 전원잡음을 없엘 수 있다.
② 절체시간 등 응답속도가 빠르다.
③ 주파수 변동이 없다.
④ 전압안정도가 높고 전기적 특성이 좋다.
⑤ 효율이 낮다. (70~90%)
⑥ 가격이 비싸다.

2-4. OFF-LINE 방식

(1) 구성

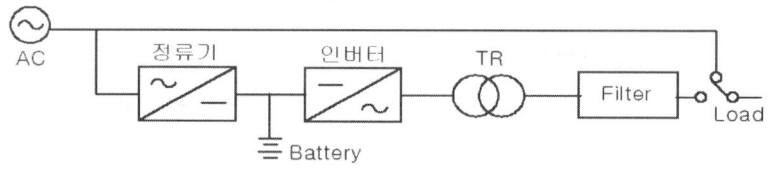

그림 OFF-LINE 방식

(2) 동작 원리

평상시 상용전원을 공급하고 있다가 정전 시에만 인버터를 동작시켜 부하에 전원을 공급하는 방식.

(3) 장 단점

① 평소에 인버터를 안 거쳐 효율이 높다.(90% 이상)
② 가격이 싸다.
③ 내구성이 높다.
④ 입력에 따라 출력이 변동. 전원 잡음을 차단할 수 없음
⑤ 응답속도가 느리고 순간정전에 약하다.
⑥ 정밀기기는 사용 불가

2-5. LINE-INTERACTIVE 방식

(1) 구성

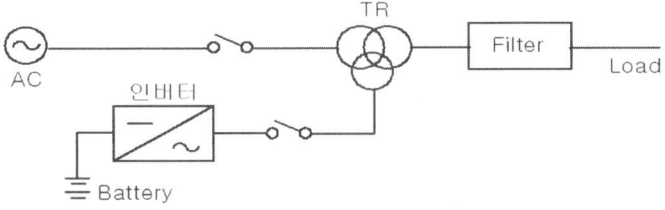

그림 LINE-INTERACTIVE 방식 방식

(2) 동작 원리
① 정상적인 상용전원 공급시 : 인버터 모듈내의 IGBT를 통한 Full 브리지 정류방식으로 충전함.
② 정전시 : 인버터 동작으로 출력전압을 공급하는 OFF-LINE방식
③ 전압이 자동으로 일정하게 조정됨.

(3) 장 단점
① ON-LINE 방식에 비해 가격이 싸다
② 효율이 높다.
③ 과충전의 우려가 있다.

표 각 방식의 특성 비교

구 분	On-Line	Off-Line	Line Interactive
1. 효율	낮다(70~90%)	높다(90%이상)	높다(90%이상)
2. 신뢰도	높다	낮다	중간
3. 절체시간	4mS 이하 무순단	10mS 이하	10mS 이하
4. 입력 변동시 출력 변동	무변동	입력변동에 따라 변동	5~10% 정도 전압 자동 조정됨.
5. 입력이상시 (Sag, 노이즈 등)	완전 차단	차단 못함	부분적 차단
6. 주파수 변동	변동 없음 (±0.5%이내)	입력변동에 따라 변동	입력변동에 따라 변동
7. 가격	고가	저가	중간

2-6 Dynamic UPS(회전형 UPS)

(1) 구성

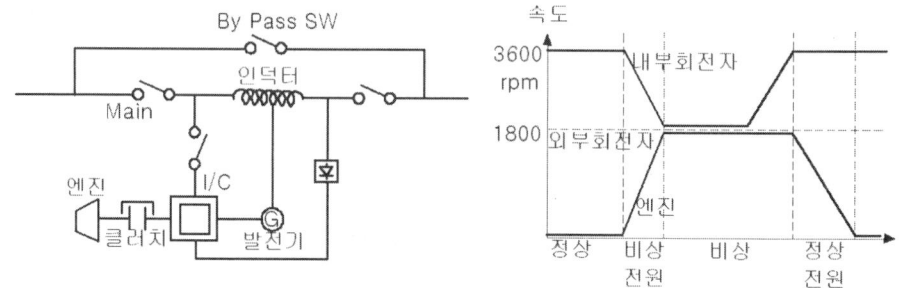

그림 다이나믹 UPS(회전형 UPS)

1) 디젤 엔진 : 비상 전원 공급
2) 발전기 : 정상 시는 필터. 정전 시는 전원 공급 기능
3) 인덕터 : 일정 전압 공급 (CV특성)
4) I / C : 부하 과도 형상 조절

(2) Dynamic UPS 의 특징

1) 장점

① 무 축전지 정전 보상 방식이며 정전 시간과 관계없이 연속 사용이 가능함.
② 고조파 발생 없음
③ 대용량 부하의 병렬 운전 방식으로 적당함.
④ 공조기 불필요
⑤ 고 역율(0.98 이상)이며 출력 전압 안정도 좋음

2) 장점

① 정격 전류의 약 10배의 단락 전류 발생
② 설치비 고가
③ 소음 발생.
④ 설치면적이 큼.
⑤ 유지 보수가 어려움

표 정지형 UPS 및 회전형 UPS 비교

구 분	정지형	회전형(다이나믹)
1. 동작 원리	정지기	회전기
2. 설치 면적	적게 차지함	많이 차지함
3. 설치 위치	실내	발전기, 배기덕트, 연료배관등이 있어 실내설치시 환경대책이 필요함.
4. 용량	무전원상태에서 장시간 운전 불가 Back-Up용 발전기 필요	Back-Up용 발전기 불필요
5. 고조파 발생	인버터 회로에서 다량 발생	발생 거의 없음
6. 유지 보수	정기기 이므로 쉽다	어려운 편이다.

3. 전력변환장치

3-1. 개요

교류를 직류로 변환하거나 직류에서 전압이 다른 직류로 변환하는 장치를 컨버터(Converter)라고 하며, 직류에서 교류로 변환하는 장치를 인버터(Inverter)라고 한다. 일반적으로 직류에서 직류로 변환하는 것을 DC-DC 콘버터라고 한다. 전력변환의 방법에는 반도체를 이용한 정지형과 회전형(전동발전기, 발전동기 등)이 있는데, 잡음, 소음, 중량, 수명, 효율 등의 점에서 우수한 정지형이 많이 이용된다.

3-2. 인버터

인버터는 입력 직류 전압을 일정한 주파수와 크기를 갖는 교류 전압으로 변환시켜 주는 장치(DC-AC 변환기)이다.

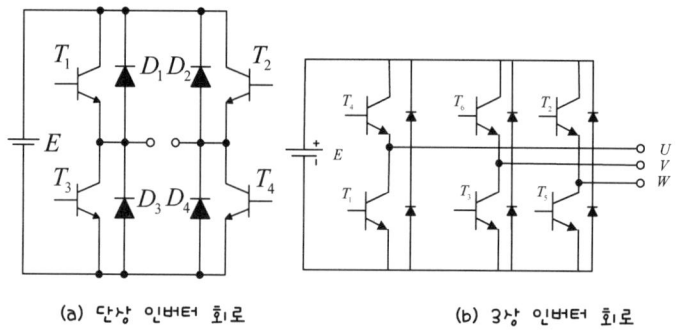

(a) 단상 인버터 회로 (b) 3상 인버터 회로

그림 단상과 3상 인버터 회로

항목	전압형 인버터	전류형 인버터
주회로 구성		
출력파형		
부하의 무효전력 처리	역병렬 다이오드	출력단의 캐패시터
전원 임피던스	작다(직류부는 전압원 특성)	큼(직류부는 전류원 특성)
전력회생	직류전류의 극성반전	직류전압의 극성반전
보호특성	부하단락시의 과전류 보호가 어려움 과전압 보호는 용이함	부하단락시의 과전류 보호는 용이함 부하개방시의 과전압 보호가 어려움
용도	전동기의 가변속 운전 및 UPS	전동기의 회생 운전이 많은 경우

표 전압형 인버터와 전류형 인버터 구성

3-3 컨버터

① 컨버터는 어떤 직류 전원에서 다른 크기를 가지는 직류 전원을 얻는 변환 장치인 (DC-DC 변환기)와 교류를 직류로 변환하는 AC-DC 컨버터(정류회로)가 있다.

② 어떤 직류 전압을 입력으로 하여 크기가 다른 직류를 얻기 위한 회로로 전압을 낮추는 강압형 쵸퍼(step down chopper)와 전압을 높이는 승압형 쵸퍼가 (step up chopper)가 있다.

③ 주기 T를 일정하게 하고, 이 중 스위치를 닫는 구간의 시간을 T_{ON}이라 한다면 한 주기 동안 부하 전압의 평균값 V_d는 다음과 같다.

$$\therefore V_d = \frac{T_{ON}}{T} V_S \text{ [V]}$$

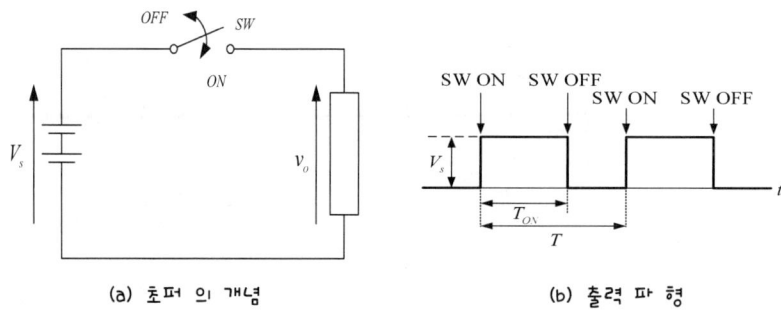

(a) 쵸퍼의 개념 (b) 출력 파형

그림 쵸퍼의 동작

④ 쵸퍼는 임의로 ON, OFF가 가능해야 하므로 SCR등의 사이리스터는 사용할 수 없고 TR, FET, GTO, IGBT 소자들이 스위치로 사용된다.

⑤ 트랜지스터의 고속 스위칭 동작은 스위칭 잡음을 만들 뿐만 아니라 시스템의 안정성에 영향을 끼치는 EMI(Electro - Magnetic Interference) 문제를 일으킨다.

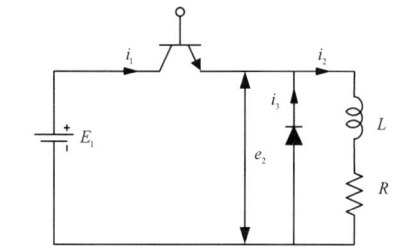

(a) 기본회로

(b) 동작 파형

그림 강압형 쵸퍼회로

02 전원설비

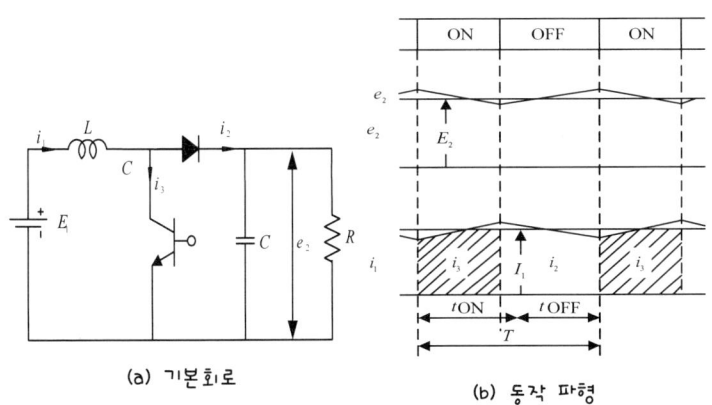

(a) 기본회로 (b) 동작 파형

승압형 초퍼회로

4. 태양전지

4-1 태양광선지 구조와 원리

(1) 구조

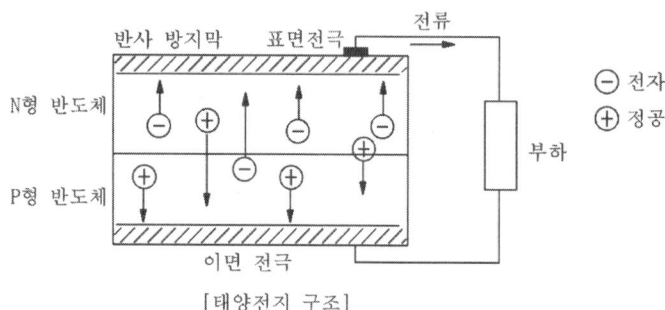

[태양전지 구조]

(2) 원리

① 빛이 PN 접합부에 닿으면 에너지를 얻은 전자가 접합부에서 튀어나와 N형 반도체 쪽으로 향하고, 정공은 P형 반도체 쪽으로 향하여 양 전극간에는 전압이 발생한다.
② 여기에 외부부하가 접속되면 전류는 P형 반도체에서 N형 반도체 쪽으로 흐른다.

4-2 태양 전지의 종류

(1) 결정질 실리콘 태양전지

① 실리콘 덩어리를 얇은 기판으로 절단하여 제작
② 실리콘 덩어리의 제조 방법에 따라 단결정과 다결정으로 구분
③ 전체 태양전지 시장의 95%이상을 차지

(2) 박막 태양전지

① 얇은 플라스틱이나 유리 기판에 막을 입히는 방식
② 비결정질 실리콘 태양전지, CIS태양전지, CdTe 태양전지 등으로 분류

(3) 염료 감응형 태양 전지

① 광합성 원리와 비슷한 원리를 이용하는 것으로 염료가 여기 되

어 전자가 발생하여 나노 분말(TiO2)에 주입되고 이 나노분말이 투명전극(N형 반도체)을 통해 외부회로를 통해 상대전극 으로 흐른다.

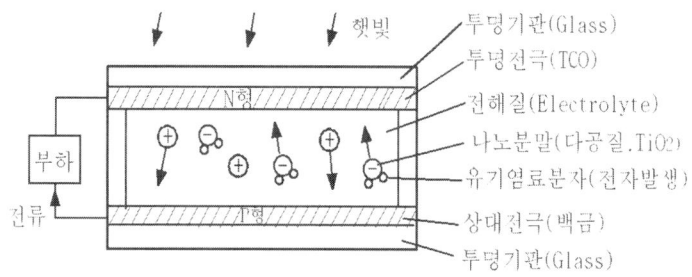

그림 염료 감응형 태양 전지

표 실리콘 태양전지와 염료 감응형 태양전지 비교

구 분	실리콘 태양전지	감응형 태양전지(DSSC)
1. 에너지 효율	높다(20%)	낮은 편(7~10%)
2. 색깔	검정색	다양한 칼라 구현 가능
3. 무게	무겁다	가볍다
4. 제조단가	비싸다	저렴하다.

4-3 태양광 발전 시스템 종류

(1) 독립형 시스템

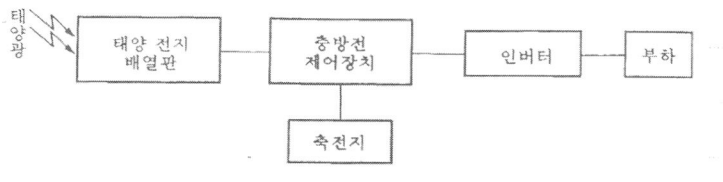

그림 독립형 시스템

① 전력회사와 연계하지 않고 독립적으로 운전
② 전력을 축전지에 저장해 두었다가 야간이나 흐린 날 이용
③ 등대나 무선 중계소 등에서 조명, 동력으로 사용
④ 가로등, 공원 등에서 이용

(2) 하이브리드형 시스템

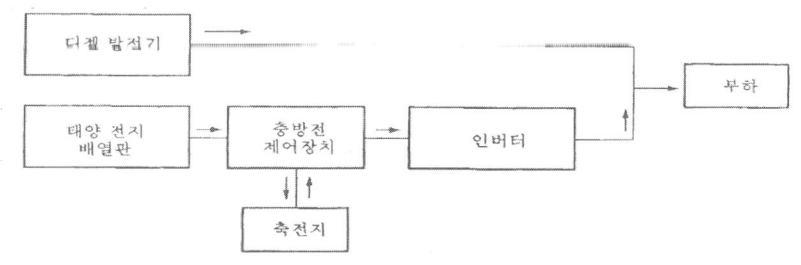

그림 하이브리드형 시스템

① 태양광 발전 시스템과 디젤 발전기를 조합시켜 운전하여 안정성 향상
② 디젤 발전기 대신 풍력발전, 연료전지등 신재생에너지 이용 가능

(3) 계통 연계형 시스템

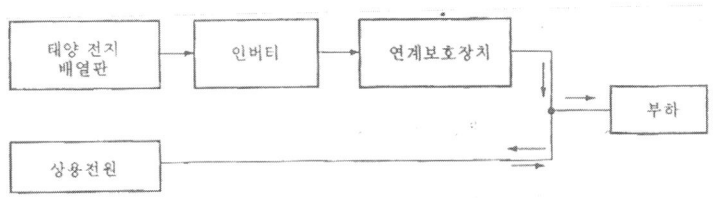

그림 계통 연계형 시스템

① 상용 전원과 계통 연계하여 운전
② 태양광 발전량이 부족시에는 상용전원으로 지원받고
③ 남을 때는 축전지에 저장하는 Back Up방식과 남는 전력을 상용 전원에 공급하는 완전 연계형 시스템이 있음.

4-3. 태양광 발전의 장단점

① 에너지원이 청정하고 무제한
② 유지보수가 용이하고 무인화 가능
③ 20년 이상의 장수명
④ 건설기간이 짧아 수요 증가에 신속히 대응 가능

⑤ 전력생산이 지역별 일사량에 의존되고 일사량 변동에 따른 출력이 불안정 하고 저효율임(약 12%정도)
⑥ 에너지밀도가 낮아 큰 설치면적 필요
⑦ 설치장소가 한정적이고 에너지밀도가 낮아 큰 설치면적 필요
⑧ 투자비와 발전단가 높으며 상용전원 변환 시 고조파 발생

Section 3 무선기기측정

1. 측정일반

1-1 데시벨(Decibel)

(1) 개요

① 데시벨의 단위는 인간의 귀가 음성 주파수에 어떻게 반응하는가를 쉽게 표현하기 위하여 도입된 단위이다. 이는 인간의 귀는 주파수에 선형으로 반응하는 것이 아니라 로그(log) 단위 로 반응한다는 사실이다.

② 데시벨의 단위는 음향 뿐만 아니라 전자분야에도 아주 유용하게 사용된다. 데시벨은 아래의 식처럼 두 파워 레벨 비의 로그함수 로써 정의된다.

$$dB = \log(P_2/P_1)$$

③ 데시벨이 지니고 있는 유용성을 살펴보면 다음과 같다.
데시벨은 광범위를 짧은 단위로 표현할 수 있다. 예를 들어 선형의 경우 1마이크로와트에서 100와트를 선형으로 표현시키기 위해서는 1에서 100,000,000의 척도가 필요하나 데시벨의 경우는 80[dB]로 단순하게 표현될 수 있다. 증폭이나 손실의 경우 이득이나 손실 지수를 선택형으로 표현하면 이들 값을 곱하는 계산이 이루어지게 한다. 그러나 데시벨의 경우는 곱하는 것이 아니라 더하는 관계로 바뀌므로 계산이 쉬워진다.

(2) 전송레벨

① 전송 레벨이란 어떤 표준 전력, 전압 혹은 전류값에 대하여 임이의 표준 전력, 전압 혹은 전류를 감쇄량으로 표시하는 것을 말하며 전송 회선상 임이의 점에서 전송에너지의 크기 또는 기준값

에 비교하여 그보다 크거나 작은 것을 나타내기 위한 수단으로 상용 대수나 자연 대수라는 단위를 적절히 사용한다.

$$dB = 10\log_{10}\frac{P_2}{P_1} = 10\log_{10}\frac{\frac{E_2^2}{R_2}}{\frac{E_1^2}{R_1}} = 10\log_{10}\left[\left(\frac{E_2}{E_1}\right)^2 \cdot \frac{R_1}{R_2}\right]$$

$$= 20\log_{10}\frac{E_2}{E_1} + 10\log_{10}\frac{R_1}{R_2} \quad [\text{dB}]$$

그림 전송망

(여기서 $10\log_{10}\frac{R_1}{R_2}$ [dB]은 교정치가 된다)

② 만약 $R_1 = R_2$ 이면 제 2항은 0이므로

$$전송량[\text{dB}] = 10\log_{10}\frac{P_2}{P_1} = 20\log_{10}\frac{E_2}{E_1} = 20\log_{10}\frac{I_2}{I_1}$$

③ 그러나 저항이 같지 않고 각각 R_1, R_2 라면 전류의 대소 저항비는 가산해주고, 전압의 대수 저항비는 감해준다.

$$전송량[\text{dB}] = 10\log_{10}\left(\frac{P_2}{P_1}\right) = 20\log_{10}\left(\frac{E_2}{E_1}\right) - 10\log_{10}\left(\frac{R_2}{R_1}\right)$$

$$= 20\log_{10}\left(\frac{I_2}{I_1}\right) + 10\log_{10}\left(\frac{R_2}{R_1}\right) \quad [\text{dB}]$$

④ [dB]의 값이 (+)이면 이득을 표시하는 증폭기이고 (-)이면 손실을 표시하는 감쇄가 된다.
⑤ 전송 레벨은 장거리 전송 회선에서 특히 중요한 것이므로, 어떤 점에서 전송레벨이 너무 높게 되면 증폭기의 과부하 현상으로 잡음 증가 및 누화를 초래하고, 너무 낮으면 가입자에겐 만족한 통화를 제공할 수 없는 결과가 된다.
⑥ dB 계산식

·전력 $P_1 = P_2 \times 10^{dB\ value/10}$

$$P_2 = \frac{P_1}{10^{dB\ value/10}}$$

·전압 $V_1 = V_2 \times 10^{dB\ value/20}$

$$V_2 = \frac{V_1}{10^{dB\ value/20}}$$

(3) 전송 레벨의 종류

1) 상대 레벨

① 전송계의 특정의 점을 기준으로 해서 다른 점에 있는 전력을 비교하는 레벨이며 보통 입·출력의 대수비를 취해 증폭(Amp), 감쇄(ATT)등을 사용된다.

② − 3dB는 파워의 비가 절반 즉 1/2이나 두배가 됐다는 의미이다. 만일 파워 레벨이 −3dB떨어졌다면 이는 원래 파워의 1/2로 줄었다는 의미이다.

③ +10dB는 파워 레벨이 10배로 변했다는 의미이다.

2) 절대레벨[dBm]

① 특정값의 전력을 기준으로 해 전송계의 각 점에서의 신호 전력의 값을 표시한 것으로 600[Ω]인 회로에 전류 1.291[mA]가 흐르고 600[Ω] 부하 양단에 전압 0.775[V]가 걸리면 전기 회로의 전력은 1[mW]가 되어서 0레벨이 된다. 이 때의 단위는 [dBm]이다. 이는 CCITT에서 규정한 절대 레벨이다.

$$\therefore I = \sqrt{\frac{P}{R}} = \sqrt{\frac{1[mW]}{600}} = 1.291\ [mA]$$

$$V = \sqrt{1[mW] \times 600} = 0.775\ [V]$$

② 1[mW]를 [dB]로 기준하여 초기에는 [mW]의 [m]을 붙여 [dBm]으로 사용했으나, 현재는[dB]로서 일반적으로 전력 레벨을 표시함.

③ 전력 P [W]를 전력 레벨로 표시하면

$$[dBm] = 10\log_{10}\frac{P[W]}{1[mW]}$$

로 표시된다.

∴ 10[mW]는 10[dBm]이고, 100[mW]는 20[dBm]이다.

④ dBm은 전력을 단위로 사용하는 Impedance계에 따라 전압치가 다르다.

즉,

$$dBm(600\Omega) = 20\log(V_s/0.775)$$
$$dBm(50\Omega) = 20\log(V_s/0.224)$$
$$dBm(75\Omega) = 20\log(V_s/0.274)$$

(4) 기타 절대레벨의 종류

1) dBW

dBW는 1W를 기준으로 한 절대레벨이며

$$dBW = 10\log_{10}\frac{P[W]}{1[W]}$$

로 된다.

dBm과의 관계는 다음과 같다.

$$+30dBm = 0dBW$$
$$-30dBW = 0dBm$$

전송레벨이 큰 위성통신에서 주로 사용된다.

2) dBV, dBμ(dBμV),

① dBV란 1V 전압을 기준으로 하고 dBμ란 1μV를 기준으로 하는 전압의 절대레벨로 E전압은

$$dBV = 20\log_{10} E(V)$$
$$dB\mu = 20\log_{10} E(\mu V)$$

이다.

② dBV는 오디오 주파수에서, dBμ는 무선통신분야에서 사용되며, 주의할 것은 신호 전압을 종단에서 측정할 것인가 또는 개방 상태에서 측정할 것인가가 문제인데 dBμ는 보통 개방상태에서의 값이다. 고주파신호의 측정은 종단상태에서 측정하지만 표시는 개방상태로 환산하여 표시한다.

3) dBrn : 잡음 레벨을 측정할 때 사용

① 잡음의 절대 비교값을 $-90[\text{dBrn}]$, $(10^{-9}[\text{mW}])$로 하여 이에 비해 잡음의 얼마만큼 되는지 나타낸다.

$$[\text{dBrn}] = 10\log_{10}\frac{측정\ 전력\ [\text{mW}]}{10^{-9}[\text{mW}]}$$

② 예를 들어, 어떤 곳의 잡음 전력값이 $10^{-7}[\text{mW}]$이었다면 위의 식에 의해 $20[\text{dBrn}]$이 된다.

(5) NEPER

NEPER는 데시벨과 마찬가지로 비를 표시하는 단위로서 $e(e = 2.718)$를 밑으로 하는 자연 대수이다.

$$NEPER = \frac{1}{2}\left(\log_e \frac{P_2}{P_1}\right) = \log_e \frac{E_2}{E_1} = \log_e \frac{I_2}{I_1}$$

또한 dB와 NEPER와의 관계는 다음과 같다.

$$1[\text{dB}] = 0.115[\text{NEPER}]$$
$$1[\text{NEPER}] = 8.686[\text{dB}]$$

1-2 신호 발생기 (Standard Signal Generator)

(1) 출력의 표시 방법 $(1\ \mu\text{V/m} = 0\text{dB})$

출력 전압은 볼트로 나타내지 않고, 전압 레벨을 [dB]로 표시하는데, 기준 전압을 $1[\mu\text{V}]$로 하고 있으므로 어느 전압의 레벨은 이 기준전압에 대한 비를 [dB]로 환산해서 표시한다. 따라서 $1[\mu\text{V}]$로 하고 있으므로 어느 전압의 레벨은 이 기준 전압에 대한 비를 [dB]로 환산해서 표시한다. 따라서 $1[\mu\text{V}]$를 $0[\text{dB}\mu]$로 하므로 $10[\mu\text{V}]$는

$$20\log_{10}\frac{10[\mu\text{V}]}{1[\mu\text{V}]} = 20\log_{10}10 = 20[\text{dB}\mu]$$

이고, $100[\mu\text{V}]$는

$$20\log_{10}\frac{100[\mu\text{V}]}{1[\mu\text{V}]} = 20\log_{10}10 = 40\log_{10}10 = 40[\text{dB}\mu]$$

(2) 출력 임피던스 및 출력 단자 전압

부하 임피던스를 Z_l, 부하측에서 내부를 본 임피던스를 Z_i 라고 하고, 신호 발진기의 개방 전압을 E_o, 부하 임피던스에 가해지는 전압을 E_l 이라고 하면 출력은

$$E_l = \frac{Z_l}{Z_i + Z_l} E_o [\text{V}]$$

$Z_i = Z_l$ 이면

$$E_l = \frac{1}{2} E_o, E_{l'} = E_o[\text{dB}] - 6[\text{dB}]$$

가 된다. 즉, 출력 레벨 눈금에서 $6[\text{dB}]$을 감해 주어야 실제 출력이 된다.

1-3 계수형 주파수계(Frequency counter)

(1) 구성 및 원리

그림은 계수형 주파수계의 구성도와 각 부의 파형 모습을 표시한 것이다.

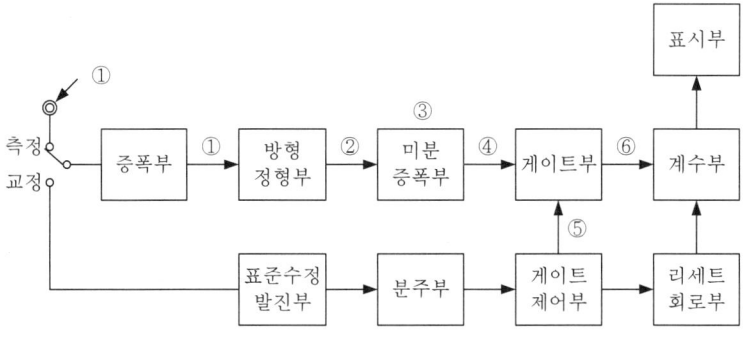

(a) 계수형 주파수계 구성도

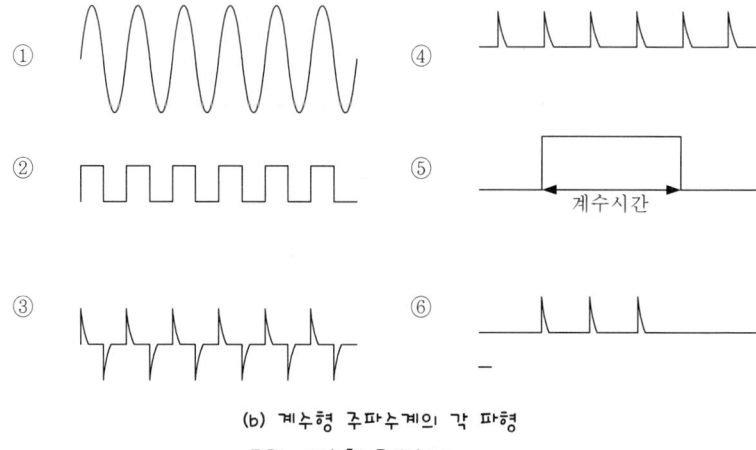

(b) 계수형 주파수계의 각 파형

그림 계수형 주파수계

(2) ±1 Count 오차

① Gate시간이 똑같이 1초라도 신호와의 상호 시간 관계에 따라 10 Count, 11 Count로 되어 같은 주파수라도 1Count차를 나타내게 된다.
② 이것은 계수 시간과 피측정 신호의 상대 위상 관계에 기인하는 것으로 계수형 주파수계에서는 피할 수 없는 오차이다.
③ 따라서 Gate시간을 길게 하면 할수록 유효자리수가 많아지므로 확도는 높아진다.
④ 기준 발진기의 확도는 Gate회로를 여는 시간, 즉 계수 시간의 정확도를 결정하므로 계수형 주파수계의 확도를 결정하는 가장 중요한 요소이다.

(3) 측정시 주의 사항

① 전원을 인가한 후 예열 시간을 충분히 취할 것
② 기준 발진기의 확도를 높이기 위해 표준 전파와 같이 높은 확도를 가진 주파수 등에 교정하여서 측정할 것
③ 입력 임피던스를 높게 하여 피측정 회로에 영향을 주지 않도록 할 것
④ 고입력 전압에 의한 입력 회로의 파손을 방지하기 위하여 감도 감쇄기는 감도가 낮은 곳에 놓고 입력을 가한 후 차례로 감도를 올릴 것
⑤ ±1Count오차를 방지하기 위해 필요한 값으로부터 한 자리 정도를 높게 읽을 수 있도록 게이트 시간을 조정할 것

⑥ 피측정파의 파형에 왜곡(Distortion)이 있으면 측정값에 오차가 발생하기 쉬우므로 트리거 레벨(Trigger lever)의 설정에 주의할 것 등이다.

1-4 오실로스코프(Oscilloscope)

(1) 오실로스코프 구성

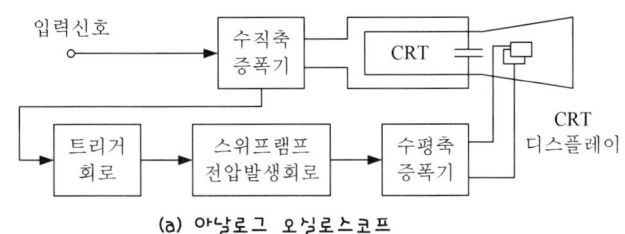

(a) 아날로그 오실로스코프

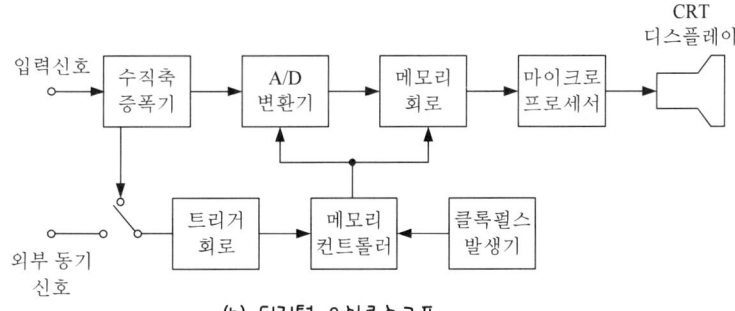

(b) 디지털 오실로스코프
그림 오실로스코프의 회로 구성

(2) 오실로스코프 용도

1) 파형의 관측

2) 주파수 및 주기의 측정

주파수는 주기의 역수($f = 1/T$)이므로 구하는 주파수는

$$f = \frac{\text{주기 수} \times \text{수평 확대비}}{\text{수평 거리} \times \text{스위프 시간 지시값}}$$

예를 들어 스위프 시간이 $5[\mu s/div]$라고 하면, 구하는 주파수 f 는

$$f = \frac{8 \times 1}{8 \times 5 [\mu s / \div]} = 200 [kHz]$$

3) 위상차(Phase difference)의 측정

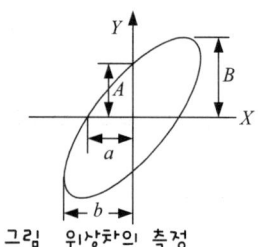

그림 위상차의 측정

① $\theta = \sin^{-1}\frac{A}{B} = \sin^{-1}\frac{a}{b}$

$$\therefore \sin\theta = \frac{A}{B} = \frac{a}{b}$$

② 두 주파수의 위상이 같으면 X=Y의 직선이 되고, 두 주파수의 위상차가 90° 이면 원점을 중심으로 원을 이룬다.

4) 전압의 측정

$$실효값 E = \frac{a}{2\sqrt{2}b} [V]$$

(단, b[mm/V] : 편향 감도)

5) 리사쥬(Lissajous) 도형에 의한 측정

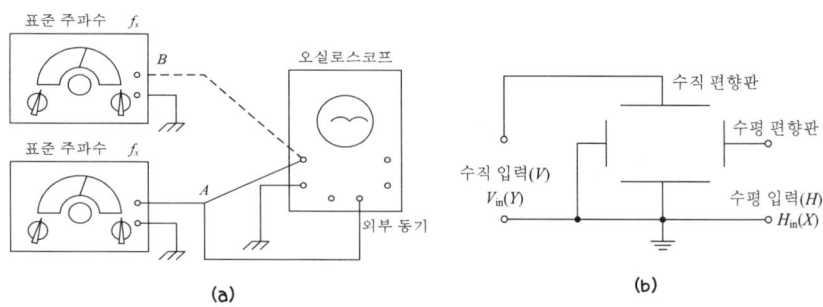

그림 X-Y에 의한 주파수 측정

X-Y 작동을 위하여 간단히 Sweep/div 스위치를 CH-B로 돌려 놓는다. 그러면 CH-A는 Y축, CH-B는 X축이 된다. CH-B에는 표준주파수 신호를 접속하고 CH-A에는 미지의 주파수를 인가한다.

$$\frac{V 축 주파수}{H 축 주파수} = \frac{도형의\ H축\ 접점수}{도형의\ V축\ 접점수}$$

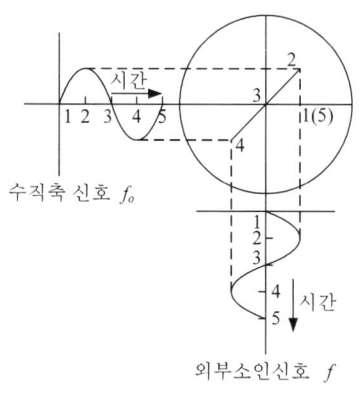
(a) $f = f_o$ 동진폭 동위상일 때

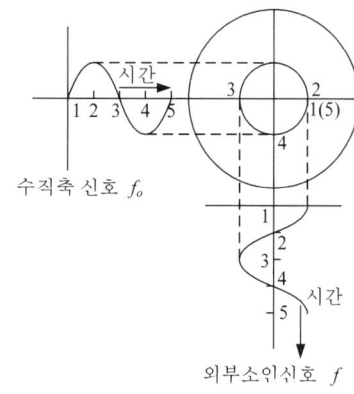
(b) $f = f_o$ 동진폭 위상차 $\pi/2$ 일 때

그림 리샤쥬 도형

1-5 스펙트럼 분석기 (Spectrum Analyzer)

(1) 개요

① 스펙트럼 분석기는 주파수 스펙트럼의 선정된 부분에 대해서 주파수에 대한 진폭을 그래프로 나타내도록 고안된 것이다.

② 이와 같이 측정에 실용되고 있는 측정기로서, 스펙트럼 아날라이저(Spectrum analyzer)와 FET 아날라이저(Fast fourier transform analyzer)가 있는데 FET 아날라이저는 주로 100[KHz] 이하의 주파수 분석에 사용된다.

③ 스펙트럼 분석기와 일반 수신기를 조합시킨 것으로 파노라마 수신기(Panorama reciver)가 있다. 요구되는 특성은 주파수 특성, 분해 능력(RBW), 감도, 안정도, 다이나믹 레인지 등이 우수할 것이 요구된다.

(2) 구성 및 원리

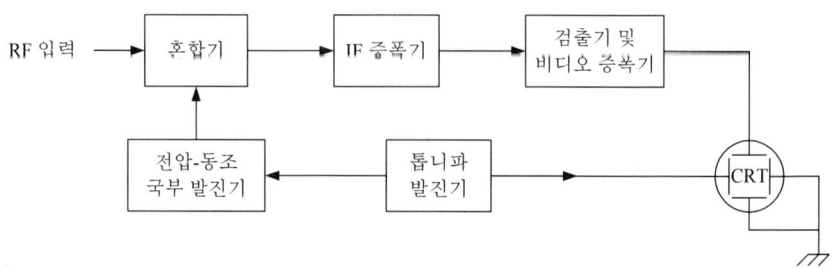

그림 스펙트럼 분석기의 구성도

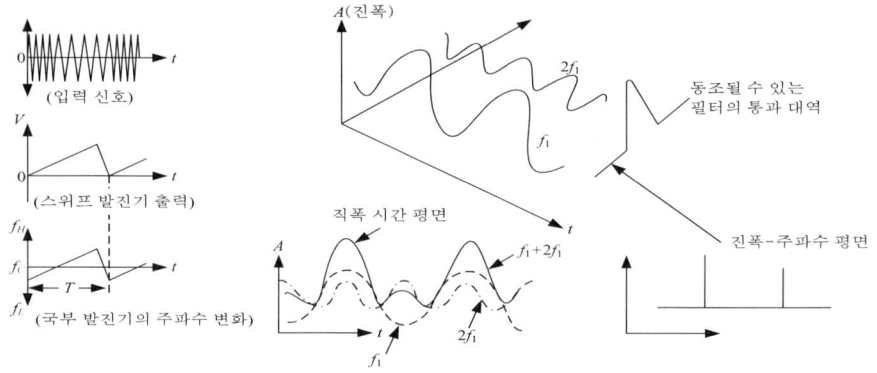

그림 진폭, 시간, 주파수의 3차원 표시

① 동작 원리는 발진기의 톱니파가 전압 동조 국부 발진기의 발진 주파수를 시간에 따라 변화시켜 주면 국부 발진기는 소인 발진기(Sweep Generator)로서 동작한다.
② 여기에 관찰할 피측정 RF 신호가 Mixer의 입력단에 인가되면 국부 발진주파수와 입력 신호가 Beat된 중간 주파수(IF)를 만들게 한다.
③ IF 신호는 그에 해당되는 성분이 RF 입력 신호에 나타날 때만 생기며, 그 결과로 생긴 IF 신호는 증폭 및 검파된 후 CRT의 수직 편향판에 인가된다.
④ 스위프 램프 전압은 CRT 수평축의 편향판에도 동시에 가해지고 있기 때문에, 수평축은 국부 발진기의 스위프 주파수와 대응한 값으로 눈금 표시된다. 그 결과, CRT상에는 주파수에 대한 진폭이 표시된다.

(3) 스펙트럼 분석기 선택 및 사용 시 고려사항

1) 주파수 범위

① Spectrum Analyzer 주파수 범위는 측정하려는 신호의 주파수 범위를 커버해야 함.

② 하모닉 성분까지 측정을 고려하여 Spectrum Analyzer의 주파수 범위를 결정함.

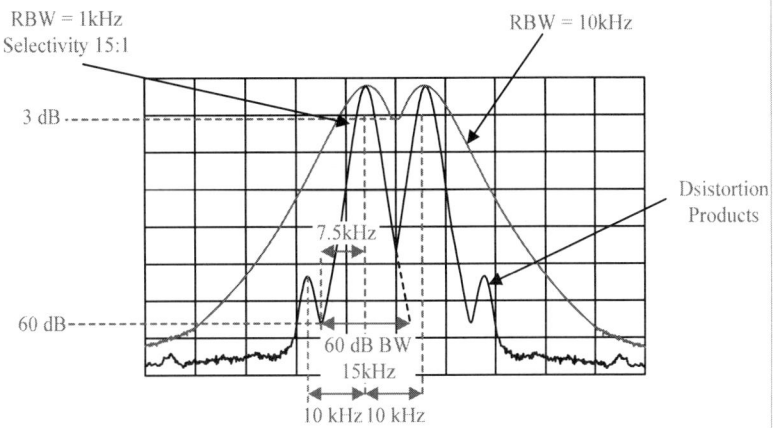

2) RBW(Resolution Bandwidth)

① Sweep tuned SA의 IF BW를 RBW라고 함.

② RBW의 3dB 대역폭 설정과 Shape Factor(60dB 대역폭/3dB 대역폭)에 따라 신호 구분 능력이 결정됨. 보통 아날로그 필터는 15 : 1, 디지털 필터는 5 : 1의 Shape Factor를 가짐.

③ RBW를 줄이면 SA의 시스템 노이즈를 줄이므로 감도가 개선되는 반면 측정 속도는 느려짐.

3) Dynamic Range

① 다이나믹 레인지는 측정기에 입력되는 신호의 정확한 측정이 가능한 최대 레벨과 최소레벨간의 범위를 말함.

② 최대 레벨은 SA 내부 믹서단의 입력 레벨에 의해 결정되며 내부 시스템에서 Harmonic Distortion이 발생하지 않도록 내부 입력 감쇄기나 외부 감쇄기를 사용하여 적절히 조절해야 함.

③ 최소 레벨(감도)은 RBW에 의해 결정되며 측정 속도를 고려하여 적절히 선택해야 함.
④ 반송파의 인접한 신호 측정의 경우 SA 내부의 LO의 Phase Noise도 측정 가능한 최소레벨에 영향을 미침.

(4) 기본 세팅항목
① 기준레벨(Reference Level)
② 주파수(Frequency)
③ 수평 주파수 간격(span/div)
④ 대부분의 스펙트럼분석기들은 3가지 기본조작으로 원하는 결과치를 얻을 수 있지만 기타 조정단자들을 함께 사용하면 더욱 편리하게 이용할 수 있음.

(5) 스펙트럼 분석기 용도
① Spurious 특성 측정
② 펄스폭 및 반복율 측정
③ RF 증폭기의 동조
④ FM 편차 측정
⑤ RF 간섭 시험
⑥ 안테나 패턴(pattern) 측정

표 주요 계측기 비교

구분	오실로스코프	스펙트럼분서기	네트워크분석기
측정 영역	시간영역	주파수 영역	주파수 영역
측정 형태	RF/Digital신호분석 (절대치 측정)	RF 신호 분석 (절대치 측정)	주파수 응답 분석 (상대치 측정)
측정 값	시간에 대한 크기 값	주파수별 크기 값	주파수에 대한 응답 특성 (S-parameter)
특징	입력측에 인가되는 신호의 파형 및 진폭 측정	입력측에 인가되는 신호를 주파수 영역으로 분해하여 각 주파수에 대한 레벨측정	미리 알고 있는 기준신호에 대한 상대 복소이득 및 복소 임피던스와 위상 측정이 가능
측정 활용	-입력파형의 진폭 ,주기, 위상 측정 -/Duty Cycle, Rising Time . -Eye Pattern/Jitter	-Modulation 특성 -Harmonics,, Inter mod -Noise, EMI , EMC	- Return Loss, VSWR - Impedance - Gain, Loss, Delay

1-6 각종 Bridge

(1) 맥스웰(Mexwell) 브리지- 자기 인덕턴스, 저항측정

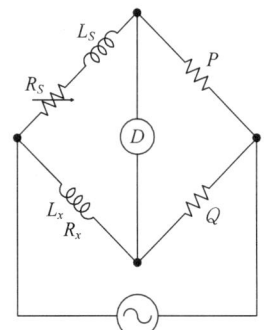

그림 맥스웰 브리지

① 맥스웰 브리지는 L의 표준기를 사용하여 비교, 측정하는 교류 브리지의 일종으로, 그림 7-15와 같이 표준 인덕턴스 L_s, 가변 표준 저항 R_s로 비례하고, 비례변의 무유도 저항을 P, Q로 하면 브리지의 평형 조건은
$$P(R_x + j\omega L_x) = Q(R_s + j\omega L_s) \text{ 이다.}$$

② 실수부와 허수부가 같아야 하므로

$$\left. \begin{array}{l} PR_x = QR_s \\ \therefore R_x = \dfrac{Q}{P}R_s \end{array} \right\} \quad \left. \begin{array}{l} PL_x = QL_s \\ \therefore L_x = \dfrac{Q}{P}L_s \end{array} \right\}$$

로 되어, 코일의 손실 저항 R_x와 미지 인덕턴스 L_x를 구할 수 있다.

③ 여기서, 코일의 저항이 작으면 평형을 이루기 어려우므로 보통 저항을 삽입하여 측정한다.

(2) 캠벨 (Campbell) 브리지 - 상호 인덕턴스 (Mutual Inductance) 측정

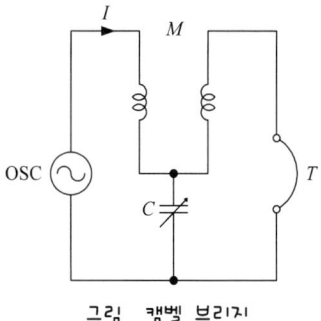

그림 캠벨 브리지

C를 조정하여 수화기 T에서 음이 들리지 않는다면,

$$\frac{1}{j\omega C} \cdot I = -j\omega M I$$

$$\therefore M = \frac{1}{\omega^2 C} = \frac{1}{4\pi^2 f^2 C} [\text{H}]$$

위 식에서 $f = \dfrac{1}{2\pi \sqrt{MC}} [\text{Hz}]$로 되어 주파수를 구할 수 있다.

(3) 용량 브리지(Capacitance bridge) - 정전 용량 측정

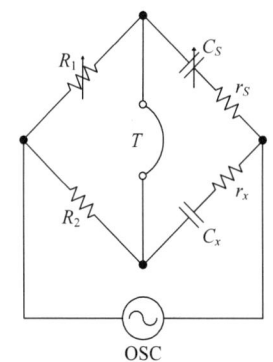

그림 용량 브리지

브리지를 평형시키면

$$R_1\left(R_x - j\frac{1}{\omega C_x}\right) = R_2\left(R_s - j\frac{1}{j\omega C_s}\right)$$

$$R_1 R_x - j\frac{R_1}{\omega C_x} = R_2 R_s - j\frac{R_2}{j\omega C_s}$$

$$\therefore R_x = \frac{R_2}{R_1} \cdot R_s \, [\Omega]$$

$$\therefore C_x = \frac{R_1}{R_2} \cdot C_s \, [F]$$

여기서 콘덴서의 역률(tan δ)을 구하면 직렬이므로

$$\tan\delta = \omega C_x R_x = \omega \frac{R_1}{R_2} C_s \frac{R_2}{R_1} R_s = \omega R_s C_s$$

따라서 손실각 $\delta = \tan^{-1}\omega R_s C_s$ 이다.

(4) 쉐링(Schering) 브리지 – 정전 용량, 유전체 손실각

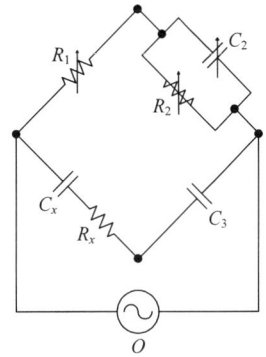

그림 쉐링 브리지

$$\left(R_x - j\frac{1}{\omega C_x}\right)\frac{1}{\frac{1}{R_2}+j\omega C_2} = R_1 \frac{1}{j\omega C_3}$$

$$\therefore R_x - j\frac{1}{j\omega C_x} = \frac{R_1}{j\omega C_3}\left(\frac{1}{R_2} + j\omega C_2\right)$$

실수부에서 $R_x = \dfrac{C_2}{C_3} \cdot R_1 \, [\Omega]$

허수부에서 $C_x = \dfrac{R_2}{R_1} \cdot C_3 \, [F]$

C_x, R_x 가 직렬이므로 역률 $\tan\delta = \omega C_x R_x$ 이다.

2. 송신기 측정

2-1 AM 송신기의 전력 측정

(1) 공중선의 실효 저항을 알고 있을 때

공중선에 흐르는 전류가 최대가 되도록 송신기와 공중선 회로를 조정하고 이때 공중선 회로의 전류계에 나타난 지시치를 I_a 라고 하면 송신기의 전력, 즉 공중선 전력 P_o 는 $P_o = I_a^2 R_e$ 가 된다. 여기서 R_e 는 공중선의 실효 저항이다.

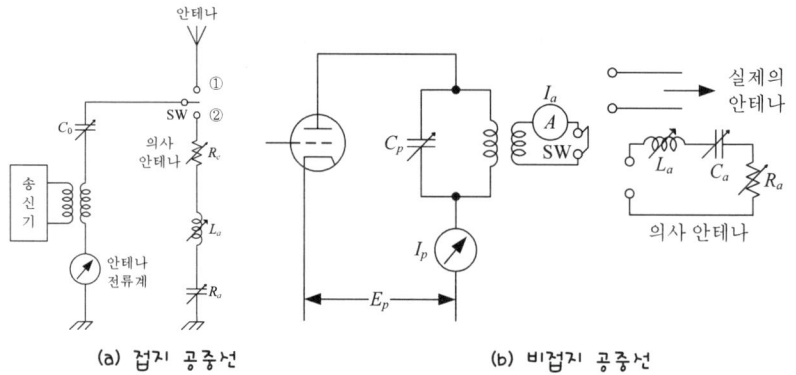

(a) 접지 공중선   (b) 비접지 공중선

그림 의사공중선에 의한 송신기의 출력측정회로

(2) 의사 공중선을 사용하는 방법

① 안테나의 등가 회로는 저항 R_a, 인덕턴스 L_a, 용량 C_a 의 직렬 공진회로가 되므로 R_a, L_a, C_a 의 직렬회로로써 안테나를 대신할 수 있는데 이것을 의사 안테나(Dummy antenna)라고 한다.

② 먼저 그림의 회로에서 스위치 SW를 ①쪽에 접속하고 송신기가 정상 상태에서 동작하도록 조정한다. 다음 스위치 SW를 ②쪽에 접속하여 의사 공중선의 인덕턴스와 용량을 조정하여 전류계의 지시가 최대로 되게 하여 동조를 취한 다음 저항 R_a 를 조정하여 전류계의 지시가 스위치 SW를 ①쪽에 접속하였을 때의 값과 일치하도록 한다.

③ 그리고 이때 전류계의 지시를 I_a, 저항값을 R_a 라 하면 공중선 전력 P_o 는 다음과 같이 구해진다.

$$P_o = I_a^2 \cdot R_a [W]$$

(3) 양극 손실에 의한 방법
① 대전력 송신기인 경우에 의사 부하가 곤란할 때 사용한다. 출력관의 입력 P_i는 양극 손실 P_l과 송신기 출력 P_o와의 합 이므로 출력 P_o는

$$P_i = P_l + P_o$$

$$\therefore \ P_o = P_i - P_l [W]$$

② 여기서 P_i는 양극 전압 E_p와 양극 전류 I_p와의 곱으로 구할 수 있고 양극 손실 P_l은 열방사계를 사용하여 구하면 된다.

(4) 수부하에 의한 방법
① 송신기의 출력이 클 경우에는 탄소 저항을 유리관에 넣고 냉각수를 통과시키면서 냉각수의 온도차를 측정한다. 이때 유량계를 사용하여 유수량(Q)을 일정하게 유지시키고, 냉각수 입구의 온도 t_1[℃]과 출구의 온도 t_2[℃]로서 전력을 측정하는 것이다.
② 즉, 유수량과 온도차를 이용하여 다음 식으로 전력을 구할 수 있다.

$$P_o = 4.18 Q(t_2 - t_1) [W]$$

여기서 Q는 유량계의 지시[cm³/S]이고 온도 측정에는 열전대 또는 서미스터 온도계를 사용한다.

(5) 진공관 전력계법
송신기의 출력 전력을 부하에서 직접 측정하지 않고 송신기에서 공중선으로 나가는 통과 전력을 구하는 방식이다. 주로 단파대에서 사용한다.

(6) C-C형 전력계법
C-C형 전력계(C-C Type watt meter)법도 평형 2선식 선로에서 통과 전력을 측정하는 것으로서 열전대의 특성을 이용한 것이다. 단파대 이하에서만 사용되며 비교적 100[W]이하의 전력 측정에 우수한 성능을 가진다.

2-2 FM 송신기의 전력 측정

FM 주파수대의 전력측정은 여러가지가 있으나 흔히 사용되는 것은 볼로미터(Bolometer)와 열량계(Calorimeter) 및 C-M형 전력계등이 있다.

(1) 볼로미터 브리지에 의한 전력 측정

① 볼로미터(Bolometer)는 반도체 또는 금속이 전력을 흡수하면 온도가 상승하여 전기저항이 변화하는 것을 이용한 소자인데 주로 1[W] 이하의 소전력 측정에 사용한다. 볼로미터 소자에는 서미스터(Thermister)와 바레터(Barreter)가 있다.

② 볼로미터 소자는 매우 작게 만들 수가 있어서 도파관 전송관에 용이하게 장치할 수가 있으며 매우 적은 전력 측정에도 높은 감도로서 사용되며 방향성 결합기 같은 분기 회로를 사용하여 대전력을 감시하는 데에도 사용할 수 있다.

(2) 열량계(Calorimeter)에 의한 전력측정

① 고주파 전력이 선로의 물이 차있는 부분에서 소비되고, 물은 손실이 많은 유전체로서 동작하며, 역률이 크기 때문에 전력을 흡수하는 동시에 열량계의 액체로도 쓰인다.

② 공기를 유전체로 하는 동축선로의 부분과 물을 유전체로 하는 부분과의 임피던스 정합을 위해서 이산화티타늄의 테이퍼 부분을 장치하고 있다.

(3) C-M형 전력계법

① 방향성 결합기의 일종으로서 C-C형 전력계와 마찬가지로 통과전력을 측정하는 전력계이며 동축 케이블과 같이 불평형 회로에서 사용되는 것이 적합하다.

② 이 전력계는 송신기의 동작 상태에서 입력 전력(P_f)과 반사 전력(P_r)을 측정할 수 있으므로 반사 계수는 $m = \sqrt{\dfrac{P_r}{P_f}}$ 로서 측정할 수 있으며 정재파비 S는 $S = \dfrac{1+m}{1-m}$ 로서 구할 수 있다.

③ 초단파대로부터 1,000[MHz] 정도의 범위에 걸쳐 1[KW] 이하의 전력 측정이나 전력 감시용으로 많이 사용된다.

2-3 마이크로용 송신기의 전력측정

마이크로파용 송신기의 전력측정법은 FM송신기가 동축선로를 사용하는 대신 마이크로파는 도파관(Waveguide)을 사용하고, 측정기로는 볼로미터를 이용하는 것과 열량계를 이용하는 것 및 방향성 결합기를 이용하는 정재파법 등이 있다.

(1) 볼로미터 소자를 이용한 전력측정 (Ⅰ)

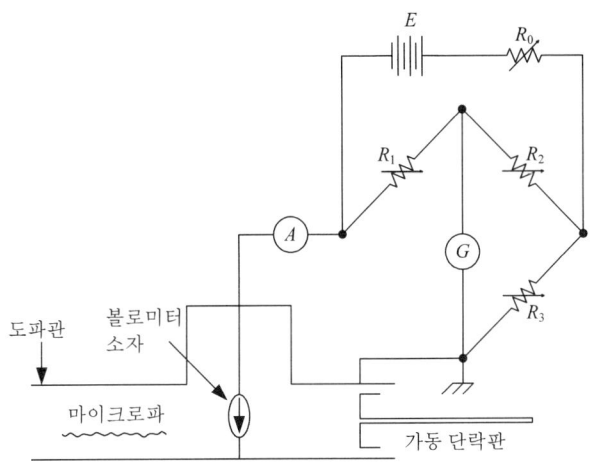

그림 볼로미터 소자를 이용한 전력 측정 (Ⅰ)

① 도파관을 사용하는 마이크로파 전력을 측정하기 위해서는 먼저 피측정 전력을 공급하지 않고 R_o를 조정하여 직류 전원만으로 브리지를 평형시키면 볼로미터 저항 R_s는 $R_s = \dfrac{R_1 \cdot R_3}{R_2}$로 된다. 이때 볼로미터 소자에 흐르는 전류를 I_1이라 하면 여기에서 소비전력 P_1은 $P_1 = I_1^2 \cdot R_s = I_1^2 \cdot \dfrac{R_1 R_3}{R_2} [W]$

② 다음에 피측정 전력(마이크로파)을 공급하면 이것에 의한 소비전력이 가해지므로 온도 상승에 의하여 볼로미터 소자의 저항값이 변화해서 브리지의 평형상태는 무너진다.

③ 여기서 R_1, R_2, R_3는 그대로 두고 R_o만을 조정하여 다시 Bridge의 평형을 잡는다. 이것은 직류 전원으로부터의 공급 전력을 감소시켜서 M/W에 의한 전력과의 합이 직류 혼자만의 소비 전력 P_1과 같게 됨을 의미한다. 이때 볼로미터 저항값 R_s에

흐르는 전류 I_2라 하면 직류에 의한 공급 전력 P_2는

$$P_2 = I_2^2 \cdot R_S = I_2^2 \cdot \frac{R_1 \cdot R_3}{R_2} \, [W] \text{ 가 된다.}$$

④ 따라서 마이크로파에 의한 소비전력 P_m은 $P_1 = P_2 + P_n$에서

$$\therefore P_m = P_1 + P_2 = (I_{-I_2^2 \frac{R_1 R_3}{R_2}}^2 \, 1) \, [W]$$

⑤ 여기서 Bolometer의 저항치는 규정 전력 소비가 발생할 때에 정합 상태로 되도록 2개의 동조용 stub($\lambda/4$)를 사용하고 또 Micro파 전력이 Bridge 회로로 누설되지 않도록 차폐를 하는 등 여러 가지 대책이 마련되어 있다.

(2) 볼로미터 브리지를 이용한 전력측정 (II)

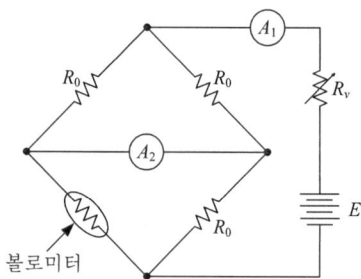

그림 볼로미터 브리지를 이용한 전력측정 (II)

① 브리지 3변에 동일한 저항 R_o가 접속되어 있으면 브리지가 평형되었을 때의 볼로미터 소자의 저항은 R_o가 된다.

② 처음에 마이크로파를 가하지 않고 R_1를 조정해서 평형시켰을 때의 전류계 A의 지시를 I_1이라면 볼로미터에 흐르는 전류는 $\frac{I_1}{2}$이다. 이때 볼로미터 소자에서 소비되는 전력

$$P_1 \text{은 } P_1 = \left(\frac{I_1}{2}\right)^2 \cdot R_o = \frac{I_1^2}{4} \cdot R_o \, [W]$$

③ 그러므로 마이크로파의 피측정 전력 P_m은

$$P_m = P_1 - P_2 = \frac{1}{4}(I_1^2 - I_2^2) \cdot R_o \, [W]$$

로 되어 미지의 전력을 구할 수 있다.

(3) 열량계에 의한 전력 측정

① 마이크로파를 도파관을 통해 수부하에서 흡수시킴으로써 물의 온도를 변화시켜 전력을 측정하는 것이다.
② 마이크로파 전력은 소전력의 측정이 대부분이므로 그 감도를 향상시키기 위해서 수관(물이 통과하는 관)을 가늘게 하는 것이 보통이다.

(4) 방향성 결합기에 의한 전력 측정

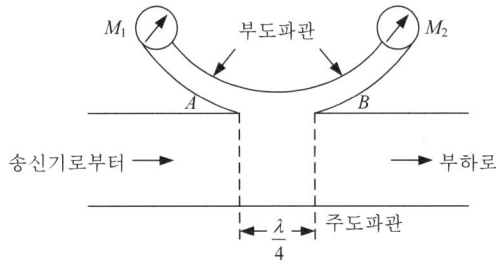

그림 방향성 결합기에 의한 마이크로파 전력 측정

① 주 전송로에 분기 회로로서 부전송기로 결합 소자로 결합하여 주 전송로에서 특정방향으로 진행하는 전자파 에너지를 부전송로의 한쪽에만 결합파가 발생하도록 만든 것으로서 원리는 주도파관의 끝에 접속된 부하와 도파관의 특성 임피던스가 일치하지 않으면 반사파가 발생하게 만든 것이다.
② 반사파 에너지는 그림에서 B(Hole)을 통하여 부도파관으로 들어가서 계기 M_1에 도달하는 것과 A를 통하여 M_1에 도달하는 성분이 있는데 부하측에서 본 이들의 경로 길이는 같으므로 두 성분은 M_1에서 서로 합성되어 나타난다.
③ 그러나 B 경로를 통하여 M_2에 도달하는 반사파 성분과 A를 통하여 M_2에 도달하는 반사파 성분의 경로 길이는 A 구멍을 통하여 M_2에 도달하는 것이 $\lambda/2$ 길기 때문에 M_2에서의 반사파는 역위상이므로 서로 상쇄되어 반사파는 M_1에만 지시되고 M_2에는 나타나지 않는다.
④ 다음에 송신기로부터 오는 진행파도 같은 방법으로 M_2에는 A, B 구멍을 통한 것은 서로 합성되어 나타나고 M_1에는 서로 상쇄되어 나타나지 않으므로 결국 M_1에는 반사파에 비례한

전력이 나타나고 M_2 에는 진행파에 비례하여 전력을 지시하게 되다. 따라서 부하전력 P_o 는 M_2 와 M_1 의 차가 된다.

$$\therefore P_o = P_f - P_r$$

⑤ 그러므로 반사 계수를 Γ, 비례 상수를 k, 반사 전력을 P_r, 진행파 전력을 P_f 라면 $\Gamma = \sqrt{\dfrac{kP_r}{kP_f}} = \sqrt{\dfrac{P_r}{P_f}}$ 인 관계로 반사계수도 구할 수 있고 이것과 관련해서 정재파비와 부하의 정합 상태도 알 수 있다.

⑥ 이 결합기의 특성을 살펴보면 전원 측에서 부하 측으로 전달되는 에너지를 P_o, M_2 에 나타나는 에너지를 P_f, M_1 으로 누설되는 에너지를 P_b 라면 이 결합기의 결합도 C와 방향성 D는 다음 식으로 정의된다.

$$C = 10\log P_O/P_f [\text{dB}], \quad D = 10\log P_f/P_b [\text{dB}]$$

⑦ 이 결합도는 결합 장치의 구조에 따라 결정되는 양으로서 결합기의 주전송로에서 부전송로로 전송되는 전력비를, 방향성은 주전송로의 입사 전력이 부전송로의 M_2 방향으로 얼마나 잘 전송되는가를 표시하는 것이다.

$$P_o = P_f - P_r = I_f V_f - I_r V_r = \frac{V_f^2}{Z_o} - \frac{V_r^2}{Z_o} = \frac{V_{\max} \cdot V_{\min}}{Z_o} [\text{W}]$$

로 되며 전류의 최대값 $I_{\max}$ 와 최소값 $I_{\min}$ 이 주어진 경우에도 부하 소비전력은 $P_o = I_{\max} \cdot I_{\min} \cdot Z_o [\text{W}]$ 가 된다.

2-4 AM 송신기의 변조도 측정

(1) 공중선 전류계에 의한 변조도 측정방법

$$\therefore m = \sqrt{2\left\{\left(\frac{I_{me}}{I_{ce}}\right)^2 - 1\right\}} \times 100 [\%]$$

여기서 I_{ce} 는 무변조시의 안테나 전류계의 지시값이며, I_{me} 는 변조시의 안테나 전류계의 지시값이다.

(2) 오실로스코프의 리사쥬 도형에 의한 변조도 측정방법

1) 변조 포락선에 의한 방법

① 피변조파를 오실로스코프의 수직축에 가하고 수평축에는 톱니파의 주파수를 동기시켜서 스코프면상의 도형을 정지시키면 그림 7-35(b)와 같은 변조 포락선이 나타난다.

② 이 때 파형의 크기 A(최대값)와 B(최고값)를 측정하면 변조도 m은 다음 식으로 구할 수 있다.

$$m = \frac{A-B}{A+B} \times 100 [\%]$$

2) 대형 도형(사다리꼴 도형)에 의한 방법

① 오실로스코프의 수직축 입력 단자에 피변조파 입력을, 수평축 입력 단자에 신호파 전압을 인가한다.

② 그 합성 파형은 사다리꼴 파형으로 나타난다. 이 파형의 밑변을 측정하여 A, 윗변을 측정하여 B라 하면 그 변조율 m은 다음 식과 같이 구할 수 있게 된다.

$$m = \frac{A-B}{A+B} \times 100 [\%]$$

③ 위상이 일치하지 않으면 오른쪽 도형과 같이 선이 되지 않고 타원형이 된다. 이 변조도가 100[%]이면 B는 0이 되어 삼각형으로 나타난다.

3) 타원도형에 의한 방법

① 변조파 전압을 CR 직렬 회로에 인가하고, 각각의 단자 전압을 수직축 입력 단자와 수평축 입력 단자에 인가하여, 감도를 적당히 조정하면 도너츠형의 타원도형이 관측된다.

③ 발진기의 출력을 조정하면 파형의 크기가 변하게 되고, 그 때 각각에 대하여 변조율은 다음 식과 같이 구할 수 있게 된다.

$$m = \frac{A-B}{A+B} \times 100 [\%]$$

④ 측정회로에서 콘덴서 C를 조정하여 C와 R의 위상차가 약 45°일 경우 2개의 타원이 되고, 위상차가 90°이면 2개의 원이 된다. 한편 변조도기 100[%]이면 중심부의 공간이 완전히 없어져 하나의 타원 또는 원이 된다.

3 수신기에 관한 측정

수신기에 관한 측정으로서는 수신기의 종합 특성과 수신기를 구성하는 각 부의 개별 특성이 대상이 되는데 종합 특성으로는 주로 감도, 선택도, 충실도 및 안정도를 들 수 있으며 개별 특성으로는 AM 수신기의 이득이나 잡음 지수 등의 측정과 FM 수신기의 주파수 변별기나 진폭 제한기의 특성 측정 등이 있다.

3-1 감도 측정

(1) AM 수신기의 감도 측정

1) 잡음제한 감도 측정

AM 수신기의 신호출력이 표준출력(50mW)이고, 또 잡음출력에 대하여 20[dB] 높은 출력을 주는 의사안테나 입력전압레벨 [dB]로써 감도를 표시한다.

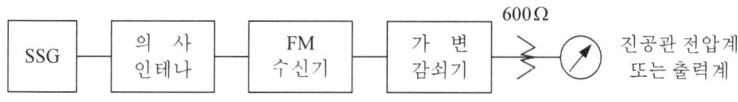

그림 AM 수신기의 감도 측정 구성도

② 반송파 발생기의 주파수를 1000[Hz] 30[%]로 변조시켜, 의사 안테나를 경유하여 수신기에 공급한다.

③ 수신기는 반송파 주파수에 동조시키고, 이 때 수신기 출력이 50[mW]로 되는 R_1 양단의 신호 전압(V_s)을 측정해 둔다.

④ 다음, R_l 양단에 나타나는 잡음 전압 V_n이 V_s에 대하여 -20[dB]되는 값, 즉 $V_n = \dfrac{1}{10} V_s$ 되는 V_n의 값도 구해 둔다.

⑤ 반송파 발생기를 무변조 상태로 하고 그 출력 레벨만 적당히 조정한 상태에서 수신기의 감도와 음량을 조정하여 수신기 출력이 먼저 계산한 V_n이 되도록 한다.

⑥ 다시 반송파 발생기를 변조 상태가 되도록 하여 수신기 출력이 V_s가 되도록 반송파 발생기의 출력 레벨을 조정하면 반송파 강도가 변하므로 잡음 출력도 변한다.

⑦ 따라서, 무변조의 경우와 변조의 경우의 작업을 여러 번 되풀이하여 무변조시 수신기 출력이 V_n이고 변조시 V_s로 되면, 이 때 반송파 발생기의 출력전압레벨[dB]이 의사 안테나 입력 레벨로 되어 수신기의 감도를 나타낸다.

2) 이득제한 감도 측정

① 수신기의 이득이 적어서 감도와 음량을 최대로 하여도 규정된 잡음량(신호규정 출력의 -20[dB], 즉 0.5[mW]으로 되지 않는 경우에는 S/N을 20[dB]로 하면 신호 출력이 표준 규정 출력 50[mW]로 되지 않는다.

② 이와 같은 수신기의 감도는 20[dB]의 S/N에 관계없이 감도와 음량을 최대로 한 상태에서 SSG의 출력 레벨을 조정하여 수신기 출력이 50[mW]가 되도록 하고, 이때의 SSG출력 레벨을 의사안테나의 입력 레벨로 하여 감도를 표시한다.

(2) FM 수신기의 잡음억압 감도 측정

① FM 수신기는 입력신호가 없을 때에는 잡음이 많으나, 신호가 들어오면 잡음이 억제되어 감소한다. 이러한 점을 이용하여 신호가 없을 때의 잡음을 20[dB] 저하시키기 위한 입력의 전압레벨로 감도를 나타내고 있다.

② 이것을 잡음억압감도라고 한다. 즉, 입력이 적은데에도 잡음이 억압되면 그만큼 약한 신호의 수신이 가능하므로 감도가 좋게 된다.

3-2 선택도의 측정

희망하는 신호파를 불필요한 방해파로부터 어느 정도 분리시켜 선택할 수 있는가 하는 능력을 말하며 측정 방법에는 1신호법과 2신호법이 있으며 구하는 내용에 따라 측정 방법이 선택된다.

선택도 $\begin{cases} 1신호\ 선택도 \begin{cases} 근접주파수 선택도 \\ 영상주파수 선택도 \\ 스퓨리어스 레스폰스 \end{cases} \\ 2신호\ (실효)선택도 \begin{cases} 혼변조특성(인접신호선택도) \\ 상호변조특성 \\ 감도억압효과 \end{cases} \end{cases}$

(1) 1신호법에 의한 측정

1) 근접주파수 선택도

① 근접주파수 선택도란 수신기의 동조 주파수 부근의 주파수 특성을 말하며, 이 측정으로 통과 대역폭과 감쇠 경도 등을 알 수 있다.

② 이 특성 곡선으로부터 통과 대역폭(Pass bandwidth)과 감쇠 경도 같은 사항을 알 수 있다.

㉮ 통과 대역폭(Pass bandwidth) : 수신기의 대역폭을 표시하며 실용 대역폭이란 3[dB]의 두 점간 대역폭으로서 방송용 수신기에서 사용되며 6[dB]대역폭은 통신용 수신기에서 사용되고 쌍봉 특성일 경우 3점 대역폭은 고충실도를 요하는 수신기에서 사용한다.

㉯ 감쇠 경도 : 주파수를 이조시킴에 따라 감쇠량의 변화 정도를 나타내는 것으로서 통과 대역을 제외한 양측의 곡선 경사면에서 통과 대역 끝으로부터 Δf 만큼 이조시켰을 때 α [dB]만큼 감쇠되었다면 다음의 비로 감쇠 경도를 표시 한다.

$$\frac{\alpha}{\Delta f}[\text{dB/kHz}]$$

감쇠 경도에는 위와 같은 평균 감쇠 경도와 대역폭을 2배로 취했을 때 대역폭으로부터의 감쇠량으로 표시하는 옥타브 감쇠 경도 등이 있으며 평균 감쇠 경도는 보통 20[dB], 40[dB] 또는 60[dB]을 취한다

2) 영상주파수 선택도

표준 출력을 얻는 데 필요한 영상주파수 신호의 입력 레벨과 희망 신호의 입력 레벨과의 차로, 영상 방해비라고도 한다. 즉,

영상 주파수 신호의 입력 레벨을 A_i[dB]이라 하고, 희망 신호의 입력 레벨을 A_s[dB]이라고 하면 영상 방해비는 다음과 같이 표시된다.

$$영상방해비 = A_i - A_s [dB]$$

(2) 2신호법에 의한 선택도 측정

2신호 선택도는 실효 선택도라고도 하며, 주파수가 다른 2개 이상의 신호를 동시에 수신기에 가함으로써 수신기의 통과대역 이외에 강력한 방해파가 존재할 때 희망파의 식별능력이 어느 정도인가를 나타내는 것으로, 수신기의 비직선 동작 영역에서 발생되는 감도억압효과, 혼변조 및 상호변조의 3가지로 구분된다.

1) 감도억압효과(Sensitivity blocking effect) 특성

수신기에 희망신호와 동시에 이것과 다른 주파수의 무변조 방해신호를 가하면 수신기의 비직선 동작(포화)때문에 희망 신호의 출력이 변화(측정에서는 3[dB]의 변화) 하는 현상을 말한다.

2) 혼변조 (Cross modulation) 특성

① 수신기에 희망신호와 동시에 이것과 다른 반송주파수의 피변조 방해 신호를 가할 때 수신기의 비직선 동작으로 인하여 방해신호의 변조 신호에 의해서 희망신호가 변조되어 수신기의 출력에 나타나는 현상을 말한다.

② 이것은 희망 신호가 표준 변조된 출력보다 20[dB]만큼 낮은 값으로 될 때 방해파의 입력 레벨로 표시한다.

3) 상호 변조 (Inter modulation) 특성

동시에 2개 이상의 강력한 방해신호를 수신기에 가했을 때 두 주파수의 합 또는 차의 주파수가 희망 신호의 주파수 또는 중간 주파수와 같게 되면 수신기의 비직선 특성 때문에 방해신호 출력이 나타나는 현상을 말한다.

3-3 충실도의 측정

① 충실도라 함은 수신기의 출력에 있어서 안테나에 유기된 피변조파의 변조파형을 어느 정도 원래의 신호를 정확하게 재현할 수 있는가의 능력을 표시하는 것으로서 주로 회로의 통과 대역폭과 그 대역 내의 이득 편차로 결정되며 주로 중간 주파 증폭기의 특성에 기인한다.

② 이득 편차는 표준 방송수신기의 경우 3[dB] 이내로 하고 통신용 수신기의 경우는 6[dB] 이내를 기준으로 한다.

③ 충실도를 좌우하는 것은 주로 주파수 특성, 비직선 일그러짐, 주파수 일그러짐, 위상 일그러짐, 검파 일그러짐, 잡음 등으로 결정된다.

3-4 안정도의 측정

① 안정도라 함은 수신기에 일정한 입력신호를 가했을 때 재조정을 하지 않고 얼마나 오랫동안 일정한 출력을 얻을 수 있는가의 능력을 말한다.

② 안정도에 중대한 영향을 미치는 것은 국부발진주파수의 변동과 증폭도의 변동이나 부품의 경년 변화에 의한 성능 열화 등이다.

③ 수신기의 안정도는 국부발진기의 주파수 안정도로 결정되기 때문에, 현재는 국부발진기로 높은 주파수 안정도가 얻어지는 PLL신세사이저가 많이 사용되고 있다. PLL 신세사이저의 안정도를 더욱 향상시키기 위하여 기준발진기로 TCXO(Temperature compensated crystal oscillator, 온도보상형 수정발진기) 또는 OCXO (constant temperature oven controlled crystal oscillator, 항온조 제어형 수정발진기)를 사용하는 것도 있다

4. 안테나·급전선에 관한 측정시험

공중선계에 관한 측정도 응용측정분야에 속하므로 기본적인 측정기술이 많이 활용된다. 이들 공중선계에 대한 기초적인 측정사항으로서 접지저항, 고유파장(실효저항, 실효 인덕턴스, 실효용량), 지향성, 실효고, 공중선이득 및 파동임피던스 측정 등이 있다.

4-1 접지 공중선의 콜라우시 브리지법 접지 저항 측정

① 콜라우시 브리지법
② 비헤르트법
③ 휘스톤 브리지법
④ 접지저항계법

① 접지 저항은 접지 공중선과 대지 사이에 존재하는 접촉 저항으로서 공중선의 효율에 큰 영향을 주며 접지점의 도전율에 좌우된다.

② 접지 저항의 측정은 지중에 있는 습기나 지하수에 녹아 있는 전해물들의 작용으로 직류 브리지를 사용하면 성극(분극) 작용(Polarization)이 생겨 오차가 발생되기 때문에 콜라우시(Kohlrausch) 브리지나 접지 저항계 등과 같은 교류 브리지를 사용한다.

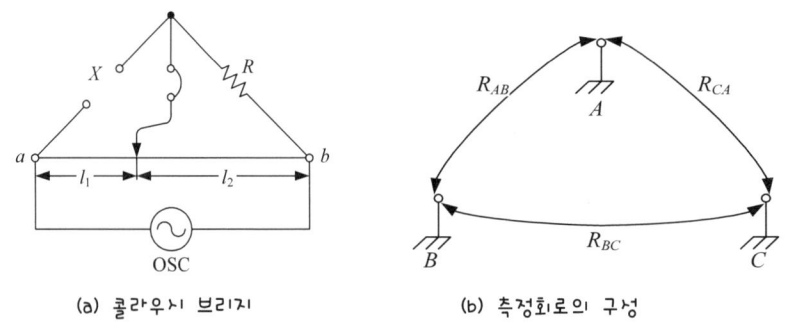

(a) 콜라우시 브리지   (b) 측정회로의 구성

그림 접지저항의 측정

③ 콜라우시 브리지는 교류 브리지로서 접지 저항, 전해액의 저항 또는 전지의 내부저항과 같은 극성이 있는 저항을 측정하는 것으로서 피측정 저항 R_x 는

$$R_x = \frac{l_1}{l_2} \times R_2 \, [\Omega]$$

④ A점의 접지 저항 R_A를 측정하고자 할 때는 그림 (b)와 같이 약 10[m] 정도의 간격으로 보존 접지판 B와 C를 만든다. 이 때 B점의 접지 저항을 R_B, C점의 접지 저항을 R_C이라고 하자. 콜라우시 브리지를 사용하여 A점과 B점의 저항을 측정하였더니 $R_{AB}[\Omega]$이었다면 $R_{AB} = R_A + R_B$, 같은 방법으로 B점과 C점 사이가 $R_{BC}[\Omega]$ C 점사이가 $R_{CA}[\Omega]$이라면

$$R_{BC} = R_B + R_C \quad R_{CA} = R_C + R_A$$

⑤ 위의 식을 연립 방정식으로 풀면 A점과 B점 및 C점의 접지 저항 R_A, R_B, R_C은

$$R_A = \frac{1}{2}(R_{CA} - R_{BC} + R_{AB}) \, [\Omega]$$
$$R_B = \frac{1}{2}(R_{BC} - R_{CA} + R_{AB}) \, [\Omega]$$
$$R_C = \frac{1}{2}(R_{CA} - R_{AB} + R_{BC}) \, [\Omega]$$

4-2 접지 공중선의 실효 저항의 측정

① 실효 저항이란 방사 저항, 옴 저항 및 접지저항 등을 포함한 것으로서 사용 주파수에 따라 그 값이 달라지므로 희망 주파수에 공진시킨 상태에서 측정하여야 한다.
② 저항 삽입법(변화법), 작도법(Pauli의 방법), 치환법(의사공중선법), Q-meter법 등이 있다.

(1) 저항 삽입법

① 그림과 같이 측정 회로를 구성하고 처음에 스위치 S를 닫은 다음 발진주파수를 조정하여 희망 주파수에 정확히 동조시킨다.
② 다음에 용량 C_s를 조정하여 공중선 전류계 A_2의 지시가 최대가 되도록 하여 이때의 지시를 I_1이라 하고 C_s값은 그대로 두고 S를 개방한 다음 A_2의 지시를 I_2라고 하자.

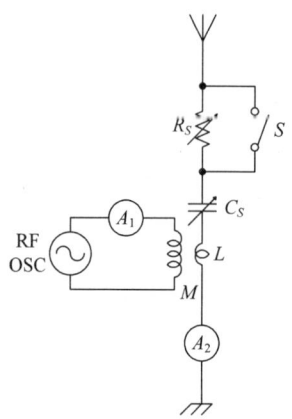

그림 저항삽입법에 의한 실효저항 측정

③ 발진기와 공중선의 결합을 충분히 소(Loose)하게 하면 발진기의 출력 전류계 A_1의 지시 I_o는 일정하므로 S를 개방해도 저항 R_s만 들어 갈 뿐 공진 상태는 그대로 유지되므로 다음 관계식이 성립된다.

$$\omega M I_o = I_1 R_e = I_2 (R_e + R_s)$$

④ 여기서 실효 저항 R_e는

$$R_e = \frac{I_2}{I_1 - I_2} R_s = \frac{R_s}{I_1/I_2 - 1} \, [\Omega]$$

⑤ 만약 저항 R_s가 가변이면 이것을 조정해서 $I_2 = I_1/2$이 되도록 조정하면 $R_e = R_s$로 되도록 할 수도 있다.

4-3 실효 인덕턴스의 측정

(1) 표준 인덕턴스를 1개 사용하는 방법

① 그림과 같이 표준 인덕턴스를 삽입하여 측정 회로를 구상하고 먼저 스위치 S를 닫고 발진기의 주파수를 변화시켜서 공중선을 공진시킨다. 이 때의 주파수를 f_1라 하면

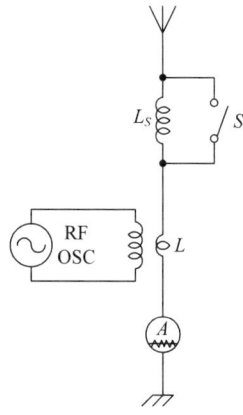

그림 표준 인덕턴스를 1개 사용하는 실효 인덕턴스 측정 회로

$$f_1 = \frac{1}{2\pi\sqrt{L_e C_e}}$$

$$\therefore f_1^2 = \frac{1}{4\pi^2 L_e C_e}$$

여기서 L_e와 C_e는 공중선의 실효 인덕턴스와 실효 용량이다.

② 다음에 S를 열고 발진기의 주파수를 변화시켜서 다시 공중선에 공진시켰을 때의 주파수를 f_2이라고 하면 다음 식이 성립한다.

$$f_2 = \frac{1}{2\pi\sqrt{(L_e + L_s)C_e}}$$

$$\therefore f_2^2 = \frac{1}{4\pi^2(L_e + L_s)C_e}$$

③ 따라서 $f_1 > f_2$이므로 두 식을 나누면

$$\therefore \left(\frac{f_1}{f_2}\right)^2 = \frac{L_e + L_s}{L_e} = 1 + \frac{L_s}{L_e}$$

$$\therefore L_e = \frac{L_s}{\left(\dfrac{f_1}{f_2}\right)^2 - 1} \text{ [H]}$$

(2) 표준 인덕턴스를 2개 사용하는 경우

① 그림과 같이 측정 회로를 구성하고 먼저 스위치 S를 L_{s1}에 접속하고 발진 주파수를 가감하여 공진시킨다. 이 때의 주파수를 f_1이라고 하면

$$f_1 = \frac{1}{2\pi\sqrt{(L_e + L_{s1})C_e}}$$

② 다음에 S를 L_{s2}로 절환하여 다시 공진을 시키고 이 때의 주파수를 f_2라 하면 다음 식으로 표시된다.

$$f_2 = \frac{1}{2\pi\sqrt{(L_e + L_{s2})C_e}}$$

③ 여기서 $f_1 > f_2$라 가정하고 두 식을 나누면

$$\therefore \left(\frac{f_1}{f_2}\right)^2 = \frac{L_e + L_{s2}}{L_e + L_{s1}}$$

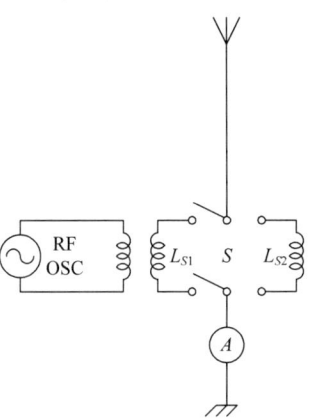

그림 표준 인덕턴스를 2개 사용하는 실효 인덕턴스 측정 회로

$$\therefore L_e = \frac{L_{s2} - \left(\frac{f_1}{f_2}\right)^2 L_{s1}}{\left(\frac{f_1}{f_2}\right)^2 - 1} \text{[H]}$$

④ 만약 $f_1 = 2f_s$로 가변 할 수 있다면

$$L_e = \frac{1}{3}(L_{s2} - 4L_{s1})\text{[H]}$$

4-4 실효 용량의 측정

(1) 표준 정전용량을 사용하는 방법

① 그림과 같이 측정 회로를 구성하면

$$f_o = \frac{1}{2\pi\sqrt{L_e C_e}} \quad \therefore f_o = \frac{1}{4\pi^2 L_e C_e}$$

② 다음에 S를 열고 다시 발진기를 조정하여 공진 상태로 하였을 때의 주파수를 f_1이라고 하면 C_s는 C_e와 직렬이므로 다음 식이 성립된다.

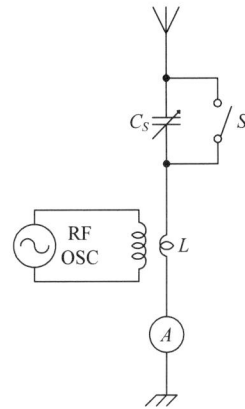

그림 실효 정전용량 측정 회로

$$f_1 = \frac{1}{2\pi\sqrt{L_e \dfrac{C_e C_s}{C_e + C_s}}}$$

$$f_1^2 = \frac{1}{4\pi^2 L_e C_e \dfrac{C_s}{C_e + C_s}}$$

$$\therefore f_1^2 = \frac{1}{4\pi^2 L_e C_e} \cdot \frac{C_e + C_s}{C_s}$$

③ 이 때 $f_o < f_1$ 이므로

$$\left(\frac{f_1}{f_o}\right)^2 = \frac{C_e + C_s}{C_s} = \frac{C_e}{C_s} + 1$$

$$\therefore C_e = C_s\left\{\left(\frac{f_1}{f_o}\right)^2 - 1\right\}[\text{F}]$$

④ 만일 C_s를 가감하여 $f_1 = 2f_0$가 되도록 조정하면 윗 식은 $C_e = 3C_s$가 되어 C_e와 C_s가 비례 상태로 된다.

5 급전선에 관한 측정

5-1 정재파비의 측정

① 정재파비(SWR, Standing wave ratio)는 급전선 등 전송선로의 정합상태의 양부를 나타내는 것이다.

② 일반적으로 급전선의 특성 임피던스가 급전선의 종단에 접속된 부하의 임피던스와 같지 않으므로 급전선상에는 진행파와 반사파가 공존한다. 그리고 진행파 전압(전류)과 반사파 전압(전류)의 위상이 동상이 되는 점에서는 전압(전류)은 최대가 되고, 역상이 되는 점에서는 최소가 된다.

③ 이 최대점과의 최소점과의 간격은 $\lambda/4$ 가 되고 교대로 나타나는데 이와 같은 전압(전류)의 분포상태를 정재파라고 한다.

④ 여기서 전파의 진행파를 V_f 반사파를 V_r 이라고 하면 V_{max}는 합이고, V_{min}은 차이다. 즉, $V_{max} = V_f + V_r$, $V_{min} = V_f - V_r$ 이므로 전압 정재파비 S는 다음과 같다.

$$SWR = \frac{|V_{max}|}{|V_{min}|} = \frac{|V_f|+|V_r|}{|V_f|-|V_r|} = \frac{1+\left|\frac{V_r}{V_f}\right|}{1-\left|\frac{V_r}{V_f}\right|} = \frac{1+|\Gamma|}{1-|\Gamma|}$$

여기서 m는 반사계수로

$$\Gamma = \left|\frac{V_r}{V_f}\right| = \left|\frac{I_r}{I_f}\right| = \sqrt{\frac{P_r}{P_f}} = \frac{Z_l - Z_o}{Z_l + Z_o} = \frac{SWR-1}{SWR+1}$$

⑤ 방향성 결합기나 C-M형 전력계에 의하여 진행파 전력 P_f와 반사파 전력 P_r을 측정하면 다음 식에 의하여 정재파비 S를 구할 수 있다.

$$\Gamma = \sqrt{\frac{P_r}{P_f}}$$

$$\therefore SWR = \frac{1+|\Gamma|}{1-|\Gamma|}$$

5-2 특성 임피던스의 측정

① 특성 임피던스(Characteristic impedance)는 파동(Surge) 임피던스 또는 고유(Instrinsic) 임피던스라고도 하며, 전송선로상의 전압과 전류의 비를 의미한다.
② 따라서 단위길이당 저항을 $R[\Omega]$, 누설 콘덕턴스를 $G[\mho]$, 인덕턴스를 $L[H]$ 및 선간용량을 $C[F]$이라고 하면 특성 임피던스 Z_o는 다음 식으로 표시된다.

$$Z_o = \frac{V_x}{I_x} = \sqrt{\frac{R+j\omega L}{G+j\omega C}} \fallingdotseq \sqrt{\frac{L}{C}} [\Omega]$$

여기서, $R \ll \omega L$, $G \ll \omega C$ 이다.

(1) 급전선의 개방, 단락 임피던스에 의한 측정법

급전선(선로길이 l)의 종단을 개방($Z_l = \infty$) 했을 때의 입력측에서 본 임피던스를 Z_f, 단락($Z_l = 0$) 했을 때의 임피던스를 Z_s라고 하면 $Z_o = \sqrt{Z_f \cdot Z_s} [\Omega]$로서 특성 임피던스 Z_o를 구할 수 있다.

(2) 정재파비에 의한 측정법

급전선의 종단에 기지저항 R_L(순저항)을 접속하고, 급전선상의 정재파비 S를 측
정하면 특성 임피던스 Z_o는 다음 식으로 구할 수 있다.

$$Z_o = \frac{R_L}{S} (R_L > Z_o \text{의 경우})$$
$$Z_o = SR_L (R_L < Z_o \text{의 경우})\}$$

(3) 수식에 의한 측정법

$$\text{평행2선식 : } Z_o = 277\log_{10}\frac{2D}{d}[\Omega]$$
$$\text{평행4선식 : } Z_o = 138\log_{10}\frac{\sqrt{2}D}{d}[\Omega]$$
$$\text{동축 선로 : } Z_o = \frac{1}{\sqrt{\epsilon_s}} \cdot 138\log_{10}\frac{D}{d}[\Omega]$$

여기서 D는 선간거리, d는 굵기, ϵ_s는 비유전율이다.

5-3 전계강도의 측정

전계강도(Field Strength)라 함은 무선송신기로 부터 방사된 전파에 의해서 어느 지점에 발생한 전자계의 세기를 말하며 보통 전계를 기준으로 하고 있다.

$$V = Eh\,[\text{V}] \qquad E = \frac{V}{h}\,[\text{V/m}]$$

한편 $1[\mu\text{V/m}]$를 $0[\text{dB}]$로 기준을 전하여 데시벨로 표시하면

$$V = 20\log_{10}Eh = 20\log_{10}E + 20\log_{10}h\,[\text{dB}]$$
$$E = 20\log_{10}\frac{V}{h} = 20\log_{10}V - 20\log_{10}h\,[\text{dB}]$$

즉, 안테나의 실효길이도 1[m]를 0[dB]로 하여서 취급한다.

6. 전원 설비에 관한 측정

6-1 축전지 용량의 측정

측정방법으로는 축전지를 규정대로 충전한 다음 약 1시간 정도 방치하였다가 스위치 S를 닫고 일정전류(10시간 방전율로 되는 전류)로 방전을 개시하고, 그때의 방전전류와 방전시간과의 곱을 가지고 암페어시 용량[AH]을 구한다.

$$C_{25} = \frac{C_t}{1 + 0.008(t - 25)}$$

여기서 C_{25}는 25[℃]의 용량, C_t는 t[℃]의 용량, t는 방전종료전 2시간에 걸친 전해액의 평균온도이다.

6-2 전지 내부저항의 측정

① 피측정 전지의 내부저항에 비해서 사용 전류계의 내부저항을 무시할 수 있고, 사용 전압계의 내부저항이 커서 측정값에 거의 영향을 주지 않는 상태라야 한다.

② 스위치 S를 열고 축전지의 기전력 E_1을 특정하고 다음에 스위치 S를 닫고서 기지저항 R에 전류를 단시간 흘려서 이때의 전류 I와 전압 E_2를 측정하면 다음 식에 의해서 내부 저항 r을 구할 수 있다.

$$E_1 = I(r + R), \quad E_2 = IR$$

$$\therefore r = \frac{E_1 - E_2}{I} = \frac{E_1 - E_2}{E_2} \cdot R\,[\Omega]$$

6-3 전압변동률 측정

전원회로 무부하시의 전압을 V_o, 부하 인가시의 V_l 이라고 하면 전압변동률 δ 는

$$\delta = \frac{V_0 - V_l}{V_l} \times 100[\%]$$

6-4 리플(Ripple)함유율 측정

전원회로 직류출력전압을 V_{dc}, 출력에 포함된 맥류 전압을 V_r 이라고 하면 리플(Ripple)함유율 γ는

$$r = \frac{V_r}{V_{dc}} \times 100 \ [\%]$$

Chapter 03 무선통신시스템

Section 1 고정통신시스템

1. 마이크로파 통신

(1) 개요
마이크로파(M/W ; Microwave) 다중통신은 일반적으로 300[MHz]~30[GHz]의 UHF와 SHF대의 전파로서 그 성질이 빛에 가까우므로 예리한 지향성, 직진성, 반사성 등을 가지며, 광대역성을 얻기 쉬우므로 수백~수천채널의 초다중 통신, TV중계, 위성중계, Radar 및 고속 Data 통신에 사용된다.

(2) 마이크로파 통신의 장점
① 가시거리 통신(장거리 시 중계통신)
② 안정된 전파 특성(손실, 간섭, 잡음 등 감소)
　(전파손실이 적어 1[W] 정도의 작은 출력으로 통신이 가능함)
③ 외부잡음 영향을 덜 받으므로 S/N비 개선도 향상
④ 예민한 지향성과 고이득 안테나를 (소형으로) 얻을 수 있음.
⑤ 광대역성 가능(초다중 통신, TV 중계, 고속 Data 전송 등)
⑥ 전리층을 통과하여 전파(우주통신 가능)
⑦ 회선건설이 짧고, 그 경비가 저렴하며 재해 등의 영향이 적음.
⑧ PTP(점 대 점) 통신이 가능

(3) 마이크로파 통신의 단점
① 유지보수 곤란
② 보안성 취약
③ 기상 상태(비, 구름, 안개 등)에 따라 전송품질 변동
④ 송·수신 간 연결 직선상의 높고 큰 건축물 등으로 통신 장애 현상 등

2. 마이크로파(M/W) 중계 방식

(1) 직접 중계 방식

수신한 M/W 전파를 그대로 증폭한 후에(약간 다른 M/W 전파로 바꾼 다음 다시 증폭하여) 중계하는 방식

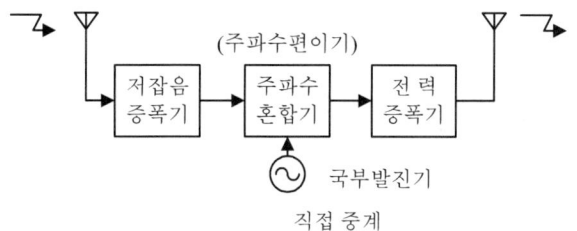

직접 중계

① LNA(저잡음 증폭기) 필요
② 광대역성 특성이 우수 및 안정
③ 통화로(회선)의 삽입 및 분기 곤란

(2) 헤테로다인 중계 방식

수신한 M/W 전파를 증폭하기 쉬운 중간주파수(IF : 보통 70[MHz])로 변환하고 중간 주파증폭기로 증폭한 다음 다시 M/W 전파로 변환하여 송신하는 장치

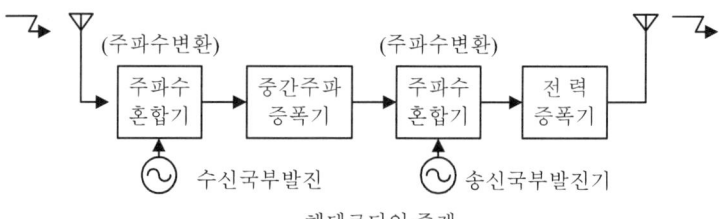

헤테로다인 중계

① 변복조부가 없으므로 장치 간단, 특성 열화가 생기지 않음.
② 회선의 삽입 및 분기 곤란 (TV 중계 시 IF로 분기는 가능)
③ 현재 공중용 M/W 중계에 가장 많이 사용 (TV 중계 등 원거리 공중통신망 등)

(3) 검파(복조, Baseband, Voice) 중계 방식

수신한 M/W 전파를 복조하여 얻은 Baseband 신호를 증폭하여 다시 M/W 전파로 바꾸어 중계하는 방식

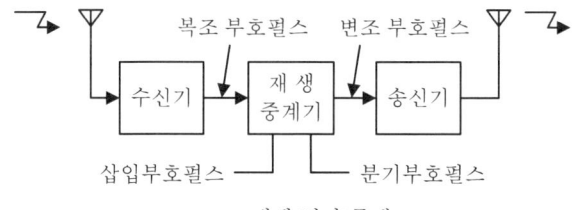

재생(검파)중계

① 회선의 삽입 및 분기 간단
② 장치 복잡(변복조 장치 추가) 및 변복조 장치의 비직선성으로 특성 열화
③ Voice(Baseband) 신호 증폭 시 잡음 증가
④ 근거리 중계방식
⑤ 펄스 통신 시에 타 방식에 비해 S/N비 가장 우수함.

(4) 무급전 중계 방식

M/W 전파의 직선성을 이용하고 금속, 반사판이나 안테나에 의해서 진행로를 변화하는 방식

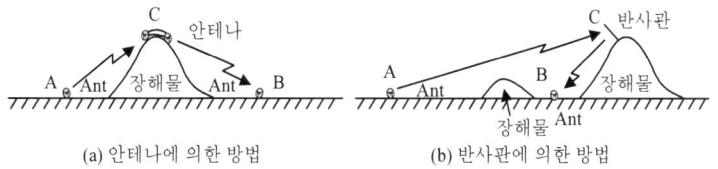

(a) 안테나에 의한 방법　　(b) 반사판에 의한 방법

무급전 중계

① 중계구간의 거리가 짧을수록 전력 손실 적음.
② 반사판이 클수록, 반사각이 $90[°]$에 가까울수록 전력 손실 적음.
③ 전파 손실 경감하기 위하여 송·수신안테나 이득은 크게, 송·수신 간의 거리는 짧게, 반사각은 직각에 가깝게 함.
④ 중계용 전력 불필요
⑤ 반사판이 많을수록 중계 손실(path loss) 증가

3. 무선전송용 주파수 채널 배치

(1) 개요
① 무선전송용 주파수 채널배치는 일정 수의 대역폭으로 채널을 구분한 후, 효율적 전송을 위하여 수평편파와 수직편파로 극성을 분리하는 선형편파방식을 사용한다.
② ITU-R에서 무선 중계 시스템의 국제적인 접속을 원활하게 하기 위해 권고하고 있는 무선중계 주파수 채널 배치방식으로 Alternated, Co-channel 방식이 있다.

(2) 무선전송용 주파수 채널 배치방법

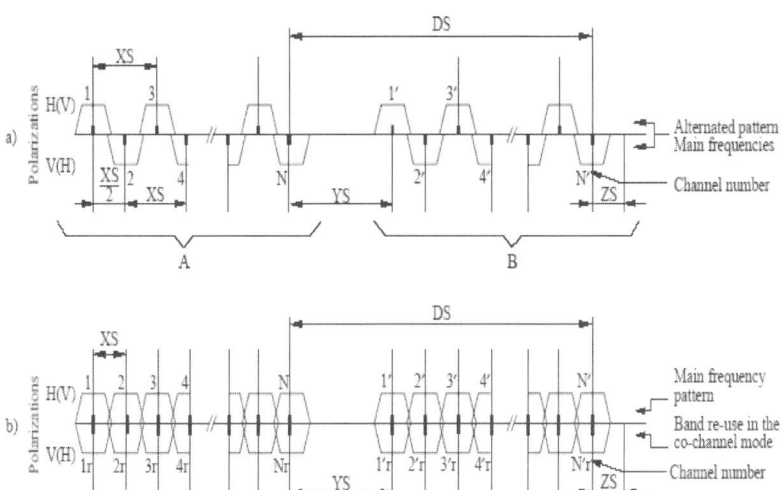

① XS는 전송의 동일한 방향에서 그리고 동일한 분극상의 인접 무선 주파수 채널의 중심주파수와 중심 주파수간에 떨어져 있는 주파수
② YS는 서로 가장 근접한 Go 및 Return 주파수 채널의 중심주파수간의 거리
③ ZS는 가장 최상위에 있는 채널의 중심주파수와 주파수 대역의 가장자리에 있는 주파수 간의 채널 이격거리
④ DS는 Go 및 Return 채널에 따르는 주파수채널 이격거리

(3) Alternated 채널배치

1) 개념

자신의 채널과 바로 옆 인접 채널간에 수평편파, 수직편파로 극성을 달리하여 채널간 자체 간섭 특성을 개선하는 채널 배치 방식

2) 특성

① 잡음 및 간섭의 영향이 작다.
② 전통적으로 가장 많이 사용했던 채널 배치방법이다.
③ 주파수 이용효율의 제한성으로, 주파수 이용효율 증대방안이 필요

(4) Co-channel Dual Polarization 채널배치

1) 개념

① M/W 장거리 중계용 주파수 수요의 부족현상이 심화되고 있어, 95년부터 주파수 이용의 효율성성 제고를 위하여 새롭게 적용하고 있는 주파수 배치 기법이다.
② 동일 주파수채널(Co-채널)에 수직, 수평 편파만 달리해서 반복 사용하는 방법이다.

2) 특성

① 하나의 채널에 하나의 편파만을 적용하는 Alternated 방식에 비하여 2배의 주파수 이용효율을 제공한다.
② 지표면 반사 및 간섭의 영향이 기존의 alternated방식에 비하여 심해 전파의 수직편파와 수평편파의 식별도가 높은 교차 편파간섭 제거기(XPIC;Cross Polarization Interference Cancealer) 필요하다.
③ 오류 정정 능력이 우수한 전진 오류정정(FEC; Forward error correction)기법 등의 적용이 요구된다.

4. 다중화 기술(Multiplexing)

(1) 개요
① 여러 개의 신호를 규칙적으로 모으는 방법을 다중화라고 하고, 하나의 전송매체(전송로)를 이용하여 2개 이상의 다른 정보를 동시에 전송 할 수 있는 통신방식을 다중통신방식이라고 한다.
② 이렇게 1개의 전송로에 다수의 신호를 중복시켜서 전송하면 회선비용을 대폭 줄일 수 있어 통신회선효율을 극대화할 수 있게 되는 장점이 있다.

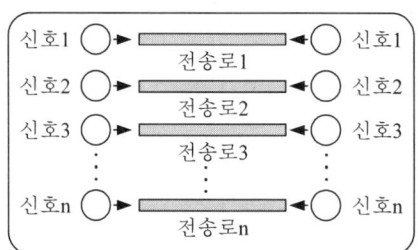

[A] 다중통신방식 적용 않은 경우

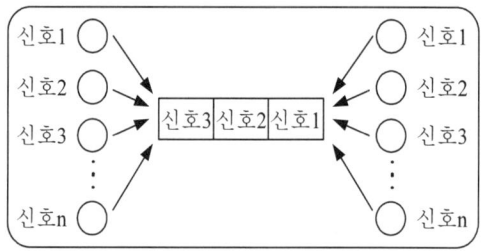

[B] 다중통신방식 적용한 경우

다중화 기술

(2) 다중화의 필요성
① 서로 다른 정보를 하나의 전송로로 전송하기 위해
② 경제적인 정보의 전송을 위해
③ 통신 시스템을 단순화하기 위해
④ 주파수의 효율성을 높이기 위해

(3) 다중화의 종류

1) 주파수분할 다중화(Frequency Division Multiplexing)

동일한 시간에 각각의 정보를 주파수를 다르게 분할하여 다중화 하는 방식으로 아날로그 다중통신 방식에서 많이 이용된 방식이다.

2) 시간분할 다중화(TDM : Time Division Multiplexing)

동일한 주파수 대역에 전송하고자 하는 각각의 정보를 시간을 다르게 분할하여 다중화 방식으로 디지털 다중통신 방식에서 많이 사용되고 있다.

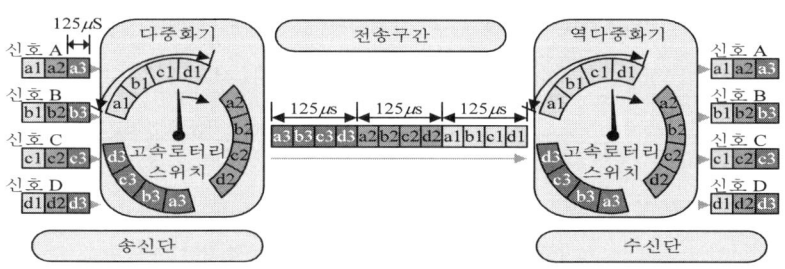

그림 시간분할 다중화 원리도

3) 코드분할 다중화(CDM : Code Division Multiplexing)

동일시간, 동일한 대역에서 부호를 다르게 하여 다중화하는 방식으로 시스템 구성은 복잡하나 주파수 이용효율이 우수해 디지털 이동통신 분야에서 널리 이용되고 있다.

4) 파장분할 다중화(WDM : Wavelength Division Multiplexing)

파장을 분할하여 다중화하는 방식으로 대용량 광통신분야에 다중화 방식으로 이용되고 있다.

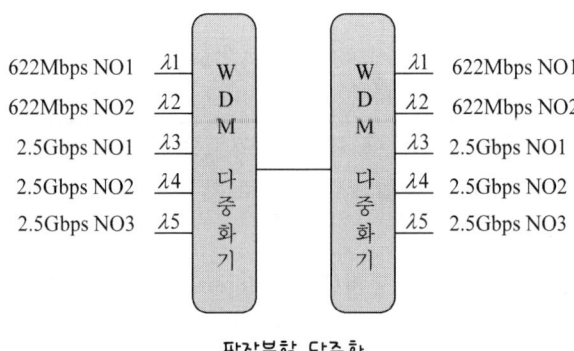

파장분할 다중화

표 각 다중화 방식의 비교

구분	FDM	TDM	CDM
이용 자원	주파수	시간	부호
장점	동기를 위한 장치가 불필요해 구성이 간단	채널 사용효율 좋음	동일시간, 동일채널을 사용하므로 채널 사용효율이 가장 우수
단점	사용효율 낮음	송수신 동기가 정확해야 하므로 구성이 복잡함채널	광대역이 필요하고 구성이 복잡함

5. 마이크로파(M/W) 다중 통신

(1) 개요

① 마이크로파 다중통신은 하나의 전송선로를 통하여 많은 가입자의 신호를 기술적으로 조합시켜 전송함으로써 경제성과 전송효율을 증대시킬 수 있는 통신 방식이다.

② 조합된 다중신호의 대역폭은 광대역이 되므로 주로 마이크로파 대역 이상에서 사용하게 되며, 주파수 분할 다중화 방식(FDM)과 시분할 다중화 방식(TDM)으로 구분할 수 있다.

(2) Analog M/W 다중화 방식(FDM)

1) 개요

송신측에서 여러 가입자의 신호를 각기 다른 반송파의 주파수(부반송파 주파수)로 변조하여 얻어진 신호들을 주파수별로 연속적으로 나열하여 다중 신호를 만들어 전송하고, 수신측에서는 BPF(대역통과 여파기)를 이용하여 원하는 신호만을 분리한다.

2) 특징

① 초다중 전송이 가능하며 전화 3,600회선 이상의 수용이 가능하다.

② 채널당 점유대역폭이 좁다.

③ Fading, 중계 장치의 이득 변동, M/W 진폭의 변동 등에도 통화 신호 레벨은 변동이 없다(SS-FM방식의 특징)

④ 간섭파 방해에 강하다(FM 성질에 의해 간섭파 영향 적음)

⑤ 잡음, Fading에 강하며 기존 유선망(동축 케이블)과 접속이 용이하다.

⑥ 누화(cross-talk)현상과 지연왜곡이 발생한다.(단점)

⑦ 고가의 BPF가 필요해 단국장치가 복잡해진다.(단점)

3) SS-SS 방식

① 부반송파를 각 채널의 신호로 SSB화하고, 그 다중신호로 주반송파를 SSB변조한다.

② SS-SS방식은 반송단국장치가 SSB, 송신기도 SSB이기 때문에 다른 방식에 비해서 점유주파수대폭이 좁으므로 UHF

(400 [MHz])의 소규모인 다중 통신에 이용되었다.

4) SS-FM방식

① 부반송파를 긱 채널의 신호로 SSB화하고, 그 다중신호로 수 반송파를 FM변조한다.

② SS-FM 방식은 송신기가 FM이기 때문에 점유주파수대폭이 넓어져 광대역 전송이 가능한 마이크로파 이상의 주파수대에서 대규모인 다중 통신에 이용되어 왔다.

5) FDM 다중화 신호 계위

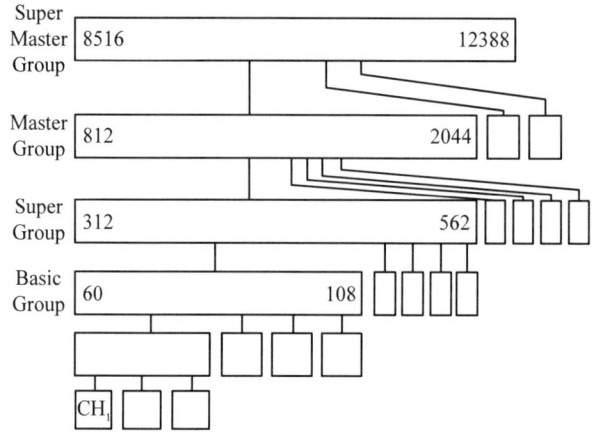

주파수 분할 다중화 방식의 구조

6) 기초군 주파수 선정원칙

① 기초군의 최저주파수 f_l은 최고주파수 f_h와 최저주파수 f_l과의 차이주파수인 Δf보다 크거나 같아야 함. ($f_l \geq \Delta f$)

② 기초군의 최저주파수 f_l의 2배의 주파수인 $2f_l$은 기초군의 최고주파수 f_h보다 크거나 같아야 함. ($2f_l \geq f_h$)

③ $f_l / f_h - f_l \geq 1$이어야 함.

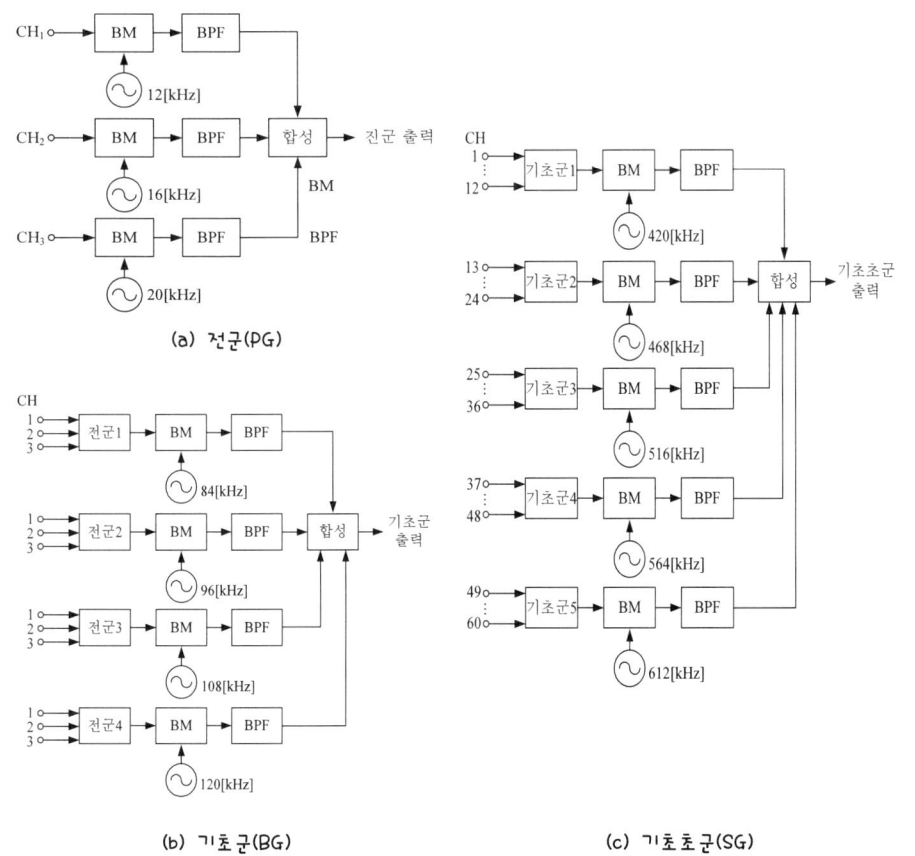

FDM 다중화 계위의 구성

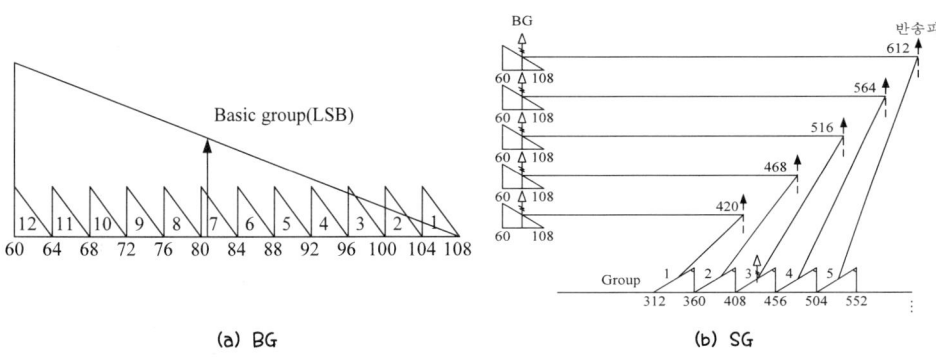

FDM 기초군(BG)와 초군(SG)

(3) Digital M/W 다중화 방식(TDM)

1) 개요

① TDM은 각 채널을 시간적으로 나열하여 전송하는 방식으로 각 채널의 신호를 펄스화하여 나열한다.

② TDM 다중화 신호 계위에는 NAS와 CEPT 방식으로 구분되는 PDH와 SONET과 SDH로 구분되는 SONET/SDH 방식이 있다.

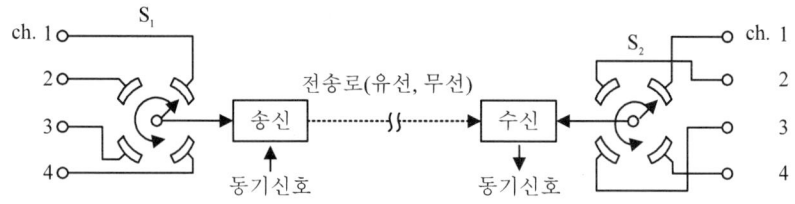

시분할 다중 방식의 원리도

2) 특징

① 단국장치가 간단하고 채널(통화로)당 가격이 저렴하다.

② FDM에서 문제되는 누화(cross talk) 및 지연 왜곡이 적다.

③ 고가의 BPF가 불필요하다.

④ 통화회선이 적을 때 경제적인 방식이다.

⑤ 통화회선을 많게 할 수 없다.(24채널, 30채널)

⑥ 채널당 점유주파수 대역폭(BW)이 넓다.(간섭 방해 현상이 큼)

⑦ 기존유선망과 간단히 접속할 수 없으므로 전용통신 회선에 적합

3) TDM의 종류

① PPM-AM 방식 : 각 신호를 PPM파로 다중화. 주반송파 AM

② PAM-FM 방식 : 각 신호를 PAM파로 다중화. 주반송파 FM

③ PCM-PSK 방식 : 각 신호를 PCM파로 다중화. 주반송파 PSK

표 M/W 다중화 방식 비교

방식 항목	FDM	TDM
동 기	불필요함.	필요함.
상호변조	상호변조가 발생할 가능성이 있음.	특정시간대에 하나의 채널만이 전송장치를 이용하므로 상호변조가 발생할 가능성이 없음.
누 화	큼.	작음.
채널분리	guard band	guard time
다중화되는 신호형태	송수신기의 거리에 관계없이 guard band가 일정하므로 지리적으로 분산된 신호의 다중화에 용이	송수신기의 거리에 따라 guard time이 달라지므로 지리적으로 분산된 신호의 다중화가 곤란
경제성	다중화 계위마다 변복조장치가 필요하므로 비경제적임.	경제적임.
시스템 구성의 복잡성	다양한 반송파 주파수 및 BPF가 필요하므로 시스템이 복잡함.	같은 형태의 gate 및 동기용 스위치를 사용하므로 시스템이 비교적 간단함.
전송상태감시	FDM 신호는 상당히 불규칙적이기 때문에 전송장치의 운용상태를 감시하기 위해 pilot 신호를 FDM 신호에 포함시켜 전송함.	TDM 신호는 상당히 규칙적이기 때문에 전송장치의 운용상태를 감시할 수 있는 모니터링 시스템을 용이하게 구현할 수 있음.
통화회선	통화회선을 많게 할 수 있음.	통화회선을 많게 할 수 없음.
다른 망과의 접속	접속이 용이함. (multipoint 통신에 적합)	접속이 용이하지 않음. (point-to-point 통신에 적합)

6. TDM 다중 통신

(1) PDH(Plesiochronous Digital Hierarchy)

1) PDH 개요

① PDH 방식은 24채널을 다중화시켜 전송하는 북미 PCM방식(NAS)과 32채널의 유럽 PCM 방식(CEPT)으로 구분할 수 있다.

② NAS 방식은 미국, 일본 등에서 유럽방식은 유럽을 비롯한 대부분의 국가에서 사용되고 있으며, 우리나라는 비동기식 PCM 디지털 하이어라키 중 1, 4, 5 계위는 CEPT 방식으로 2, 3 계위는 NAS 방식으로 구성하는 하이브리드(hybrid) 계위 체계을 사용하고 있다.

③ PDH 방식은 비동기 방식으로 비트 스터핑(bit stuffing)에 의하여 bit 동기를 유지한다.

2) 북미방식 (NAS : North America Standard)

① 1frame 비트수 $= 24[ch] \times 8[bit] + 1[bit]$ (동기비트) $= 193[bit]$

② 전송속도 $= 193[bit] \times 8[kHz] = 1,544[Mbps]$

③ 6번, 12번 프레임이 56[kbps]로 음성통신에는 별 지장 없으나 Data 통신 다중화 시 치명적이다.

3) 유럽방식(CEPT : Conference of European post & Telecommunication Administration)

① 1frame 비트수 $= 32[ch] \times 8[bit] = 256[bit]$

② 전송속도 $= 256 \times 8[kHz] = 2,048[Mbps]$

③ 동기신호(0번째 time slot)와 제어신호(16번째 time slot)제공을 위한 별도의 전용 채널을 가지고 있는 공통선 신호방식(common channel signaling)으로 채널에 투명성을 가지고 있다.

4) 계위 구조

① NAS 방식 : 4, 7, 6
② CEPT 방식 : 4, 4, 4, 4
③ 한국 : 3, 7, 3, 4
④ ITU-T (일본) : 4, 5, 3, 4

5) NAS와 CEPT 비교

표 NAS와 CEPT비교표

	NAS	CEPT
Channel 수	24개	32개
음성 Channel 수	24개	30개
Frame 당 비트 수	193(8bit×24ch+1bit)	256(8bit×32ch)
Multi Frame 수	12개	16개
동기신호 제공	frame의 첫 bit	0번째 time slot
제어신호 제공	6, 12번 Frame의 CH당 1bit	16번째 time slot
Frame 전송 속도	1,544 Mbps	2,048 Mbps
압신 방식	μ법칙(15절선)	A법칙(13절선)
정보전송량	56/64 kbps	64 kbps
Line Code	AMI, B6ZS	HDB3, CMI

(2) SONET/SDH

1) SONET/SDH 개요

① PDH의 오버헤드 bit의 수용공간이 부족해짐에 따라 추가적인 기능들을 적용하기 어렵고, 비동기식 디지털 다중화 장치는 높은 계위로 다중화된 신호로부터 무조건 1계위로 낮추어서 식별해야 하므로 회선의 분기결합이 유연하지 못한 단점이 있다.

② PDH의 문제점을 보완하기 위해 등장한 SONET/SDH방식은 동기식 시스템으로 설계되었기 때문에 전체 대역폭이 다양한 부채널에 할당된 다수의 타임 슬롯들을 포함하는 하나의 거대한 채널로 이용되며, 반송프레임은 사용자 데이터 포함 여부와 상관없이 $125[\mu s]$ 간격으로 끊김없이 전송된다.

2) SONET(Synchronous Optical NETwork)

북미를 중심으로 제안된 동기식 전송방식으로 9행×90열의 프레임 구조와 $51,840[Mbps]$ 전송속도인 STS-1(Synchronous Transport Signal-1)을 기본계위로 하고 비동기식 계위 신호의 수용 시 최고 DS-3급을 수용할 수 있도록 고안된 방식이다.

3) SDH(Synchronous Digital Hierarchy)

SONET을 기초로 한 세계적인 동기식 전송방식의 표준계위로 9행×270열의 프레임 구조와 $155,520[Mbps]$ 전송속도인

STM-1(Synchronous Transport Module Level-1)을 기본계위로 하고 비동기식 계위 신호의 수용 시에는 북미 및 유럽의 모든 계위 신호를 수용할 수 있는 구조이다

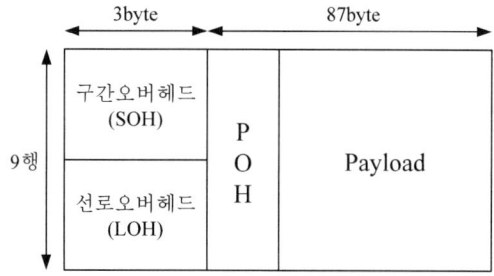

(a) SONET 프레임구조

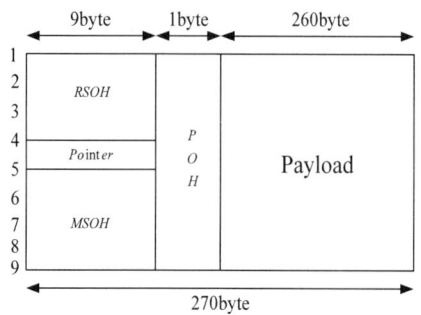

(b) SDH 프레임 구조

SONET과 SDH 프레임 구성

4) SONET/SDH 특징

① 프레임 구조가 $125[\mu s]$ 단위로 구성되어 DS-0신호로 쉽게 접근할 수 있고, 모든 데이터 처리를 바이트 단위로 할 수 있다.

② 동기식 다중화 구조는 북미식 및 유럽식 디지털 신호를 모두 수용하여 디지털 계층을 범세계적으로 통합 가능하다.(1단계 다중화)

③ 오버헤드를 SOH(Selection Overhead)와 POH(Path Overhead)로 구분하여 통신망 운용 관리 및 보수를 원활하게 할 수 있다.

④ 동기식 다중화는 비동기식처럼 비트 스터핑(bit stuffing)이 아닌 포인터(pointer)에 의한 동기화를 적용함으로써 다중화 및 역다중화가 매우 간결하다.

5) PDH와 SDH 특징

표 PDH와 SDH 비교표

구분	PDH	SDH
표준화	다양한 표준	세계 단일 표준
다중화	단계별 다중화	일단계 다중화
동기화	Bit stuffing	Pointer
오버헤드	매 단계마다 새로운 O/H추가	체계적
서비스	음성에 적합	모든 신호 수용 가능

6) 다중화 계위 비교

표 다중화 계위 비교표

(단위 : MHz)

	PDH			SONET		SDH	
	북미(NAS)		유럽(CEPT)	미 국		유 럽	
DS 1	1.544/24ch	E1	2.048/30ch	STS-1 (OC-1)	51.84	STM-1	155.52
DS 2	6.312/96ch	E2	8.448/120ch	STS-3 (OC-3)	155.52	STM-4	622.08
DS 3	44.746/672ch	E3	34.368/480ch	STS-12 (OC-12)	622.08	STM-16	2488.32
DS 4	274.176/4032ch	E4	139.264/1440ch	STS-48 (OC-48)	2488.32	STM-32	4976.64
		E5	564.992/5760ch	STS-192 (OC-192)	9953.28	STM-48	7464.96

7. 마이크로파(M/W)용 진공관

마이크로파에서 사용하는 고출력 증폭기로는 TWTA, SSPA, Maser 등이 대표적으로 사용된다.

(1) 진행파관 증폭기 (TWTA : Travelling wave tube amplifier)

1) TWTA의 원리

TWTA의 전자총에서 발생한 전자빔은 수십개로 연결된 Cavity를 여행(Travel)하면서 진행속도가 가감되면서 부분적으로 형성된 소·밀 에너지 뭉치로 에너지를 축적하여 신호를 증폭한다.

2) TWTA의 특징

① Klystron은 집중정수회로(공동공진기)를 사용하고 있는데 비해서 TWT는 분포정수회로(나선)를 사용하므로 광대역성에서 유리하다.

② 자전관은 발진관으로만 사용되는데 비해서 TWT는 고주파 증폭, 발진 및 FM 변조 특성을 구비하고 있다.

(2) 메이저(Maser)

1) 개요

메이저(Maser)는 Micro wave amplification by stimulated emission of radiation의 약자로 유도 방출에 의한 Micro파 증폭기를 말한다.

종래의 증폭기와는 그 원리가 다른 것으로 물질을 구성하는 분자의 에너지를 이용므로 분자 증폭기라고도 한다.

2) 특징

① 저잡음 특성을 가진다.

② 물질에 의한 고유 주파수를 갖고 있으므로 임의의 주파수의 발진, 증폭이 안된다.

③ 주파수가 온도의 영향을 받지 않으므로 지극히 안정한 표준 발진 등에 사용된다.

④ 큰 직류자계 발생 장치를 필요로 한다.

⑤ 액체 헬륨 등을 사용한 초저온 냉각 장치가 필요하다.

8. M/W파용 반도체

고주파대에서 이용되고 있는 반도체로서는 종래 실리콘을 재료로 한 점접촉 다이오드, 바이폴라 트랜지스터가 주류를 이루었으나 최근에는 GaAs(갈륨 비소)를 이용한 소자가 화합물 반도체의 주류를 이루고 있다.

(1) 건(Gunn) 다이오드
건 다이오드는 낮은 전압의 직류 바이어스에서 동작하여 마이크로파로부터 밀리미터파에 이르는 영역에서 쉽게 발진 출력을 얻을 수 있어 수신 국부 발진기에 널리 이용되고 있다.

(2) 터널 다이오드(Tunnel diode)
터널 다이오드는 부성저항 동작 영역을 가진 반도체 소자로서, 터널 효과에 의하여 금지대를 통과하는 시간이 극히 짧은 특성을 이용하여 마이크로파대에서의 고속 스위칭 소자 및 발진, 증폭기(TD-Amp)로 사용된다.

(3) 임패트(IMPATT) 다이오드
① 임패트 다이오드(Impact Ionization Avalanche and Transit Time Diode : IMPATT)는 반도체 내의 전자 사태 현상과 전자 주행시간 효과의 조합에 의해 부성 저항을 얻는 반도체 소자
② 임패트 다이오드는 10[GHz] 이상의 대역에서 전자 사태현상을 이용하고 있으므로 잡음이 많다는 등의 단점도 있으나 20[GHz] 이상에서는 건, 임패트 다이오드 이외에서는 고출력의 발진을 얻기가 쉽지 않으므로 수신 국부 발진에는 잡음이 적은 건(Gunn) 다이오드, 송신 국부 발진에는 고출력을 얻을 수 있는 임패트(Impatt) 다이오드가 사용된다.

(4) 핀(PIN) 다이오드
① 핀 다이오드는 P층과 N층 사이에 I층을 끼운 접합 구조를 가진 가변 저항 다이오드이다.
② 핀 다이오드는 순 바이어스 전압에 의해 저항값이 변화하는 마이크로파 저항의 일종이며 마이크로파 감쇠기, 스위치, 진폭 변조기 등에 널리 이용되고 있다.

(5) 바랙터 (VARACTOR) 다이오드
① 바랙터 다이오드는 PN 접합면의 공핍층을 이용하는 가변 용량 다이오드이다
② 공핍층은 용량으로서 작용하므로(장벽 용량) 역바이어스 전압에 의해 공핍층의 두께를 변경시키면 용량을 변화시킬 수 있다.
③ 바랙터 다이오드는 주파수 체배기, 주파수 변환기, 파라메트릭 증폭기에 이용되고 있으며, 가변 용량 특성을 그대로 살려 FM 변조기로서도 이용되고 있다.

(6) 전계 효과 트랜지스터(FET)
① FET를 고주파하기 위해서는 채널을 흐르는 전자의 통과 시간을 짧게 하지 않으면 안 되므로 게이트폭을 짧게 함과 더불어 전자 이동도가 큰 반도체를 쓸 필요가 있다.
② GaAs는 실리콘에 비해 전자 이동도가 약 5배만큼 크므로 마이크로파용 소자에 적합한 특성을 가지고 있다.
② GaAs FET는 파라메트릭 증폭기에 대신할 저잡음 증폭기로 또는 진행파관을 대신할 전력증폭기로 사용이 확대 되고 있다.

9. Path Calculation

(1) 개요

고정무선통신에서 시스템 특성과 경로 손실에 대한 Link Budget은 아래와 같이 계산한다.

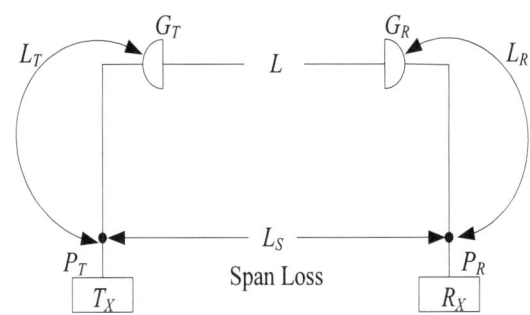

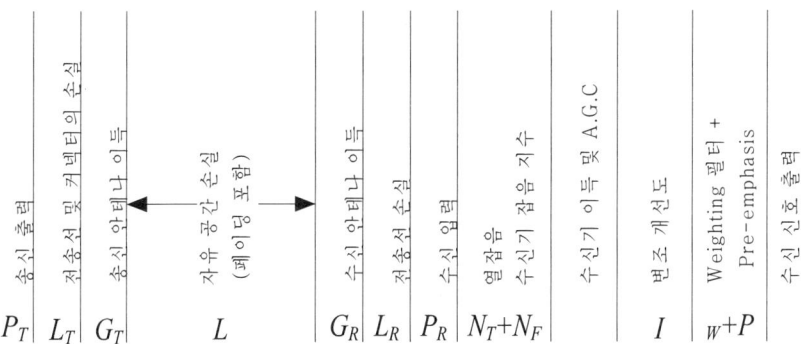

- LINK Equation

$P_T[\text{dBm}] \geq P_R[\text{dBm}] - G_T[\text{dBi}] - G_R[\text{dBi}] + L[\text{dB}] + L_R[\text{dB}]$

$P_R[\text{dBm}] \leq P_T[\text{dBm}] + G_T[\text{dB}] + G_R[\text{dB}] - L[dB] - L_T[\text{dB}] - L_R[\text{dB}]$

$P_R[\text{dBm}] = P_{TH}[\text{dBm}] + F \cdot M[\text{dB}]$ 이므로
(수신레벨=(Threshold Level) + (Fade Margin))

$P_{TH}[\text{dBm}] = P_T[\text{dBm}] + G_T[\text{dB}] + G_R[\text{dB}] - L[dB] - L_T[\text{dB}] - L_R[\text{dB}] - F \cdot M[\text{dB}]$

Path Calculation Sheet

System : MS-109E-1   WG Type : EWP-37
Frequency : 3.95[GHz]   WG Loss : 2.77[dB]/100[m]

1. Site	310	312
2. 위도(DMS)	37.3356	37.5247
3. 경도(DMS)	127.3303	127.4332
4. 해발고(m)	1157	30
5. 철탑 높이(m)	20	30
6. 급전선 길이(m)	25.5	25.5
7. 급전선 손실(dB)	0.71	0.71
8. 구간 거리(km)	39.02	
9. Path loss(dB)	136.2	
10. Field Margin(dB)	0.8	0.8
11. Stacking Loss(dB)	0.8	0.8
12. Radom & Other Loss(dB)	0.4	0.4
13. Total Loss(dB)	141.6	
14. 안테나 높이(m)	15	16
15. 안테나 크기(ft)	12	12
16. 안테나 이득(dB)	41.02	41.02
17. Total Gain(dB)	82.04	
18. net Path Loss(dB)	59.56	
19. 송신 출력(dBm)	37.00	
20. 수신 출력(dBm)	-22.56	
21. Threshold Level(dBm)	-64.48	
22. Fade Margin(dB)	41.92	

(2) 자유 공간 전파 손실(Free Space Loss)

P_TWatt로 발사된 전파가 이상적인 진공 매질 상태에서 $d[\text{m}]$ 떨어진 지점에서의 전력 밀도 P와 수신전력 P_R은 다음과 같다.

전력 밀도

$$P = \frac{P_T G_T}{4\pi d^2}[\text{W/m}^2] = \frac{E^2 \times 10^{-12}}{120\pi}[\text{W/m}^2], \quad Ae = \frac{G_R \lambda^2}{4\pi}[\text{m}^2]$$

수신전력

$$P_R = P \times Ae = \frac{P_T G_T}{4\pi d^2} \times \frac{G_R \lambda^2}{4\pi} = P_T \times G_T \times G_R (\frac{\lambda}{4\pi d})^2$$

여기서, 등방성(무이득) 안테나 상호간의 전파 손실을 자유 공간 전파 손실 L이라 한다.

$$\therefore L = (\frac{4\pi d}{\lambda})^2$$

$$L[\text{dB}] = 20\log(\frac{4\pi d}{\lambda})$$

$$= 92.45 + 20\log d[\text{km}] + 20\log f[\text{GHz}]$$

(3) Fade Margin
① 각종 Fading이나 기타의 영향으로 인해 수신 전계 강도가 수시로 변하므로 양호한 품질의 신호를 수신하기 위해서는 수신 입력에 여유를 두어야 하는데 이것을 Fade Margin이라 한다.
② 장비를 선정할 때는 주어진 전파 경로상의 총경로 손실 계산치를 기준으로 하여, 이 경로 손실을 고려하고도 충분한 Fade Margin이 생기도록 장비의 총이득을 계산하여 구입해야 한다.

(4) 급전 손실
급전 손실은 증폭기를 출발하여, 필터, 분리기, 다이플렉서와 도파관을 포함하여 안테나까지의 전력 손실 전체를 계산한 손실로 일반적으로 3[dB]을 넘지 않는다.

(5) 안테나 이득
$$G = \frac{4\pi Ae}{\lambda^2} = \eta(\frac{\pi D}{\lambda})^2$$

여기서, D는 반사기의 직경 η는 개구효율

(6) 반치각
대 구경 안테나의 경우 반치각(빔폭)은 다음과 같이 구해진다.
$$\theta = \frac{70\lambda}{D}[\text{도}]$$

(7) 상온에서 열잡음 전력 밀도와 잡음전력
① 상온에서의 잡음전력밀도는
$$P_n = KT = 1.38 \times 10^{-23} \times 290 = 4 \times 10^{-21}[\text{W}] = 4 \times 10^{-18}[\text{mW}]$$

$$= 4 \times 10^{-21}[\text{W}] = 4 \times 10^{-18}[\text{mW}]$$

② 상온에서의 잡음전력밀도를 [dBm/Hz]으로 표시하면
$$P_n = 10\log(P_n) = 10\log(4 \times 10^{-18}) = -174[\text{dBm/Hz}]$$

여기서, k : 볼츠만 상수 $= 1.38 \times 10^{-23}[\text{J}/°\text{K}]$, T : 절대 온도 $[°\text{K}]$

③ 상온에서 대역폭 B를 갖는 잡음전력 $P_n[\text{dBm}]$은

$P_n = -174 + 10\log B[\text{dBm}]$

(8) 최소 수신레벨

최소수신레벨 $P_{th}[\text{dBm}]$은 아래와 같은 수식으로 정해짐.

$P_{th} = (-174) + S/N + NF[\text{dBm}]$

여기서 P_{th} : 최소 수신전력, (-174) : $290[°\text{K}]$에서의 열잡음, S/N : 요구 신호 대 잡음비, NF : 수신기 잡음지수

02 위성통신시스템

위성통신시스템

1. 위성통신 개요

(1) 개요

① 위성통신이란 지상의 지구국으로부터 발사된 전파를 수신 증폭하여 다시 지상으로 전파를 발사하여 통신하는 형태를 말한다.

② 통신·방송용 중계기를 탑재한 인공위성을 지구궤도에 발사하여 위성 통신·방송서비스 제공에 이용하고 있다.

③ 위성통신 시스템은 위성, 관제소, 지구국으로 구성되며 고도, 궤도, 주파수, 용도, 방식에 따라 다양하게 분류되나 ITU에서 고정위성(FSS), 방송위성(BSS), 이동위성(MSS)등으로 분류된다.

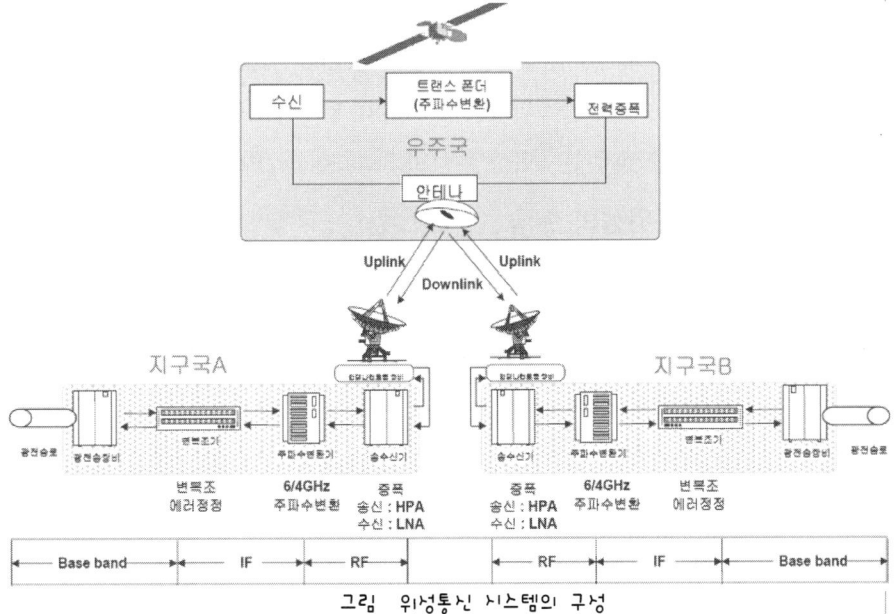

그림 위성통신 시스템의 구성

(2) 위성통신의 분류

1) 용도별
통신위성, 방송위성, 기상위성, 자원탐사위성, 군사위성 등

2) 고도별
저궤도 위성, 중궤도 위성, 고궤도 위성

3) 궤도별
극궤도 위성, 정지궤도 위성, 타원궤도 위성

4) 업무별
① 고정위성업무 (FSS : fixed satellite service)
  INTELSAT: TV중계, 전화, 데이터통신
② 이동위성업무 (MSS : mobile satellite service)
  INMARSAT : 이동(차량, 선박, 항공기) 통신
③ 방송위성업무 (BSS : broadcasting satellite service)
  TV국간중계, CATV Head End
④ 직접위성업무 (DBS : Direct Broadcasting Service)
  음악, TV, 데이터방송
⑤ 우주운영위성업무(SOSC: space operation satellite service : TT&C)
⑥ 무선측위위성업무(RDSS: Radio Determination SAT. Service)
⑦ 지구관측위성업무(EESS: Earth Exploration SAT. Service)
⑧ 우주연구위성업무(SRSS: Space Research SAT. Service)

(3) 통신위성의 분류

통신위성은 증폭기를 가지고 있지 않은 수동 위성(passive satellite)과 증폭기를 가진 능동 위성(active satellite)으로 구분되며 능동위성은 임의위성, 위상위성, 정지위성으로 분류된다.

1) 임의 위성(random satellite)

초기의 통신 위성 방식으로 지구 고도 수백 [km]에서 수천 [km]의 궤도상을 수 시간의 주기를 갖고 날고 있는 위성을 이용하는 방식으로 통신을 행하는 지구국간에 위성이 서로 마주 보이는 시간만 사용할 수 있으므로 상시 통신 회선을 확보하기 위해서는 많은 위성이 필요하다.

2) 위상 위성(phased Satellite)

① 지구 주위 상공에 등간격으로 수십~수백의 위성을 띄우고 각 지구국은 공중선을 사용해서 차례로 위성을 추미하여 항시 통신망을 확보하는 방식이다.

② 정지 위성에서 커버될 수 없는 지점 지역과의 통신이 가능하게 되며 고도를 낮출 수 있어 통신 지연 시간이 적은 이점이 있지만 비용이 크게 드는 결점이 있다.

3) 정지 위성(geostationary satellite)

① 지구 적도 상공 35,860[km]에 지구의 자전과 같은 공전 주기를 갖는 위성 3개를 이용하므로 지구국은 항상 위성을 찾을 필요가 없고 위성을 교체할 필요가 없어 정지 위성의 투영 범위에만 있으며 언제나 통신 위성에 의한 안정된 대용량의 통신이 가능한 방식이다.

② 3개의 위성으로 전세계의 통신망이 구성되므로 경제적이어서 현재 널리 사용되고 있으나 전파 지연과 극지방 통신 불능이 문제가 되고 있다.

(4) 위성 통신 주파수 대역

1) 위성통신 상하향 주파수

대 역	하향 링크 주파수[GHz]	상향 링크 주파수[GHz]
1.5/1.6[GHz]	1.5425~1.5435	1.644~1.645
4/6 [GHz]	3.7~4.2	5.925~6.425
12/14[GHz]	11.7~12.2	14.0~14.5
20/30[GHz]	17.7~21.2	27.5~31

2) 위성통신 주파수 대역별 호칭

P-band	0.23--1[GHz]
L-band	1-2[GHz]
S-band	2-4[GHz]
C-band	4-8[GHz]
X-band	8-12.5[GHz]
Ku-band	12.5-18[GHz]
K-band	18-26.5[GHz]
Ka-band	26.5-40[GHz]
Millilmeter wave	40-300[GHz]
Submillimeter wave (Decimillimeter)	300-3000[GHz]

(5) 위성통신의 장점

① 동보성	여러 지점에 대한 동시 정보 전송으로 위성 안테나의 빔 범위에 있는 지구국은 모두 동일 신호를 받을 수 있으므로 동보 통신(同報通信)에 적합하다 (동일 내용의 정보를 복수 지점에서 동시 수신). (CATV, TV 네트워크에의 적용)
② 유연성	회선 설정이 용이하고 회선수를 필요에 따라 쉽게 변경 가능. (Satellite News Gathering, 도서 벽지 통신에 이용)
③ 광대역성	대용량 통신 가능(영상 전송에의 적용)
④ 경제성	통신 비용이 기존 망에 비해 저렴(원근격차 미미)
⑤ 고신뢰성 (내재해성)	재해에 강함(Back-up망에의 적용)
⑥ 융통성 (멀티 엑세스성)	지상계 통신망에서는 어느 일정한 방향의 회선에 통신량이 집중된 경우, 여유가 있는 다른 방향 회선은 이를 도와줄 방법이 없다. 그러나 위성 통신에서는 다원 접속 기술로 회선을 효율적으로 이용할 수 있다.
⑦ 광역성	위성이 내려다 보이는 지역(지구의 1/3)내에서는 지리적인 장애는 문제되지 않음(하나의 위성으로 전국 커버)
⑧ 신속성	중계국이 필요 없으므로 지구국을 설치하면 즉시 회선 구성 가능.

(6) 위성통신의 단점

① 전파지연	위성까지의 왕복 시간 때문에 2-hop 통신은 곤란하다.
② 한정된 궤도	정지 위성은 전파 간섭을 방지하기 위하여 어느 정도 간격을 두어서 배치하여야 하므로 사용할 수 있는 위성의 수가 한정된다.
③ 지상 방식과의 간섭	지상 무선과 이용하는 주파수대가 겹치는 부분에서는 전파 간섭의 우려가 있다.
④ 내구성불량	고장 시 수리가 어렵고 설계수명이 15년정도임
⑤ 보안성 취약	무선통심방식이므로 보안성이 취약해 스크램블(scramble)등이 필요
⑥ 기상현상이나 태양잡음에 영향	강우 및 태양활동에 따른 영향을 받음

(7) 위성통신의 이용형태

	이용 형태	음성 전화급	고속 데이터급	비 고
회선 구성의 신속성	직접 위성 방송(DBS)	-	TV 신호 중계	난시청 지역 해소
광역성	산업체 및 기관의 데이터 통신	Telex, Fax, 데이터 통신	TV 회의, 고속 컴퓨터 통신	각종 정보 전송시 효율적인 망구성이 용이함
	도서 벽지 통신	전화	광대역 서비스의 조기 확대	
고신뢰성	이동체 통신	육상, 해상, 항공, 이동 통신	광대역 서비스의 조기 확대	
회선 구성의 융통성	국간 중계 회선	루트의 다중화	루트의 다중화	타방식(광통신, 지상 M W)의 예비 회신용
	비상 회선	재해시 이용 회선 비상 경보 회선	-	재해에 대해 높은 신뢰도를 가짐
동보성	New Media	전자 신문 Fax 방송	CATV용 비디오, HDTV 중계	-

2. 위성의 궤도

(1) 개요

① 지구가 당기는 인력과 회전에 의한 원심력이 평행을 이뤄 지구 주위를 도는 물체를 위성이라 하고, 인간이 어떤 특수한 목적을 위해 지구주위를 일정 한 주기를 갖고 돌게 하는 위성을 인공위성이라 한다.

② 지구주위를 회전시키기 위해서는 지구중력을 극복시킬 수 있는 속도로 초기 회전을 시켜야 하는데 발사체의 마지막 단의 추력으로 초기 속도를 주거나 위성체가 자체추력을 주게 된다.

③ 위성의 고도에 따라 저궤도 위성, 중궤도 위성, 타원형 고궤도 위성, 정지궤도 위성 및 극궤도 위성 등으로 구분한다.

(2) 궤도의 분류

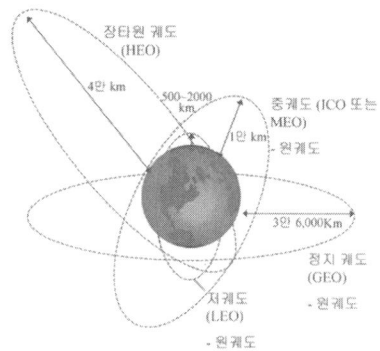

그림 궤도의 형태

1) 저궤도 위성(Low Earth Orbit)

① 지구궤도 약 500~2,000[km]상에 위치하며 주로 측위, 이동통신, 원격탐사에 이용되는 위성

② 주기 : 90분주기, 15분 지속관측

③ 소요위성 수 : 약 18~66개

④ 주요 저궤도 위성 : 이리듐(Iridium), 글로벌스타(Globalstar)

⑤ 저궤도 위성 장단점

장점	단점
- 통화지연시간 감소 - 이동국의 낮은 전력 소모 - 이동전화 및 위성전화 사용 가능 - 신뢰도 증가 및 주파수 사용효율 극대화	- 국가 간의 주파수 분배 문제 대두 - 위성 간 신호 전송 난이 - 안테나 크기 제어 난이 - 지상망과의 연결방식 난이

2) 중궤도 위성(Medium Earth Orbit)

① 지구궤도 약 10,000~20,000[Km]에 위치하며 주로 측위, 원격탐사, 이동통신에 이용되는 위성

② 주기 : 7시간 주기, 3시간 지속관측

③ 소요 위성 수 : 약 10~16개

④ 주요 중궤도 위성 : ICO(원형중궤도), 오딧세이(Odyssey)

⑤ 중궤도 위성 장단점

장점	단점
- 궤도위치 지킴 제한범위에 융통성 - 지구국 추적장치가 단순화	- 위성수가 10여개 필요 - 주파수 편이 현상인 도플러 효과 등으로 수명과 특성 변질 유념

3) 타원형 고궤도 위성(High Elliptical Orbit)

① 지구궤도 약 1,000~40,000[Km]상에 위치하며 주로 고정탐사, 이동통신, 위성방송에 이용되는 위성

② 소요 위성 수 : 3~6개

③ 고궤도 위성 장단점

구분 항목	저궤도(LEO)	고궤도(HEO)
1. 고도	1,000~2,000[m]	1,000-40,0000[km]
2. 전파 지연	작음.	큼(약 0.6초).
3. 우주 환경의 영향	공기 역학 토크	태양 방사압 토크
4. 위성수	다수	3개로 지구 전역 커버
5. 경비	많이 듦.	적게 듦.
6. 용도	군사, 과학, 기상위성, GMPCS	고정탐사, 이동통신, 위성방송

표 저궤도 · 고궤도 위성 비교

4) 정지궤도 위성(Geostationary Earth Orbit)

① 적도 상공에서 지구의 자전 주기와 같은 속도로 움직이는 인공위성은 지구상에서 볼 때 정지하고 있는 것처럼 보이므로 정지위성이라 부른다.

② 주기 : 24시간

③ 소요 위성 수 : 1~3개

④ 현재의 대부분 방송, 통신위성 등에 이용된다.

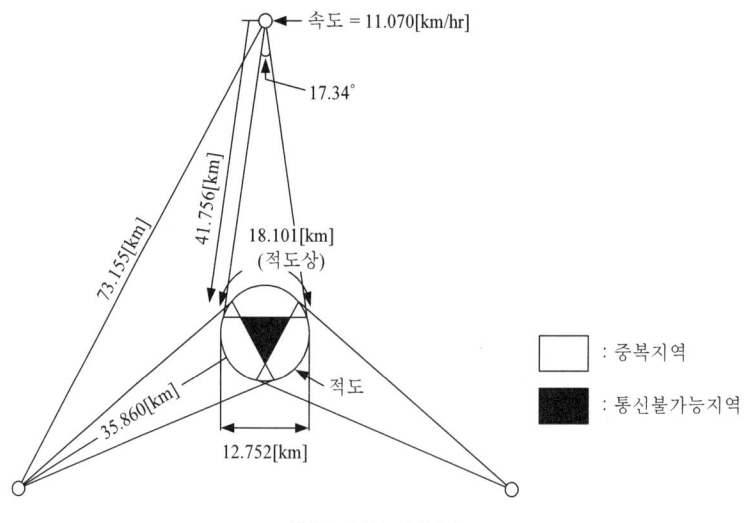

그림 정지위성방식

장점	단점
- 24시간 광대역 통신가능 - 동보성 - 광역성(3개 위성으로 지구전역커버) - 다원접속성 - 위성 추적 불필요	- 양극지방 통신불가 - 자유공간 전송손실이 큼 - 전파지연시간이 김 - 고장 시 수리곤란 및, 내구성불량 - 인접위성 간 간섭규제 필요

5) 극궤도 위성(Polar Orbit)

① 극궤도 위성은 저궤도 위성의 특별한 형태로서 양극을 통과하는 궤도를 가진다.

② 극궤도 위성은 지구 표면을 관측하는데 매우 유용하다.

③ 극궤도는 북-남의 방향이고 지구는 동-서의 방향으로 자전하기 때문에 극궤도 위성은 지구표면 전체를 관측할 수 있다.

④ 대표적인 극궤도위성으로는 기상위성인 타이로스(TIROS : Television and Infra Red Observation Satellite)위성, 군용 정찰위성인 사모스(SAMOS)위성, 항행위성인 트랜싯(Transit)위성, 지상관측위성인 랜드샛(Landsat) 등이 있음.
⑤ 타이로스의 고도는 850km, 랜드샛의 고도는 905km이다.

표 궤도별 비교

구분	GEO	MEO	LEO	HEO	Polar Orbit
고도(km)	36,000	2,000~20,000	1,000~2,000	1,000~40,000	500~1,000
위성체수	3 for global	12	60~120	3 for one orbit	1 for global
위성회전 주기	24hour	5~6hour	30min~1hour	8hour	1~2hour
통신시간	24hour	3hour	15min	8hour	30min~1hour
장점 및 특징	전세계 3개로 위성서비스 적도정지궤도	GPS 위성 지연시간 감소)	지연시간 감소 단말 출력감소	S/L/Ku-band 사용	주로 기상, 군사용 태양동기궤도
단점	대형지구국 필요 극지방 커버 어려움	도플러편이에 의한 주파수 보상 장치 필요	투자비 증가 고속추적 안테나	투자비 증가	통신가능시간 적음

3. 위성 시스템

위성 시스템(satellite system)은 송수신 안테나, 중계기를 포함하는 탑재체(payload)와 탑재체를 싣고 궤도 유지, 전력 공급 및 자세 유지 등을 담당하는 공통기기계(bus)로 분류된다.

구성부		기능	비고
안테나계		신호의 송수신	송신전력, 대역폭수, 성능지수(G/T)
중계기계		신호 수신 후 주파수 변환 재송신함 수신부, 주파수변환부, 송신부로 구성	
전력계	전원 발생부	태양전지 판넬로 전원생성 베터리 전원연결	태양전지로100 W 정도 출력얻음
	전원 공급부	발전된 전력을 각 전자장치에 요구전압으로 변환 공급	
텔리메트리명령계		위성상태를 보고하는 텔리메트리 신호송신 위성관제소로부터 명령신호 수신	위치, 속도 측정정도
자세 제어계		위성 궤도상 위치 및 자세 제어	축의 정확도
추진계		위성 방사시 및 자세 변동시 궤도위치	추진채량
열제어계		위성 각 부품의 열적 안정을 위한장치	위성 평온도범위
구체계		각 기기들을 유지하는 기본 구조체	진주파수, 구조강도

(1) 통신계(Communication SUB system)

1) 안테나계

① Global 안테나
  원추형 혼 안테나로서 위성에서 보이는 지구 전역을 커버

② 반구 beam 안테나
  위성에서 보이는 지구의 절반 정도(동쪽 또는 서쪽)만을 커버하는 반사경 안테나

③ Zone beam 안테나
  반구 beam보다 더 좁은 지역을 커버하도록 하는 지향성이 예민한 반사경 안테나

④ Spot beam 안테나
  통신량이 많은 좁은 지역만을 커버하도록 예민한 지향성을 갖도록 한 반사경 안테나

⑤ beacon 용 안테나
  beacon 신호용으로서 global 안테나와 같은 지향성이지만 주파수 대역폭이 좁다

02 위성통신시스템

2) 위성 통신용 안테나 조건

① 다른 위성 시스템 또는 지상의 무선 시스템에 간섭을 주거나, 그로부터 간섭을 받지 않아야 한다. 따라서 고이득, 저잡음, 예민한 지향성 안테나가 필요하다.

② 송수신 공용으로 사용하기 위하여 광대역성을 갖아야 한다.

③ 지구국용은 빔이 정확하게 위성을 향하도록 높은 정밀도의 구동 제어 기능과 자기 추미기능이 있어야 한다.

④ 가볍고, 진동에 강하며, 온도 변화에 잘 견디는 재료를 사용한다.

⑤ 높은 편파 분리도(poarization qurity)로 방사할 수 있어야 한다.

(2) 중계기(Transponder)

통신위성의 중계기는 1개 이상의 트랜스폰더로 구성되며, 트랜스폰더는 송수신 장치로 지국구으로 부터 송신된 상향링크 주파수를 저잡음증폭기로 증폭한 후 하량링크 주파수로 변환하여 고전력증폭기로 전력 증폭한 다음 지구국에 송신하는 역할을 담당한다.

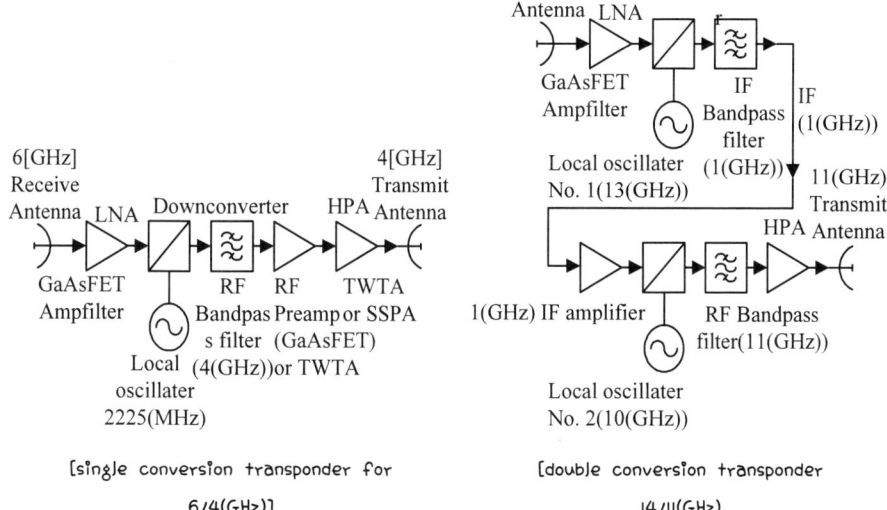

[single conversion transponder for 6/4(GHz)]   [double conversion transponder 14/11(GHz)]

장비 구성	기 능
수신 안테나	지구국에서 전송되는 신호 수신
수신 OMT	수신신호의 편파분리
LNA	수신된 신호의 저잡음 증폭
Down Converter	수신 주파수를 송신 주파수로 변환
ATT	변환된 신호의 레벨 조정
RF AMP	변환된 신호의 고주파 증폭
HPA	송신 전력증폭
송신 OMT	송신 전파의 편파 분리
송신 안테나	전력증폭된 전파를 지구국으로 송출

주) OMT : Orthogonal Mode Transducer LAN : Low Noise Amplifier
   HPA : High Power Amplifier   ATT : Attenuator

1) 중계기(Transponder)구비조건

① 고 신뢰성

② 경량

③ 고 효율성

④ 넓은 주파수 대역

2) 대출력 증폭기 (HPA : High Power Amplifier) 비교

TWT	KLY
① 주파수 대역이 넓다(500[MHz]이상).	① 주파수 대역이 비교적 좁다 (35~200[MHz])
② 다수파 공통 증폭	② 단일파 증폭
③ 공통 증폭에 생기는 혼변조를 규정치 이내로 하기 위해 back off 필요.	③ 보수, 운용이 편리
④ 소비 전력이 크다.	④ 소비 전력이 작다.
⑤ 고가 · 중량	⑤ 저가 · 경량

(3) 텔리메트리 시스템

① 원격 측정 추적 제어 시스템인 Telemetry 시스템은 지구국으로부터 전송된 명령을 수신한다.

② 위성의 상태를 감시하며 감시된 모든 상황들을 전기적 신호로 변환하여 지구국으로 재송신하는 역할을 한다.

(4) 자세제어계

1) Spin 안정방식

① 팽이의 자세가 안정될 때의 원리 이용해 위성을 관성 모멘트 최대 축 주위에 Spin 시켜 자이로 효과에 의해 이 축이 관성공간에 유지되는 특성을 이용한 방식이다.

② Dual spin 위성 : spinning section(body)과 despun section(antenna)으로 구성되어 Despun section은 spinning section과 회전방향을 반대로 하여 항상 안테나가 지구를 지향할 수 있다.

③ Solar 배터리 전력이 원통 표면적에 따라 결정되므로 High power 위성으로 부적합하다.

④ Subsystem이 간단하다.

2) 3축 제어방식

① 위성이 직교하는 3개의 축에서 각각 외란 토크를 제거하여 자세를 제어하는 방식이다.

- 수직(pitch)축은 궤도면에 수직방향
- 진행(roll)축은 위성의 진행방향
- 지구의중심(yaw)축은 지구의 중심 방향

② bias 모멘텀 방식은 일정한 고속으로 회전하는 휠의 축방향이 관성공간에서 일정하게 유지되는 성질을 이용하여 1축(yaw)을 정하고, 다른 축은 추진기나 자기 토크에 의해 제어한다.

③ zero 모멘텀 방식은 휠의 회전속도를 증가시켰을 때 반동 토크를 이용하는 방식으로 yaw축이 정해져 있지 않기 때문에 yaw sensor가 필요하다.

④ 3축 제어방식의 특징

- Yaw, pitch & roll 축(axis)으로 위성의 자세를 제어한다.
- High power 통신/ 방송위성에 적합하다.
- 자세 안정도가 높다.
- 지향성 안테나 사용이 가능하다.

- 큰 기기 탑재가 가능하다.
- 자세제어, 추진 & 열제어 subsystem 이 복잡하다.

종류	Spin 방식			3축 방식	
	단일 Spin	Dual Spin 방식		Bias momentum	Zero momentum
		Despun 안테나	Despun platform		
예	Syncom IS-I.II호	IS-III호계 카나다의 Anik 일본의 CS	IS-IV호계 IS-IV-A계	IS-V호계 카나다의 CTS 유럽의 Symphonie	무궁화 일본의 BS

그림 자세 제어방식

4. 지구국 시스템

(1) 개요
지구국은 지상에서 위성을 제어하거나 신호를 송수신하는 곳을 말하며 위성관제소와 위성지구국으로 나뉜다.

(2) 위성관제소
위성부분(위성체)을 지상에서 제어하는 장소

1) 주업무
감시(Telemetry), 추적(Tracking), 명령(Command)

2) 구성
① TT&C(Telemetry Tracking & Command)

② SCC(Satellite Control Center)

③ NCC(Network Control Center)

④ IOT/CSM(In Orbit Test/Communication System Monitor)

(3) 위성 지구국
위성지구국은 송수신계, 안테나계, 추미계, 지상통신망과의 인터페이스계, 전원계 등으로 구성되며 지상의 이용자들이 통신위성을 이용하여 통신 서비스를 제공받을 수 있도록 하는 장치로 구성되어 있다.

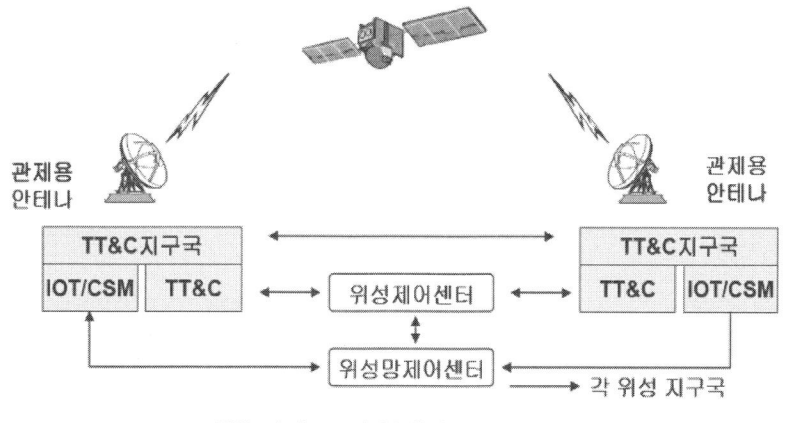

그림 지구국 시스템 구성

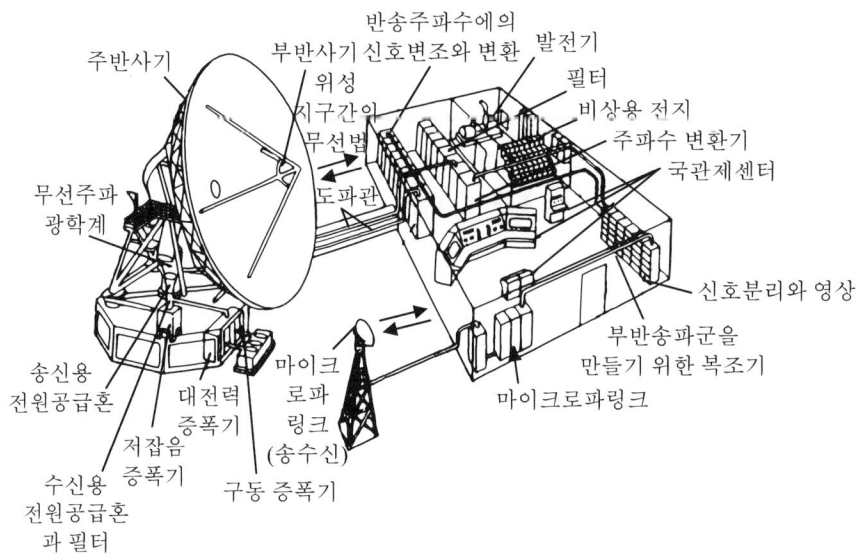

그림 지구국의 통신 설비 구성 예

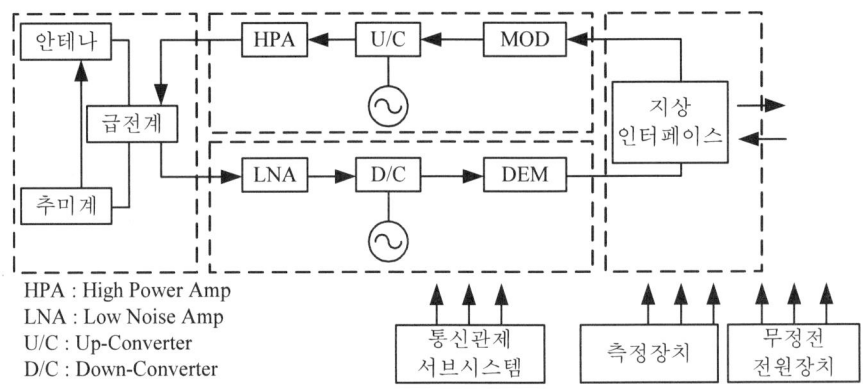

HPA : High Power Amp
LNA : Low Noise Amp
U/C : Up-Converter
D/C : Down-Converter

그림 지구국의 구성도

1) 안테나계

① 지구국 안테나는 송신기 및 수신기와 더불어 지구국을 구성하는 요소이다.

② 위성통신용 지구국 안테나로는 주로 카세그레인 안테나가 사용된다.

③ 수신 성능 지수(G/T)
위성 통신용 안테나의 성능 표시
$G/T = G_R - T[\text{dB}/°\text{K}]$

단 G_R : 수신 안테나 이득 T : 안테나 포함 시스템 잡음 온도 (°K)

2) 추미계

① 정지 궤도를 사용하는 통신 위성은 정지 궤도를 따라 지구를 회전하므로 지상에서 보면 거의 정지 상태로 생각할 수 있지만 실제 위성의 위치는 다소 변동되므로 빔 폭이 매우 좁은 지구국의 대구경 안테나로는 자동 추적을 해야 통신이 가능하다.

② INTELSAT의 지구국에서는 통상 자기 추미 방식이 쓰여지고, 프로그램 추미는 그 예비로 약간의 지구국에 설비되어 있다.

③ 추미장치는 안테나가 위성을 향하도록 하기 위한 것으로 제어 회로와 구동부로 구성된다.

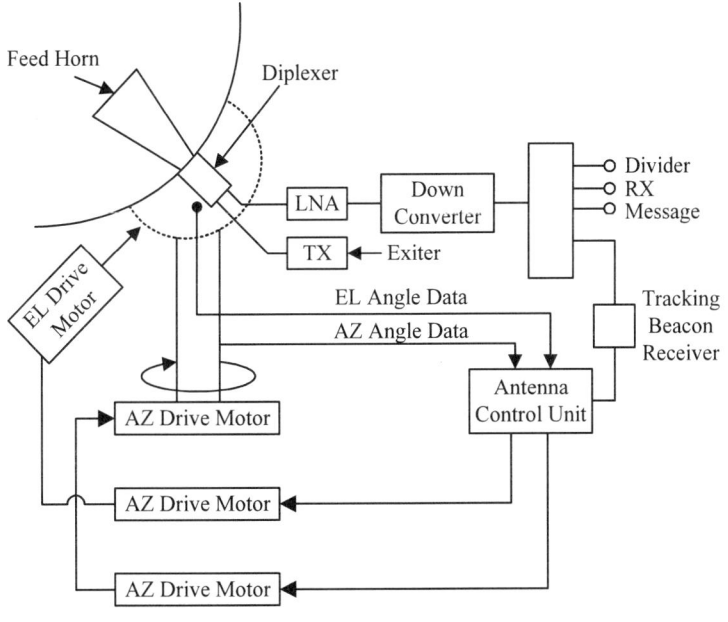

그림 Servo tracking system 구성도

④ 추미 방식은 다음과 같이 분류할 수 있다.

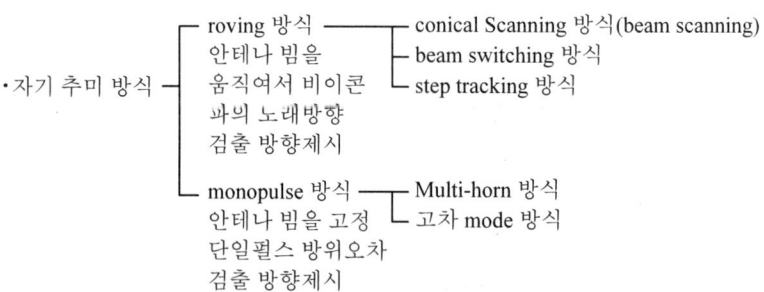

⑤ program 추미 방식은 궤도 예보 데이터, 표준 시각신호, 안테나의 디지털 각도 데이터를 컴퓨터로 처리하여 안테나를 예측궤도의 방향으로 향하도록 제어하는 것으로 정지 위성체에서는 생략하는 경우가 많다.

5. 회선할당 방식

회선할당방식은 지구국이 위성채널을 할당받는 방식으로 사전할당방식, 요구할당방식, 임의할당방식이 있다.

(1) 사전할당 방식(PAMA;Pre-Assignment Multiple Access) = 고정할당 방식(FAMA)
① 일정 지구국에 고정 슬롯을 할당해주는 방식
② 지구국간 중계방식이나 TV방송 등과 같은 고정채널 방식에 유용
③ 구성은 간단하나 망의 확장성이 유연성이 없다.

(2) 요구할당 방식(DAMA;Dynamic Assignment Multiple Access)
① 각 지구국의 채널요구에 따라 중앙 지구국이 채널을 할당해주는 방식
② 사용하지 않는 슬롯을 비워둠으로써 원하는 다른 지구국이 이용 가능하도록 한다.
③ 많은 지구국이 효율적인 위성중계기 사용이 가능하고 충돌을 방지할 수 있다.
④ 슬롯의 할당을 관리하는 방식에 따라 중앙제어 방식(중앙 지구국)과 분산제어 방식(각 지구국에 분산)으로 나뉜다.

- 종류
  - 중앙 제어 방식 — 중심 지구국에서만이 slot을 할당
    - 장점
      - 망관리, 망의 재구성 용이
      - 통신의 우선권 부여 용이
      - 각 지구국의 구성 간단, 가격이 저렴화
    - 단점 — 중심 지구국이 고장시 통신 단절로 제2의 중심국이 필요
      - 이용 : 인도네시아의 PALAPA, INMARSAT
  - 분산 제어 방식 — Slot 할당 기능을 각 사용자 지구국에 분산시킨 것으로 지구국이 유용한 Slot을 직접 할당
    - 장점
      - Slot의 요구 절차가 간단
      - 할당 시간이 짧다
    - 단점 — 구성이 복잡
      - 망관리의 어려움, 비용이 많이 든다.

(3) 임의할당 방식(RAMA;Random Assignment Multiple Access) : P-ALOHA, S-ALOHA, R-ALOHA

① 선송정보 발생 시 즉시 임의의 슬롯을 송신하는 방식
② 다른 지구국에서 송신한 신호의 충돌이 발생할 수 있으며 충돌 발생 시 재전송이 필요하다.
③ 주로 패킷 전송망(ALOHA 방식이 대표적)에 이용한다.

구분	고정할당방식	요구할당방식	임의할당방식
채널확보	고정	예약	경쟁
전송효율	낮다	높다	낮다
전송지연	낮다	적다	매우적다
충돌가능성	낮다	거의없다	매우높다
용도	사용자가 적을 때	사용자가 많을 때	패킷전송망의데이터 전송

6. 다원접속 방식

(1) 개요

① 다원접속은 복수개의 지구국이 하나의 통신위성을 이용해서 동시에 지구국 상호간에 통신로를 설정하는 방식이다.

② 위성통신에 이용되고 있는 한정된 가용주파수대를 될 수 있는 한 많은 지구국들이 활용하고, 주어진 시간에 더욱 많은 정보를 전달함으로서 위성트랜스폰더의 제한된 용량을 효율적으로 활용하기 위한 여러 가지 다원접속 기술이 있다.

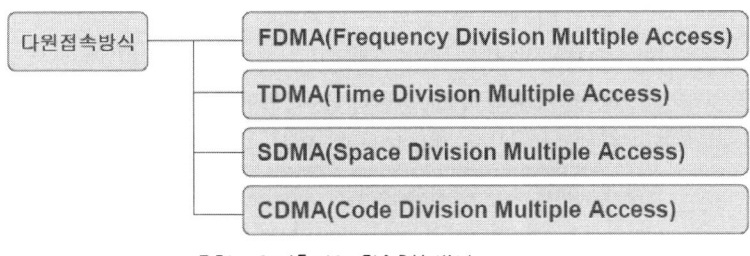

그림 위성통신의 다원접속방식

③ 다원접속기술들은 트래픽 특성에 따른 시스템의 효율성과 융통성을 높이기 위하여 할당방식과 조합하여 사용한다.

(2) FDMA(주파수분할다원접속)

① 전송로에 할당되어 있는 주파수 대역 중에서 통신에 필요한 최소한의 주파수 대역을 각 지구국에 할당하여 우주국이 접속할 수 있는 방식

② 지구국들 간에 송신 신호 동기가 필요하지 않기 때문에 지구국의 장비가 간단하고 저렴하다.

(3) TDMA(시분할다원접속)

① 전송로에 할당되어 있는 시간대역을 주기적으로 일정한 시간간격으로 나누어서 각 지구국에 할당하여 우주국에 접속할 수 있는 방식

② 반송파들이 상호변조에 의한 간섭 문제가 없어, 서로 다른 용량의 채널을 서로 혼합하여 사용할 수 있다.

③ 위성 간 간섭 영향이 FDMA보다 작고, 처리능력이 FDMA보다 더 크다.

(4) SDMA(공간분할다원접속)

① 한 개의 우주국이 여러 개의 지구국이 있는 통신지역을 분할하여 한정된 주파수 자원을 반복하여 이용하는 방식
② 수신신호의 전력밀도를 증강시키기 위한 방법으로 위성에서 발사하는 빔을 좁게 하여 전력을 집중시키는 스포트빔(Spot beam)을 이용하여 지구국의 수신 안테나의 크기를 줄일 수 있다.

(5) CDMA(코드분할다원접속)

① 지구국당 동일한 시간과 주파수를 사용하면서 각 지구국마다 특정한 PN코드를 삽입하여 보내는 방식
② CDMA 방식은 확산스펙트럼 기법을 채택한 방식으로 PN코드에 의해 이루어지므로 보안성이 뛰어나다.

표 FDMA · TDMA · CDMA 방식 비교

방식	장점	단점
FDMA	• 변/복조기의 동작 속도가 낮을 경우 시스템의 성능이 양호 • 다중 접속이 용이함 • 동기가 간단함	• 중계기 이용 효율이 제한되어 있음 • 속도가 다른 디지털 신호 전송이 어려움
TDMA	• 소용량 지구국에 적합함 • 각종 속도의 디지털 신호의 전송 용이 • 회선 용량 변경시 유연성이 있음 • 중계기 송신 전력 및 대역의 이용 효율이 높음 • 멀티 · 빔통신 방식에서의 빔 간의 접속이 용이함(SS-TDMA)	• 타국 송신 신호와의 간섭을 피하기 위해 동기가 필요함 • 낮은 트래픽 지구국도 TDMA 속도에 대응하는 송신 전력이 필요함 • 기저대역 신호 처리 장치가 복잡하게 구성됨
CDMA	• 각 지구국에 채널(부호)을 이용 • PAMA 또는 DAMA 운용이 가능 • 간섭 및 방해에 강함	• 넓은 대역폭이 소요되어 주파수의 이용 효율이 낮음

표 위성 통신 전송 서비스

전송 시스템의 명칭	원신호	베이스밴드 처리	변조 방식	접속 방식
FDM/FM방식	전화	SSB 주파수 다중화	FM	FDMA/PAMA
TV/FM방식	TV		FM	FDMA/PAMA
FM/SCPC방식	전화	컴펜딩, 다중화없다	채널마다 FM	FDMA/PAMA, DAMA
디지털 SCPC방식	전화 내지 데이터	1. 데이터의 경우는 불요 2. 전화의 경우는 PCM 내지 ADPCM	PSK	FDMA/PAMA, DAMA
TDMA, TDMA/DSI, TDMA/DAMA	전화 데이터 TV	1. 데이터 다중화 2. 전화부호화+DSI 3. TV 신호는 디지털 부호화 및 다중화	PSK	TDMA/PAMA, DAMA
스펙트럼 확산 방식	데이터	스펙트럼 확산	PSK	FDMA, CDMA
컴팬디드 "SSB" 방식	전화	컴팬디드 SSB	SSB	FDMA

Section 3 이동통신시스템

1. 이동통신시스템 개요

(1) 무선 주파수 유효 이용 기술
한정된 무선 주파수를 효율적으로 이용하기 위한 기술

1) 협대역화
점유대역을 가능한 좁게 하여 주파수 이용효율을 높이는 기술

2) 주파수 공용
무선 존 내에서 다수의 이동체가 서로 같은 무선 채널을 공용하는 기술

3) 주파수 재이용
한 기지국이 사용한 주파수를 일정 거리 이상 떨어진 다른 기지국에서 재이용하는 기술

4) 소셀화
각 기지국의 셀 반경을 작게 하여 통화용량을 증대시키는 기술

5) 대역 확산
광대역에 데이터를 확산하여 잡음레벨처럼 낮은 스펙트럼으로 주파수 대역을 공유하는 기술(UWB 기술)

6) 주파수 공유
사용하지 않는 무선 주파수를 센싱하여 비워있는 시간에 사용하는 기술(CR 기술)

(2) Digital화 요구 배경 및 목적

1) 주파수 스펙트럼 이용 효율 증가(대용량화)

주파수의 고밀도화, 지리적 반복 이용 등이 아날로그보다 편리

2) 단말기 비용의 저렴화

① 송·수신 공통 필터 사용 가능(TDMA)

② 부품의 LSI화 발전으로 소형 대량 생산 가능

3) 통신 보안 유지 및 통화 품질 향상

① 신호의 부호화로 암호화 용이

② 신호 검출 및 오류 정정이 용이

4) 단말기의 소형, 경량화 휴대 요구

① 소비 전력 감소로 배터리 축소 가능

② 소프트웨어 처리기술의 확대

5) 서비스의 고도화, 다양화

① 정보미디어의 다채화(비전화 정보 서비스의 수요 증가)

② 통신 모드의 다양화

6) 잡음이나 간섭에 강함

전송 오류제어에 의한 잡음 및 간섭 제거

(3) 무선 Zone 구성

기지국 신호가 도달하는 Zone의 크기에 따라 다음과 같이 분류

1) 대 존(Zone) 구성

하나의 기지국에서 넓은 서비스 지역을 커버하는 방법으로, TRS방식 등이 있다.

2) 소 존(Zone) 구성

서비스 지역을 작은 몇 개의 셀로 분할하고 분할 된 셀내에 각각의 기지국을 설치하는 방식으로 셀룰라 통신방식 등이 있다.

① 조금 떨어진 소 Zone에는 같은 주파수를 동시에 다른 통신을 이용할 수 있어 주파수의 이용 효율이 높다

② 서비스 지역의 형상 및 대소 등을 비교적 자유롭게 할 수 있다.

③ 소 Zone간의 이동국이 움직이기 때문에, 무선 회선의 제어 기능이 복잡하다.

④ 이동국의 송신기 출력을 작게 할 수 있어 경제화를 기할 수 있다.

2. 이동통신 전파특성

(1) 페이딩(fading)

① 이동통신의 환경에서는 수신된 신호의 세기가 시간에 따라 변화하는 현상인 페이딩(fading)이 발생한다.
② 페이딩은 수신측에서 받는 신호가 직접파 이외에 주변 장애물에 의하여 시간 지연된 반사파들이 합쳐져서 수신되기 때문에 발생한다.
③ 페이딩은 이동국과 기지국 사이에서 건물 등의 차폐물에 의해 일어나는 음영효과(shadowing)와 다중경로파에 의하여 발생하는 다중경로 페이딩(multipath fading), 직접파와 반사파가 동시에 존재할 때 발생하는 Racian fading로 분류할 수 있다.

1) 음영효과(long-term fading, shadowing)

① 수신된 직접파의 신호 전력은 기지국으로부터 이동국이 멀어짐에 따라 비교적 천천히 감소한다. 하지만 수신기의 이동에 의해 신호 경로를 부분적으로 차단하는 장애물(나무, 건물, 이동하는 차량)들로 인해 심각한 수신 전력의 감쇄가 발생한다.
② 이러한 수신 전력의 감쇄 주기는 반송파의 수 파장 동안 발생하기 때문에 long-term fading이라 하며 대수-정규 분포(log-normal distribution)로 모델링 한다.

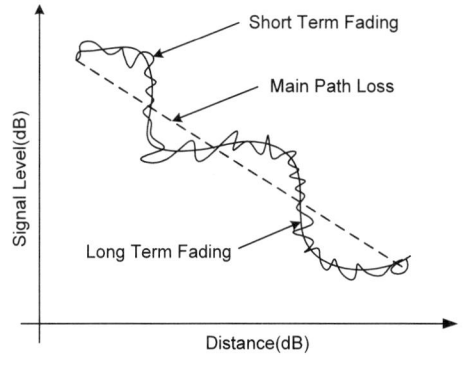

long-term fading & short-term fading

③ 대수-정규 분포된 long-term fading은 송신된 신호가 나무나 건물과 같은 여러 장애물을 통과하거나 반사되기 때문에 발생한다.

④ Long-term 페이딩을 예측하긴 위한 전파 모델로는 자유공간전파모델(free space propagation model), Longley-Rice모델, Okumura모델, Hata모델 등이 있다.

3) 다중경로 페이딩(short-term fading, multipath fading)

① 수신기가 이동하는 경우 도달하는 전파는 주변의 지형지물에 반사된 것, 또는 회절효과에 의하여 우회하여 들어오는 전파 등 여러 가지가 있다. 이러한 여러 가지 경로들은 그 길이가 서로 다르기 때문에 수신 신호들 사이에는 도착시간의 차이가 발생한다.

② 이렇게 도착 시간차이를 갖는 신호들이 벡터 합(vector sum)을 이루게 될 때, 수신 전계강도가 빨리 변하는 short-term fading이 발생한다. short-term fading은 레일리 페이딩(Rayleigh fading) 또는 다중 경로 페이딩(multipath fading)이라고 한다.

③ Short-term 페이딩을 발생시키는 원인은 크게 다중경로 시간지연확산(multipath delay spread)과 Doppler 확산(Doppler spread) 두 가지로 나눌 수 있다.

④ 다중경로 시간지연확산은 다중경로로 수신되는 전파의 경로차에 의한 시간지연에서 기인하며, Doppler 확산은 송·수신기의 이동(주로 수신기)에 의해서 주파수가 변하는 현상에서 기인한다.

⑤ Short-term 페이딩 예측 모델은 Rayleigh 모델, Nagakami-m모델 등이 있다.

4) 레이시안 페이딩(Racian fading)

레이시안 페이딩(Racian fading)은 직접파와 반사파가 동시에 존재할 때 발생하는 페이딩으로 가시경로가 확보되는 위성통신이나 macro cell에서 주로 발생된다.

(2) 지연확산(Delay spread)

① 페이딩 통신로에서는 단일 임펄스를 송신하더라도 다중 경로 전파에 의해 도달 시간이 서로 달라서 복수의 임펄스 열로 수신되며, 이때의 도달 임펄스 시간폭을 다중경로 지연확산(Delay spread)이라고 부른다.

② 일반적으로 지연확산은 마이크로 초(μs) 단위를 가진다. 도심에서는 약 $3\mu s$, 도심외곽에서는 약 $0.5 \sim 0.2\mu s$의 지연확산값을 갖는다.

③ 디지털통신시스템에서 지연확산이 심볼구간보다 크게 되면 심각한 ISI(심볼간 간섭)에 의한 왜곡을 겪게된다.

④ 이동중인 속도가 높아질수록 심볼구간이 작아지므로 ISI는 더욱 심각해진다. 이 때문에 수신기에서 등화기와 같은 보상기법 등이 필요하게 된다.

⑤ Coherence 대역폭 B_c라 하면 다중경로 지연확산을 T_d는 다음과 같이 표현된다.

$$T_d = \frac{1}{2\pi B_c}$$

(3) 도플러 퍼짐(Doppler spread)

① 도플러 효과란 수신국이 이동할 때 전방에서 오는 전파의 주파수는 높아지게 되고, 후방에서 오는 전파의 주파수는 낮아지는 현상을 말한다.

② 즉, 발생점과 관측점이 가까워질 때는 주파수가 높아지고, 멀어질 때는 주파수가 낮아지는 현상이다

$$f_r = f_t \pm \frac{v}{\lambda} \cos\theta$$

여기서 f_r은 수신 주파수, f_t는 송신 주파수,

$\frac{v}{\lambda}\cos\theta$는 도플러 퍼짐 B_D

③ 도플러 퍼짐 B_D와 상관 시간 T_c는 다음과 같은 관계가 성립된다.

$$T_c \approx \frac{1}{2\pi B_D}$$

3. 셀룰러 시스템

(1) 개요
① 한정된 주파수 자원을 공간적으로 재사용함으로써 무선 회선의 사용을 극대화한 이동 통신방식으로 서비스 영역이 셀로 구분된다.
② 각각의 셀마다 그 영역을 담당하는 기지국이 존재하고 각각의 기지국은 서로 다른 주파수채널 들을 가진다. 하나의 셀은 보통 120도의 지향성 안테나에 의해 3 개의 섹터로 분할된다.

(2) cellular의 구성

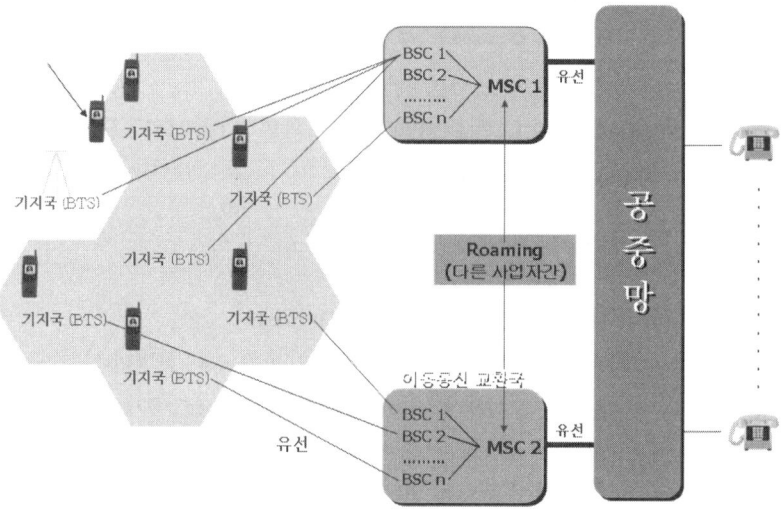

(3) cellular의 특징
① 대용량 가입자 수용(스펙트럼 효율) : 한정된 스펙트럼으로 최대 가입자 수용
② 서비스 지역 확장 용이
③ 저출력, 소기지국화에 의한 안정 통화 상태 유지
④ 셀분할 기법으로 통화량 밀집에 대한 적극성

(4) 셀의 모양
① 셀의 모양을 정육각형으로 하는 것이 시스템 설계에 개념적으로 적합하다.
② 셀 면적과 셀 반경(R) 관계식

셀 면적 = $6 \times 0.5 \times R \times R\cos(\pi/6) = 2.598R^2$

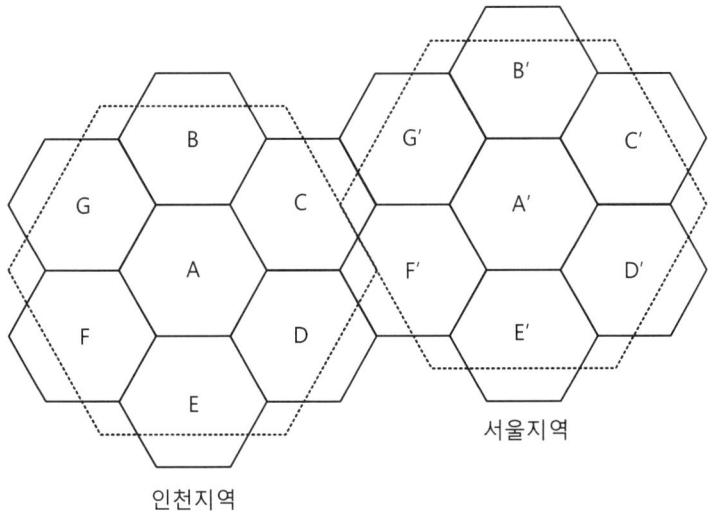

그림 정육각형 모양의 셀

(6) 셀의 종류

　1) 메가 셀 (반경 100 ~ 500 km)

　　위성 통신 셀

　2) 매크로 셀 (35 km이내)

　　교외지역, 준 평탄 지역

　3) 마이크로 셀 (1 km이내)

　　통화 밀집 지역 및 음영 지역

　3) 피코 셀 (50 m이내)

　　건물 밀집 지역 및 지하 건물

(7) 전 방향성 셀과 지향성 셀

　① 전 방향성 셀은 Omni 안테나 1개를 사용하여 셀 전체를 커버하는 방식으로서 커버리지가 좁고 트래픽이 없는 지역에 적당하다.

　② 지향성 셀은 Sector 안테나를 2~6개 사용하여 전체 지역을 커버하는 방식으로 고 트래픽의 도심 지역, 고속도로 등의 커버리지 확대용으로 적당하다.

　③ 지향성 셀은 대부분 3개의 방향으로 나뉘어 120도씩 커버리지가 가능한 삼각형 구조의 섹터 안테나를 사용한다.

④ 3섹터 지향성 셀이 전 방향성 셀에 비하여 트래픽 처리량은 3배, 커버리지는 2배 증가시키는 효과가 있다.

4. 주파수 재사용

(1) 개요
① 스펙트럼 효율을 향상시키기 위하여 동일 주파수를 일정거리 간격으로 재사용 하는 것을 말한다.
② 멀리 떨어진 셀에서 동일한 주파수채널을 재사용하면 채널수가 증가하여 충분한 가입자 수용이 가능해진다

(2) 주파수 재사용 계수
① 주어진 전체 대역을 몇 개의 셀에 걸쳐 분배하는가를 나타낸다.
② 몇 개의 셀만큼 떨어지면 같은 주파수대역을 다시 사용할 수 있는지를 나타낸다.
③ 주파수 재사용 계수가 낮을수록 셀 내의 통화채널 수는 증가
④ 주파수 재사용 계수 $K = I^2 + IJ + J^2$
  I : 동일주파수를 사용하는 셀까지의 가로 축 셀 개수
  J : 동일주파수를 사용하는 셀까지의 세로 축 셀 개수

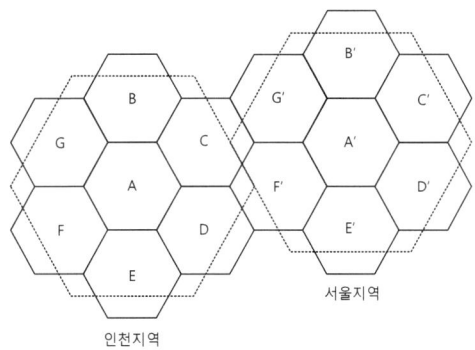

그림 주파수 재사용 예(I=2, J=1, K=7)

⑤ A'는 A와 같은 주파수를 사용하며 K=7이므로 7개의 주파수를 동시 사용 가능

(3) 주파수 재사용 계수 변화 요인
① 동일 채널 기지국의 수
② 지형적 특성
③ 안테나의 높이
④ 기지국의 송신 출력

(4) 주파수 재사용 거리

① 주파수를 재사용할 수 있는 거리는 주파수 재사용 패턴에 따라 다르다.
② 주파수 재사용 거리는 $D = \sqrt{3K}R$로 계산된다.
③ 셀의 반경(R)은 한 기지국에 의해 서비스가 가능한 수신지역 반경이다.

표 주파수 재사용 패턴

k	i	J	D/R	K증가
3	1	1	3	↓
4	2	0	3.5	동일 채널 간섭 감소
7	2	1	4.6	
9	3	0	5.2	↓
12	2	2	6	스펙트럼 효율 감소
19	3	2	7.6	

(5) K의 증가에 따른 문제점

① D가 증가하면 그만큼 동일 채널 간섭이 발생할 가능성은 감소된다.
② 이론적으로 K의 값은 큰 것이 바람직하지만 할당된 총 채널의 수가 한정되어 있기 때문에 K의 값이 크면 기지국 당 할당 채널 수는 적어지고 채널에 대한 중계선 효율도 떨어진다.
③ 셀룰러 무선 환경의 개선과 주파수 재사용 효율의 증가를 위한 지향성 안테나 시스템(Directional/Sectorized Antenna)사용한다.

5. 주파수 공용 방식

(1) 개요
① 주파수 공용 방식은 단일 채널의 업무용 무전기와 달리 여러 개의 채널을 가입자가 공동으로 이용하여 채널을 효율적으로 공용하는 무선 통신 방식이다.
② 사용자가 PTT(Push-To-Talk) 스위치를 누르면 다수 채널 중 사용하지 않는 채널이 자동으로 접속되므로 채널 사용 여부 확인이 불필요하다.
③ 신속한 통화가 가능하여 일명 퀵-콜(Quick-Call) 서비스라고도 하며 미국의 TRS(Trunked Radio System) 일본의 MCA(Multi Channel Acess) 유럽의 PMR 방식 등이 있다.

(2) 원리
① 유선 통신망에서 Trunk 개념을 도입하여 통화 기간 중에 음성 신호가 존재하는 시간은 약 40%정도 밖에 되지 않으므로 신호가 존재할 때만 채널을 할당하는 방식이다
② 다수의 사용자 그룹이 한정된 주파수 자원을 자동적으로 공유하게 하는 방식으로 주파수 이용효율을 높일 수 있다.
③ PSTN방식과 비교 시 송수신기는 전화기 세트, 트렁킹 시스템은 교환 장치, 전화 회선은 무선 채널로 볼 수 있다.

(3) 호출 통화의 종류
1) 일제 호출
모든 단말기를 동시에 호출
2) 그룹 호출
소속 그룹 내 단말기 동시호출
3) 선택 호출
필요한 단말기 중 선택적으로 호출
4) 개별 호출
1대씩 개별적으로 호출(다이얼 번호 호출)
5) 비상 호출
긴급 통신

(4) 특징

① 통화중에는 채널을 전용하므로 통화 품질이 양호하며 잡음, 혼신이 없다.
② 통화 내용의 보안성 유지 가능하다.
③ 통화 폭주 시 예약 등록이 가능하다.
④ FAX, 데이터 전송이 가능하다.
⑤ 중앙 제어국을 공동 이용하므로 경제적인 운용이 가능하다.
⑥ 주파수 공용을 위하여 통화 시간이 제한된다.(1, 2, 3분)
⑦ 다양한 통신 기능을 가지고 있다.(일제 통화, 그룹 통화, 개별 통화, 긴급 통화 등)
⑧ 동일 소속 가입자간 통신방식으로 많이 사용된다.(운수업, 제조 및 서비스업, 건설 현장, 경비업체, 연안 선박, 경찰통신)
⑨ 통화 서비스 반경은 대존(ZONE)방식으로 넓다.(20~30[km])

6. DS-CDMA(IS-95A)

(1) 개요
DS-CDMA는 Qualcomm에서 제안한 무선접속방식으로써 코드분할 대역확산방식을 사용하고 사용자가 같은 주파수를 공용으로 사용할 수 있는 음성전화 위주의 이동통신방식이다.

(2) DS-CDMA 특징
① Direct Sequence, Very Slow Long Code 방식
② 1.25MHz 확산대역
③ 효율적인 변조 방식과 강력한 부호화(Convolutional Code, Viterbi 알고리즘, QPSK 방식 사용)
④ Pilot 채널 공유(동기화, 채널 측정, 핸드오프 등)
⑤ 다중 경로 이용(Rake Receiver 사용)
⑥ Soft, Softer Handoff(Make before Break)
⑦ 전력 제어
⑧ 가변 데이터율의 Vocoder(1.2~9.6Kbps)
⑨ AMPS와 CDMA 공존 가능

(3) CDMA 통신방식
CDMA는 기지국이 단말기와 한 개의 주파수로 통신할 때 신호 채널을 PN에 따라 64개로 구분하고 기지국에서 단말기로 통신하는 순방향 채널과, 단말기에서 기지국으로 통신할 때 사용되는 역방향 채널로 나뉜다.

1) 순방향 링크(기지국에서 이동 단말기로의 접속)에서 사용되는 채널
① 1개의 파일롯 채널(Pilot Channel)
② 1개의 동기 채널(Sync Channel)
③ 7개의 호출 채널(Paging Channel)
④ 55개의 통화 채널(Traffic Channel)

2) 역방향 링크(이동 단말기에서 기지국으로의 접속)에서 사용되는 채널
① 접속 채널(Access Channel)

② 통화 채널(Traffic Channel)

3) 채널 구분
① 순방향에서는 왈시코드(Walsh Code)로 채널 구분
② 역방향에서는 긴 코드(Long Code)로 구분

(4) 순방향 통화채널 (Forward Link)

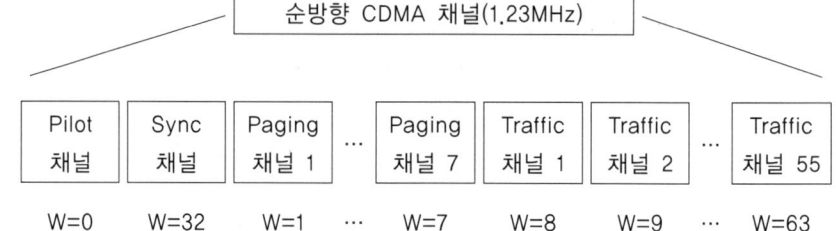

CDMA 순방향 채널 구조

(5) 역방향 통화채널 (Reverse Link)

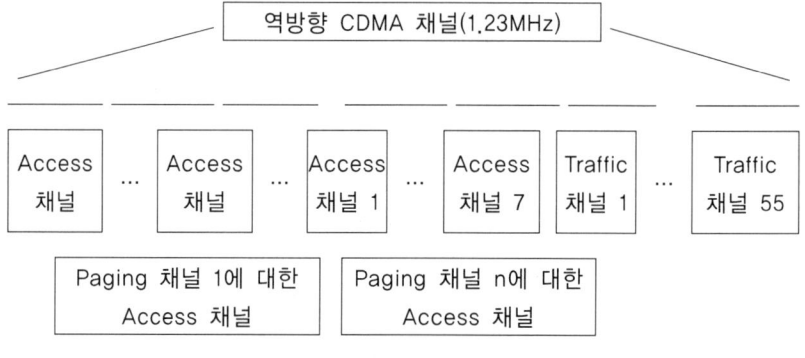

CDMA 역방향 채널구조

7. CDMA2000 1X

(1) 개요
① 이동전화의 데이터 전송용량과 무선 가입자의 인터넷 이용 급증
② IS-95A는 회선교환모드이고 IS-95B, CDMA 2000 1x는 패킷 교환 모드이다.

(2) 무선데이터 서비스
1) IS-95A : 14.4Kbps
2) IS-95B : **평균 64Kbps, 최대 115Kbps**
3) CDMA 2000 1x : 144Kbps

(3) 상호비교

구분	IS-95A	IS-95B	IS-95C (cdma 2000 1x)
시스템용량	1	1	2
단말기 대기시간	1	1.3~1.5	3
데이터통신효율	1	1~4	1~100
데이터 송신속도	14.4Kbps	64Kbps	144/384Kbps
데이터 수신속도	14.4Kbps	14.4Kbps	144Kbps
교환모드	회선	회선/패킷	패킷
데이터이동성	Simple IP	Simple IP	Simple/Mobile IP
동영상통화	불가	불가	가능
제공서비스	저속데이터, SMS, VMS	중속데이터, 정지화상	고속데이터, 동영상

8. CDMA2000 1x EV-DO(HDR)

① Cdma2000 1x EV DO는 Evolution Data Only의 약칭인 동기식 데이터 이동통신 방식이다.
② 데이터 전송에 한해 고속전송이 가능해 "DO"라는 이름이 붙여졌으며 HDR(High Data Rate)이라고도 한다.
③ CDMA기술을 이용하여 퀄컴이 개발한 패킷 무선 데이터 전송 신기술로서 IS95A, B를 모두 수용하는 메가급 고속데이터 전송이 가능한 순방향으로 최대 2.4Mbps이며 역방향은 307.2Kbps의 전송속도를 가진다.
③ HDR은 기존 IS-95망에서 Data Core Network을 통한 데이터 전용 인터넷을 연결하는 것으로, 3세대망에서도 데이터 전송속도를 기존 속도와 동일하게 지원할 수 있다.

구분	cdma2000 1x	cdma2000 1x EVDO
속도	144Kbps	2.4Mbps
서비스	음성, 동영상	초고속데이터(음성도 가능)
이동성	제한적	제한적
주파수	셀룰러-800MHz PCS-1.9GHz	셀룰러-800MHz PCS-1.9GHz
시기	2000.10.1	2002.1.28
서비스	무선동영상 포토메일	고품질 무선동영상 화상전화 멀티미디어 메시지

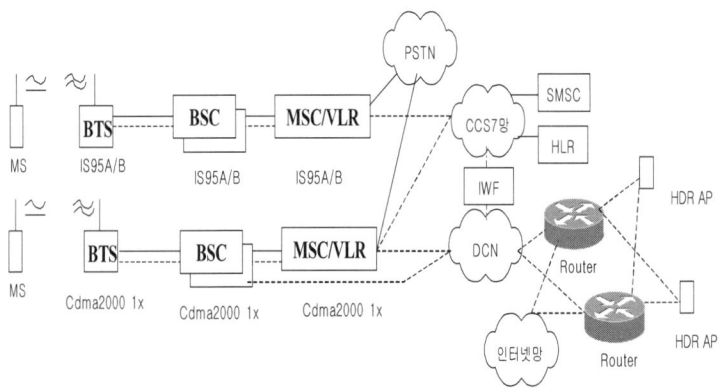

그림 CDMA2000 1xEVDO 네트워크 구조

9. WCDMA와 HSDPA

(1) 개요
① 고정통신망에서 IP기반의 트래픽 규모는 이미 회선 기반의 트래픽 규모를 추월하였으며 이러한 추세는 이동통신망에서도 반영되고 있다.
② HSDPA기술은 기존의 비동기 IMT2000 표준의 진화단계에서 위치하는 방식으로 하향 링크에서 고속 데이터 전송을 위해 추가된 접속기법이다.
③ 기존 WCDMA 방식에서 최대 Data Rate가 2Mbps였던 것을 14Mbps로 표준화시킨 것이 가장 큰 특징이다.

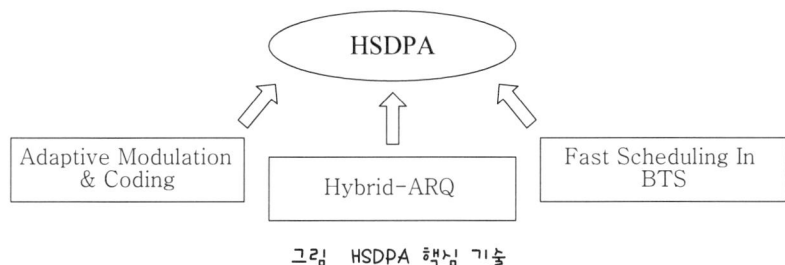

그림 HSDPA 핵심 기술

(2) 주요기술

1) AMC(Adaptive Modulation and Coding)
① 무선채널의 상황에 따라 변조방법 및 오류정정부호의 부호율을 가변시키는 방법이다.
② 보강 페이딩(Constructive Fading)일 때 전송하고, 상쇄 페이딩(Destructive Fading)일 때 전송을 하지 않고, 전송할 때도 채널 상황에 따라 변조방식을 변화시켜 무선채널에 적응하여 전송한다.
③ 멀티미디어 데이터는 서비스의 종류에 따라 다양한 전송률, 다양한 전송 품질 등을 요구하므로 기존의 음성 위주의 서비스 제공과는 다른 개념의 링크 적응 기법이 요구된다.
④ 전력제어의 경우 전송전력을 채널에 따라 변화하지만, AMC는 채널의 특성에 따라 적절한 전송률을 결정하여 전송하므로 기본적으로 전송 전력은 고정된다.
⑤ AMC의 지원을 위해서는 단말기의 수신 SIR에 대한 정보를

기지국이 알고 있어야 하며 단말의 수신품질을 송신 측에 전달하기 위해 CQI(Channel Quality Indicator)라는 인덱스를 사용한다.

2) H-ARQ(Hybrid-ARQ)

① 오류 제어 알고리즘은 크게 재전송(ARQ)과 오류 정정(Forward Error Correction) 두 방식으로 분류될 수 있다.

② 재전송은 OSI 모델의 데이터 링크 프로토콜(Data Link Protocol)에서, 오류 정정은 물리 계층(Physical Layer)에서 이루어진다.

③ H-ARQ란 재전송과 오류 정정을 결합하여 오류를 제어하는 기술이다.

④ 최근, 무선 인터넷 패킷처럼 버스트하게 발생하는 성질을 지닌 패킷 데이터 서비스를 준비하는 시스템에서 처리율을 향상시키기 위해, H-ARQ기술을 도입하고 있다.

⑤ 수신된 데이터에 에러가 존재하는 경우, 에러를 수정하지 않고 재전송에 의해 데이터 수신 성공률을 높이는 재전송 방법과 수신된 에러를 정정하는 오류정정채널코딩을 결합시키는 방법이 있다.

3) Node-B Scheduling (=Fast Scheduling In BTS)

① 무선 자원의 효율적인 사용을 위해 UMTS시스템은 RRC(Radio Resource Control) 프로토콜을 사용한다.

② RRC는 사용자 및 데이터에 대한 효율적인 자원 분배를 수행하기 위해 사용되며, 무선 접속망의 RNC(Radio Network Controller)에 위치한다.

③ RNC는 여러 개의 Node-B를 제어하며, 여러 Node-B로부터 수신된 정보를 이용하여 자원 할당 및 조정 기능을 수행한다.

④ RRC가 RNC에 위치하는 것은 네트워크상의 지연을 발생시키며, 빠르게 변화하는 채널 환경에 적응하는데 어려움이 있다.

⑤ 패킷 전송은 매우 Burst한 특성을 가지므로 이러한 패킷 전송에 적응하기 위해서도 빠른 적응 방식이 요구된다.

⑥ 이러한 문제의 해결을 위해 HSDPA에서는 기존에 RNC에 존재하던 스케줄링 기능을 Node-B의 MAC로 이전하였으며, 전송의 단위를 기존의 10ms에서 2ms로 줄여 패킷 전송 특성에 효과적으로 적응하도록 하였다.

10. WiBro

(1) 개요
① 다양한 휴대단말을 통해 정지 및 이동 중에도 언제, 어디서나 고속으로 무선 인터넷 접속이 가능한 서비스
② 실내의 유선 초고속인터넷 서비스를 실외에서 이동중에도 사용할 수 있도록 확장하는 개념

(2) 특징

특징	설명
이동성	- 이동간에 무선인터넷 접속(60km/h)- 사업자간, 장비간로밍 지원
효율성	- 다중 접속방식 OFDMA- 주파수 재사용 1- TDD(Time Division Duplexing)
고속성	- 상향 6Mbps, 하향 18Mbps- 채널 대역폭 : 9Mhz 이상
서비스	- 편리성, 다양한 부가서비스- 다양한 단말 지원(PDA, 노트북, 휴대폰)

(3) 구성

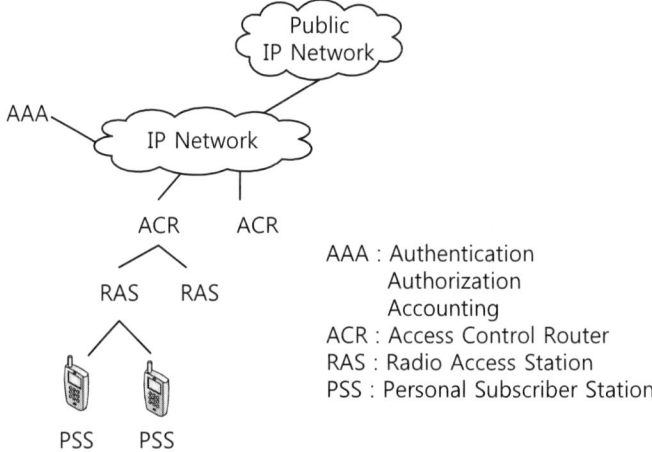

그림 WiBro의 구성

표 WiBro의 구성요소

구분	내용
기지국	- 휴대인터넷 무선접속, 관리 및 제어기능 - 핸드오프, 인증, 보안, QoS 제공 - 하향 링크 멀티캐스트, 채널다중화 - 패킷 스케줄링 및 트래픽 제어
제어국	- 휴대용 단말 (노트북, PDA, 스마트폰, 핸드폰) - IP 라우팅 및 이동성 관리 기능 - ACR 내의 RAS간 이동성 제어 기능
단말	- 휴대인터넷 무선 접속기능 - IP기반 서비스 접속기능 - 기지국과 핸드오프 조정, 멀티캐스트 서비스 수신

(4) 유사 서비스 비교

구분	Wi-Fi	WiBro	HSDPA	WCDMA
표준	IEEE802.11	IEEE802.16e	3GPP R5	3GPP R99
범위	50~100m	5km	전국	전국
전송속도	3~4Mbps	3Mbps	14Mbps	2Mbps
주파수	2.4GHz	2.3GHz	2GHz	2GHz
이동성	불가	60km/h	200km/h	200km/h

11. LTE(Long Term Evolution)

(1) 개요
① LTE는 데이터 전송효율 향상, 효율적인 주파수 자원이용, 이동성 제공, 낮은 지연, 패킷 데이터 전송에 최적화되고, 서비스 품질 보장 등을 제공하는 이동통신 기술이다.
② 4G 기술로는 LTE-Advanced와 Wibro에 기반한 802.11m (Mobile Wimax-Advanced)기술이 있으나 규모의 경제성 차원에서 GSM/WCDMA를 기반으로 한 LTE기술이 시장을 점유하고 있다.

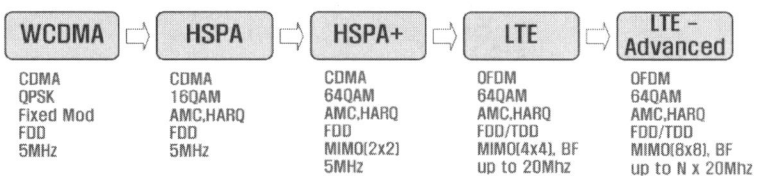

그림 비동기식 이동통신시스템의 발전

(2) LTE 기술 특징
① 하향링크 - OFDMA
② 상향링크 - SC-FDMA(Single Carrier FDMA)
③ 최대 20MHz의 가변적인 대역폭 사용(1.4/3/5/10/15/20MHz)
④ FDD와 TDD 동시 지원(FDD방식이 대세)
⑤ 변조방식 - QPSK,16QAM,64QAM
⑥ 10ms PHY frame, 1ms TTI.
⑦ 접속망에서 노드의 수를 최소화하기 위하여 HSPA의 RNC제거
⑧ 다양한 다중 안테나 기술 사용 - 2x2, 4x4 MIMO, 빔포밍(Beamforming), STC 안테나 다이버시티 등
⑨ 셀간 간섭제거를 위한 기술사용 - FFR, ICIC, CoMP

(3) 4G 핵심기술
1) OFDM (Orthogonal Frequency Division Multiplexing) 기술
① OFDM은 상호 직교성을 갖는 협대역 복수의 반송파를 사용하여 주파수 이용효율을 높이고 고속의 전송속도를 구현하는 변조 기술

② 간단한 단일탭 등화기로 고속전송 시 급격히 증가하는 심볼 간 간섭의 보상이 가능하며 FFT를 이용하여 고속으로 구현할 수 있기 때문에 고속데이터 무선통신에 적합하다.

2) MIMO(Multiple Input Multiple Output)
① 이동통신환경에서 다수의 안테나를 사용하여 데이터를 송,수신하는 다중 안테나 신호처리시스템
② 송신단에서 M개의 안테나를 배열하고 수신단에도 M개의 안테나를 배열하여 전송 다이버시티 효과를 얻거나 M배의 고속 데이터 전송률 을 얻을 수 있다.

3) 스마트 안테나 기술
① 안테나 배열과 전파방향을 제어할 수 있는 디지털 신호처리 기술을 복합적으로 활용하여 구현되는 Beam Forming 기술
② 기지국을 증설치 않고 이동통신 가입자 용량 및 통화품질을 향상시킬 수 있다.
③ 스마트 안테나기술은 원하는 가입자의 방향으로 전파를 집중시키고 타 가입자의 간섭신호는 저하시켜 송수신함으로써 이동통신 가입자 용량 및 통화품질을 향상시킬 수 있다.

4) SC-FDMA(Single Carrier Frequency Division Multiple Access)
① OFDMA(Orthogonal Frequency Division Multiple Access) 방식은 높은 주파수 이용효율과 주파수선택성 페이딩에 강인한 특성을 가지고 있어 차세대 이동통신을 위한 다중접속 방식으로 고려되고 있다.
② 그러나 PAPR(Peak-to-Average Power Ratio)이 높은 단점을 가지고 있어 LTE상향링크 시스템을 위하여 OFDMA의 단점을 보완한 방법인 SC-FDMA가 사용되고 있다.
③ LTE상향링크 시스템에서 SC-FDMA방식을 사용하면 PAPR(Peak-to-Average Power Ratio)이 약 3dB 정도 감소되어 휴대 단말의 전력증폭기를 효율적으로 사용할 수 있게 해 배터리 수명을 연장시켜 줄 수 있다.

5) SDR기술
① 첨단 디지털 신호처리 기술과 시스템 소프트웨어 기술 및

고성능 디지털 신호처리 소자를 기반으로 하드웨어 수정 없이 모듈화된 소프트웨어 변경만으로 단일 송수신 시스템을 통해 다수의 무선 통신규격을 통합 수용하기 위한 무선접속 기반 기술

② 필요한 소프트웨어를 다운로드 받아서 원하는 기능을 수행하거나 성능을 변경할 수 있다.

6) 릴레이(Relay) 기술

릴레이(Relay) 기술은 고속데이터전송을 위한 커버리지 확장과 셀 경계(Cell Edge)에서의 전송률 향상 목적으로 사용

7) 반송파집적기술 (Carrier Aggregation, Bandwidth Extension)

① 요구하는 고속의 데이터 전송률을 만족시키기 위하여 요소반송파(Component Carrier)를 묶어서 대역폭(Bandwidth)를 확장하는 기술

② 요소반송파들을 최대 5개까지 묶어서 사용하면 최대 100MHz까지의 대역폭을 가지는 것으로 확장할 수 있다.

8) ALL IP 기술

① 기존의 IPv4에서는 32비트로 주소가 부족하여 DHCP, CIDR, NAT과 사설IP 기술 등으로 해결하여 왔으나 근본적인 해결책은 되지 못한다.

② IPv6에서는 128비트 주소을 갖고 있어 거의 모든 유무선망에 IP기술 도입이 가능하다.

9) 코딩 및 변조 기술

① QAM(Quadrature Amplitude Modulation)방식은 PSK 보다 주파수 효율이 높으나 선형 증폭기가 필요하며 위상과 진폭에 왜곡을 가져오는 다중 경로 페이딩 채널에서 신호 처리가 복잡해지므로 3G 시스템에서 사용 기피해 왔다.

② 최근 회로성능의 발전, RF Transceiver의 소형화, 고속 데이터 전송의 요구로 4G에서는 QAM 변조방식이 사용되고 있다.

③ 채널 코딩은 터보코드, LDPC(Low density parity check), Trellis coded modulation, Space-time coding 등이 사용

10) Link adaptation

① 채널 상태의 변화에 적합하게 전송 파라미터를 변화시키는 AMC, H-ARQ,기술로 전송률과 주파수 효율을 증가시키는 것이 목적

② 전력제어방식은 3세대 CDMA방식에서 주로 사용된 Link adaptation기술이라면, AMC기술은 데이터 서비스의 효율 극대화를 위하여 사용된 3.5세대인 HSDPA 부터 사용된 Link adaptation기술이다

(5) 기술 비교

구분	LTE	4G LTE-Advanced	WiBro Evolution
듀플렉스 모드	FDD/TDD	FDD/TDD	TDD/FDD
멀티플 액세스(D/L)	OFDMA	OFDMA	OFDMA
멀티플 액세스(U/L)	SC-FDMA	OFDMA, SC-FDMA	OFDMA
BW	1.4/3/5/10/15/20MHz	5/10/20/80/100MHz	5/7/8.75/10/20MHz
최고속도(D/L)	100Mbps	1Gbps(정지) 100Mbps(보행)	400Mbps
최고속도(U/L)	50Mbps	500Mbps	100Mbps
이동성	~350Km	~500Km	~350Km
변조방식	64QAM	64QAM	64QAM
안테나	4x4 MIMO	8x8 MIMO	2x2 MIMO

12. 이동통신 중계기

(1) 개요
① 전계강도가 부족하여 부분적인 음영지역을 커버하기 위해 기지국 신호를 재 증폭 하여 주는 장비로 이동통신 무선망 설계의 일반적인 방법이다.
② 중계기는 RF신호를 제 3의 전송 매체를 통해 원하는 원격 지역에 전송하여 다시 RF 신호로 재생하는 방식이다.
③ 중계기는 크게 옥외 중계와 옥내 중계기로 나누어 볼 수 있다.

(2) 옥외중계기
1) 광 중계기

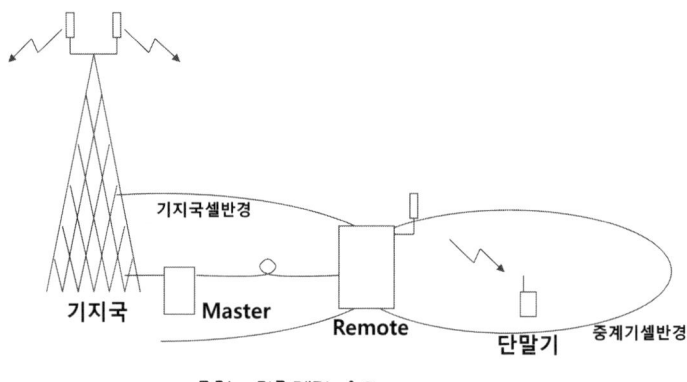

그림 광중계기 용도

① 기지국의 RF신호를 광신호로 변환한 뒤에 광 선로를 따라 원하는 원격 지역으로 전송 후, 다시 RF 신호로 변환하여 LPA를 거쳐 안테나로 송신하는 방식이다.
② 장점은 안정된 광 선로에 전송되므로 품질이 우수하고 안정적인 특성을 갖는다.
③ 디지털광중계기는 많은 장점이 있으나 광선로 자체의 전송 지연이 큰 단점이 있다.
④ CDMA, WCDMA은 Window Size가 커서 문제시되지 않으나 WiBro를 비롯해 이동통신이 4G로 이동하면서 OFDM을 사용하게 되고 이에 대한 CP가 작아 반드시 기지국에서 Time Advance기능이 구현되어야 한다.

⑤ 국내 장비는 이 기능이 적용되어 있으나 외국장비나 LTE의 경우 많은 고려가 필요하다.

⑥ 디지털광중계기는 전송지연이 크고 가격이 고가이며 매달 광선로 임대료를 지불해야 하는 문제가 있어 기지국의 원격 RF인 RRH(Remote RF Hub)방식으로 대체될 것으로 보인다.

2) 주파수변환 중계기

① 기지국의 RF 신호를 사용하지 않는 빈 FA 신호로 변환하여 안테나로 전송한 후 원격지에서 수신하여 다시 원래의 주파수 신호로 변환하는 중계기

② 입, 출력 안테나 간의 주파수가 다르기 때문에 근본적으로 발진이 방지된다.

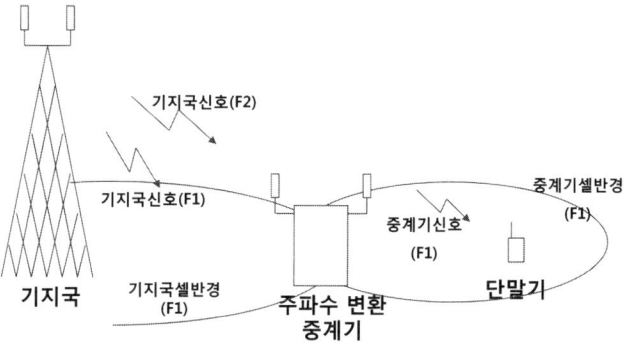

그림 주파수변환중계기 용도

3) 주파수 비변환 중계기

고립된 지역에서만 사용가능

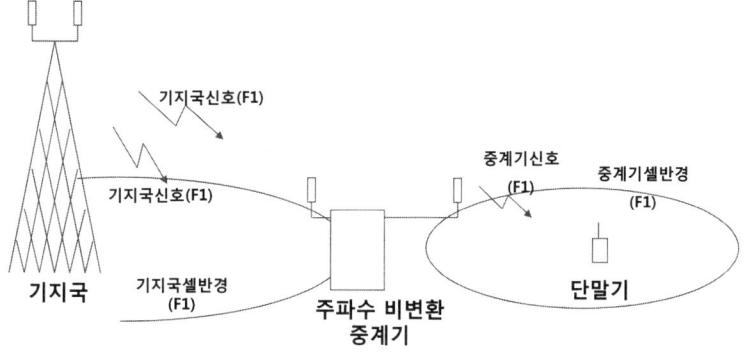

그림 주파수 비변환 중계기 용도

4) M/W 중계기

① 기지국의 RF 신호를 8GHz, 18GHz 등의 M/W 주파수로 변환하여 전송 후 원격지에서 다시 RF 신호로 변환하여 안테나로 송신하는 방식이다.

② 장점은 M/W의 넓은 대역사용이 가능하기 때문에 도심의 다중 FA 수용이 가능하다.

③ 단점은 M/W 구간 사이에 LOS확보가 필요하고 매달 무선사용료가 지불된다.

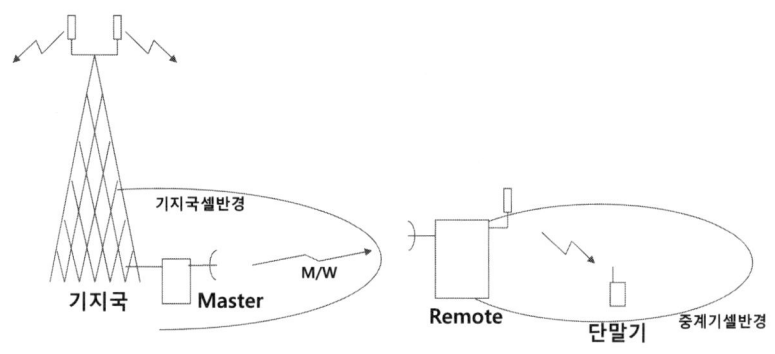

그림 M/W 중계기 용도

5) 레이저 중계기

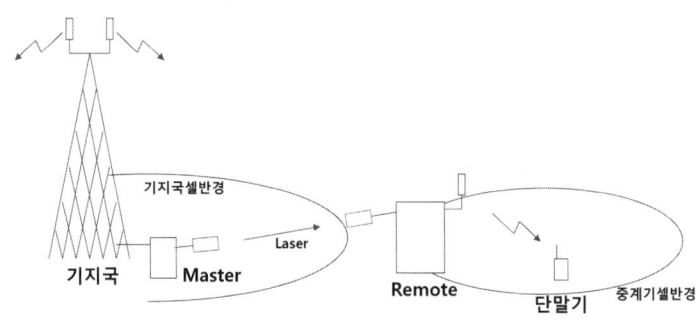

그림 레이져중계기 용도

① 기지국 RF 신호를 레이저 신호로 변환하여 전송 후, 원격지에서 수신하여 다시 RF 신호로 변환해 안테나로 송신하는 방식이다.

② 주파수 사용허가가 불필요한 장점이 있지만 안개나 폭우 등의 날씨 변화에 민감하게 반응하며, 레이저 구간 사이에 LOS 확보 및 레이저 빔 포커스 유지 등의 어려움이 있다.

(3) 지하 및 옥내중계기

1) LCX중계기
① 옥외신호를 수신하여 옥내에서 LCX로 증폭
② 동축케이블의 Slot을 통해 전파를 방사
③ 2.4GHz 이내, 15m 반경 가능
④ 터널에 적당하고 시설비가 크다.

2) 광분산중계기
① 외부 RF신호를 증폭 및 광 신호로 변환하여 확장 HUB로 송신
② 약 1km까지 확장 가능
③ 광선로간 신호의 열화가 없어 품질 우수

3) IF 분산 중계기
① 기지국으로부터 수신을 수신하여 IF신호(5MHz)로 RU에 제공
② IF신호를 RF신호로 변환하여 방사
③ 고가의 비용

4) 소형 중계기
① 외부 안테나로부터 RF 신호 수신
② 긴 통로구간 또는 정방형 실내 시설에서 전파방사
③ 좁은 공간의 지하 또는 건물에 적합

13. ICS(Interference Cancellation System)

① RF중계기는 값이 저렴한 대신에 발진문제를 고려하여야 하므로 옥외에서 고출력으로 송신이 어려움이 있다.
② 광중계기는 고출력으로 송신할 수 있는 반면 Master와 Slave로 장비가 나뉘어져 있고 이를 광케이블로 연결하여야 하므로 장비도 고가이고 광선로 임대료에 대한 유지비도 필요하다.
③ RF중계기에 있어서 발진 문제를 해결하고 고출력으로 송신할 수 있는 중계기가 필요하여 ICS(Interference Cancellation System) 중계기가 개발되었다.

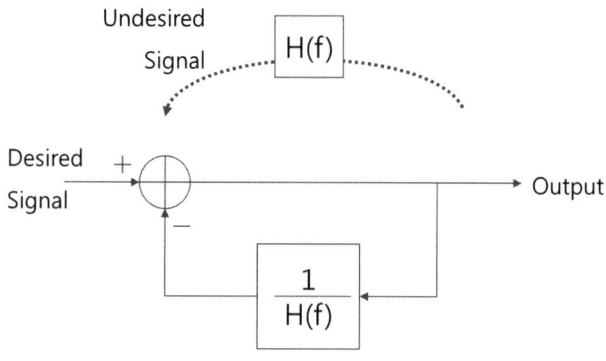

그림 ICS 중계기

④ ICS 중계기는 기지국으로부터 수신된 신호(Desired Signal)와 출력이 궤환되어 돌아오는 신호(Undesired Signal)가 동시에 수신된다.
⑤ 중계기 내부에서는 DSP(Digital Signal Processing)기술을 이용하여 궤환된 신호에 포함된 채널 함수 ($H(f)$)의 역함수($1/H(f)$)를 구하여 궤환신호를 제거해준다.

14. MMR(Mobile Multi-hop Relay)

① WiMAX, LTE 등의 경우 페이딩 허용시간이 작아 ICS 중계기 도입이 어려움이 있다.

② 송수신 시간을 달리하여 간섭이 없어 고출력 서비스 할 수 있는 MMR(Mobile Multi-hop Relay)이 개발되었다.

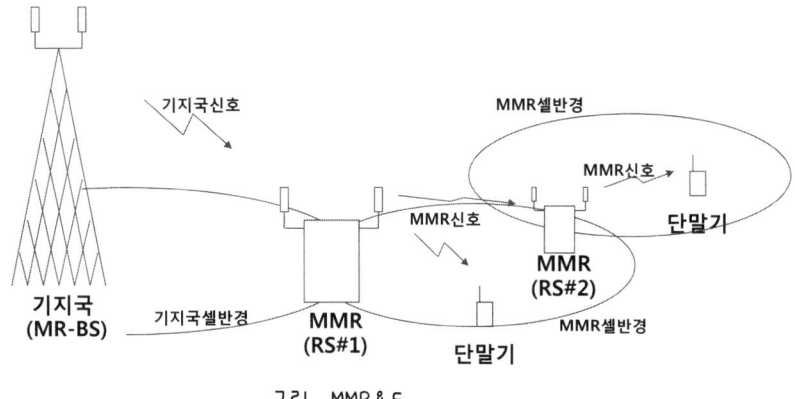

그림 MMR용도

⑤ MMR이란 국제표준화 회의인 IEEE802.16j에서 2009년 12월 표준으로 발표할 표준으로써 현재 휴대인터넷 표준인IEEE802.16e를 근간으로 음영지역을 해소(Coverage Extension)하고 이동(Mobile) 단말에게 고속의 데이터를 제공(Throughput Enhancement) 하기 위해 기존 중계기 대신 송수신신호 시간을 달리하여 궤환 신호의 간섭 고려 없이 고출력으로 송신할 수 있는 Cascade형(Multi-hop) 중계시스템(Relay)이다.

15. Femto Cell

① 펨토셀은 실내 환경에서 '서비스 커버리지 확대' + '서비스 용량 확대'를 제공하고, 가격도 저렴한 솔루션에 대한 요구가 높아지고 있는 시점에 출현한 유무선 통합 솔루션이다.

② '펨토셀'이란 가정 내 설치되는 초소형 기지국을 의미하는 것으로 10^{-15}를 의미하는 펨토(Femto)와 이동통신 단위 서비스 지역을 의미하는 셀(cell)의 합성어이다.

③ 펨토셀은 반경 30m정도의 커버리지를 가지는 소출력의 AP(Access Point)들로 구성되는데, 이 펨토 AP들은 비면허 대역을 사용하는 WiFi와 달리 허가주파수대역을 사용한다.

④ 즉, 허가받은 주파수대역을 이용하여 표준단말과 연결되기 때문에, 실내에서 WiFi를 사용할 경우에 요구되는 DBDM(Dual Band Dual Mode) 단말과 같은 특별단말이 아닌, 기존 매크로망에서 사용하는 단말을 그대로 실내에서 사용할 수 있다는 장점이 있으며 펨토 AP들은 DSL(Digital Subscriber Line) 또는 케이블망을 통해 손쉽게 사업자망에 접속된다.

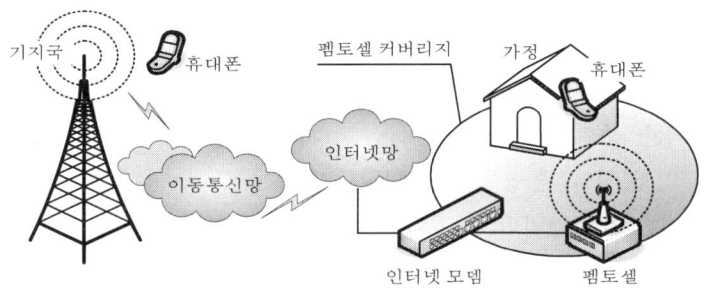

그림 펨토 셀

⑤ 펨토셀은 단순히 전파를 중계하는 무선랜 중계기가 아니라, 이동통신망 기지국과같이 일정한 용량을 가지고 이동전화 접속을 한다는 점에서 차이가 있다.

⑥ 기존의 단말기를 이용해 실외에서는 이동통신망에 접속하며, 실내로 이동하였을 경우 펨토셀 장비를 통해 인터넷망을 경유해 이동통신망에 접속할 수 있다.

16. 스펙트럼 확산 통신방식

(1) 원리
① 스펙트럼 확산 통신방식은 통신의 비밀유지와 전파 방해로부터 보호하기 위한 기술로 출발하였다.
② 샤논(C. E. Shannon)의 정리에 따르면 통신 용량 C[bps]는 $C = W\log_2(1 + S/N)$ [bps]에서 간섭, 잡음, 페이딩 등으로 S/N이 작아지더라도 대역폭 W를 넓게 하면 정보 전송이 가능한 것이 스펙트럼 확산 통신방식이다.
③ 스펙트럼 확산 통신방식은 다수의 사용자에게 자기상관(auto correlation)이 크고 상호상관(cross correlation)이 작은 성질을 가지는 독립적인 고유 코드를 부여함으로써 확산 변조와 다원 접속을 할 수 있다. 이러한 스펙트럼 확산 다원 접속방식을 CDMA(code division multiple access)라고 한다.

(2) 대역 확산 전송 과정
① 음성 데이터는 부호화 과정을 거쳐 협대역을 가지는 송신신호로 변환된다.
② 협대역 송신 신호를 확산부호를 사용하여 광대역으로 확산시킨다.
③ 확산된 신호는 광대역에 걸쳐 약한 전력 스펙트럼을 갖게 되며 무선 채널을 통과 하면서 백색 잡음, 간섭 등이 첨가되게 된다.
④ 수신측에서는 송신측과 동일한 확산부호로 수신신호를 역확산시킨다.
⑤ 역확산과정을 거치면서 첨가된 잡음, 간섭은 더욱더 광대역으로 확산되고 희망신호는 잡음, 간섭성분보다 확산이득만큼 커지게 된다.
⑥ 최종적으로 복호화 과정을 거쳐 음성 데이터를 재생시킬 수 있다.

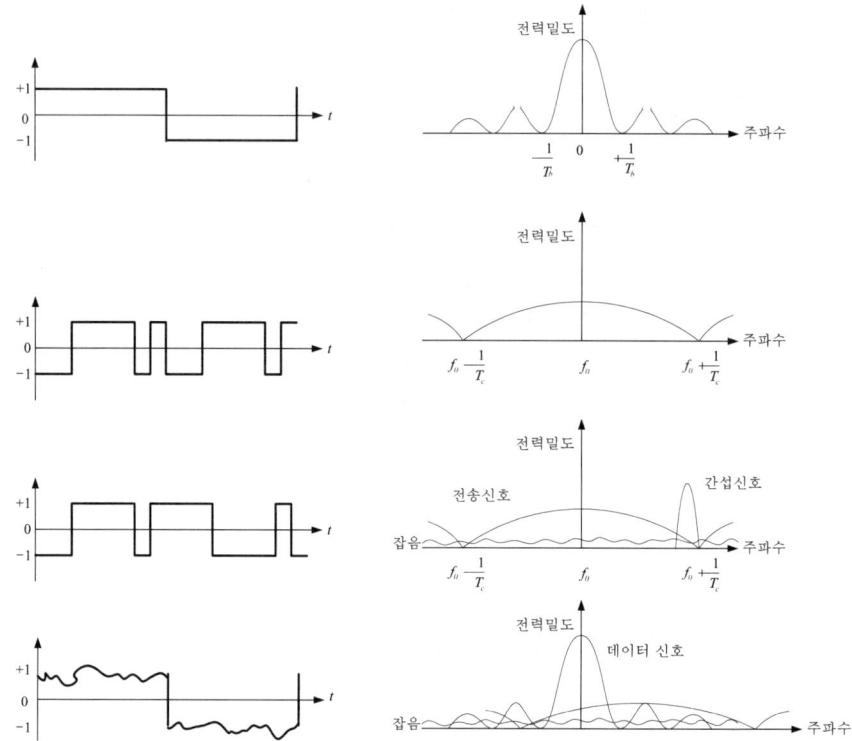

그림 대역 확산 통신방식의 각부 파형과 전력 스펙트럼

(3) CDMA 방식의 특징

1) 장점

① 가입자 수용 용량이 크다.

동일한 시간에 동일한 주파수를 많은 셀에서 사용할 수 있으므로 기존 아날로그 방식보다 수용 용량을 10배 이상 높일 수 있다.

② 고품질의 서비스 제공이 가능하다.

CDMA에서는 다중 경로 신호를 각각 분리하여 양호한 신호를 선택 사용하므로 아날로그 방식보다 품질이 우수하고 핸드오프 시 통화의 절단이 없는 소프트 핸드오프 방식을 사용하므로 통신의 품질이 양호하다.

③ 통화의 보안성이 우수하다.

아날로그 신호의 디지털화에 따른 암호화, 광대역 방식에 따른 도청의 한계, 사용자 마다 PN(Pseudo Noise) 코드 사용에 의한 암호화 등으로 인해 통화 비밀을 유지할 수 있다.

④ 멀티미디어 서비스 제공이 가능하다.

단문 메세지 등의 다양한 부가서비스와 데이터 파일, 동영상까지 전송할 수 있게 되어 어느 곳에서나 멀티미디어 서비스를 받을 수 있다.

⑤ 장비의 소형 경량화와 낮은 소비전력

ASIC칩을 사용하여 소형, 경량화 할 수 있어 소비 전력이 아날로그방식에 비해 1/3 수준이다.

⑥ 주파수 계획이 간단하다.

CDMA 시스템은 인접 셀이나 섹터(Sector)에서도 같은 주파수를 사용하므로 주파수 재배치 같은 문제가 발생하지 않아 주파수 계획이 간단하다.

이에 비해 아날로그 시스템은 C/I를 18dB로 맞추어 주기 위해 인접 셀에서는 같은 주파수를 사용할 수 없어(K=7) 주파수 계획이 복잡하다.

2) **단점**

① 송수신 시스템구성이 복잡하다.
② 광대역 주파수 대역이 필요하다.

17. 스펙트럼 확산 변조의 종류

CDMA 대역확산 방식에서는 대역을 확산하는 방법에 따라 다음과 같이 분류할 수 있다.
① 직접 시퀀스 CDMA 또는 DS-CDMA(Direct Sequence CDMA) 방식
② 주파수 도약 CDMA 또는 FH CDMA(Frequency Hopping CDMA)방식
③ 시간 도약 CDMA 또는 TH CDMA(Time Hopping CDMA)방식
④ 첩(chirp) 방식
⑤ 혼합 방식(Hybrid)

(1) 직접확산(DS : Direct spread) 변조방식

1) 개요

전송하고자 하는 신호보다 발생주기가 빠른 확산코드 (PN Codes)로 신호대역을 확산시킨 후 확산된 신호에 대응하여 반송파의 진폭, 위상 혹은 주파수를 변화시켜 전송하는 방식으로 현재 서비스되고 있는 CDMA 이동통신 시스템에서 적용하고 있다.

2) 구성

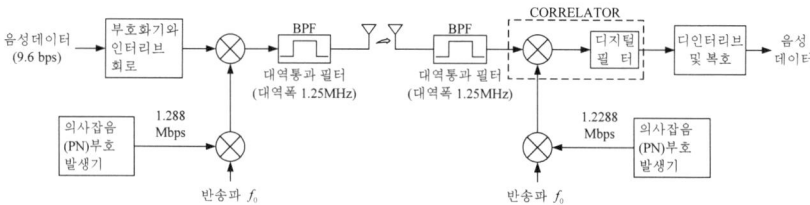

그림 직접확산 변조방식의 송수신기 구성도(IS-95)

3) 장점

① 간섭, 페이딩, 재밍(jamming)에 강하다
② 신호 검출이 어려워 통신의 보안성이 높다
③ 다중경로 페이딩에 강하다.

4) 단점

① 동기를 확립하기 위한 포착시간이 길다

② 원근문제(Near & Far Interference)가 발생하므로 정밀한 전력제어 필요가 필요하다.

(2) FH (Frequency Hopping) 방식

1) 개요

① data로 변조된 반송파를 시간에 따라 계속 변화하는 주파수 합성기의 출력신호와 재변조하여 전송하는 방식이다.

② 수신 측에서는 송신 측에서 사용했던 주파수 합성기 출력 신호와 동기된 국부발진 신호를 수신신호와 곱하여 주파수 도약을 제거한 후 복조시키는 방식이다.
주파수 합성기의 출력 주파수는 PN부호 발생기의 부호에 의해 결정 된다.

2) 구성도

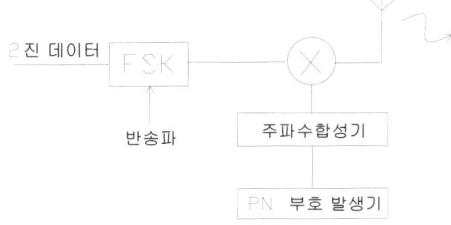

그림 FH 방식 송신기 구성

3) 장점

① 동기 포착시간이 짧다.

② 원근문제(Near & Far Interference)가 발생되지 않는다.

4) 단점

① 둘이상의 사용자가 동시에 동일한 주파수 사용 시 hit 간섭이 발생한다.

② 구성이 복잡하다.

5) DS와 FH의 차이점
① DS : 전송신호를 넓은 주파수 대역으로 확산시켜 전력스펙트럼의 밀도가 최소화된다.
② FH : 어떤 시점에서 전송신호의 대역폭을 전체 주파수 대역폭의 일정폭만 차지하므로 협대역 방식과 유사하다.

(3) Time Hopping
PN 부호 발생기의 출력에 의해 선정된 특정 Time Slot에 Burst(압축된 정보 펄스열)를 랜덤하게 실어 전송하는 방식으로 주로 타 방식과 함께 사용한다.

(4) Chirp Modulation 방식
최초 Radar의 거리 분해능력 향상 목적으로 사용된 방식으로 Pulse의 선형 주파수 특성을 이용하여 반송파의 대역을 확산시키는 방식이다. 각 사용자에게 개별부호를 부여하기가 곤란하므로 다른 부호와 조합해서 사용해야 한다.

(5) 혼합 방식
각 방식의 장점만을 결합해 사용하는 방식으로 FH/DS, FH/TH, TH/DS가 있으며 FH/DS방식이 가장 많이 사용되고 있다.

18. 처리이득(processing gain)

(1) 정의

① 처리이득(확산이득)은 데이터 신호의 대역이 확산코드에 의해서 얼마나 넓게 확산 되었는지를 나타내는 파라메터이다. 대역확산에 의하여 정보 신호의 주파수대역이 $1/T_b$[Hz]에서 $1/T_c$[Hz]로 확산되었으므로 처리이득 G_p는 다음과 같이 표현된다.

$$G_P = \frac{(1/T_c)}{(1/T_b)} = \frac{T_b}{T_c} = \frac{W_c}{W_b} = \frac{R_c}{R_b}$$

여기서 T_c(chip time)는 확산에 사용되는 최소 비트폭, T_b는 정보 비트폭,
W_b는 확산대역폭, W_c는 정보신호의 대역폭
R_b는 정보전송률, R_c는 chip 전송률

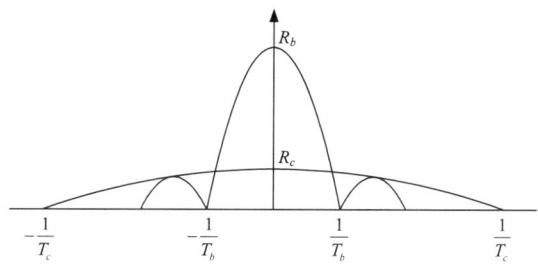

그림 처리이득(processing gain)

② DS-CDMA에서는 처리 이득이 20~60[dB]이며, 처리 이득을 크게 하기 위해서는 칩(chip)시간 구간을 작게 해야 한다.

1) 송신 측면

희망신호를 주파수 대역에서 얼마나 넓게 분산시키느냐의 정도 또는 희망 신호의 크기가 얼마나 줄어드는지를 나타낸다.

2) 수신 측면

역확산 과정을 거치면서 희망 신호의 크기를 얼마나 크게 키울 수 있는 지를 나타낸다.

19. CDMA 가입자 용량을 결정하는 요인

동일한 주파수대역 내에 있는 CDMA 채널 상호 간의 간섭이 CDMA 가입자 용량을 결정하는 중요한 요인이면서 용량결정에 큰 영향을 주게 된다. 이 외에 가입자 용량을 결정하는 주된 요인으로는 다음과 같은 것을 들 수 있다.
① 채널간 간섭
② 음성 활성화율(D)
③ 섹터화 이득(G)
④ 주파수 재사용 효율(F)
⑤ 전력제어

$$N = \frac{W}{R} \times \frac{1}{E_b/N_0} \times \frac{1}{D} \times F \times G$$

(1) 채널 간 간섭

① CDMA 시스템에서는 S/N(신호 대 잡음비)를 사용하는 대신에 C/I(수신 신호 전력 대 간섭 전력비)를 사용하는데 C/I의 정의는 다음과 같다.

$$\frac{C}{I} = \frac{R \cdot E_b}{W \cdot N_0}$$

여기서 C는 이동국에서 송신하여 기지국에서 수신된 수신 신호 전력, I는 이동국에서 송신하여 기지국에서 수신된 수신 간섭 전력, R[bps]은 음성(데이터) 전송속도, E_b는 1비트 당의 신호 에너지, W[Hz]는 시스템 전송 대역폭을 그리고 N_0[W/Hz]는 잡음전력 밀도를 의미한다.

② CDMA 시스템의 경우에 전체 채널수를 N이라고 하면, 임의의 한 채널에 대하여 $(N-1)$개의 채널은 간섭(간섭 채널 전력 $I = C(N-1)$으로 작용하게 되는데 이때의 C/I는

$$\frac{C}{I} = \frac{C}{(N-1)C} = \frac{1}{N-1} = \frac{R \cdot E_b}{W \cdot N_0}$$

여기서 W/R은 처리 이득(processing gain)이다.

(2) 음성 활성화율(Voice activity)
① 음성 활성화율(Voice activity)이란 통화 중 통화음성이 존재하는 시간과 통화음성이 존재하지 않는 시간과의 비율로 음성부하 점유시간이다.
② 일반적으로 음성 활성화율 D의 범위는 약 40[%]정도로 음성 활성화율이 낮다는 것은 그만큼 말을 하지 않는 기간(비율)이 많다는 것이므로 음성 활성화율이 클수록 그만큼 많은 데이터를 전송할 수 있다.

(3) 섹터화
간섭을 줄이기 위하여 기지국 셀을 섹터로 분할하는 것을 섹터화라고 한다. 3섹터 기지국에서 섹터화를 하는 경우 얻게 되는 섹터화 이득은 2.5~3 정도가 되므로 이에 비례하여 가입자 용량이 증가하게 된다.

(4) 주파수 재사용 효율, F
인접 셀에서 동일한 주파수를 재사용하는 비율이 높을수록 CDMA 채널 트래픽 용량은 커지게 된다.

20. 전력제어(Power control)

(1) 개요
① CDMA시스템의 용량을 최대화 시키려면 기지국내에 각 단말기로부터 기지국에 수신되는 전력이 거리에 무관하게(Near-Far Problem)일정하도록 가까이 있는 이동국은 낮은 송신출력으로, 먼 곳에 있는 이동국은 큰 전력으로 송신해야 하는데 이를 전력제어라 한다.
② 기지국에서 품질확보를 위해 가까운 무선단말 보다 멀리 있는 셀 경계에 위치한 무선단말의 송출전력을 높이게 되면 결국 이는 인접 셀에 간섭으로 작용하게 되어 용량저하의 원인이 된다.
③ 전력제어가 필요한 CDMA시스템은 대역폭 제한 (Spectrum - limited)시스템이 아닌 전력 제한 (Power - limited)시스템 또는 간섭 제한(Interference - limited)시스템이다.

(2) 전력제어의 목적
① 기지국 통화용량 최대화
② 단말기 배터리 수명 연장
③ 인접 기지국의 통화용량 최대화
④ 안정되고 양호한 통화 품질유지

(3) 링크 방향에 따른 전력제어 구분
1) 순방향(하향 링크)전력제어
인접 셀로부터의 간섭을 감소시킬 목적으로 단말기가 보내온 피드백 정보에 따라 기지국의 송신전력 제어하는 방식으로 기지국은 각 채널의 상태를 파악하여 각 채널별 3~4dB 정도의 작은 범위에서 송신전력을 제어한다.

2) 역방향(상향 링크)전력제어
① 기지국에서 수신되는 각 이동국 수신전력이 일정하도록 이동국의 송신 전력을 제어하는 방식으로 전력 제어 비트를 통하여 전력제어를 수행한다.
② IS-95 이동통신에서는 1.25msec (800 Hz) 주기마다 수신된 신호의 Eb/No를 설정한 Eb/No 임계값과 비교해서 크면 단말기에게 송신 전력을 1dB 내리도록, 작으면 송신 전력을

1dB 올리도록 전력제어 비트(Power Control Bit : PCB)을 보낸다.

③ 모든 이동국이 양호한 통화품질을 유지하고 용량을 최대로 하기 위해 이동국의 송신출력을 적당하게 조정하여 기지국에 도착하는 신호가 최소한의 Signal to Interference가 되도록 한다.

(4) Inner-loop 전력제어 방식

1) 개방 루프 전력제어(Open-Loop control)

순방향 및 역방향 경로손실이 같다는 가정 하에 전력제어 수행하는 방식으로 이동국이 기지국에서 오는 신호세기에 따라 이동국 자체적으로 전력제어 수행한다.

2) 폐 루프 전력제어(Closed-Loop control)

개방 루프 방식에서 오는 전력제어 오차를 수정하기 위하여 기지국이 일정 주기 마다(1.25 ms) 수신 Eb/No와 요구 Eb/No를 비교하여 전력제어 비트를 보내주면 이동국이 전력제어를 수행한다.

(5) Outer-Loop 전력제어 방식

① 채널의 특성 변화에 따라서 Eb/No 임계값을 조정할 필요가 있을 경우에 이용하는 방식으로 외부루프란 기지국과 기지국를 제어하는 BSC사이에서 전력제어를 위해 생긴 루프를 말한다.

② E_b/N_0가 높아도 FER(Frame error rate)이 나쁘기도 하고, 높은 E_b/N_0에서도 가시거리 내에서는 좋은 FER특성을 나타낸다.

③ 이와 같이 폐루프 전력제어의 E_b/N_0 기준값을 특정값에 고정하지 않고 전파환경에 따라 $20msec$단위로 변화시켜 실측된 FER 값이 목표 FER값을 유지하도록 하는 과정을 외부루프 전력제어라 한다.

21. 핸드오프(Hand off)

(1) 개요
핸드오프란 통화중인 단말기 가입자가 서비스 영역을 벗어나 다른 셀이나 섹터로 이동하더라도 통화가 계속 유지될 수 있도록 통화채널을 자동적으로 변경시켜 주는 기술로 Soft Hand off 와 Softer Hand off, Hard Hand off방식이 있다.

(2) 핸드오프 발생 원인
① 기지국과 이동국 사이의 신호 수신 강도
② 비트 에러 율(bit error rate)
③ 기지국과 이동국 사이의 거리
④ 기지국의 서비스 반경

(3) 핸드오프의 종류

1) 소프트 핸드오프(Soft Hand off)
통화중인 단말기가 동일한 교환국의 기지국에서 다른 기지국으로 이동할 경우에 수행하는 make and break 방식(이동 셀에 접속하고 이동전의 셀을 끊는 방식)의 핸드오프로 주로 CDMA 시스템에서 이용하고 있다.

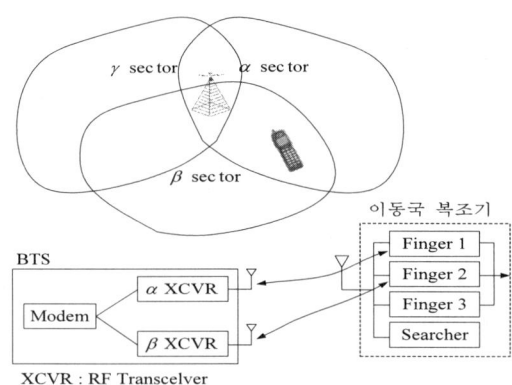

그림 소프터 핸드오프

2) 소프터 핸드오프(Softer Hand off)
① 단말기가 섹터 간 이동시에 수행하는 핸드오프를 소프터 핸드오프라 한다.

② 일반적으로 도심의 기지국은 3섹터로 구성되며 각 섹터의 안테나는 120° 씩 커버하게 된다. 소프터 핸드오프는 Rake receiver에 의해 수행되는 기지국 내의 핸드오프이다.

3) 하드 핸드오프(Hard Hand off)

FDMA, TDMA 또는 CDMA 방식 등과 같이 서로 다른 교환국 사이를 이동하는 경우에 수행하는 break and make 방식의 핸드오프로 주로 아날로그방식에서 사용하는 방식이다.

22. 로밍(Roaming)

(1) 개요

① 로밍은 자신이 속한 홈 교환기를 벗어나 다른 교환기의 서비스 영역으로 넘어가더라도 통화를 지속시켜주는 서비스를 말한다.
② 일반 전화망에서 시내교환국에 가입자 정보를 등록, 관리하고 있는 것처럼 이동 전화망에서도 가입자 정보를 저장하고 있다. 최초로 가입자가 등록한 교환국이 있는데 이 교환국을 가입자의 홈 교환국이라 하며 홈 교환국은 등록된 가입자에 대한 각종 정보를 교환기내에 있는 HLR(Home Location register)라는 데이터베이스에 저장해 놓고 있다.
③ 이동전화 가입자는 자신의 각종 가입정보가 저장된 홈 교환국권을 벗어나더라도 이동전화 서비스를 받을 수 있는데 이는 타 지역에 들어갈 경우에도 자신의 위치를 그 타 지역의 VLR(Visitor Location register)에 등록하여 자신의 위치를 알리는 작업을 수행하기 때문이다.
④ 로밍은 한 사업자의 교환기 사이에서만 일어나는 것은 아니고 타 사업자간에도 로밍 협약을 체결하여 다른 사업자의 장비를 이용해서도 서비스를 할 수 있다.

(2) 로밍의 서비스 종류

1) 로컬 로밍
국내 사업자 혹은 서비스간 로밍

2) 글로벌 로밍
① 자동 글로벌 로밍 서비스
글로벌 로밍을 이용하면 로밍 가입자가 어떠한 수작업으로 등록과정을 하지 않아도 되며 멀티모드 단말로 구현이 가능하다.
② 플라스틱 글로벌 로밍 서비스
SIM/USIM(Subscriber Indentity Module/User Identity Module)등의 플라스틱 스마트 카드 모듈을 활용하여 글로벌 로밍 서비스를 제공하는 방식이다.

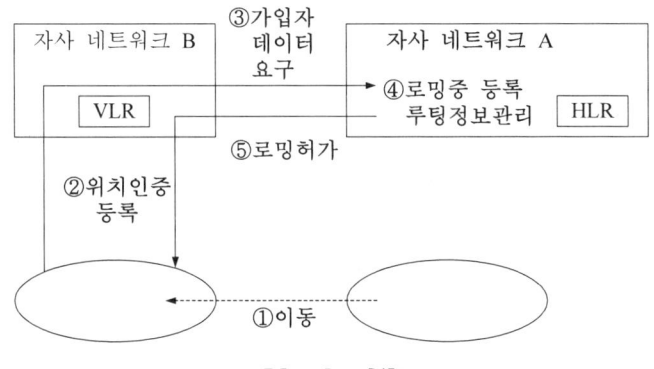

그림 로밍 절차

(3) 로밍 절차
① 이동, 로밍
② 위치등록, 인증
③ 가입자데이터 요구
④ 로밍등록, 루팅 정보관리
⑤ 로밍허가
⑥ 데이터 작성(위치정보관리, 가입자데이터, 인증데이터)
⑦ 완료통지

(4) 핸드오프와의 차이점
① 핸드오프는 2계층 수준의 자사 네트워크 시설 간 공유로서 기지국(BS)간의 MS 제어권 교환이다.
② 로밍은 3계층 수준의 자사 혹은 타사 네트워크 시설간 공유로서 MSC 제어권 교환이다.

구분	핸드오프	로밍
계층 수준	2계층(데이터링크)	3계층(네트워크 계층)
사업자간 공유	현실적으로 불가능	국내 뿐 아니라 국제 글로벌 수준 까지도 가능
서비스간 공유	동종 서비스간만 가능	동종, 이종 모두 가능
제어권 교환위치	BSC	MSC-MSC
라우팅	지원 불가능	지원 가능
판단 기준	단말 전계강도	로밍 요청 신호 및 협약

그림 핸드오프와 로밍 비교

23. 레이크 수신기(Rake receiver)

(1) 개요
① 전파를 이용하여 통신을 할 때 전송품질에 영향을 주는 현상 중에 가장 큰 영향을 주는 요인이 다중경로에 의한 페이딩이다.
② 다중경로 성분중 하나의 경로만 추적하여 복원할 경우 나머지 경로 성분들은 간섭으로 작용하여 C/I를 악화시켜 전송에러를 집중적으로 발생시킨다.
③ CDMA방식에서는 여러 전파경로를 통해 수신측에 시간차를 가지고 도달한 신호들을 독립적으로 인식하므로 시간 다이버시티 효과를 얻을 수 있다.
④ 레이크 수신기는 일종의 상관 검출기로 각 신호의 크기에 비례해서 각 탭의 시간지연과 가중치를 다르게 하여 시간적으로 분산된 신호들이 최상의 방법으로 합쳐지게 할 수 있다.
⑤ 도심지와 같이 다중경로 페이딩이 심한 지역에서 매우 효과적으로 이용되며 이동국은 3개, 기지국은 4개의 레이크 수신을 할 수 있으며, 소프트 핸드오프 시에 서로 다른 기지국에서 오는 신호를 동시에 수신하는데도 사용된다.

(2) 레이크수신기 구성
① 레이크 수신기는 CDMA신호의 대역폭을 w라 하면 $1/w$시간차로 도래하는 신호들을 분리해 낼 수 있다.

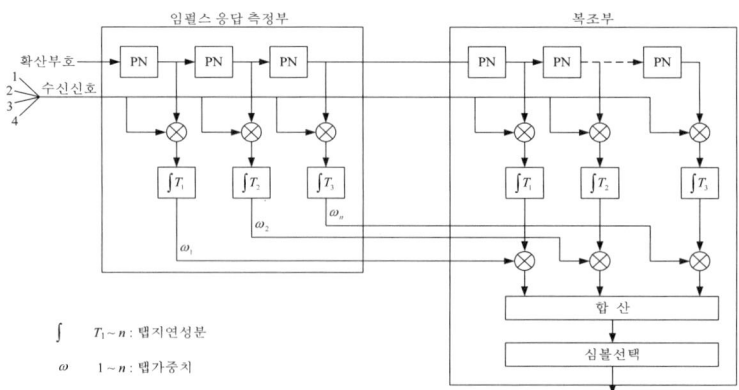

그림 레이크 수신기 기능 블록도

② 임펄스 응답 측정부에서는 수신된 입력부호화 국부 확산부호 발생기에서 발생되는 PN 부호를 부분 상관시켜 임펄스 응답을 측정하여 측정된 임펄스 응답에 따라 신호의 세기에 비례하는 탭 계수를 결정한다.
③ 임펄스 응답은 다른 채널보다 강하게 전송되는 파이롯(pilot) 채널 신호를 이용하여 측정한다.
④ 각 핑거(finger)는 시간적으로 독립된 다중신호를 추적하는 역할을 한다.
⑤ 심볼 결합기는 핑거에 의하여 복원된 다중 경로 성분들을 임펄스 응답 측정부에서 구한 탭 계수를 곱한 후 더하는 기능을 수행한다.

24. 다원접속 방식

(1) FDMA(Frequency Division Multiple Access)
① FDMA방식은 주어진 대역폭을 일정한 대역폭 나누고 각 대역폭 당 하나의 가입자를 할당하여 동시에 여러 가입자가 통화할 수 있게 하는 다원접속방식이다.
② 이 방식은 기지국이 각 가입자에게 주파수를 할당하여야 하며 전파 상호간의 간섭을 방지하기 위하여 각 채널 간 보호 대역을 설정하는 것이 필요하다.
③ FDMA방식의 일종인 AMPS(Advanced Mobile Phone Service) 방식의 경우 양질의 통화서비스를 위하여 C/I가 18dB 이상 유지 되어야 하므로 주파수 재사용 계수 K는 7이 되어야 한다.

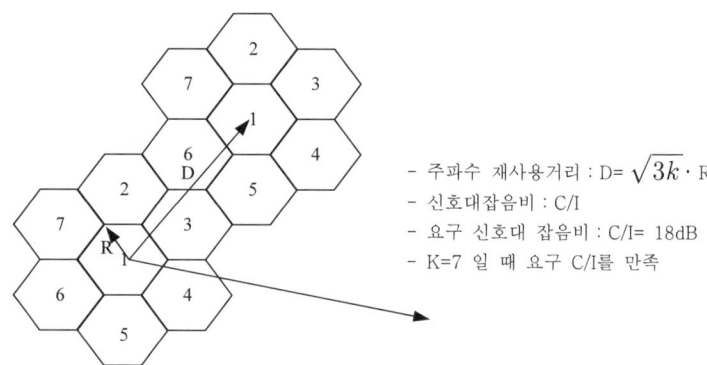

- 주파수 재사용거리 : $D = \sqrt{3k} \cdot R$
- 신호대잡음비 : C/I
- 요구 신호대 잡음비 : C/I = 18dB
- K=7 일 때 요구 C/I를 만족

그림 FDMA 방식의 셀설계

(2) TDMA(Time Division Multiple Access)
① TDMA 방식은 동일한 주파수대역을 여러 개의 시간구간(time slot)으로 나누어 다원접속하는 방식으로 유럽의 GSM, 북미 표준방식(IS-54, IS-136), 일본의 PDC(Personal Digital Cordless phone) 방식 등이 있다.
② GSM방식은 200 kHz 대역폭에 8 개 시간 슬롯을 IS-54방식은 30 kHz 대역폭에 3개 시간슬롯을 이용하여 통화가 가능한 방식 이다.

(3) CDMA(Code Division Multiple Access)

CDMA 방식은 여러 사용자가 주파수와 시간을 공유하면서 각 사용자에게 의사임의 시퀀스(Pseudo Random Sequence)를 할당하여 다원접속하는 방식이다. IS-95, cdma2000, W-CDMA방식 등이 있다.

다원접속 방식별 상호비교

항목 종류	FDMA	TDMA	CDMA
특징	- 가입자 신호는 주파수 영역에서 구분되며, 가입자는 전체 주파수 대역의 일부를 이용하여 통신하며 연속전송이 가능하다.	- 가입자 신호는 시간 영역에서 구분되며, 각 가입자는 전체 대역을 모두 사용하나 전송은 해당 시간슬롯에서만 가능하다. - 가입자 기지국에 동기 필수	- 가입자 신호는 코드 영역에서 구분되며, 각 가입자는 전체대역을 모두 사용하며, 연속전송이 가능함. - 가입자 기지국에 동기 필수
장점	- 다른 이동국과 충돌을 피하기 위한 동기 기술이 필요치 않아 송수신기 구조가 간단하다. - 각 가입자는 할당된 대역만 사용하므로 충돌과 재전송으로 인한 대역폭 낭비가 없어 높은 신뢰도를 가진다.	- FDMA 방식에 비해 스펙트럼 효율 및 용량이 크다. - 통화품질이 비교적 우수하다. - 디지털 데이터이므로 인증 및 비화가 용이하다. - 전력소모가 적다.	- 스펙트럼 효율 및 용량이 가장 크다. - 간섭, 잡음, 페이딩에 강하다. - 통화품질이 가장 우수하다. - 채널을 사용하지 않을 경우 방사하지 않는다. - 인증 및 비화가 용이하다. - 가입자 용량의 조절이 가능하다. (Soft Capacity) - 주파수 계획이 불필요하다. - 전력소모가 적다.

항목 종류	FDMA	TDMA	CDMA
단점	- 스펙트럼 효율 및 용량이 낮다 - 통화품질이 나쁘다. - 주파수 계획 필요하다. - 전력소모가 많다. - 인증 및 비화가 어렵다. - 기지국장치가 크다.	- 송·수신기 구조가 비교적 복잡해진다. (동기, 등화가 필요) - 기지국에서 항상 방사를 해야 한다.	- 송·수신기 구조가 비교적 복잡해진다 (전력제어, 동기, 등화기 등). - 넓은 주파수대역이 필요하다.
현용 시스템	AMPS, NAMPS, TACS	GSM, D-AMPS, DCS1800	IS-95, PCS, IMT-2000

25. OFDM

(1) 개요

① 최근 인터넷을 기반으로 하는 멀티미디어 서비스의 비약적인 발전과 확산은 이동 환경에서의 고속 멀티미디어 서비스 전송을 요구하고 있다.

② OFDM방식은 높은 주파수 이용 효율과 이동 환경에서 다중 경로 간섭에 의해 발생하는 주파수 선택적 페이딩 등을 효과적으로 극복할 수 있어 4G의 핵심 무선 전송기술이다.

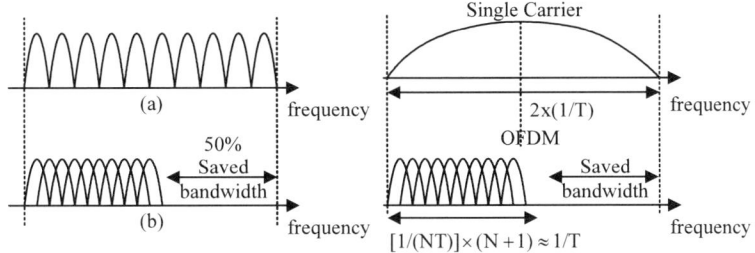

FDM과 OFDM의 스펙트럼 비교

(a) FDM방식($\Delta f = 2/T$)
(b) OFDM방식($\Delta f = 1/T$)

Single carrier와 OFDM의 스펙트럼 비교

(a) Single carrier 방식
(b) OFDM 방식

그림 FDM과 OFDM의 스펙트럼 비교

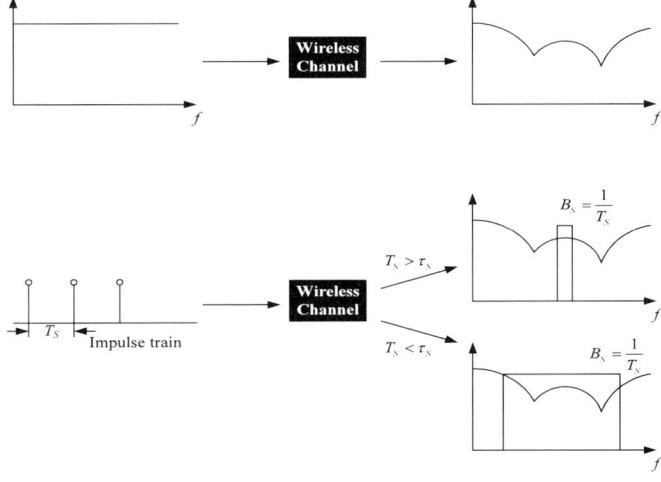

그림 코히어런트 대역폭 관계

③ OFDM방식은 고속 전송률(high-rate)을 갖는 직렬 데이터열(data stream)을 낮은 전송률을 갖는 병렬 데이터열로 나누고 이들을 다수의 협대역 부반송파(Subcarrier)를 사용하여 동시에 심볼단위로 전송하는 방식이다.

④ 기존의 CDMA방식은 다중 경로 간섭 환경에서 고속의 멀티미디어 서비스를 효과적으로 제공하기 위해서는 수많은 레이크 수신기와 등화기의 복잡도가 급격히 증가하는 문제가 발생해 기술적인 어려움이 있다.

⑤ 다중경로 페이딩을 갖는 무선통신 채널에서 고속 데이터 전송 시 단일반송파(Single Carrier) 전송방식을 사용하게 되면 심볼 간 간섭이 더욱 심해지기 때문에 수신단의 수많은 레이크 수신기와 등화기의 복잡도가 급격히 증가하는 반면 Multi carrier 방식의 경우에는 데이터 전송속도를 그대로 유지하면서 각 부반송파(Subcarrier)에서의 심볼주기를 부반송파의 수만큼 확장시킬 수 있기 때문에 하나의 탭(tap)을 갖는 간단한 등화기로 다중경로에 의한 심각한 주파수 선택적 페이딩 채널을 잘 대처할 수 있다.

⑥ OFDM 방식은 고속의 직렬 데이터를 저속의 심볼로 병렬 전송함으로써 이러한 문제점을 해결 할 수 있어 무선 LAN 분야(802.11a, 802.11g), 디지털방송 분야(DVB, DMB), 휴대인터넷(Wibro). 차세대 4G이동통신방식에 사용되고 있다.

⑦ OFDM 방식에서는 상호 직교성을 갖는 복수의 반송파를 사용하므로 기존의 주파수 분할 다중화 방식에 비해 대역폭 효율이 높아지고, 송/수신단에서 이러한 복수의 반송파를 변/복조하는 과정은 각각 IFFT와 FFT를 사용하여 간단하게 고속으로 구현할 수 있다.

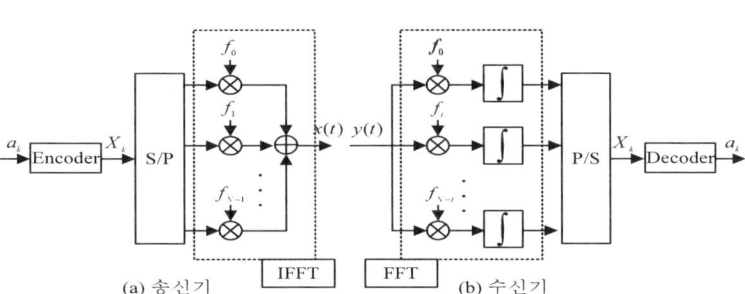

그림 OFDM 송수신 신호 블록도

(2) OFDM의 특징

1) 장점

① 주파수 효율이 우수(FDM 대비 대역폭 감소)

② 단일 반송파 방식에 비해 ISI(Inter Symbol Interference)에 강함

③ 멀티패스가 증가해도 전송특성의 열화가 적음(Guard Interval로 해결)

④ 멀티패스에 강한 특성이 있으므로 비교적 소전력의 다수 송신국을 이용하여 단일 주파수로 서비스 영역을 커버하는 SFN(Single frequency Network)을 구성할 수 있음

⑤ Sub 채널 별 AMC 적용 유리

⑥ 이동환경에서 고속정보 전송 시 문제가 되는 주파수 선택적 페이딩을 효과적으로 극복할 수 있다.

2) 단점

① 상대적으로 큰 PAR(Peak to Average Ratio : 최대 평균전력비)을 가지며 RF증폭기의 전력효율을 감소시킨다.

② 반송파가 같은 주파수 간격으로 정렬된 멀티캐리어 방식이므로 전송로에 비선형 특성이 존재하고, 상호변조에 의한 특성 열화가 발생하기 쉽다. 따라서 충분한 선형 영역에서 사용할 필요가 있다.

③ OFDM 전송방식은 단일 반송파 전송방식에 비해 송,수신단 간의 반송파 주파수 옵셋(Carrier Frequency Offset)이 존재할 경우 주파수 스펙트럼상에서 수신신호의 부반송파간의

직교성(Orthogonality)이 상실되어 신호 대 잡음비(Signal-to-Noise Ratio; SNR)가 크게 감소하는 단점이 있다.

(3) OFDM방식의 구성

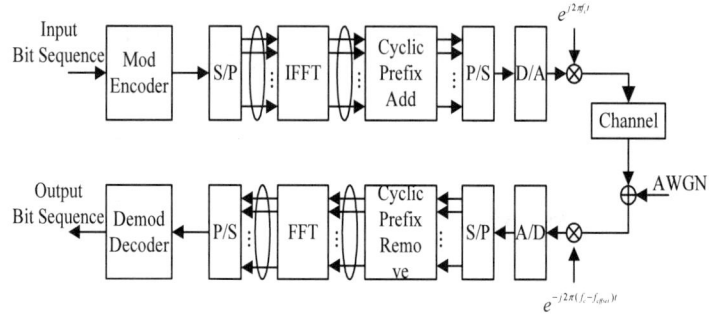

그림 OFDM 송수신 블록도

① 입력비트열은 encoder에 의해 QPSK, QAM심볼로 변환
② 직렬/병렬 변환기(S/P)에 의하여 병렬화
③ 병렬 데이터 SYMBOL들은 저속의 부반송파에 의하여 변조 후 더해져서 하나의 OFDM symbol을 만듦
④ 수신은 송신과정의 역으로 동작하여 정보 비트열을 생성

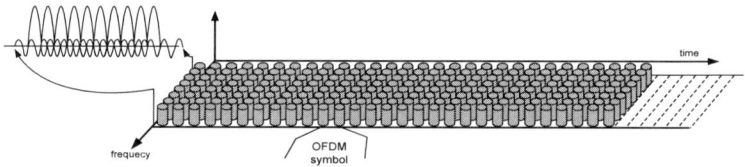

그림 시간과 주파수 영역에서의 OFDM Symbol

(4) Guard interval

① 수신기가 다중 전송경로 상황에서 원하는 신호를 검출하려고 하는 경우, 송신소와 수신자간에는 다양한 길이의 전송경로가 생기게 된다. 따라서 수신기로 들어오는 신호들은 시간차를 갖게 되므로, 원하는 신호 이외의 것들은 방해 전파로 작용한다.

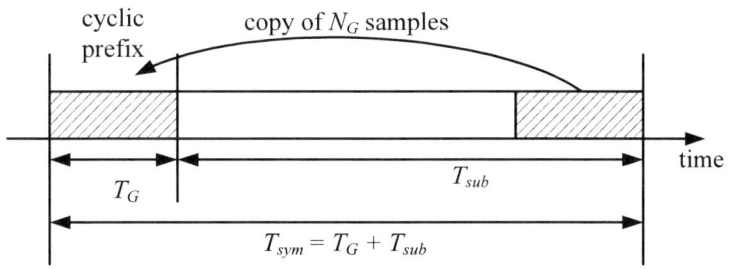

그림 Guard Interval

② OFDM을 사용하는 경우, 같은 신호들이 시간 지연을 갖고 수신기로 들어오더라도, 이 지연은 대개의 경우 가드 인터벌보다 적게 되므로 신호 검출에는 문제가 발생되지 않는다.

Section 4 방송시스템

1. ATSC 지상파 디지털TV

(1) 개요

① 세계 지상파 디지털 TV 방송표준은 미국의 ATSC 방식과 유럽의 DVB-T 방식, 일본의 ISDB-T 방식이 있다.

② ATSC는 Advanced Television Single Carrier의 약칭으로 미국의 DTV 방송 규격이다.

③ DVB-T는 Digital Video Broadcasting-Terrestrial의 약칭으로 유럽공통의 DTV 방송규격이다.

④ ATSC는 하나의 캐리어에 많은 영상 데이터를 실어 나르는 방식인데, DVB-T와 ISDB-T는 여러 캐리어에 데이터를 나눠 운반하는 방식이다.

⑤ 우리나라는 D-TV 전송방식은 ATSC의 8-VSB를 사용하고, 비디오는 MPEG-2 MP@HL, 오디오는 Dolby AC-3방식을, 시스템은 MPEG-2 시스템 규격을 채택하였다.

⑥ 최근 데이터방송이 디지털방송에 중요한 요소로 자리 매김하고 있으며 인터넷을 매개로한 다양한 형태의 방송들이 출현해 미디어 환경이 급변하고 있다.

(2) 아날로그 TV와 디지털 TV비교

1) 고해상도와 선명한 화질

① 국내에 도입한 지상파 DTV의 경우, 화질측면에서 HD급 1080i 규격을 사용하므로 아날로그방송 보다 약 2배 가량의 주사선과 약 5배 가량의 화소를 가져 화면상의 미세한 부분까지도 선명하게 보여줄 수 있게 되었다.

② HDTV는 녹화와 재생 과정에서 그와 같은 색의 손실을 거의

거치지 않기 때문에 피사체를 화면에 원색에 가깝게 재현할 수 있다.

③ D-TV는 아날로그 TV에 비하여 전송과정에서 발생하는 신호 오류를 자동으로 교정할 수 있어 선명한 화질을 구현할 수 있다.

2) 고음질로 구현되는 다채널 오디오

① 우리나라에서 HDTV의 음향 표준으로 채택한 Dolby AC-3 방식은 5.1채널로 녹음하고 송출, 재생할 수 있으며 스테레오 재생도 가능한 방식이다.

② 시청자는 HDTV를 통해 전방(좌, 우, 센터)와 후방(좌, 우) 및 서브 우퍼로 분리되어 나오는 입체음향을 들을 수 있어 시청자들에게 강한 현장감과 함께 박진감을 느끼게 한다.

3) 와이드스크린(Wide screen)

HDTV의 화면비는 인간의 눈이 볼 수 있는 16:9의 비율로 인각 시각에 적합하게 하였다.

4) 방송의 다기능화 구현

디지털방송에서는 기존의 영상프로그램의 시청 이외에도 데이터방송, 홈쇼핑, 홈뱅킹, 주문형 비디오(VOD) 등 다양한 양방향방송서비스가 제공되고 있다.

5) 방송의 다채널화

① 디지털 압축기술(MPEG-2 등)의 활용을 통해 동일 주파수 대역에서 아날로그 방송보다 더 많은 정보와 채널을 제공할 수 있게 하여 방송의 다채널화를 가져올 수 있게 되었다.

② 지상파방송의 경우 SD급은 동일 주파수대역에서 아날로그에 비해 4배(채널당 6MHz 주파수 대역)에 이르는 채널을 제공할 수 있으며, 아울러 영상신호와 함께 다양한 형태의 데이터신호를 함께 제공할 수 있다.

표 아날로그 TV와 디지털 TV의 비교

구 분	아날로그TV	디지털TV
화질	SDTV	SDTV, HDTV
주사선수	525개	704*480 , 1920*1080 등
해상도	330선	약 700선 이상
음 질	2채널 FM 스테레오	5.1 멀티채널
화면비(가로×세로)	4 : 3	4 : 3 또는 16 : 9
부가기능	문자다중방송, VBI를 이용한 데이터방송	홈쇼핑, 홈뱅킹, 인터넷 접속, 전자투표 등 양방향 방송 가능

(3) 미국 유럽 일본 D-TV방식 특징 비교

표 지상파 디지털TV 방식별 비교

구분	미국방식	유럽방식	일본방식
명칭	ATSC	DVB-T	ISDB-T
캐리어	싱글캐리어방식	멀티캐리어방식	멀티캐리어방식
변조방식	8VSB	DQPSK, 64QAM 등	DQPSK, 64QAM 등
채널간격	·6MHz ·7/8MHz로 확장 가능	·7 또는 8MHz ·6MHz로 사용 가능	·6MHz ·7/8MHz로 확장 가능
다중방식	MPEG-2 시스템	MPEG-2 시스템	MPEG-2 시스템
영상압축방식	MPEG-2 비디오	MPEG-2 비디오	MPEG-2 비디오
음성압축방식	돌비 AC3	MPEG-2 오디오	MPEG-2 오디오
오류 정정	리드 솔로몬 + Trellis 코딩(2/3) T=10, RS(207, 187)	리드 솔로몬 + 컨벌루션 코딩 T=8, RS(204, 188)	리드 솔로몬 + 컨벌루션 코딩 T=8, RS(204, 188)
특징	·고화질 ·제조기술이 용이함 ·이동수신곤란	·멀티패스 방해에 강함 ·SFN ·이동수신도 가능	·멀티패스 방해에 강함 ·SFN 가능 ·이동수신에 특히 강함 ·휴대단말에 부분수용가능

(4) ATSC 송신기 구성

데이터 처리부(난수화 및 에러 부호화)

- 노이즈와 같은 평탄한 스펙트럼을 만듦
- 주파수 및 시간 축에서 데이터 혼합 강력한 에러정정 코드 삽입
- 변조와 코딩 결합 화이트 노이즈에서 성능을 최적화시킴

Data Randomizer → R/S Encoder → Data Interleaver → Trellis Encoder → MUX

MPEG-2 Stream
38byte@19.39Mbps

짧은 버스트 에러 처리   보다 긴 노이즈 버스트 처리

Segment Sync → MUX
Frame Sync →

신호 처리부(필터 처리 및 변조, RF증폭)

1.25VDC 를 신호에 더하여 파일럿을 만듦
이것은 평균 신호 전력의 0.3dB에 해당한다.

→ Pilot 삽입 → VSB 변조 → 채널 주파수 변환 → 증폭부 → Mask Filter → U-Link

파형 정형 주파수 변환

PA IMD로 인한 인접채널
간섭보호를 위해 Mask Filter 반드시 필요

ATSC 송신기 구조

2. ATSC-M/H(Mobile & Hand-held)방식

① 새로운 이동 휴대 TV서비스를 제공하면서도 기존 DTV서비스와의 호환성을 갖도록 한 새로운 ATSC 전송규격(LG/Zenith, Harris에서 제안)으로 HD-TV 방송을 위한 정보량 압축기술 향상으로 15Mbps로 감소하여 얻은 대역에 H.264 압축기술을 적용하여 이동 휴대 서비스를 위한 별도의 1.1Mbps 데이터를 제공 방식이다.

② 1.1Mbps의 데이터는 기존 방송의 모바일 버전에 500Kbps, 지역 뉴스나 교통정보 제공에 500Kbps, 데이터 서비스에 100Kbps를 제공하고 있다.

③ ATSC-M/H(Mobile & Hand-held)방식은 기존 D-TV주파수 대역을 활용하므로 별도의 주파수 배정이 불필요하다.

④ 강력한 오류정정 부호와 훈련신호를 추가 삽입, 채널추정 능력을 향상시켜, 시속 120Km의 고속 이동 중인 차량에서도 안정적인 수신이 가능하다.

⑤ ATSC M/H방식은 지상파 D-TV와 모바일 TV를 동시에 전송하는 서비스이다.

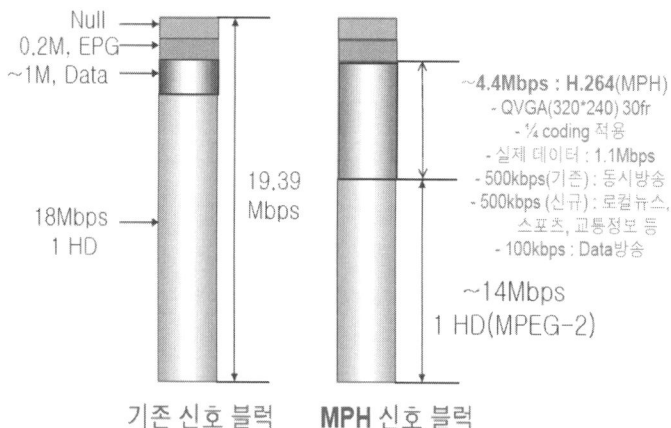

그림 ATSC-M/H(Mobile & Hand-held)방식

3. 지상파 DMB

(1) 개요

① 지상파 DMB는 기존의 지상파 디지털 TV에서는 불가능한 모바일 TV기능을 얻으려는 시도에서 출발하였다.

② 지상파 DMB는 기존의 VHF TV 8번과 12번을 이용하여 비디오, 오디오 및 데이터 등 다양한 멀티미디어 방송신호를 디지탈화하여 개인휴대용 또는 차량용 수신기를 통해 시청하는 방송서비스이다

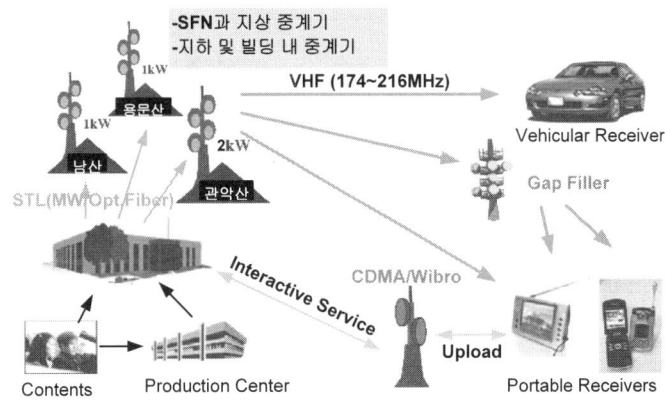

그림 지상파 DMB 시스템 개념도

(2) 지상파 DMB 주파수 할당

수도권지역에서는 채널8번과 12번 두 개의 채널을 사용하고 있으며 3개의 송신소(남산, 관악산, 용문산)와 Gap Filler를 통해 방송하고 있다

대역	VHF				UHF	S-Band
용도	TV (CH2~4)	TV (CH5~6)	FM 방송	TV → DMB (CH7~13)	TV (CH14~60)	위성 DMB
주파수	54~72 MHz	76~88 MHz	88~108 MHz	174~216 MHz	470~752 MHz	2535~2655 MHz

표 방송용 주파수 대역

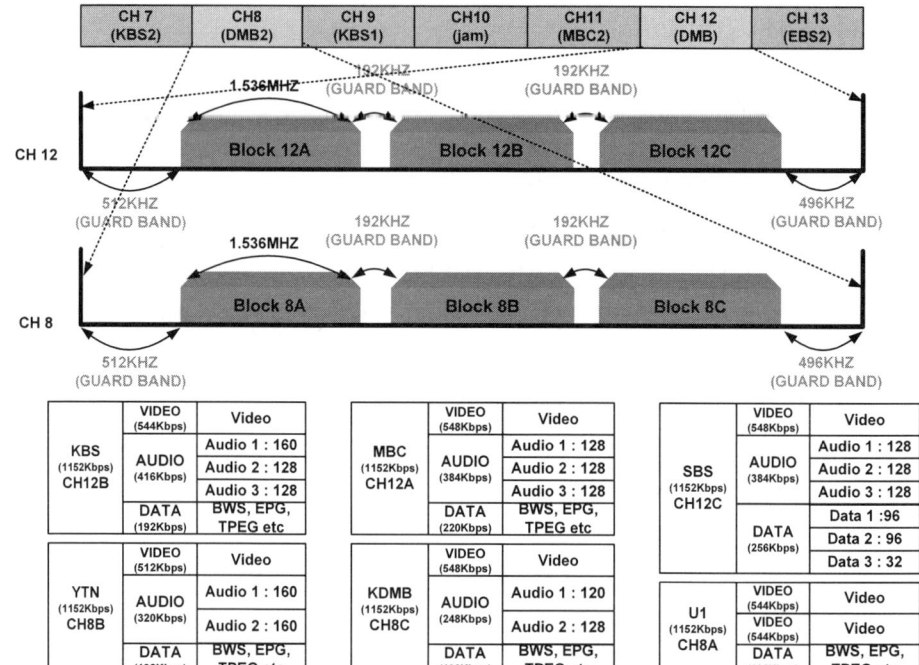

그림 수도권 T-DMB 채널 현황

(3) 지상파 DMB 특징
① 새로운 주파수 대역을 사용하는 Out of band 방식
② CD급 오디오 품질 제공
③ CIF(352*288)급 이동TV서비스
④ 다양한 비트율의 데이터 서비스 제공
⑤ COFDM방식과 $246us$보호구간 사용으로 강인한 휴대 및 이동수신
⑥ 유연한 서비스 다중화 기능 제공
⑦ 단일주파수 방송망(SFN) 가능
⑧ 적은 송신출력(FM대비 1/10)
⑨ 향후 발전가능성을 고려한 확장성 제공

(4) DMB 표준 규격
① 국내 DMB는 기본적으로 디지털 오디오 방송 규격인 오디오 스트림 모드 전송 방식에 기반하여 압축 방식과 다중화 방식을 규정하고 있다.

② 국내 DMB 표준 규격은 크게 3가지 규격으로 나누어 볼 수 있다.

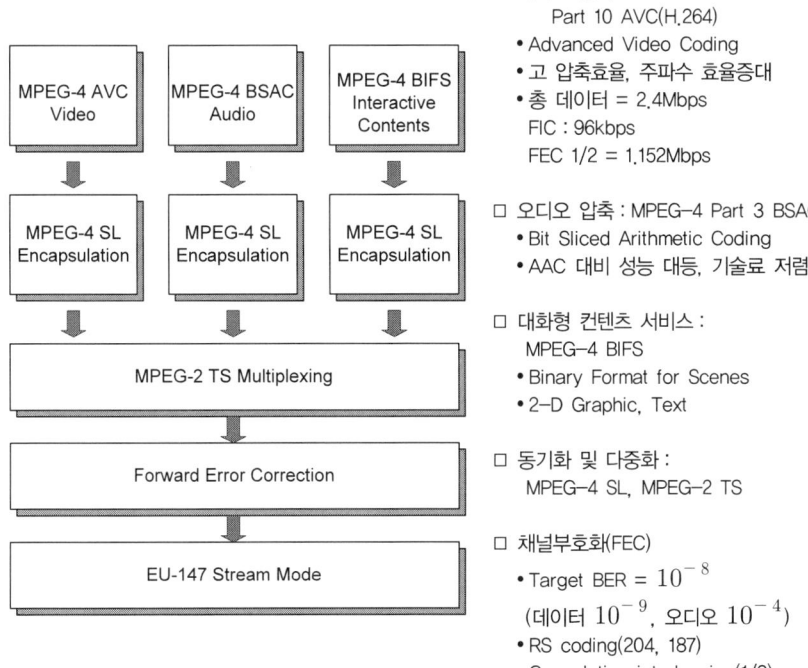

그림 국내 DMB 표준 규격

(5) DMB 시스템 구성

① 지상파 DMB는 기존 유럽 DAB 방식인 Eureka-147을 그대로 사용하면서 이동 수신 TV 서비스기능을 추가하였다.

② Eureka-147 DAB 전송 규격은 4가지로 나누어진다. 이 중 국내 지상파 DMB 방송에서 채택한 방식은 전송모드 1이며 대역폭은 1.536MHz이다.

③ Eureka-147 DAB 전송 규격은 서비스 목적에 따라 선택 가능한 채널 부호화 기술, 시간 및 주파수 영역의 인터리빙 기술, 그리고 다중경로에 강한 OFDM 전송 기술 및 1/5에 해당하는 심벌간 보호구간 등의 사용으로 뛰어난 이동 수신 성능을 가지고 있다.

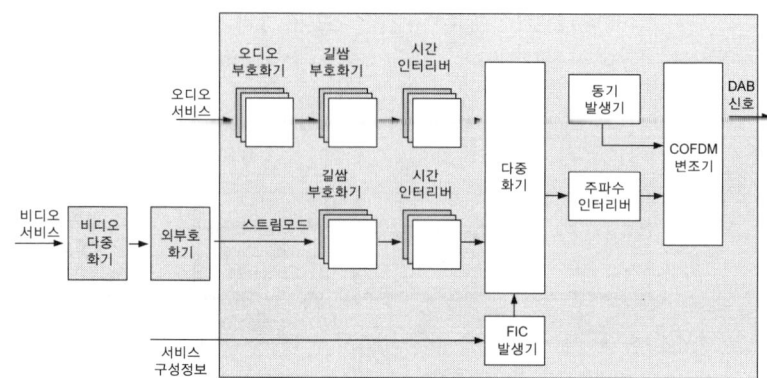

그림 Eureka-147 DAB 시스템

(6) 주채널 서비스

① 오디오, 데이터 및 비디오 서비스는 주서비스는 대부분 주 서비스 채널(MSC: Main Service Channel)을 통해 스트림 모드와 패킷 모드로 다중화되어 전송된다.
② 스트림모드는 정보원에서 목적지까지 지정된 한 서브채널을 통하여 고정 비트율로 투명한 전송이 가능하며 전송속도는 8kbps의 배수이어야 한다.
③ 패킷모드는 한 서브 채널 상에 다수의 데이터 서비스들을 전달하기 위한 것이다.
④ MSC(Main service channel)는 FIC 데이터와 전송프레임 다중화기에서 하나의 프레임으로 묶여 물리적 채널을 통하여 전송된다.

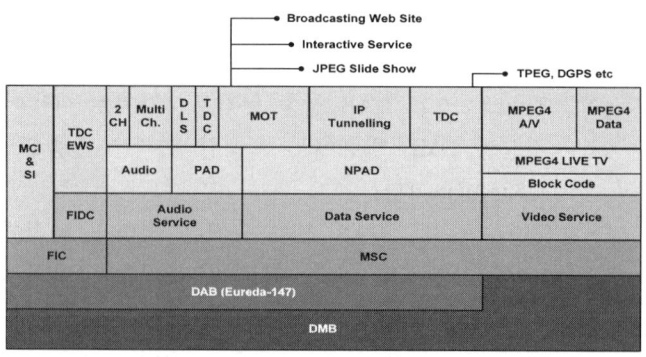

그림 지상파 DMB 서비스 기술규격 체계도

4. DRM(Digital Radio Mondiale)

① 디지털화는 전세계적인 추세로서 FM방송은 DAB 표준안으로 자리를 잡아가고 있지만 FM(88~108MHz)의 특성상 방송범위는 제한될 수밖에 없다.

② AM방송의 넓은 가청지역, 원거리 전달특성 등 많은 장점을 가지고 있다.

③ DRM은 30MHz 이하 대역의 디지털 음성전송방식으로 장거리 다중 경로 및 이온층 변화에 따른 열악한 전파환경에도 강인성을 갖도록 개발한 방식이다.

④ DRM 시스템은 사용 주파수 특성상 LF, MF, HF의 주파수 대역이 전세계에서 동일하게 적용되어야 한다.

⑤ 단파대역까지만 사용하는 기존 DRM시스템을 120MHz, 초단파 대역의 방송 주파수까지 사용할 수 있도록 확장한 시스템이 DRM+ 시스템이다.

⑥ DRM+는 기존 AM과 FM의 일관성 있는 디지털화를 위하여 DRM의 사용 주파수를 FM대역까지 확장한 시스템으로 디지털 전환비용을 최소화시킬 수 있는 장점이 있다.

5. UHD TV

(1) 개요

① UHD TV(Ultra High Definition TV)는 가정에서 70mm 영화보다 뛰어난 화질 (비디오 해상도 7680 X 4320, HD 화면 16배 크기에 해당)과 다채널 (~22.2CH) 음질로 극장급의 초고품질 서비스를 제공하여 소비자의 품질 욕구를 만족시킬 수 있는 실감형 TV방송이다.

② UHD TV는 일반적으로 가로와 세로 픽셀 수가 4000 (4K : 3840x2160)~8000급(8K : 7680x4320)로 4K 기준으로 HD (2K : 1920x1080)와 비교해 4배, 8K에 비교하면 16배까지 더 선명하다.

③ 화면 주사율, 초당 프레임 수에서도 HD가 30Hz인데 반해 60Hz로 1초당 화면 60장을 전송해 훨씬 자연스러우면서 역동적인 화면을 즐길 수 있다.

④ 오디오도 22.2채널을 사용하여 수평, 수직에서의 서라운드 효과로 어느 방향에서나 실제 현장에서와 같은 음향을 제공받게 되어, full HD 보다도 시청각적으로 더욱 좋아진 화질과 풍부한 음질을 통해 고급의 AV 시청이 가능하다.

(2) HD TV와 UHD TV의 비교

	HDTV	UHD TV
Pixel Number	1920 x 1080	7680 x 4320
Aspect Ratio	16:9	16:9
Frame Frequency	60 Hz Interlace	60 Hz Progressive
Designed Viewing Angle	30°	More than 100°
Coding Format	8 or 10 bit/component	10 or 12 bit/component
Colorimetry	ITU-R BT.709	ITU-R BT.709
AUHDio	5.1 CH	22.2 CH
Comparison with Movies	Equivalent to 35mm movie film	More than twice than of 70mm movie film

6. 3D TV

(1) 개요

3D TV(3-Dimensional Television)는 기존의 2차원 모노영상에 깊이 정보(Depth)를 부가하여 시청자가 마치 시청각적 입체감을 느끼게 함으로써 생동감 및 현실감을 제공하는 새로운 개념의 텔레비전 방송이다.

(2) 3차원 입체영상의 원리

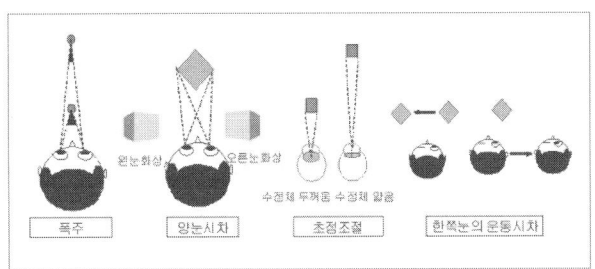

그림 3차원 입체영상의 주요 원리

1) 양안 시차에 의한 입체감

사람의 왼쪽 눈과 오른쪽 눈은 서로 약 6.5cm 떨어져 있음으로써, 어떤 물체를 바라보았을 때 양안의 망막에는 서로 다른 2차원의 상이 인식된다. 양안에서의 이와 같은 간격의 차이가 양안 시차라고 한다.

뇌는 망막을 통해 전달된 2개의 상을 서로 융합하여 3차원의 입체감을 느낄 수 있도록 한다.

2) 폭주에 의한 입체감

두 눈으로 한 점을 주시할 때, 두 눈의 주시선이 그 한 점을 향해 모이는 기능을 폭주라 하며 사람의 눈이 어떠한 물체를 바라보게 되면 우리 눈이 그 물체와 특정한 각을 이루는데 이를 폭주 각이라고 한다.

우리눈은 폭주각을 통하여 대상 물체와의 거리를 느끼게 된다.

(3) 3차원 TV의 종류

스테레오 3D는 좌우영상을 분리하는 방식에 따라 안경식과 무안경식으로 나눌 수 있다. 안경식에는 적청안경 방식, 편광안경 방식, 셔

려안경 방식이 있으며, 무안경 방식에는 시차배리어 방식과 렌티큘러렌즈 방식이 대표적이다.

3D TV 분류

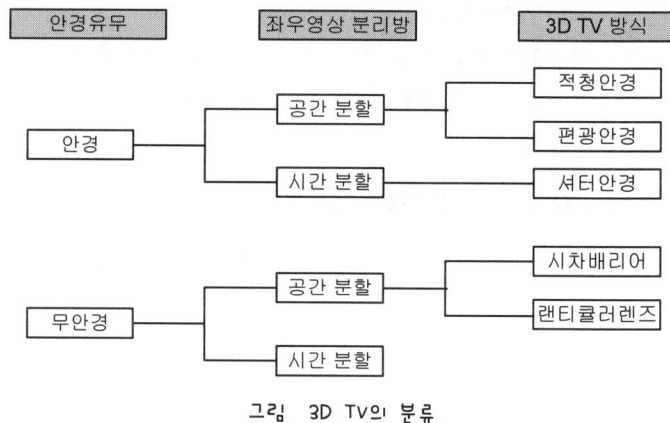

그림 3D TV의 분류

(4) 3D-TV 전송시스템(KBS 방송중)

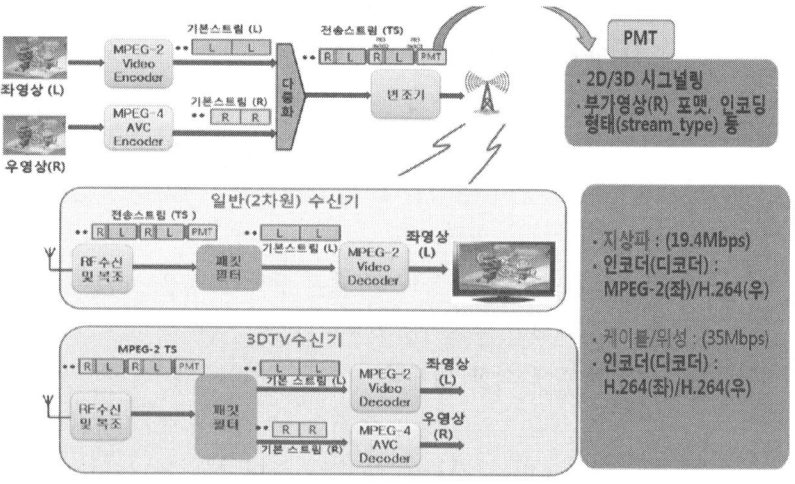

그림 Two ES Stream방식

Section 5. 단, 근거리 시스템

1. 802.11 Wi-Fi

(1) 개요.
① 와이파이는 Wireless Fidelity의 약어로서, 802.11표준을 사용하는 무선LAN(무선근거리통신)기술의 상표 이름이다.
② 802.11은 근거리 지역을 위한 컴퓨터 무선 네트워크에 사용되는 기술로서 IEEE802의 11번째 워킹 그룹에서 개발된 표준이다.
③ 802.11은 내부적으로 b/a/g/n 4가지 기술로 나뉘는데, 노트북이나 컴퓨터에 내장된 무선랜 카드를 보면 어떤 방식을 지원해 주는지 표시되어 있다.

표. 802.11 규격

구분	규격사항	내용
상위 레이어	802.11f	액세스 포인트 간의 정보교환 프로토콜
MAC 계층	802.11d	사용지역을 통지하기 위한 확장
	802.11e	프레임 송신의 효율화와 밴
	802.11i	시큐리티기능 확장
	802.11k	무선랜 자원관리
	802.11r	고속로밍
	802.11s	메쉬네트워크
PHY 계층	802.11a	5GHz, 최대 전송속도 54Mbps
	802.11b	2.4GHz, 최대 전송속도 11Mbps
	802.11g	2.4GHz, 최대 전송속도 54Mbps
	802.11n	2.4, 5GHz, 최대 실효 전송 속도 100Mbps

(3) 802.11 주요 물리계층 표준

1) IEEE 802.11b
① 이 규격은 주파수면허가 필요 없는 2.4GHz 대역을 사용하며, 최대 전송속도는 11Mbps이다.

② 관련제품의 가격은 저렴하나 통신 속도가 다소 늦고 타 기기와의 전파간섭 및 보안면에서 일부 문제가 있다.

2) IEEE 802.11a

802.11b와는 달리 5GHz대역을 사용하여 최대속도 54Mbps를 내는 것이 특징이며 802.11a와의 호환성은 없으나 무선 랜을 위한 전용대역을 사용하므로 2.4GHz처럼 다른 기기의 영향을 받지 않는 장점을 갖고 있다.

3) IEEE 802.11g

① 802.11g 규격은 802.11b와 같은 2.4GHz대의 주파수대역을 이용하여 고속통신을 실현하는데, 표준 최대속도 24Mbps에 옵션으로 54Mbps까지 고속통신이 가능하다.

② 802.11b와는 상호 호환성을 갖고 있어 기존의 802.11b 관련기기와도 통신이 가능한 것이 특징으로 이 때문에 기존 무선 랜 환경에서의 이행이 용이한 장점이 있다.

4) IEEE 802.11n

① IEEE 802.11은 내부적으로 b/a/g/n/ac/ad 형태로 진화되는 Wi-Fi 무선 근거리통신 기술이다.

② 기존의 무선 랜은 고화질 TV와 같은 동영상 이용이 곤란하나 IEEE 802.11n은 다중안테나 방식(MIMO)과 다중반송파 기술(OFDM)을 활용하여 전송용량을 비약적으로 향상시킨 무선랜 기술이다.

③ 802.11n은 2.4GHz 및 5GHz 대역을 사용하며, 최고 300Mbps까지 속도를 지원한다.

(4) IEEE 802.11n에 적용된 주요 기술

1) OFDM 방식

OFDM방식은 다중경로에 의해 발생하는 심각한 주파수 선택적 페이딩에 용이하게 대처 가능한 직교 부반송파 병렬 전송 시스템으로 주파수 효율성이 우수

2) MIMO 기술

독립적인 페이딩 채널에서 다수 안테나를 사용하여 다이버시티 이득과 높은 전송속도를 얻을 수 있다.

3) 채널 본딩(Bonding)기술

현재 무선랜 1채널 대역폭이 20MHZ 이나, 802.11n은 채널대역폭을 40MHZ로 하여 108Mbps 전송속도를 실현하고 있다.

4) MAC 고속화 기술

잦은 ACK 응답의 빈도가 데이터 전송속도를 떨어뜨리므로 복수프레임을 수신한 뒤에 합쳐서 1번만 ACK를 보내는 방법을 사용하여 높은 데이터 전송속도를 얻을 수 있다.

표 주요 표준 비교

구분	IEEE 802.11b	IEEE 802.11g	IEEE 802.11a	IEEE 802.11n
스펙트럼	2.4 GHz	2.4 GHz	5 GHz	2.4/5 GHz
전송속도	최대 11 Mbps	최대 54 Mbps	최대 54 Mbps	실효 100 Mbps
전송방식	DSSS	OFDM	OFDM	OFDM

2. 블루투스(Bluetooth)

(1) 개요
휴대용 장치 간의 양방향 근거리 통신을 복잡한 케이블 없이 저 가격으로 구현하기 위한 근거리 무선통신 기술이다

(2) 특징
① 2.4[GHz], ISM(Industrial Scientific Medical) 대역의 라디오 주파수를 사용함으로써 장애물이 있을 경우에도 무선 데이터 통신을 구현
② 최대 전송속도는 1[Mbps]이나 실제 효과속도는 721[Kbps]로써, 전송거리는 반경 10m 내외로 출력앰프가 있을 경우에는 100m까지 전송거리를 확대할 수 있다.
③ 2.4[GHz] 대역에서 대역폭 1[MHz]의 채널 79개를 설정, 1초당 1600회씩 채널을 바꾸는 주파수 호핑 방식의 스펙트럼 확산기술로 전파를 송수신하기 때문에 기기 간의 간섭을 방지할 수 있다.

3. 지그비(Zigbee)

(1) 개요
지그비(Zigbee)는 저전력, 저가격, 저속도를 목표로 하는 IEEE 802.15.4 WPAN 표준중의 하나로 블루투스나 802.11x 계열의 WLAN보다 단순하고 간단하다.

(2) 특징
① 데이터 전송률 ; 2.4GHz대역에서 250kbps
② 적용 거리 : 10m ~ 70m
③ 주파대 (채널 수) : 2.4GHz-16ch
④ 채널 접속 : CSMA-CA
⑤ 송신전력 : 1mW 미만
⑥ 기존 IEEE 802 표준과 동일하며 물리계층과 데이터링크 계층과 네트워크 계층만 정의하고 그 외의 위 계층은 적용환경에 응용환경에 따르도록 하고 있다.
⑦ 네트워크 계층에서는 Star Network방식과 Peer-to-Peer Network 방식을 지원한다.

표 Zigbee와 블루투스 비교

구분	Zigbee	블루투스
전송방식	DSSS	FHSS
통신거리	10m-70m	10m-100m
Devices/Networks	65536개 또는 그 이상	7개
전송속도	2.4GHz : 250kps 915MHz : 40kbps 868MHz : 20kbps	2.4GHz : 1 Mbps
Channel	2.4GHz : 11~26 915MHz : 1~10 868MHz : 1	2.4GHz : 79
기반규격	IEEE 802.15.4	IEEE 802.15.1
소비전력	매우 적다	적다

4. UWB(Ultra Wide Band)

(1) 개요

① 802.15.3a UWB는 광대역 고주파수 대역을 이용하여 기존 주파수와 간섭 및 방해 없이 고속전송이 가능한 기술로 3.1GHz부터 10.6GHz까지 총 7.5GHz 초광대역을 사용한다.

② UWB 무선기술은 중심주파수(BW/Carrier Frequency)가 20%이상 차지하거나 500[MHz] 이상의 매우 넓은 대역폭에 걸쳐 낮은 전력밀도의 스펙트럼으로 분산시켜 송수신함으로써 허가를 받지 않고 사용할 수 있는 근거리의 고속 데이터 전송에 사용할 수 있다.

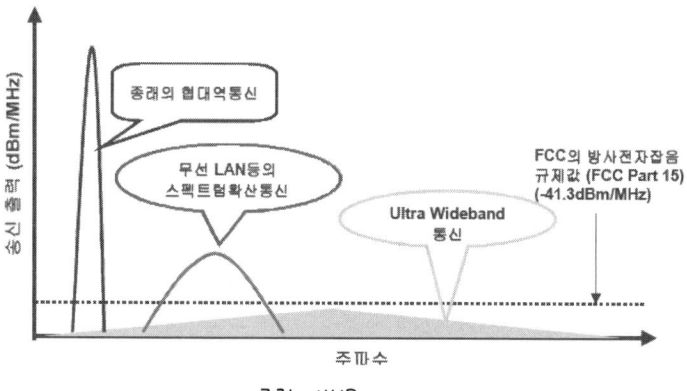

그림 UWB

③ UWB 무선기술은 신호를 500[MHz] 이상의 매우 넓은 대역폭에 걸쳐 낮은 전력밀도의 스펙트럼으로 분산시켜 송수신함으로써 허가를 받지 않고 사용할 수 있는 근거리의 고속 데이터 전송에 사용할 수 있다.

(2) WPAN 기술 상호 비교

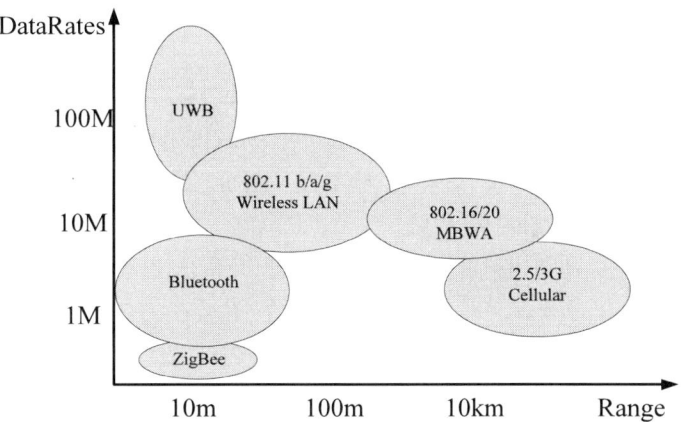

항목	WLAN	Bluetooth	Zigbee	UWB
표준	802.11	802.15.1	802.15.4	802.15.3a
주파수	2.4/5GHz	2.4GHz	2.4GHz	3.1~10.6GHz
변조	DSSS	FHSS	DSSS	Baseband
속도	11Mbps이상	1~10Mbps	20~250Kbps	100~500Mbps
거리	50~100m	10m	10~100m	20m
네트워크	점대점	Ad-Hoc	Ad-hoc, Mesh, Star	점대점

5. 밀리미터파의 전파

(1) 개요

① 밀리미터파 대역이란 통상적으로 전파의 파장이 1[mm]에서 10[mm]인 주파수 대역인 30[GHz]에서 300[GHz]사의 주파수 대역으로 고속의 데이터나 영상정보를 분배할 수 있는 광대역성을 가지고 있다.

② 밀리미터파는 마이크로파의 자유공간 전파손실을 포함하여 추가적으로 대기 중 가스나 강우 감쇠가 추가로 발생됨에 따라, 이에 대한 전파전파 특성이 고려되어야 한다.

③ 밀리미터파는 수 마일 정도 전파할 수 있으며, 고체 매질을 잘 투과하지 못하며, 대기 가스흡수나 강우감쇠가 커 장거리 전송에 적합하지 못하다.

④ 이러한 단점의 전파특성을 이용, 근거리에서 주파수 재사용으로 주파수 이용효율과 통신 보안성을 높일 수 있다.

(2) 밀리미터파의 전파의 특징

① 밀리미터파는 3[GHz] ~ 300[GHz]의 대역폭을 가지고 있어 기존 무선주파수대역에 비해 광대역 정보전송이 가능하다

② 지향성이 예민해 전파 가시거리가 확보되어야 한다.

③ 파장이 짧기 때문에 전송시스템을 구성하는 회로의 크기가 감소되어 소형 경량화가 가능

④ 대기 중 전파손실이 크므로 장거리 통신보다는 단거리 중계 통신에 적합하다.

6. 스마트카드(Smart Card)

(1) 개요

마이크로프로세서와 메모리를 내장하여 정보의 저장과 처리가 가능한 플라스틱 카드

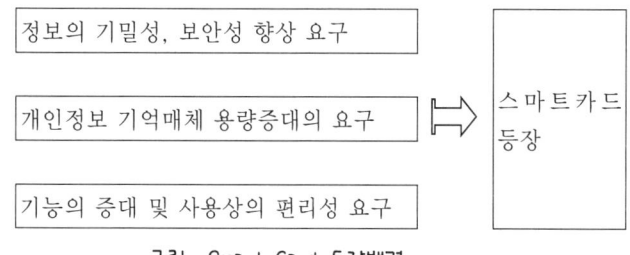

그림 Smart Card 등장배경

(2) 스마트 카드의 유형

1) SIM(Subscriber Identity Module)

① CDMA 단말기에 카드 형태로 삽입하는 모듈

② 인증, 과금, 보안 기능 등을 제공하는 개인정보 저장하는 칩

2) UIM(User Identity Module)

GSM의 가입자 식별모듈(SIM)을 CDMA에 적용 가능하도록 한 칩

3) USIM(Universal Subscriber Identity Module)

① 비동기 이동통신의 단말에 삽입되는 스마트카드

② 사용자 개인정보를 저장한 칩

7. NFC(Near Field Communication)

(1) 개요
① NFC(Near Field Communication)는 2002년 소니와 NXP가 개발한 근거리 무선통신 규격이다.
② NFC 기술은 교통카드 등의 용도로 보편화된 비접촉식(RF) 스마트카드와도 호환할 수 있다는 점에서 모바일 결제뿐만 아니라 더욱 다양한 활용성을 지니고 있다.
③ 급속도로 확산되는 안드로이드폰과 아이폰에 NFC 기술이 적용되면서 휴대폰으로 다양한 형태의 지불이 가능해질 전망이다.

(2) 주요 기술
① NFC는 전자태그(RFID)의 하나로 13.56MHz 주파수 대역을 사용하는 비접촉식 근거리 무선통신 모듈로 10cm 이내의 가까운 거리에서 낮은 전력으로 단말기 간 데이터를 전송하는 기술이다.
② NFC가 기존의 Bluetooth나 ZigBee와 가장 다른 점은 NFC에는 암호화 기술을 적용할 수 있다는 장점이 있다.
③ NFC의 보안성 때문에 휴대폰을 지갑처럼 이용할 수 있고 교통카드나 신용카드, 멤버십카드 혹은 신분증 같은 개인 정보도 안심하고 사용할 수 있다.

8. RFID

(1) 개요
① RFID는 RF(Radio Frequency) 기술을 이용하여 개개의 아이템을 자동으로 식별해주는 기술이다.
② RFID 태그는 메모리칩이 내장되어 태그의 정보를 읽거나 쓸수 있으며, 비가시적으로 인식이 가능하고 동시에 여러 개를 인식할 수 있어 물류, 택배 시스템 등에 활용이 가능하다.
③ RFID의 가장 큰 장점은 태그라고 불리는 아주 작고 가벼운 전자방식의 '쓰기읽기' 기록 저장장치에 비교적 많은 양의 데이터를 저장할 수 있다는 점이다.

(2) 기술 특성
① RFID 시스템은 무선접속 방식에 따라 상호 유도방식과 전자기파 방식으로 구분되며, 상호 유도 방식은 근거리(1m 이내), 전자기파 방식은 중장거리용(3~10m)으로 사용된다.
② 상호 유도 방식은 코일 안테나를 이용하며, 태그의 IC칩을 동작시키기 위해 필요한 모든 에너지는 리더기로부터 공급되는 수동형이며, 전자기파 방식은 고주파 안테나를 이용해 서로 무선접속을 하며, IC칩을 구동하기 위한 충분한 전력을 리더기로부터 공급을 받지 못하므로 장거리 인식을 위한 추가적인 전지를 포함해야 한다.
③ RFID 주파수는 기존의 135KHz, 13.56MHz, 2.45GHz 대역을 사용하며 저주파와 고주파 시스템으로 구분되는데, 저주파 시스템은 125KHz 영역으로, 리더가 태그에 시그널을 발송하고 태그에 인증코드를 요구, 인증 코드를 시그널로 발송하여 확인하는 시스템이다.
④ 고주파 시스템은 2.45GHz 마이크로웨이브 영역에서 사용되고, 자동화시스템, 운송회사, 컨테이너 운반회사 뿐만 아니라 인원과 자동차의 경로추적 및 출입관리 시스템에 매우 적합하다.
⑤ 초고주파 대역에서는 전자파의 인체 영향이나 다른 통신 시스템과의 간섭을 줄이기 위하여 가장 많이 쓰이는 것이 주파수 확산(Spread Spectrum, SS) 방식이다.

9. QR코드

(1) 개요
① QR코드는 흑백 격자 무늬 패턴으로 정보를 나타내는 매트릭스 형식의 이차원 바코드방식이다.
② 종래에 많이 쓰이던 바코드의 용량 제한을 극복하고 그 형식과 내용을 확장한 2차원의 바코드로 종횡의 정보를 가져서 숫자 외에 문자의 데이터를 저장할 수 있다.
③ 책의 커버에 책에 대한 정보를 찾아 볼수 있도록 기록되기도 하고, 회전 초밥집의 접시에 붙여져 있거나 거리에서도 쉽게 찾아 볼수 있고, 생활전반에 필요한 정보인 즉 명함, 전화번호, 문자, 홈페이지 URL 등에 활용할 수 있다.

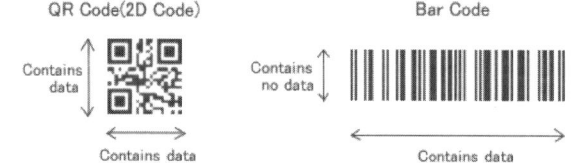

(2) QR코드의 특징(기존의 바코드와 비교)
① 대용량 데이터 스토리지
② 작은 공간에 인쇄
③ 용이한 데이터 복원
④ 360도 어느 방향에서나 읽을 수 있음
⑤ 연결 기능을 지원

(3) RFID와 QR 코드 비교

비고	RFID	QR CODE
유통	별도의 기구 필요	인터넷을 통한 유통
보안, 인증	용이	불리
오염 내구성	강함	약함
기록	별도 장비 필요	인터넷 이용
비접촉 인증	QR코드보다 원거리	근거리 접촉
가격	비교적 고가	매우 저렴

# Section 6 무선프로토콜

1. 프로토콜 일반

(1) 프로토콜의 개념
두 개체사이의 정확하고 원활한 정보 전송을 위하여 개체 상호간에 미리 약속한 운영 규정을 프로토콜(protocol : 통신 규약) 이라 한다.

(2) 프로토콜의 기본 요소
① 구문(Syntax)
　데이터의 형식. 부호화(Coding), 신호 크기 등의 규정
② 의미(Semantics)
　제어(Control)와 오류 복원을 위한 제어 정보의 규정
③ 타이밍(Timing)
　접속되는 두 개체간의 통신 속도나 메시지의 순서를 제어.

(3) 프로토콜의 필요성
① 호출 확립 또는 연결(Call establishing, connection)
② 터미널의 회선 액세스(line access)
③ 메세지 블로킹과 형식 구조(message blocking, format)
④ 오류 메시지에 대한 재전송(error message)
⑤ 회선 반전 절차(line turn around procedure)
⑥ 터미널간의 문자 동기(character synchronization)
⑦ 의미 변경(escape)
⑧ 인터럽트와 절단(interrupt, disconnection)

(4) 프로토콜의 일반적 기능

1) **세분화의 재합성(Segmentation과 Reassembly)**

    긴 메시지 블록을 전송에 용이하도록 세분화하여 전송하며, 수신측에서는 세분화된 데이터 블록을 원래 메시지로 변환시키는 기능

2) **캡슐화(Encapsulation과 Recapsulation)**

    각 계층의 프로토콜에 적합한 데이터 블록으로 만들고 주소, 에러 검출 부호등을 담고 있는 헤더를 부착하는 기능

3) **접속제어(Connection Control)**

    연결 설정, 데이터 전송, 연결 해제의 기능

4) **흐름제어(Flow control)**

    어떤 데이터를 송수하는 두 개체간에 처리속도가 다르면 데이터가 상실될 수 있다. 이러한 경우를 방지하기 위하여 흐름 제어를 한다.

5) **에러 제어(Error control)**

    데이터 단말장치 또는 통신 제어 장치에서 발생되는 오류를 검출

6) **동기 제어(Syncronization)**

    두 개의 프로토콜 개체가 동시에 정확히 정의된 상태 (초기화 상태, 검사전 상태, 종로 상태)

7) **순서 결정(Sequencing)**

    통신 개시에 앞서 논리적인 통신 경로인 데이터 링크를 설정하고 순서에 맞는 전달 흐름 제어 및 에러 제어를 결정한다.

8) **주소 결정(Addressing)**

    송. 수신측의 주소를 명시함으로써 정확한 목적지에 데이터가 전달되도록 하는 기능

9) **다중화(Multiplexing)**

    하나의 통신로를 다수의 가입자들이 동시에 이용

10) **전송 서비스 부가서비스(돈 받고 해주는 것)**

    ① 우선순위(Priority)

    ② 보안점(Security)

    ③ 서비스 등급(Service class)

2. OSI 7계층

(1) OSI 7계층 개요
ISO가 정한 네트워크 프로토콜의 기준으로 개방형 시스템간의 정보 교환 절차를 규정해 놓은 것이다.

(2) OSI 구성 기본 요소
System간의 접속을 논리적으로 모델화 하는 것

1) 개방형 시스템(Open systm)
OSI에서 규정하는 프로토콜에 따라 서로 통신할 수 있는 시스템

2) 응용개체(Application entity)
각 계층의 통신 기능을 실행하는 기능 모듈로, 각각의 물리적 시스템상에서 동작하는 업무 프로그램과 시스템 운영 관리 프로그램, 단말기 운용자등의 응용프로세서를 개방형 시스템상의 요소로써 모델화한 것

3) 접속(Connection)
같은 계층의 엔티티 시이에서 이용자 정보를 교환하기 위한 논리적인 통신 회선

4) 물리 매체(Physical media)
시스템간에 정보를 교환할 수 있도록 해주는 전기통신 매체로, 통신회선, 통신채널 등이 이에 해당된다.

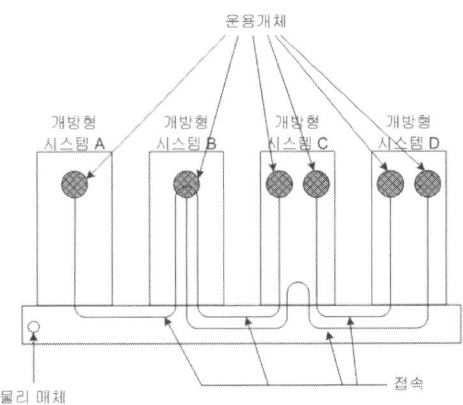

(2) OSI 7 계층

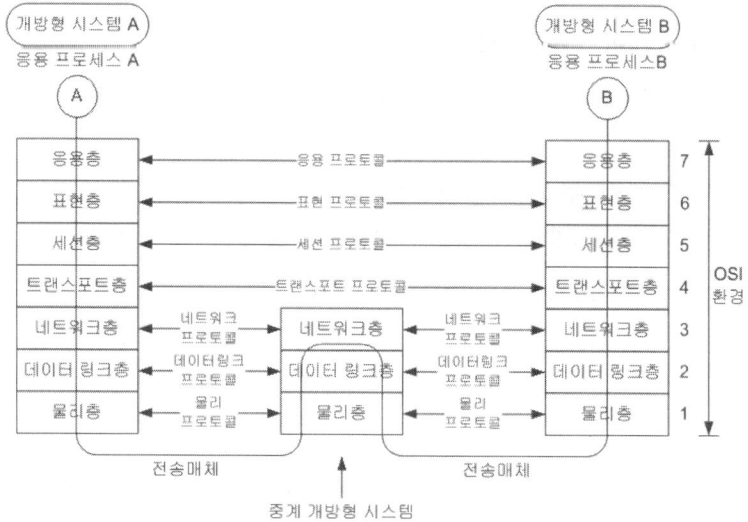

1) 제1계층 : 물리 계층(Physical layer)

OSI 참조 모델의 최하위 계층인 물리계층(Physial layer)은 시스템과 시스템간의 물리적인 접속을 위한 기능을 제공한다.

2) 제2계층 : 데이터 링크 계층(Data link laer)

하위 계층에서 제공되는 물리적인 특성을 이용하여 2개의 인접한 개방형 시스템 간에서 데이터 송수신을 행하도록 하는 기능을 목적으로 하고 있으며. 데이터 링크 접속과 데이터 전송에서 오류 검출과 회복 등을 수행한다.

3) 제3계층 : 네트워크 계층(Network layer)

하나 또는 다수의 통신망을 통하여 시스템간의 데이터를 교환할 수 있도록 중계시스템에 대한 경로 선택기능 및 중겡기능을 수행한다.

4) 제4계층 : 트랜스포트 계층(Transport layer)

하위 계층을 사용하여 종단점간(end-to end)에 신뢰성 있는 데이터 전송 종단점간의 오류 복원과 흐름제어를 담당한다.

5) 제5계층 : 세션 계층(Session layer)

하위 계층을 사용하여 응용프로그램간의 통신에 대한 관리 제어 기능을 수행하며, 상호 대응하는 응용 프로그램간의 연결의 개시, 관리, 종결을 담당한다.

6) 제6계층 : 표현 계층(Presentation layer)

상위의 응용 계층에서 주어진 정보를 공통으로 이해할 수 있는 표현 형식으로 변환하는 기능을 제공한다.

7) 제7계층 : 응용 계층(Application layer)

OSL 참조 모델의 최상위 계층으로서 정보 처리를 수행하는 응용 프로그램과의 인터페이스와 통신을 수행하기위한 기본적인 응용 기능을 제공한다.

3. 물리 계층(Physical layer)

(1) 물리 계층의 개념

OSI 모델의 최하위 계층인 물리 계층은 데이터 링크 계층이 통신을 수행하기 위한 물리적인 접속의 설정과 유지 및 해제를 수행하며, 신호를 송수신하는 DTE/DCE 인터페이스 회로와 제어 순서, 커넥터 형태의 규격이 포함된다.

(2) 물리 계층의 특성

1) 기계적 특성
DCE와 DTE에 접속되는 커넥터 및 통신 회선에 접속되는 커넥터에 대한 형태와 치수 및 신호 핀의 배열 등에 대하여 규정하고 있다.

2) 전기적 특성
신호선의 전원 인터페이스, 부하 인터페이스, 출력전압, 전원전압과 2진수의 논리적 표현, 한계값(threshold value)등과 같은 허용값을 규정하고 있다.

3) 기능적 특성
상호 접속회로의 기능으로 데이터, 제어, 타이밍. 접지 등 핀마다 고유의 기능과 명칭을 규정하고 있다. 1TU-T에서는 번호로, EIA에서는 영문과 숫자로 표기하고 있다.

4) 절차적 특성
단말 상관없이 Analog회선이면 가능하며, 데이터의 전송을 위한 핀의 동작순서를 규정하고 있다.

(2) DTE/DCE 인터페이스

DTE와 DCE를 전송하기 위하여 사용하는 통신 회선의 종류, 전압, 타이밍, 커텍터 모양 등의 조건을 약속하여 표준화한 것을 DTE-DCE 인터페이스라 한다.

표 DTE/DCE 인터페이스 시리즈

ITU-T	V시리즈	전화와 음성 대역의 Analog 전화 회선용
	X시리즈	패킷 교환과 회선 교환 방식의 공중 데이터망
	I시리즈	근거리 통신망과 종합정보통신망(ISDN)용
ISO	IS시리즈	물리 계층에 사용되는 커넥터의 규격과 핀 번호의 지정

(3) USB(Universal Serial Bus)

① USB 케이블은 아래 그림과 같이 차동형인 데이터 선(D+,D-)과 전원(Vbus), 그라운드(GND)의 4개의 선으로 구성된다.

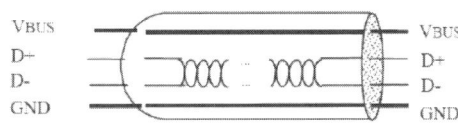

그림 USB 구조

② 데이터 신호는 차동신호이므로 D+와 D- 신호선은 트위스트 페어선으로 하고 외부의 노이즈를 줄이기 위하여 케이블에 실드하였다.

③ 전원핀은 +5V에서 최대 500mA의 전류를 흘린다.

(3) RS-232C 인터페이스

개요데이터 단말 장치와 모뎀(MODEM)을 접속하기 위한 표준 인터페이스로서 많은 퍼스컴에 표준 장비로서 설치되어 있다.

1) 요구조건

① 신호 속도 : 20Kbps 이하

② 거리(최대 이격거리) : 15m

③ 동기방식 : 동기식 및 비동기식

2) 핀 배열

핀번호	ITU-T V.24 기호	RS-232C기호	DTE ←DCE→	기 능
1	101	AA		보안용 접지 또는 어스 Frame Ground(FG)
2	103	BA	→	송신 데이터 Transmitted Data(TD)
3	104	BB	←	수신 데이터 Recived Data(RD)
4	105	CA	→	송신 요구 Request To Send(RTS)
5	106	CB	←	송신 준비 완료 Clear To Seld(CTS)
6	107	CC	←	데이터셋 준비 완료 Data Set Ready(DSR)
7	102	뮤		신호용 접지 Signal Ground(SG)
8	109	CF	←	수신 캐리어 검출 Data Carrier Detect(DCE)
9	-	-	←	데이터 모뎀 테스트 Data Modem Test
10	-	-	←	데이터 모뎀 테스트 Data Modem Test
11	-	-	←	아퀄라이져 모드 Equalizer Mode
12	122	SCF	←	귀환 찬넬의 수신 신호 검출 SEC. DATA Carrier Dege(SDCD)
13	121	SCB	←	귀환 찬넬의 송신 신호 검출 SEC. Clear To Send(SCTS)
14	118	SBA	→	귀환 찬넬의 송신 데이터 SEC. Transmitted Data(STD)
15	114	DB	←	송신 신호 엘레멘트 타이밍(DCE) Tranmitter Clock(TC)
16	119	SBB	←	귀환 찬넬의 수신 데이터 SEC. Recived DATA(SRD)
17	115	DD	←	수신 신호 엘레멘트 타이밍 Reciver Clock(RC)
18	-	-	→	Dived Clock Re(DCR)
19	120	SCA	→	귀환 찬넬의 송신 요구 SEC. Request To Send(SRTS)
20	108.2	CD	→	데이터 단말 준비 완료 Data Terminal Ready(DTR)
21	110	CG	←	데이터 신호 품질 검출 Signal Quality Detect(SQ)
22	125	CE	←	데이터 신호 품질 검출 Ring Indicator(RI)
23	111/112	CH/CI	→ ←	데이터 신호 속도 선택 Data Rate Selector(DTE/DCE)
24	113	DA	→	EXT. Transmitter Clock
25	-	-	→	Unas Signed

표 핀에 대한 상호 접속회로의 사용 요건

4. 데이터 링크 계층(Data link layer)

(1) 데이터 링크 계층의 개념
데이터 링크 계층은 물리 계층이 제공하는 '비트열의 전송 기능'을 이용하여 인접한 개방형 시스템 사이에서 원활한 데이터 전송을 수행하도록 하는 것이 데이터링크 계층의 역할이다.

(2) 데이터 링크 계층의 기능

1) 정보의 프레임화
컴퓨터에서 처리를 쉽게 하도록 일정한 길이를 분할하여 전송한다.
① 문자방식 - BSC
② 바이트방식 - DDCMP
③ 비트방식 - SDLC, HDLC

2) 프레임의 순서 제어
순차적인 전송을 위하여 프레임을 번호를 부여한다.

3) 프레임 전송 확인과 흐름 제어
여러 개의 프레임 전송시 정확하게 수신되었는지 확인하기 위해 수행한다.

4) 오류 검출 및 복구
송신 프레임의 오류 여부를 판단하여, 오류가 있을시 재전송하도록 통보한다.

5) 데이터 링크 접속과 해제
정보 전송에 앞서 데이터 링크를 통신 가능상태로 하며, 이와 동시에 송신 및 수신측의 상태를 초기화한다.

5. 네트워크 계층(Network layer)

(1) 네트워크계층의 개념

데이터 링크 계층의 기능을 이용하여 하나 또는 여러 개의 통신망 (전화 교환망, 패킷 교환망, 회선 교환망)을 통하여 컴퓨터와 터미널 등 시스템 상호간의 투과적인 데이터를 전송할 수 있도록 통신 망내 및 통신망 사이의 경로 선택(routing)과 중계기능(relay)을 수행한다.

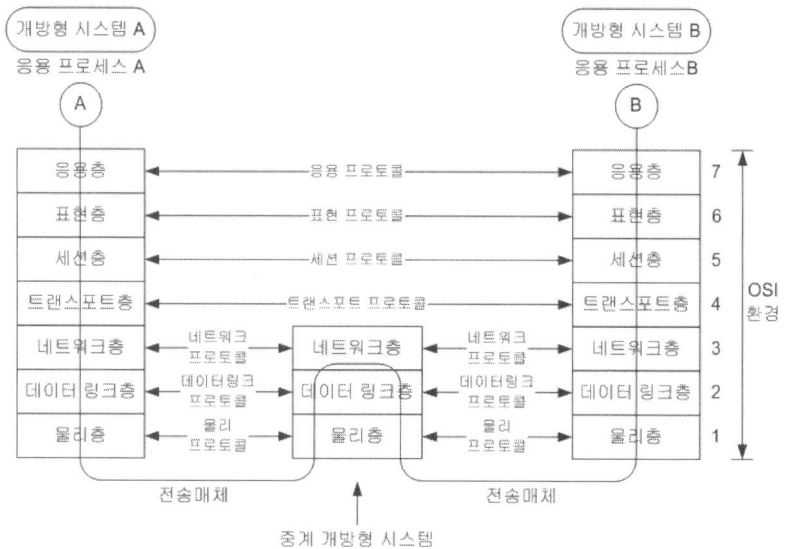

그림 네트워크층의 통신 모델

(2) 네트워크 서비스

1) 접속형 네트워크 서비스

먼저 논리적인 통신로를 설정한 후 데이터를 전송하여 데이터 전송이 끝나면 통신 회선을 절단한다.

2) 비접속형 네트워크 서비스

수신측의 동위 계층과의 접속을 위한 논리적인 통신 회선을 설정하지 않고 전송 단위인 프로토콜 데이터 단위(protocol data unit : PDU)를 전송하는 방식이다.

(3) X.25 프로토콜

① 패킷 교환망에서 DCE(회선 종단 장치)와 DTE(데이터 단말 장치)사이에 이루어지는 상호작용을 규정한 프로토콜이다. 가장 일반적으로 사용되고 있으며, 세계적인 표준이 되었다.
② 물리 계층은 DTE와 DCE 간의 인터페이스의 물리적, 전자적 특징을 분류한다.
③ 데이터링크층에서 X.25는 HDLC의 종류인 LAPB라는 비트중심 프로토콜을 이용하여 데이터 링크 제어 기능을 한다.
④ X.25패킷층은 호출 설정 및 해제, 에러제어, 순서제어, 흐름제어 및 데이터 전송제어의 기능을 수행한다.

표 주요 X 시리즈 권고안

번호	내용
X.3	공중 데이터 네트워크에서의 패킷 분해·조립 장치
X.21	공중 데이터 네트워크에서 동기식 전송을 위한 DTE와 DCE 사이의 접속 규격
X.25	공중 데이터 네트워크에서 패킷형 터미널을 위한 DTE와 DCE 사이의 접속 규격
X.28	동일 국내의 PDN에 연결하기 위한 DTE/DCE 접속
X.75	패킷 교환 공중데이터 네트워크 상호간의 접속을 위한 노드 사이의 프로토콜

6. 트랜스포트 계층(Transport layer)

(1) 트랜스포트 계층의 개념

트랜스포트 계층은 하위 계층을 구성하는 각종 통신망의 품질의 차이를 보상하고, 통신에 적합한 2개의 종단 프로세스 간에서 투과적인 데이터 전송을 보증하는 계층이다.

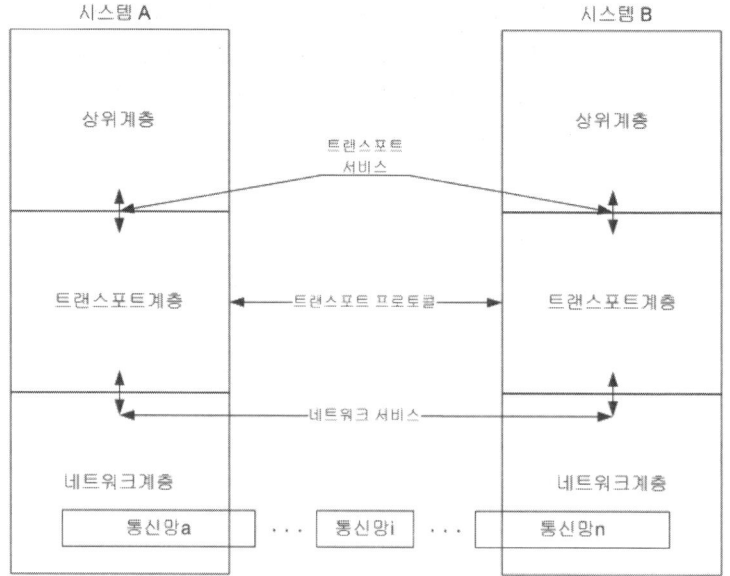

그림 트랜스포트 계층의 통신 모델

(2) 트랜스포트 서비스

1) TCP 프로토콜(접속형 트랜스포트 서비스)

① 트랜스포트 접속을 설정하는 수단
② 트랜스포트 접속 설정에 있어 서비스 품질 정밀도를 결정하는 기능
③ 데이터를 전송하는 수단
④ 흐름 제어 기능
⑤ 우선 데이터를 전송하는 수단
⑥ 트랜스포트 접속을 절단

2) UDP 프로토콜(비접속형 트랜스포트 서비스)

① 접속의 설정과 해제를 수행하는 처리의 오버헤드를 최소하여 데이터를 전송하는 것이 목적이다
② 데이터 전송시 순서제어와 데이터 손실의 회복제어 등이 필요하다.

표 TCP와 UDP비교

구분	UDP	TCP
신뢰성	Unreliable	Reliable
연결성	Connectionless	Connection-oriented
재전송	재전송 없음	재전송 요청함 (오류 및 패킷손실 검출시)
특징	신뢰성 보장 않지만 고속 전송 실시간 전송에 적합	Flow Control 위해 Windowsing 사용
용도	총 패킷 수가 적은 통신 동영상 및 음성 등 멀티미디어	신뢰성이 필요한 통신

7. 세션 계층

(1) 세션 계층의 개념

세션 계층은 업무 내용에 따르는 다양한 응용 기능의 욕구를 충족시키기 위한 전송 제어 기능을 프레젠테이션 계층에 제공하며, 이를 위하여 세션 접속을 설정하고, 데이터 제어(송신권 제어, 동기 제어 등)를 수행하여 프레젠테이션 계층의 통신을 가능하게 한다.

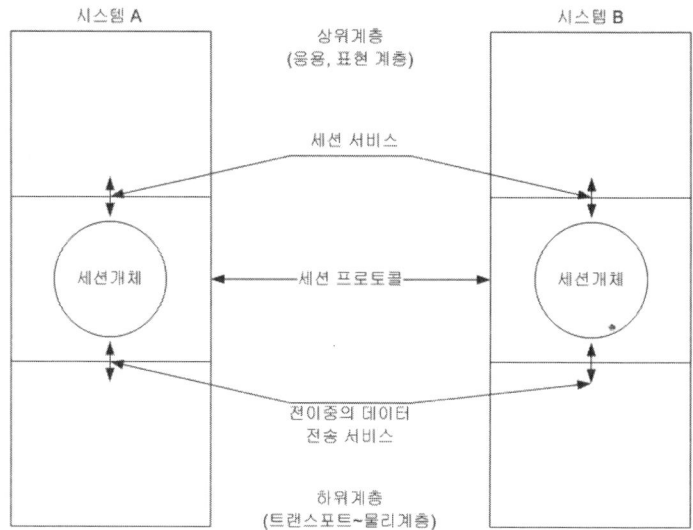

그림 2-23 세션 계층의 통신 모델

(2) 세션 계층의 역할

1) 토큰(token)

토큰(token)은 세션 커넥션의 속성으로 세션 서비스 유저가 특정의 세션 서비스를 기동하는 권리를 표시하며, 일시점에는 한쪽의 세션 서비스 유저에만 할당된다. 일반적으로는 송신권이라 부르며, 그 권리를 보유하고 있는 측만이 데이터의 송신을 할 수 있다고 하는 식으로 사용된다.

2) 토큰의 종류

① 데이터 토큰
② 해방 토큰
③ 소동기 토큰

④ 대동기 액티비티 토큰

3) 동기와 대화

① 소동기점(Minor synchronization point)
   하나의 의미 있는 어떤 대화를 하기 위해서 사용되는 것으로, 많은 페이지로 이루어지는 문서를 전송하는 경우의 각 페이지의 단락 양에 대해서 이 소동기 점이 대응하여 붙어 있다.

② 대동기점 (Major synchronization point)
   일련의 데이터 교환을 대화 단위로 구성하기 위해서 사용되고 이 대동기점에서는 반드시 이전에 전송된 데이터를 확인한다. 하나의 대화 단위 종료와 다음 개시를 나타내어 상대에게 통지하고 확인한다.

4) 액티비티(Activity)개념

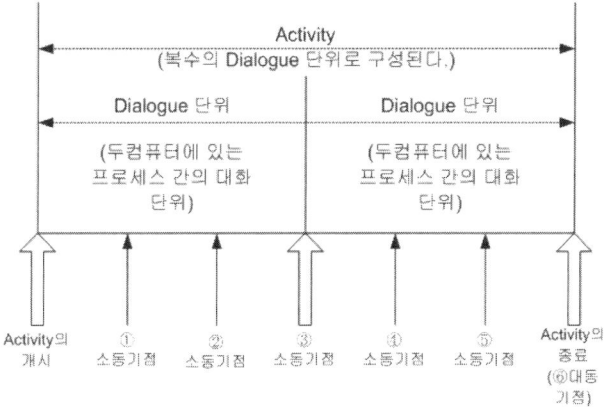

그림 Dialogue단위, Activity 및 동기의 관계

8. 표현 계층(Presentation layer)

(1) 표현 계층의 개념
① 표현 계층은 통신에서 다른 정보 표현 형식을 공통 전송 형식으로 변환하기도 하고, 암호화와 데이터 압축을 실행한다.
② 표현형식(syntax)에는 응용층에서 사용되는 추상구문과 데이터 전송에 실제로 사용되는 전송구문 이 있다.
③ 표현층은 응용층에 사용하는 추상구문의 요구에 맞춘 전송구문을 정하여 실제 데이터 전송시에 그들 정보 형식간을 변환한다.

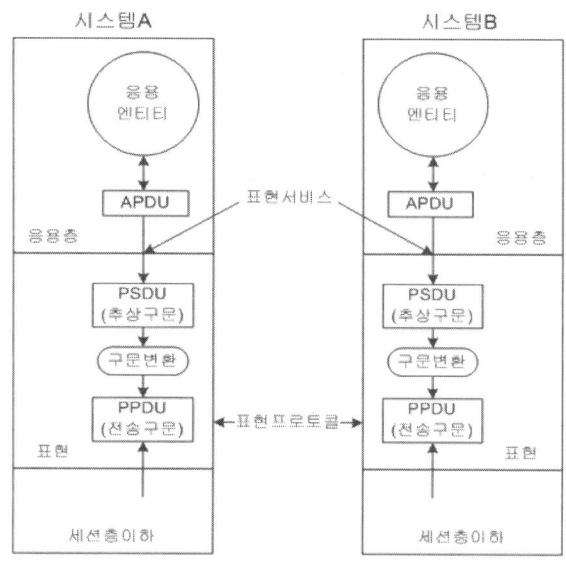

그림 표현계층 통신모델

(2) 표현계층의 역할

1) 전송구문
전송구문은 표현 엔티티 사이에 OSI로 규정된 표현형식이고, 표현엔티티는 응용 프로토콜에 따라 적절한 전송구문을 선택하여 전송한다.

2) 구문변환
응용층에서 사용되는 추상구문은 표현 서비스(PSDU)상의 데이터 표현 형식이며, 표현 엔티티는 추상구문과 전송구문을 변환

9. 응용계층(Application layer)

(1) 응용 계층의 개념

응용층은 OSI 참조 모델의 최상위층에 위치되어 있고 정보를 처리하는 응용 프로그램(프로세스)과의 인터페이스, 통신하기 위한 기본적인 응용기능에 대해서 공통으로 사용되는 기능을 공통 응용 서비스, 이외의 기능을 특정 응용 서비스라 부르고 각각 표준화가 진행되고 있다.

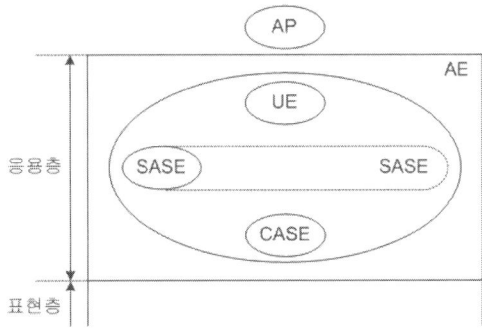

그림 응용층의 모델

(2) 공통 응용 서비스 요소기능

공통 응용 서비스 요소는 각종 응용에 공통적인 서비스 요소를 유출하여 그것을 공통 기능으로 모으기 위하여 다음과 같은 기능을 가진다.

1) 연결 제어

응용 프로그램간의 관계설정과 해제를 위한 기능

2) 문맥 제어

응용 연결 상에서 사용되는 통신능력 정의와 변경 등을 위한 기능

3) 정보 전송과 대화 제어

응용 연결상에서의 정보 교환을 위한 기능이며, 표현 계층의 서비스에서 그대로 대응된다.

4) CCR(Communication Concurrency and Recovery Control)

제어 분산 처리에 있어서 동기의 보증기능을 제공하기 위한 것으로서, 분산된 정보의 동기 변경을 수행하기 위하여 사용된다.

(3) 특정 응용 서비스 요소

1) 가상 단말 (VT : Virtual Terminal)

가상 터미널은 기존의 다양한 종류와 기능 및 속성에 대하여 통일적인 사양을 규정하여 터미널과 통신을 통일된 절차로 제어하기 위하여 고안되었다.

2) 화일전송 액세스관리(FTMA)

① 파일 전송 : 파일 전체 정보를 다른 파일로 전송

② 파일 액세스 : 파일 내용 일부분을 읽기, 기록, 삽입, 추가

③ 파일 관리 : 파일 관리 작성 또는 삭제, 파일 속성에 관한 정보 조작

10. CSMA/CA 무선접속

(1) 개요

① 노드나 단말이 멀티포인트나 브로드캐스트 링크라 불리는 공동 링크를 사용하거나 연결되어 있을 때는 링크에 대한 접속을 조절할 수 있게 하는 다중접속 프로토콜이 필요

② 매체에 대한 접속을 조절하는 문제는 데이터 전송의 권한 확장과 송신권이 동시에 두 노드가 이루어지게 하지 않는 것, 그리고 송신의 독점을 막는 것 등을 보장

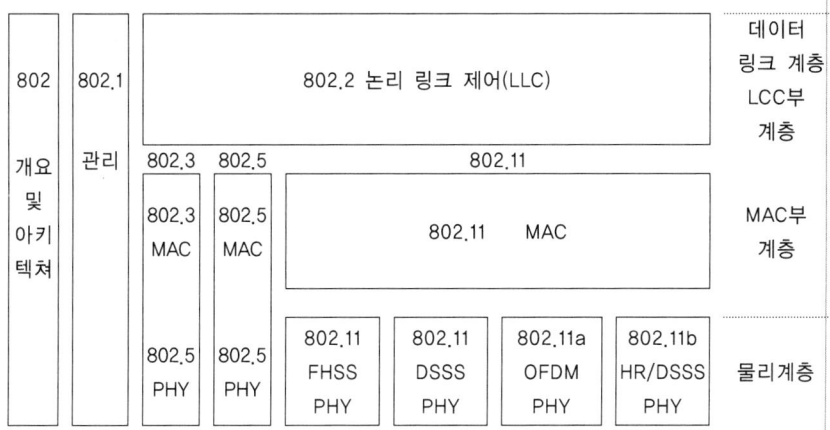

(2) 종류

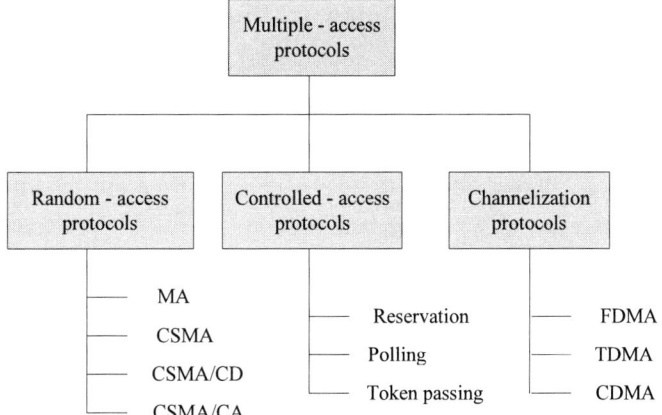

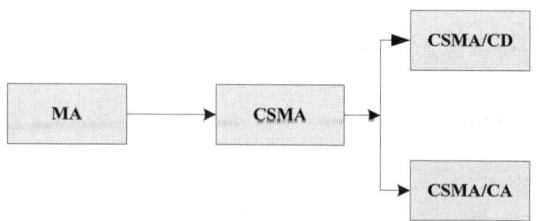

1) MA : ALOHA 프로토콜이 대표적임
2) CSMA/CA : 무선LAN의 MAC 프로토콜로서 충돌 회피 기법
3) CSMA(Carrier Sense Multiple Access)
   ① Random Multiple Access 방식
   ② 즉 모든 노드들의 전송권한은 평등(우선순위나 정해진 순서가 없음)
   ③ 전송하기 전 채널을 감지하여 전송매체를 사용하고 있는지 여부를 확인
   ④ 감지 시 전기적 신호가 없음을 확인
4) CD(Collision Detect)
   ① 이더넷은 동시에 두 사용자 송신은 불가
   ② 만일 두 사용자가 동시에 송신 할 경우 충돌(Collision)이 발생하며 일정 시간 대기후 재전송 시도

(3) 무선LAN에서 CSMA/CA가 필요한 이유
   ① 데이터 송신과 동시에 충돌 신호의 수신이 이루어져야 하는데 이럴 경우 단말 단말의 구조가 복잡해질 뿐만 아니라 증가한 대역폭의 손실도 감수해야 한다.
   ② 장애물이나 방해물로 인한 Hidden node problem 때문에 검출할 수 없을지도 모른다.
   ③ 무선 LAN에서는 단말 간 거리가 매우 클 수 있으므로 신호감쇠 현상으로 인하여 한쪽 끝의 단말은 다른 쪽 끝에서 발생한 충돌을 알지 못하게 되는 경우도 발생 할 수 있다.

(4) 무선LAN에서의 MAC 구조
   ④ IEEE 802.11 MAC 의 기본적 매체에 대한 접근 방식은 기본적으로 경쟁방식의 DCF를 기반으로 하며 옵션으로 비경쟁 방식의

PCF를 첨가한 형태

⑤ 이 두 가지 방식이 비동기통신(Asynchronous)과 시간제한통신(Time Bounded)의 두 가지 형태의 트래픽을 제공하기 위해 사용

DCF (Distributed Coordination Function)	- 개별적 노드가 경쟁에 의해 무선채널을 획득 하도록 하는 방식으로서 CDMA/CA 접근 메커니즘의 기초
PCF (Point Coordination Function)	- 중앙 스테이션이 결정을 하여 한 순간에 하나의 노드만 전송동작을 할 수 있게 하는 방식으로 비 경쟁방식임 - 시간제한을 받는 동기 데이터 전송용으로 폴링 기법을 사용

(5) IFS(Inter Frame Spacing)의 종류와 의미

매체 접근에 대한 우선순위를 설정하기 위해 IFS(Inter Frame Spacing) 사용

SIFS (Short IFS)	- 우선순위1, ACK/CTS 등에 이용 - 스페이싱을 짧게 하여 신속한 전송을 요하는 서비스에 사용
PIFS (PCF IFS)	- 우선순위 2, 제한된 시간 안에 응답 시 이용 - 중재자 알고리즘 등 품질이 중요한 서비스에 사용
DIFS (DCF IFS)	- 우선순위 3, - DCF 등 일반 데이터 서비스에 사용

(6) 전송 매체 접속 절차

① 단말은 전송 전 다른 단말이 전송하고 있는지를 결정하기 위해 전송매체를 감지
② 단말은 전송매체가 busy 상태에서 free 상태로 될 때까지 대기
③ 전송매체가 free 상태가 될 때까지 전송을 연기(DIFS, PIFS, SIFS 만큼)
④ 전송연기 후 충돌을 피하기 위해 각 단말마다 랜덤한 backoff 를 설정하여 충돌할 확률을 줄임
⑤ backoff 시간 내에 다른 단말이 전송매체를 차지하면 backoff 시간을 멈춤

⑥ 다음 프레임에서는 멈춘 후 나머지 backoff 시간이 경과하면 매체에 접근 가능

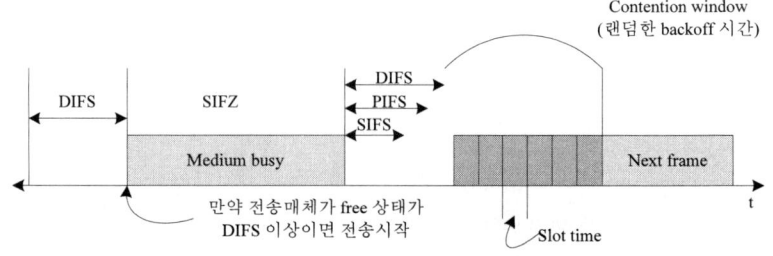

그림 전송 매체 접속 절차

(7) 데이터 전송 절차

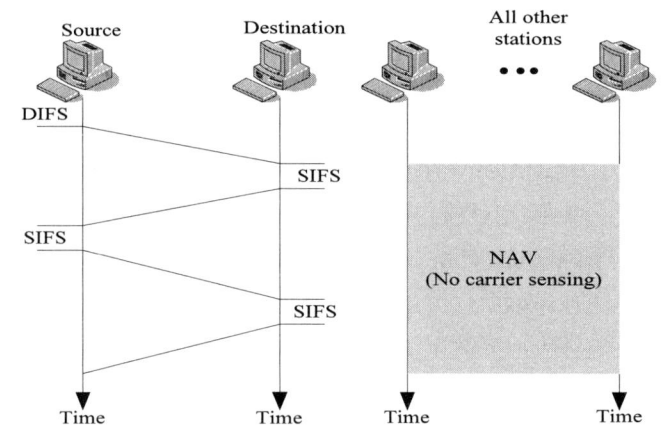

① 프레임을 보내기 전에 송신 단말은 방송 주파수에서 에너지 레벨을 검사함으로써 매체를 감지
② 채널이 사용되지 않는다는 것을 알게 되면 DIFS(distribute inter frame space)라 부르는 시간 동안 기다린 후, RTS(request to send)라 불리는 제어 프레임을 보낸다.
③ RTS 프레임을 수신한 후 SIFS(short inter frame space)라고 부르는 짧은 시간 동안 기다렸다가, 수신 단말은 CTS(clear to send)라고 불리는 제어 프레임을 발신 단말에 전송하며 이 제어 프레임은 목적 단말이 데이터를 받을 준비가 되었다는 사실을 알려준다.
④ 발신 단말은 SIFS 시간 동안 기다린 후 데이터를 보낸다.
⑤ SIFS 시간 동안 기다린 후 수신 단말은 프레임을 잘 받았다는 것을 알려주는 ACK를 보낸다.

⑥ ACK가 필요한 이유는 발신 단말에서 수신 단말에 데이터가 잘 도착했는지 여부를 알 수 있는 수단이 없기 때문이다.
⑦ CDMA/CD에서는 Jamming 신호가 없다면 잘 도착했다는 것을 나타낸다.
⑧ 송수신 이외의 다른 단말들은 RTS/CTS 프레임을 해석하여 NAV(Newtwork Allocation Vector)를 설정하고, NAV 값이 남아 있는 동안의 모든 단말은 송신을 억제한다.

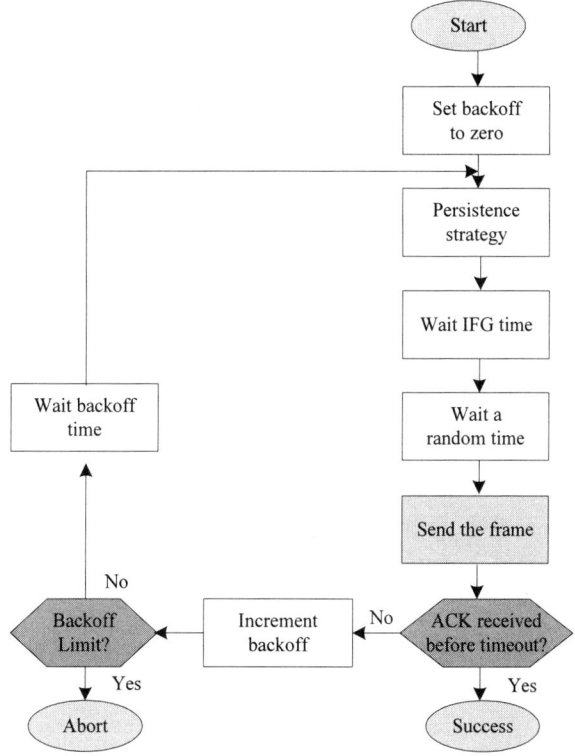

⑨ RTS와 CTS제어 프레임이 전송 중에 충돌이 발생하면 충돌을 감지할 수 있는 수단이 없기 때문에 수신자로부터 CTS 프레임을 받지 못할 시 송신 단말은 충돌이 발생했다고 가정하여 backoff 전략을 사용, 송신자는 재전송을 시도한다.
⑩ 무선 환경은 아주 잡음이 많기 때문에 훼손된 프레임은 재전송해야 하므로 큰 프레임을 작은 프레임으로 나누는 단편화한다.

Section 7. 무선통신 시스템 계획과 관리

1. 무선망 설계

(1) 개요

① 이동통신 무선망 설계는 전체 시스템 투자비의 60%이상을 차지하므로 경제적이고 신뢰성 있는 무선망 설계는 가입자의 통화품질을 좌우할 정도로 중요하다.

② 따라서 무선망 설계는 기지국 위치 선정을 위한 계획수립 및 설계 단계에서 서비스 지역에 대한 수요조사와 통화량 예측, 지형 DB를 이용한 셀 설계 작업 및 전파 측정 작업 등 일련의 절차들이 밀접하게 연결되어 수행하여야 한다.

④ 무선망 설계는 시스템 구축 단계에서 효율적으로 망을 구축하기 위한 방안으로 효과적인 설계를 통해 경제적인 망 구축과 목표 커버리지를 만족시키기 위한 일련의 과정이다.

(2) 무선망 설계 절차

1) 지형데이터

① 지형 DB

② 건물 DB 지형 데이터

2) 무선망 품질계획 수립

① 통화품질 목표 및 기준

② 수요조사 및 통화량 예측 자료

③ 커버리지 선정 무선망 품질 계획 수립

3) 전파모델 및 측정 데이터

① 전파전파 예측 모델

② 실측 데이터

③ 기지국 및 안테나 특성 전파 모델 및 측정 데이터

4) 무선망 설계 시스템
① 지역별 전파 환경 분석
② 컴퓨터시뮬레이션
③ 기지국 현장조사 및 측정 무선망 설계 시스템

5) 설계 결과물
① 통화권역 기지국 배치도
② 기지국 위치
③ 기지국별 서비스 영역 설계 결과물

지형데이터	무선망 품질 계획 수립	전파모델 및 측정 데이터
① 지형 DB ② 지형 DB	① 통화품질 목표 및 기준 ② 수요조사 및 통화량 예측 자료 ③ 커버리지 선정	① 전파전파 예측 모델 ② 실측 데이터 ③ 기지국 및 안테나 특성

무선망 설계 시스템
① 지역별 전파환경 분석
② 컴퓨터 시뮬레이션
③ 기지국 현장조사 및 측정

설계 결과물
① 통화권역 기지국 배치도
② 기지국 위치
③ 기지국별 서비스 영역

그림 무선망 설계 절차

(3) 설계 기준

1) 통화량 산출
① 시장 점유율 예측 및 지역별 가입자 수 산출
② 통화량 산출

2) 신호감도 설계 기준
① 이동국 수신감도 : 도심-95dBm, 교외지역-100dBm 등
② 기지국 및 이동국 최대 출력
③ 기지국 수신감도 등

3) 기지국 용량 산출
① 통화량 처리 능력 분석 : Erlang-B, Erlang-C

② 용량 효율 최대화
  ㉮ 섹터 이득 최대화
  ㉯ 소프트 핸드오버 영역 최소화
  ㉰ 가입자 분포를 고려한 섹터 배치

2. 무선망 최적화

(1) 개요

① 무선망 최적화란 기지국 시스템 설치를 위한 전파 환경 분석 및 불법적 전파 소거 작업에서부터 기지국시스템 설치 후 안정화 단계에 이르기까지 무선망설계에 제시된 품질과 성능을 만족시키기 위한 일련의 작업을 말한다.

② 무선망 최적화는 기지국 시스템 설치를 위한 전파환경 분석을 통해 설계에 제시된 품질을 만족시키기 위해 다양한 전파환경 분석이 포함

③ 각 기지국에 운용되는 무선구간 및 기지국설비, 안테나 등을 조정하여 통화 품질을 유지하며 기지국별 통화량을 적절히 분산시키고 잠재적인 수용 용량을 최대로 확보할 수 있도록 하는 일련의 작업이다.

④ 지속적으로 무선 환경 측정 데이터, 호 절단 원인 및 장애 분석 데이터를 분석하여 단계적이며 체계적으로 최적화를 수행

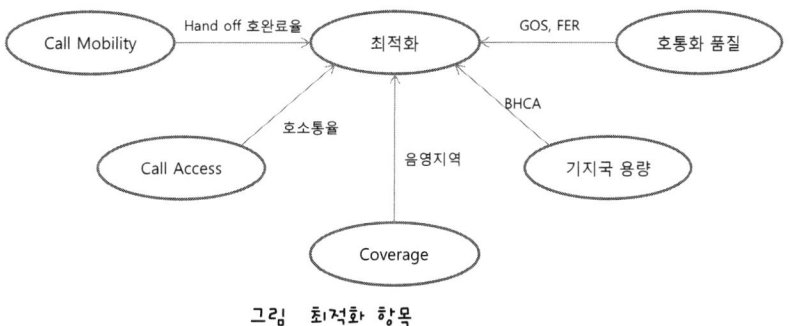

그림 최적화 항목

(2) 최적화 수행 방법

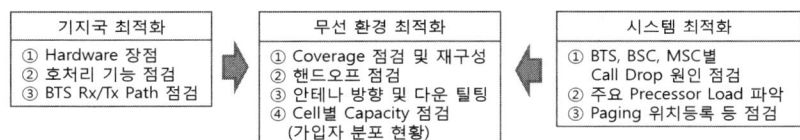

그림 무선망 최적화 수행방법

1) 최적화 수행방법

① 최적화 수행 방법에는 기지국 최적화, 무선 환경 최적화, 시스템 최적화로 구분할 수 있다.

② 최적화는 상호 연관성이 있으므로 체계적인 관리와 점검이 필요하며, 최적화 수행 시 동일 엔지니어가 진행하는 것이 효율적이다.

2) 기지국 최적화
기지국 최적화는 기지국 장비 성능의 문제점이 없는지 확인하는 작업이다.

3) 무선 환경 최적화
① 가입자 셀 분포현황과 Call Drop 및 Call Fail에 따른 안테나 방향 및 Down Tilt, 안테나종류 변경, 안테나높이 조정 등 무선 환경 여건에 맞게 최적의 환경을 조성한다.
② 추가로 각종 중계기 솔루션 검토, 기지국 이설 및 기지국 추가 등으로 무선 환경 최적화를 수행한다.

4) 시스템 최적화
① BTS, BSC별 Call Drop 원인 점검 및 주요 프로세서 Over Load파악 및 조치를 한다.
② 음성 품질 문제 발생 시 보코더 점검 등을 통해 원인분석 및 대책 마련을 수행한다.
③ 핸드오프 등의 시스템 파라미터 최적화도 시스템 최적화 주요 업무 중의 하나이다.

(3) 클러스터 최적화
① 무선망 커버리지 및 통화량을 위해서는 지형지물 및 지역 여건을 고려하여 클러스터를 어떻게 선정 하여야 할 것인가를 도면상 또는 현지 답사를 통해서 결정해야한다.
② 지형분석을 통하여 기지국별 통화량 분석을 하여 교환기의 BSC별 부하량을 감안한 커버리지 시나리오 작성 및 분석
③ 측정 장비를 통한 도로 및 인빌딩 통화 품질을 측정하고 측정 결과에 따라서 음영 및 통화 불량지역을 파악하여 커버리지 시나리오를 재검토
④ 클러스터 단위로 기지국 최적화, 무선 환경 최적화, 시스템 최적화 작업을 시행한 후 결과를 최종적으로 확인한다.

3. 안테나 틸팅(Antenna Tilting)

(1) 개요

안테나를 사용하여 적정한 커버리지를 확보하거나 주위의 기지국으로부터의 간섭을 최소화하기 위해서 안테나를 전기적 또는 기계적으로 아래 방향으로 각도를 조정하는 것을 다운틸트라 한다.

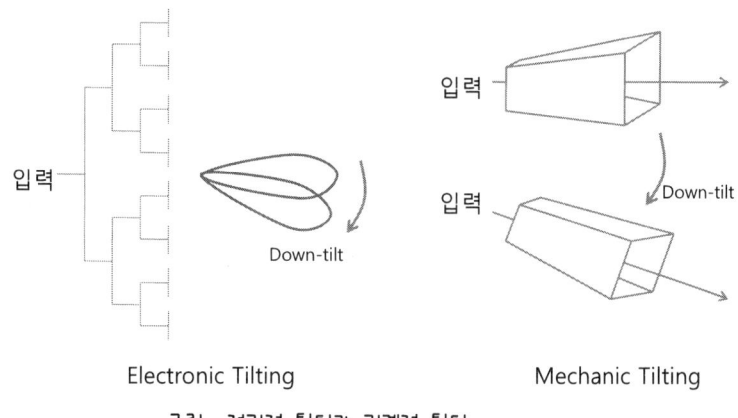

그림 전기적 틸팅과 기계적 틸팅

(2) 전기적 다운틸트

① 안테나를 제작 시 특성임피던스의 변화 없이 위상을 아래쪽으로 조정 가능하도록 -2도, -4도, -6도, -8도 등으로 제작하여 사용한다.
② 다운 틸트의 각도에 따라 통신 커버리지가 변화한다.

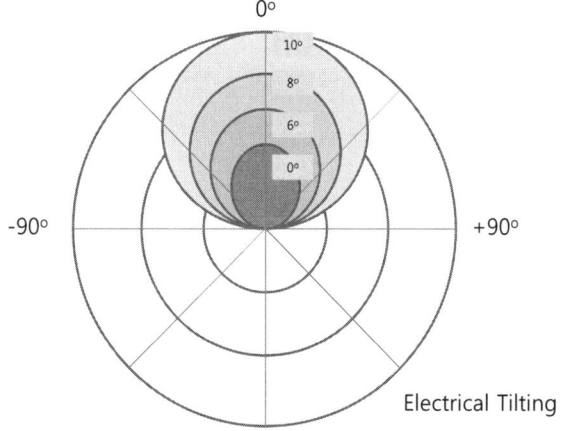

그림 전기적 틸트에 의한 커버리지 변화

(3) 기계적 다운틸트

① 도심지역의 셀 간 상호간섭이나 통화 중 끊김 현상이 많이 발생할 경우 사용한다.
② 기계적으로 안테나를 아래로 조정할 필요가 있을 때 사용한다.

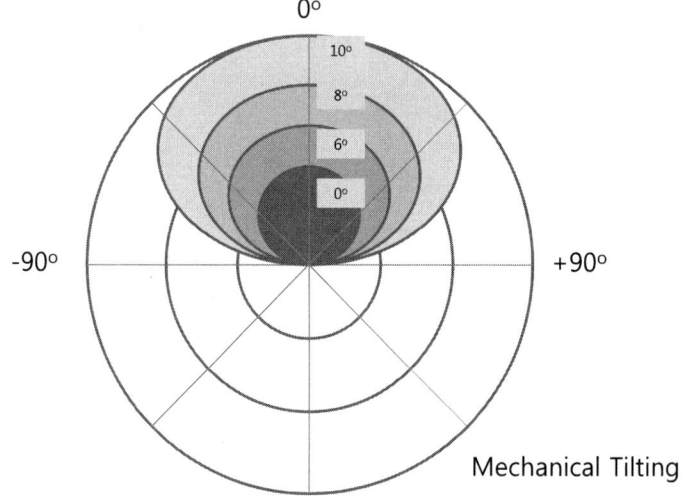

그림 기계적 틸트에 의한 커버리지 변화

4. 서비스 품질

(1) 개요
① 서비스 품질은 통신사업자가 제공하는 서비스를 이용하는 고객들이 어느 정도 만족하는지를 나타내는 척도이다.
② 셀룰라와 PCS와 같은 이동통신 서비스의 품질을 나타내는 파라미터는 호손율, 호절단 비율, 통화품질로 평가할 수 있다.
③ 호손율(blocking probability)은 서비스 요청이 차단되는 비율을 나타낸다.
④ 호절단 비율(dropped call rate)은 통화중인 호가 중간에서 절단되는 비율을 나타낸다.

(2) 서비스 품질 측정
① 통화 완료율
② 음질의 명료도
③ 통화 불량지역

(3) 서비스 품질관리 절차
① 서비스에 대한 고객의 기대와 현재의 통신망 성능을 기초로 해서 제공할 수 있는 서비스 특성 확인
② 확인된 서비스 특성을 근거로 서비스 품질과 성능 목표치 결정
③ 목표치에 대한 적합성 평가
④ 목표치가 만족되지 않을 경우 서비스 성능 및 목표치를 재조사하거나 서비스 개선

(4) 서비스 품질 평가 파라미터

1) 호손율(blocking probability)
① 가입자들의 통화 회선 연결 요청이 거부되는 비율
② 정상적인 트래픽 발생 상황에서도 가입자의 서비스 요청 가운데 일부 차단
③ 전화망에서 블로킹 확률이 0%에 근접 할수록 투자비 급격히 증가는 서비스 요금의 인상으로 반영
④ 교환기나 교환기 사이 중계선은 일반적으로 1% 호손율 적용

⑤ 서비스 요청이 블로킹 될 수 있는 부분
  ㉮ 셀의 제어채널(control channel, setup channel)
  ㉯ 통화채널(voice channel)
  ㉰ 중계선(PSTN과 무선교환국 사이)

2) **호절단 비율(dropped call rate)**
  ① 핸드오버가 실패하는 원인
    ㉮ 수신 신호에 높은 레벨의 간섭 성분이 포함되어 핸드오버의 필요성을 검출하지 못하는 경우
    ㉯ 이동국이 옮겨간 지역에 핸드오버가 가능한 셀이 설정되어 있는 않은 경우
    ㉰ 이동국이 옮겨간 셀에 이용 가능한 여유 채널이 없는 경우
    ㉱ 무선교환국의 처리 용량 제한으로 핸드오버가 지연되거나 핸드오버 처리 과정에서 에러가 발생하는 경우
  ② 핸드오버 과정에서 통화중인 호가 중간에서 절단되는 경우
    ㉮ 핸드오버의 필요성을 신속하게 검출하지 못하는 경우에는 기지국의 수신 출력이 계속하여 급격하게 감소하여 호가 절단된다.
    ㉯ SAT(supervisory audio tone)신호가 5초 이내에 수신되지 않거나 송신과 수신한 SAT 사이에 15Hz 이상의 주파수 차이가 발생하면 호가 중간에서 절단된다.
    ㉰ 무선교환국의 제어장치의 용량 한계로 처리 시간이 길어지면 채널 할당을 하지 못하고 호가 중단된다.
    ㉱ 이동국이 옮겨간 셀의 채널 그룹에서 빈 채널이 없는 경우, 무선교환국이 해당 핸드오버 요청을 대기열에 저장하고 우선권을 부여하는 Queueing hand over 적용

3) **통화품질**
  ① 주관적 시험 : MOS, DRT, DAM
  ② 객관적 시험 : SINAD, SNR, SNRSEG